教育部人文社会科学重点研究基地山东大学文艺美学研究中心基金资助

文艺美学研究丛书（第二辑）

当代审美教育与审美文化研究

曾繁仁　谭好哲　主编

人民出版社

责任编辑:房宪鹏

封面设计:徐 晖

图书在版编目(CIP)数据

当代审美教育与审美文化研究/曾繁仁,谭好哲 主编. —北京:
　人民出版社,2016.6(2021.4重印)
(文艺美学研究丛书)
ISBN 978－7－01－016054－2

Ⅰ.①当… Ⅱ.①曾…②谭… Ⅲ.①审美教育-研究②审美文化-研究
　Ⅳ.①G40-014②B83-0

中国版本图书馆 CIP 数据核字(2016)第 065409 号

当代审美教育与审美文化研究
DANGDAI SHENMEI JIAOYU YU SHENMEI WENHUA YANJIU

曾繁仁　谭好哲　主编

人民出版社 出版发行
(100706　北京市东城区隆福寺街 99 号)

北京一鑫印务有限责任公司印刷　新华书店经销

2016 年 6 月第 1 版　2021 年 4 月第 3 次印刷
开本:710 毫米×1000 毫米 1/16　印张:23
字数:365 千字

ISBN 978－7－01－016054－2　定价:60.00 元

邮购地址 100706　北京市东城区隆福寺街 99 号
人民东方图书销售中心　电话 (010)65250042　65289539

目　录

序

《文艺美学研究丛书》第二辑就要出版了，我感到特别高兴。第一辑主要是中心几位年龄稍长的老师们的成果，而第二辑则是我们中心15年科研工作的集成，包括了中心老、中、青几代学人、中心学术委员会成员以及中心培养的博士和博士后的部分成果。

在本文集出版之际，我想谈几点感想。其一是关于科研工作的特色问题。很显然，科研工作首先要坚持基本问题研究，在此前提下要尽量形成自己的特色，因为没有特色就等于没有新意，没有特色就不会有任何影响。即使是某一个热点问题，许多同人在进行这种研究，你的研究就需要有所推进，推进就是特色，开拓相对新的方向更是一种特色。15年来，本中心在形成自己的科研特色上做了一些努力，在坚持文艺美学基本问题研究的前提下在审美文化、生态美学、审美教育、语言学文论、媒介文论等领域取得不少成果，也获得了学术界不同程度的认可和肯定。其二是研究队伍的年轻化。历史在前进，学术在发展，一代又一代学人前后衔接，这是历史发展的必然。回想短短的30年，学术的发展真是呈现长江后浪推前浪的态势。因此，学术发展的希望在年轻一代，目前主要在于20世纪70年代之后出生的学者。本文集收集了15年来本中心科研人员特别是年轻学者的成果，呈现了年轻学者的发展实力和学术风貌，这是非常可喜的事情。其三是教学与科研的结合。我们中心毕竟还是教学单位，立德树人是我们的基本任务，科研与教学的统一是我们的方向。因此，我们也收录了中心所培养的博士后在站期间和博士在读期间发表的部分成果，体现了中心人才培养的水平和新生代学人的学术实力。其四是学术界的支持。学术研究从来都是一种公共的事业，我们中心作为教育部人文社会科学重点研究基地，得到了教育部和学校特别是得到学术界同行专家尤其是老一辈专家的关心和支持。许多老一辈专家出任本中心的学术委员会和专家委员会成员，为中心的科研工作、学术会议、管理工作等方面都贡献了自己的力量。本文集收录了担任过本中心学术职务的学者特别是老一辈学者的成果，反映了中心 15 年学术工作的现实，也表达了我们对于所有参与过中心工作的学者的敬意。

15 年弹指一挥间，抚今追昔，感概万千，借此机会，我衷心地感谢文集中所有的作者对于中心所作出的贡献以及对我本人的支持、关怀和爱护。

曾繁仁

2016 年 4 月 10 日

20世纪90年代以来中国美育的
发展走向与对策

王汶成

伴随新世纪的曙光，人类迎来知识经济的新时代。在知识经济时代，以培养具有创新精神的、全面发展的、新型人才为目标的素质教育，作为知识产业的基础，将被置于突出的地位，而作为素质教育的重要组成部分的审美教育也将获得新的发展机遇。最近，国家领导人在政府工作报告中明确强调了美育的重要作用，预示着我国美育发展又一个高峰期的到来。在这样的时刻，重新提出和探讨美育问题，应该说是一件很有必要、很迫切的事。本文旨在从历史发展的角度切入问题，着重讨论和分析20世纪90年代以来中国美育的现状和走向，并结合时代发展的需要，试图提出对策。

一、历史回顾①

中国美育可谓源远流长。早在先秦时代，孔子就提出"兴于《诗》、立于礼、成于乐"（《论语·泰伯》），认为人格的培养，起点和终点都要靠美育，对过程贯之以礼。庄子则提出通过所谓"心斋"（《庄子·人世间》）、"坐忘"（《庄子·大宗师》），而达到"天地与我并生，而万物与我为一"（《庄子·齐物论》）的审美境界。孔子的美育旨在社会教化的"成人"，庄子的美育旨在个人修养的"达道"，从而奠定了其后2000余年儒家的伦理主义和道家的自然主义的古典美育传统。

---

① 参见单世联《中国美育史导论》，广西教育出版社1992年版，第413—560页。

近代以来，以康有为、梁启超、王国维、鲁迅、蔡元培为代表的一批最早接受西方文化的先进知识分子，从变革社会、改造国民性、挽救民族危亡出发，提出了新的美育思想，进行了新的美育实践，为推动中国美育由古代向近代的转换作出重大贡献。特别是蔡元培先生，作为民国政府的第一任教育总长，直接把他的"以美育代宗教""以美育促文化"的思想落实到美育实践中去，与近代中国的改革进程和新文化运动紧密结合起来，产生了更广泛、更深刻的社会影响。

从 40 年代开始，随着中国共产党在政治、军事、文化等方面取得新进展，中国历史进入新的转折时期，中国美育的发展也呈现出新的面貌。毛泽东在 1942 年发表的《在延安文艺座谈会上的讲话》奠定了此后几十年党的文艺方针和美育方针的基础。毛泽东直接把文艺和美育纳入当时的政治斗争和革命实践，确定了解放区文艺和美育的首要任务就是配合现实形势、宣传党的现行政策，这对动员广大人民群众投身于新民主主义革命斗争确实起了特殊的作用。

以 1949 年新中国的建立为标志，中国美育开始了当代进程。与当时新生的国家一样，新中国初期的美育呈现出蓬勃向上的势头。在学校教育中，德、智、体、美"四育"并提，并对幼儿园、中小学的美育课程作出明确规定。《谁是最可爱的人》《青春之歌》等一批优秀文艺作品，极大地影响了一代青年的世界观、人生观和审美观，产生了空前的美育效应。但是从 50 年代后期开始，情况发生了变化，越来越"左"的政治路线使新中国美育的正常发展受到越来越严重的干扰和冲击。1957 年党的教育方针变成了"使受教育者在德育、智育、体育几方面都得到发展"，美育被排斥在外。60 年代初，党中央为了纠正大跃进以来的"左"的错误，制定了"调整、巩固、充实、提高"八字方针，美育事业一度有所好转，但轻视美育的总倾向并未从根本上得到改变。至于 10 年浩劫时期，政治大动乱，经济大滑坡，文化大破坏，美育更是荡然无存，我国美育事业遭受到前所未有的毁灭性挫折。

打倒"四人帮"后，中国人民终于冲出黑暗，迎来以现代化建设为标志的新时期。改革开放推动新时期文艺迅速走向繁荣，美育也经过一个阶段的复苏而再度发展起来。20 世纪 80 年代初，"五讲四美"活动的开展，音乐课、美术课在中学课程重新确立，广大美学家、文艺家、教育家对美育的大力呼吁，全国美育学会的建立，美育书刊的大量印行，这一切都成为美育事业迅速发展的重要表征。1986 年 4 月，全国人大通过了《义务教育法》，明文规定了"在中小学教育中贯彻德、智、体、美全面发展"的方针，国家教委也随之成立了艺术教育委员会，专门负责教育系统的美育工作。这些法规和机构的设制，为美育事业的发展提供了法律上和组织上的保证。当然，80 年代的美育发展也不是尽如人意，理论上还有许多问题需要澄清，实践上也有许多环节需要疏通，但总的趋势是蓬勃向上的，令人鼓舞的。

总结历史经验，我们可以清楚地看到，美育发展一是要靠时代发展需要所提供的机遇，二是要靠美育工作者的积极努力，三是要靠全社会特别是政府的大力支持。最后一点，也是非常重要的一点，就是美育事业独立性的确立。美育不是其他任何事业的工具和附属物，在整个教育事业中具有不可替代的独立地位。它既是目的、又是手段。不这样看，美育就会成为可有可无的东西，就不可能发展起来，就不能充分发挥它在整个社会发展中的特殊作用。这一点已被美育发展的全部历史反复证明，应该引起我们的重视。

二、当今走向

众所周知，进入 20 世纪 90 年代后，中国社会再次发生了历史性转折，主要体现为现代化进程加速推进，经济体制急剧转型，商品大潮迅猛涌起，市场竞争机制由企业向文化教育部门逐步渗入。90 年代中国经济开始了举世瞩目的高速发展，人民物质生活水平大幅度提高，出现了第一批冒尖的富有群体。文化方面最显著的变化，就是在新旧交错、多元分化的格局中，以大众传媒为主导的大众文化勃然兴起，全面突进，终至形成了与主流文化、精英文化三足鼎立的基本态势。正是在这样一个社会全面变革的时期，中国美育也呈现出一些全新的发展走向，可以概括为以下三点。

第一，大众化走向。

中国古典美育以培养封建社会所需要的人才和人格为目的，它的实施对象主要是封建士大夫及其子弟。近代美育的宗旨是启发民智，改造国民性，其主要实施对象已转向了人民大众。蔡元培等人提倡的美育就是一种大众美育。新中国成立后的美育更是以服务大众、提高大众为目的，施教对象更是面向广大人民群众。但是，20世纪90年代以前的大众美育，总体上是一种自上而下的美育，是精英知识分子或社会有关机构向人民大众实施的一种意识形态性质的教育。而90年代以来的美育大众化走向，则是指一种自下而上的自我美育，反映了人民大众自发的审美需求。这是一种完全现代的大众美育，它的主要制导机制不再是意识形态，而是带有商业性质的大众传媒。以报刊、广播、电视、电脑网络为代表的现代传媒，利用它的高科技手段，快速地、大批量地生产美育产品，而大众则自觉自愿地购买这种产品进行美育消费。由于市场竞争的作用，大众传媒不得不频繁地变换美育产品的规格样式，以刺激和迎合大众美育消费的多方面需求。大众传媒的这种商业性质就决定了当今大众美育的娱乐性和流行性的特点。当今的大众美育以娱乐性为首要指标，凡是能给大众带来娱乐的产品，大众就接受，就有市场，反之大众则置之不理，没有市场。在这里，美育的作用首先体现为娱乐性，其次才是教育，教育只能是娱乐中的教育。以往的大众美育也讲娱乐性，即所谓"喜闻乐见"，但娱乐性只能作为一种辅助手段而存在，摆在第一位的则必须是政治的意识形态教育。只有90年代以来的大众美育才真正把娱乐性推为首要原则，因为大众在工作之余花费时间和金钱，要换取的首先就是娱乐和休息。流行性是大众趋同的体现，但这种大众趋同又往往受到大众传媒的诱导和操纵，因而是不断翻新的、易变的，并带有一定程度的盲目性。以上所说的娱乐性、流行性本是当今大众美育的必然趋向，就它们本身来说是合理的，不值得大惊小怪，但如果这种趋向不加节制而走向极端（商业利益的驱动容易把这种趋向推到极端），则可能出现以新为美、以怪为美甚至以丑为美的偏差，这是当今大众美育中存在的最严重的问题，也是一个最让人感到棘手的问题。

第二，生活化走向。

因为受经济发展水平的限制，再加上过于急切的政治化和伦理化的目的，20世纪90年代以前的中国美育是以文艺为主要施教材料和手段的。但是美育并不限于艺术教育，它的领域和范围应该是无限宽广的，包括与人们日常生活有关的方方面面，美育的发展进步也体现在美育领域的不断拓宽上。90年代以来的美育虽然也以艺术教育为重心，但同时又超出了艺术的范围，向人们生活的诸多方面不断渗透和拓展。如今，人们的衣食住行各个方面，不仅讲究实用，讲究档次，而且还讲究美观。甚至还会出现这样的情况，人们选择某一日常用品，首先注重的是它的造型样式，至于它的实用性和耐用性反倒成为无关紧要的了。这种对生活质量的审美方面的看重，是人们物质生活普遍提升到一定水平之后的一种必然追求，而这种追求的必然后果就是所谓美育的生活化走向。这一走向的具体表征体现为饮食文化的提出，交际舞、卡拉 OK、美容、健身、各种休闲娱乐活动的普及，以及居室装修、家庭旅游、流行服装的时兴，如此等等。应该看到，美育走进人们的日常生活，甚至成为人们日常生活的一部分，这标志着中国美育的重大进展。但美育的生活化走向仍有个正确引导的问题，因为在生活高消费的刺激下，人们往往将生活的奢侈化误认为生活的美化，而且生活的美化本身也有趣味高低之分。就目前实际情况看，这方面的问题也是不容忽视的。

第三，社会化走向。

全面的审美教育应该包括家庭美育、学校美育、社会美育三个方面。其中，家庭美育与人的关系最密切，学校是美育的最重要的基地，社会是美育的最大课堂。这三个方面交叉重叠、相互配合、密不可分。但从近代美育的发展看，首先倡导的是学校美育，然后才可能涉及家庭美育和社会美育。蔡元培是主张家庭美育、学校美育、社会美育并重的，但他的主要业绩还是体现在学校美育上。因为家庭美育和社会美育更加依赖于社会生产力的高度发展，而这种高度发展在旧中国是很难达到的。新中国成立初期，美育发展的重点也是在学校美育上。只是到了 20 世纪 90 年代以后，国民经济高速增长，个人收入持续增加，家庭美育和社会美育建设才有了真正坚实的物质基础，才正式提上了议事日程。就家庭美育来说，从给胎儿实行音乐胎教，到送幼儿上各种文艺训练班，到给孩子购买各种美育器材和书籍，已经成为父母们竞相攀比的一种时尚。社会美育的主要内容，一是建立各种公共美育场所、设施、机构，二是美化居民生活环境，这些都需要国家投入大量资金。近年来，社会美育建设的进展尤其显著，许多中小城市也新建起博物馆、美术馆、植物园，一些多年荒废的名胜古迹、旅游景点又被重新修整、开发利用。此外，环境绿化、园林保护、中心广场的辟建已成为城市建设的不可缺少的重要项目。这一切都表明，社会美育的建设确实得到了政府的高度重视，并出现了大发展的势头，说 90 年代的美育有一个社会化走向并不为过。

当然，社会美育的建设涉及全社会的方方面面，是一个综合性的大工程，它的进一步发展尚有待于动员和协调社会各界的力量，筹集更多的资金，在这里，政府有关部门起着集中领导和统一规划的核心作用。另外，社会美育的建设也有个审美趣味的问题、是否符合美的规律的问题，这些问题自当成为美学和美育研究的重要课题。

三、现行对策

如上所说，20 世纪 90 年代以来中国美育发展的三个走向是在全新的历史条件下发生的，具有历史发展的必然性和合理性。而且这三个走向所反映出的诸多变化都是中国几千年美育史上前所未有的、深层次上的一些变化。但是，从另一方面看，这三个走向在其演化过程中，又各自显示出其内在的矛盾性，如大众化走向中的美育功能和商业利益的矛盾，生活化走向中的审美化与奢侈化的矛盾，社会化走向中的审美需求与经济条件的矛盾，等等。如何从理论和实践上合理地协调和处理这些矛盾，使世纪之交的中国美育沿着正常的轨道进一步发展，以更好地配合全面素质教育的重大使命和适应即将到来的知识经济时代的历史要求，就成为一个严峻的课题摆在我们的面前。为此，我提出以下几点对策。

第一，美育理论的当代性。

要推进当今中国美育的发展，美育理论的建设必须先行一步，而美育理论建设的最重要的指标就是当代性。所谓美育理论的当代性主要有两个含义，一个含义是指理论研究的方法以及理论本身要达到当代的先进水平，要居于当代的领先地位。而要达到这一点的关键就在于理论创新。如何进行理论创新？这涉及多方面的关系。首先，理论创新不能抛开中国古代近代美育思想的传统。应该承认，从孔夫子到蔡元培的美育思想都是过去时代的美育思想，总体上已经不能满足新时代的要求。但是，在这些过去时代的美育思想中尚包含着一些具有普遍意义的内容和具有启发意义的思想资料，应该通过对过去时代的美育思想的发掘整理把所有这些有价值的东西剥离和抽取出来，并给予当代水平的新阐释。正是在这种新阐释里才能产生所谓的理论创新。以往的经验证明，"彻底反传统"或"与传统彻底决裂"是不可能有真正理论创新的，也不可能有真正的理论当代性。其次，理论创新必须以全面开放的姿态学习借鉴西方当代美育研究及相关学科取得的新成果。从世界范围看，我们不能不承认，西方的美育研究一直处于领先地位。"美育"这一概念就是由席勒最先提出的。席勒的美育思想不过是他的哲学、美学思想的进一步推演，不免带有理想的、空幻的色彩。西方20世纪美育研究的一个重大进展，就是突破了以席勒为代表的古典美育理论的思辨性，而将这种研究置于众多相关学科的相互参照和相互论证之中。这样，美育研究的学科基础就不只是哲学、美学，还包括教育学、心理学、社会学、传播学、符号学、脑科学等众多学科。当代西方美育理论的优势和领先地位就体现在它的这种多学科性、实证性和可操作性上。当今中国美育理论建设的一项重要任务就是尽可能地吸取西方美育研究的这些新进展、新成果，力争在同等学术水平上与西方理论展开对话交流，否则，理论创新就只能是一句空话。当然，"吸取"并不是简单的"全盘接受"，要有马克思主义基本原理指导，要有民族特色，更为重要的是，要以实践的检验为理论取舍的标准，这又构成了美育理论当代性的另一方面含义，就是理论研究要与实践紧密结合，要研究和解决当代美育中出现的现实问题。事实上，美育理论的领先水平并不体现为形式上的新概念、新术语，而是最终落实在能否把一般原理的研究成果运用到当今的美育实践中去，说明和解决当今美育实践中出现的新动向、新特点、新问题。所以，美育理论的当代性除了要求创新性之外，还应该具备前沿性和前瞻性，而后两者正是理论研究在密切关注和追踪现实问题的过程中形成的品格。

第二，美育方式的通俗性。

提出这一点是针对当今美育的大众化走向而言的。当今的美育是一种大众美育，这种大众美育体现为大众个人的主动选择，而不是社会的硬性灌输，因而，在这种大众美育里，大众不仅是受体，也是实际上的主体。大众角色的这种双重性就决定了实施美育的方式只能是通俗性的，不通俗就会受到大众的冷落。美育方式的通俗性，首先要求美育产品的规格、样式、形式、内容能满足大众的接受期待和符合大众的接受水平。然而，现代社会中的大众又是一个由多层次、多成分构成的混合群体，他们的欣赏口味和欣赏水平也是多种多样、参差不齐的，为大众而制作的美育产品也应该是丰富多彩的，应该有高、中、低不同档次的差别。此外，就某一层次的大众来说，他们的审美需求也在不断发展变化，与之相适应，美育产品也要有普及型和提高型之分。要求通俗性的目的就是为了更好地服务于大众，提高大众的趣味和水平。如果只是一味地迎合大众、投其所好，通俗也就变成了媚俗和庸俗了。美育方式的通俗性还有一层意思是指，美育的实施需要积极地介入和利用大众传媒。这不仅因为现今的大众美育以大众传媒为主要运行机制，还因为大众传媒本身既具有商业经营的性质，又负载着审美教育的功能。大众传媒的这种两面性本质上是矛盾的，当大众传媒过分考虑它的商业利益，为争取尽可能多的受众而有意降低美育产品的水准和质量时，它的审美教育的功能就会受到严重的侵害，甚至使美育异变为"丑育"。近年来灰色的、黑色的、黄色的货色通过各种传播媒介泛滥成灾、屡禁不止，已经证实了这种以美育为名而行"丑育"之实的有害倾向的存在。大众传媒是高科技的产物，本应成为也能成为造福于大众的最有力的传播工具，关键在于什么人出于什么目的以什么方式使用它。一切美育工作者都应意识到大众传媒的这种两面性和内在矛盾，积极地介入和利用大众传媒这个高科技手段，自觉地创作出既能吸引大众、又能提升大众的审美趣味和精神境界的美育产品，力争使大众传媒的经济效益和美育功能都能得到较充分的发挥。

第三，美育任务的时代针对性。

无论是生活的美化，还是环境的美化，最终都要落实到人的美化上。塑造完美的、理想的人格应是美育永恒的主题和使命。但是具体到某一时代，美育又有其具体的任务。那么，在当今时代，美育应承担的具体任务是什么呢？笔者认为以下几个方面最为重要。

首先，与素质教育的要求相适应，现时代的美育要以造就有创新精神的、全面发展的人格为中心，重点放在想象力和情感控制力的训练和培养上。想象力和情感控制力的高度发展是活跃的创新能力和协调的人际关系的重要前提，但在工业经济时代旧教育模式的影响下，这个前提不仅没有建立起来，反而受到削弱。当今美育应该在激发想象力、提高"情商"水平、培养人的"仁爱之心"方面发挥其独特的作用。

其次，当今中国正值社会急剧转型期，竞争压力逐步强化，贫富差距明显拉开，生活节奏日益加快，市场经济条件下个体的人生际遇也变得越来越难以把握。在这样的时代，人们的心理承受力受到前所未有的考验，极易造成各种各样的心理失衡和心理疾患。因此，通过艺术欣赏特有的心理宣泄、疏导、调和作用，以养成人们对生活的审美态度，加强人们的心理承受力和健全的心理品质，就成为当今美育的一项重要任务。

第三，环境污染是现代社会中最严重、最难解决的问题之一。这个问题的主观根源就是现代人的急功近利的心态和对大自然掠夺式征服的态度。从这方面看，美育可以通过其审美的作用，唤醒人们心中欣赏自然、亲近自然、热爱自然的情怀，以对自然的审美态度补充对自然的纯粹功利态度，从根本上改变人与自然的不正常关系。

第四，社会转型期所产生的负面现象，诸如价值失范、道德滑坡、犯罪率上升、贪赃枉法等等，使得道德教育和法制教育的任务尤为迫切。当今的美育工作者应主动地配合这一任务，生产更多更好的相关内容的文艺作品，为提高人们的道德水平和法制观念、消除社会不稳定因素维护安定团结的局面作出应有的贡献。

（原载于《山东大学学报》2000 年第 1 期）

20世纪初叶美育新潮的兴起及其当代意义

谭好哲

尽管早从先秦时代起，中国的传统教育即已包含了"诗教"与"乐教"的成分，但将美育或曰审美教育提升至完整的教育理念中，作为与德育、智育、体育并列的有机组成部分，却是20世纪初叶才发生的事情。1903年8月，王国维在清廷实施"新政"、全国兴办新式学堂之风日盛的背景下，于《教育世界》56号上发表了《论教育之宗旨》一文，将美育列为"完全之教育"之一部，其后又发表《孔子之美育主义》《去毒篇》《人间嗜好之研究》《霍恩氏之美育说》等文若干，倡导美育。民国二年（1913），时任教育总长的蔡元培在其奠定了民国教育理论基础的《对于教育方针之意见》中，把美育同军国民主义教育、实利主义教育、道德主义教育、世界观教育并列，作为"今日之教育所不可偏废者"之一，并界定美育为"美感之教育"，此后又力倡"以美育代宗教"说，主张"美育救国"。1913年，时任教育部主管图书馆、博物馆、美术馆工作的鲁迅，不仅写下了《拟播布美术意见书》，就美术之目的与效用、播布美术之方等问题发表了意见，提出了建议，以呼应蔡元培的美育主张，并且为纠正当时某些人对美育的错误理解，翻译了日本心理学家上野阳一的两篇论文《艺术玩赏之教育》和《社会教育与趣味》，发表在教育部的《编纂处月刊》上。自"五四"新文化运动兴起，鲁迅更明确地提出以文艺改造国民性、疗救国民病根的主张。梁启超在维新变法时期即鼓吹"小说界革命""诗界革命"，希冀以此"改良群治"，达到"新民"之目的。20年代初期，梁氏更是写下了一系列文章，大力倡行"情感教育"或曰"趣味教育"，并视艺术为情感教育的利器，希图借艺术教育辟出一条改造国民的大路，使之皆成为"美化"的国民。以上诸公皆一代文化伟人，由他们所掀起的这股美育新潮，在 20 世纪初叶的中国教育和学术文化领域展露出一道亮丽的风景。值此又一个世纪交替之际，正当美育在面向未来的现代素质教育中的地位和作用再次引起人们广泛关注与高度重视之时，回望 20 世纪初叶的这道美丽风景，重温先哲们的思想遗产，依然是那么清新怡人，回味无穷。

一

从文化形态的时代蕴涵上来看，20 世纪初叶的美育新潮推出的思想观念基本属于近代启蒙思想的范畴，是在中国近代社会与文化的大背景下荡激、孕生出来的。其兴起显示出此一时期社会与文化转型的历史必然，是当时政治制度、教育体制、人生理想、审美观念等新旧冲突、革故鼎新的产物，而其中关系尤近、浸润尤深者是教育观念的剧变与西方美学的输入。

自 19 世纪中叶起，伴随着西方列强的隆隆炮声，老大中华帝国国势日下，渐趋崩溃。面对百孔千疮、危机四伏的千古未有之变局，中国的先进思想家们觉醒起来，开始了救亡图存、保国保种的艰苦探索和奋发努力。先有龚自珍、林则徐、魏源等开明的封建官僚和知识分子发出了外抗强权、内求变革的呼声，揭露封建"衰世"的腐朽，提倡师法"西学"，主张"师夷之长技以制夷"。继之则有"同治中兴"时期的洋务运动，把学习和移植西方的坚船利炮、声光化电作为求富致强的良方。自此以后，西方近代科学技术、文化教育被作为"新学"，逐渐在古老的中华大地上传播开来。至早期资产阶级改良派兴起，特别是维新运动时期，向西方学习，又逐渐由"器"向"道"提升，即由一味单纯学习西方的科学技术转向学习其民主政治和思想文化。伴随着这一"西学东渐"的过程，中国社会也逐渐步入近代化的历程。至此，中国有觉悟的文化人、思想家们逐步认识到，国家要富裕强大，民族要自立于世界民族之林，有赖于新的国民出现，而新的国民出现则有赖于文化变革和制度变革。至于文化上的变革，首先是教育上的变革。换言之，新民与强国成为此一时期共识性的民族吁求与文化主题，而教育即成为此一文化主题能否实现于社会的一大关键。从严复的"开民智"到梁启超的"新民说"，传达出的都是这种时代性的共识。正是在这种历史境遇之下，中国教育开始了由传统向现代的转折，而美育也伴随这种转折登上了中国现代教育的历史舞台。

无论古今，教育的根本目的在于育人，在于培养国家所需人才。但时代不同，对人才的需求和育人的内容也各不相同。在中国长期的封建时代里，以经、史（后来是"四书""五经"）为主要施教内容的传统教育基本上是一种修身教育或曰德性教育，这种教育以涵养人的德性为主，宗旨在于把社会性的礼教规范内化为人的理性自觉或道德人格，以培养统治者所需要的入仕之才。在这种教育体制下，虽有诗教、乐教的名分，但诗教、乐教也被纳入道德教化的范围，成为德性教育的辅助或者说附庸，并无独立的价值。此种情形，不独中国，西方亦然，回想一下古希腊柏拉图、亚里士多德等人的音乐教育理想，即可了然。降至近代，在西方随着以城市为中心的工业经济社会的来临，以"致知"为主要内容的知识教育兴起，教育成为普及科技知识，培养现代化工业生产所需人才的"供货仓库"。这种教育一方面突破了传统德性教育重德轻识的局限，适应了工业化生产的社会需求，有其积极的意义，但另一方面这同样不是建立在人的全面和谐发展基础上的教育，而是一种片面化的、将人异化为生产工具的教育。由于受现代化工业生产细致分工的限制，近代以来的教育对人的培养是建立在对某种技能和知识的片面训练和教育基础之上的，这种教育培植了人某一方面的能力和技巧，而压抑了其他方面的志趣和能力，把人训练成了未能全面发展的工具。以席勒《美育书简》为代表的近代人道主义美育观念，就是在这样一种社会与文化教育背景下产生的，其主旨即在于借助美育，解决近代社会与文化上的种种矛盾，弥合片面的德性教育尤其是片面的知识教育所造成的人的理性与感性的内在分裂，实现人格、人性的全面发展，达致人生自由、和谐的理想境界。

在中国的近代时期，虽然还没有走进工业革命的时代，但是强盛的西方实际上已经成为进步思想界心仪之所向，成为国家和民族走向繁荣富强之途的现实榜样。因之，在教育观念上，自然也要取法西方。在"洋务教育"导向下的中国近代教育，经过早期资产阶级改良派的扶植和维新运动时期的新发展，无论是在教育观念、教育体制和课程设置上都已全然突破了传统教育的格局，而走向了近代知识教育的新历程。这样一种转变，切合了时代需求，其历史进步意义无须多言。然而，知识教育在中国正如在西方一样，虽是对传统德性教育的超越，但同样因其对人的知性能力的片面训练而不足以解决人生与社会的全面和谐发展问题，不是一种理想化的教育形式。在《论教育之宗旨》中，王国维从一般教育史的角度指出，古代教育，如佛教之一派，及希腊罗马之斯多噶派，抑压人的感情而使其能力专发达于意志方面，而近代教育，如斯宾塞一派，则专重智育，就培养完全之人物而言，皆非完全之教育。为达致人生真善美之理想，德育、智育而外，还有赖美育的参与。在这里，王国维从对教育史的反思切入对教育规律的认识，引申出将美育作为理想教育之一部的必要性。他虽然主要是以西方教育为立论、言说的根据，但其中显然也隐含了他对当下中国教育的现实性思考。在新式学堂纷纷创办、知识教育方兴未艾之时，王国维著文倡导德、智、体、美四育并举方为"完全之教育"，这表明他对一味注重知识教育是有所保留的。

　　这里，更需指出的是，美育之进入王国维等人的视野，不纯是出于对教育规律的认识，也是出于对教育的社会作用的关注。教育的作用在育人，育人的目的则在于解决人生与社会的问题，使人生和社会朝向更加美好的境界发展。王国维在《教育家之希尔列尔》（1906）中介绍席勒美育思想产生的时代指向时说："希尔列尔之美育论，盖鉴于当时之弊而发。十八世纪，宗教之抑情的教育犹跋扈于时。彼等不谋性情之圆满发达，而徒造成偏颇不自然之人物，其弊一也。一般学者惟知力之是尚，欲批评一切事实而破坏之，其弊二也。当时德国人民偏于实用的利己的，趣味甚卑，目光甚短，其弊三也。知此，则读彼之美育论者，思过半矣。"① 尽管地跨东西，时代不同，但 18 世纪与 19 世纪相交的德国与 19 世纪与 20 世纪相交的中国，在国势与民情上却有许多相似之处，由于同样处在从古代封建社会向近代资本主义社会转型的过程中，同样面对国势衰微、民心不振的局面，引发席勒美育论的上述"当时之弊"同样历历在目地显示于中国大地，因而中国近代的思想家们在倡导新的教育观念时也就不能不显露出祛除中国自身"当时之弊"的用心或动机。王国维在《去毒篇》《人间嗜好之研究》以及关于教育的系列感言中痛切地指陈中国人笃嗜鸦片和嗜于"利"与"官"等种种卑劣之嗜好，以及以此引生的精神空虚，欲借美育对这些"国民之精神上之疾病"施

---

① 《王国维文集》第 3 卷，中国文史出版社 1997 年版，第 370 页。

以"根本治疗"。梁启超不满于当时教育中的知、行割裂以及唯智主义的结构性失衡，希冀以情感教育来矫正之。而蔡元培则针对大清忠君、尊孔的钦定教育宗旨和五四时期的尊孔逆流，提出了德、智、体、美和世界观教育五育并举的思想和以美育代宗教的主张。如此等等，表明20世纪初美育新潮的兴起与席勒美育思想的产生一样，也是有很强的现实针对性的。而在这样一种现实指向性的背后，蕴含的则是对于人的自由、和谐、全面发展的神往，是对国家富裕、文明、强大的渴望。由此可以说，在新世纪交替之际，王国维、蔡元培、鲁迅、梁启超等一代文化巨擘对于美育的看重，实际上是站在教育理想的目标高度对于中国教育走向的一种策略性筹划，或者说是基于对教育规律全面、完整的理性认识而对于教育的现实社会需求所作出的一种具有时代高度的理论回应。这股美育新潮激扬的朵朵浪花，隐含了历史进步，既显示出对旧的时代、旧的人生观念和教育观念的痛切诀别，也蕴含着对一个新的时代、一种新的人生理想和教育理想的深情切望。

二

如果说近代美育观念的兴起与中国教育由传统向现代转型的艰难探索有紧密的联系，是教育规律所致的话，那么西学尤其是德国美学和美育观念的东渐则起了推波助澜作用。1931年5月，蔡元培在发表于《寰球中国学生会二十五周年纪念刊》上的《二十五年来中国之美育》一文说，"美育"的名词，为从前所未有，教育家亦未曾有过普及美育的计划，只是"最近二十五年，受欧洲美术教育的影响，始着手各方面的建设，虽成绩不甚昭著，而美育一名词，已与智育德育体育等同为教育家所注意"。在这里，蔡元培明确点明了20世纪初中国美育新潮的外来催生动因，同时指出美育的兴起"不能不算是二十五年的特色"[1]。的确，中国近代美育是承受了西方包括日本近代以来多方面的思想文化思潮影响而兴起的，但影响最深切、最直接的是以康德、席勒、叔本华、尼采等人为代表的德国哲学美学。这种影响首先表现在"美育"的概念即来自于席勒。王国维在《论教育之宗旨》

---

[1] 《蔡元培美学文选》，北京大学出版社1983年版，第196页。

《孔子之美育主义》《教育家之希尔列尔》等文中都指出，美育的观念由席勒"而大成其说"。蔡元培也在为商务印书馆出版的《教育大辞典》撰写的《美育》（1930）条目中指出："及十八世纪，经包姆加敦与康德之研究，而美学成立。经席勒尔详论美育之作用，而美育之标识，始彰明较著矣。"① 德国哲学美学对中国近代美育的影响还表现在对于美育的根源、性质与作用等基本理论问题的认识上，这里试一一缕述之。

首先，关于美育的根源。康德从近代心理学出发，把人的心理机能分为知（知力）、情（情感）、意（意志）三个方面，它们构成人类精神活动的不同心理根源，各自关乎不同的精神活动领域，知力关乎人类的理论认识活动，意志关乎人类的道德实践活动，愉快或不愉快的情感则关乎人类的审美活动，而三种活动又分别体现出人类对于真、善、美三种不同的精神价值的追求。中国近代的美育思想家们大都以此作为论证美育根源及其合理性的理论基础的。在《论教育之宗旨》（1903）中，王国维指出"教育之宗旨""在使人为完全之人物而已"，完全之人物要有身体与精神两方面能力的发达与协调，"而精神之中又分为三部：知力、感情及意志是也。对此三者而有真善美之理想：'真'者知力之理想，'美'者感情之理想，'善'者意志之理想也。完全之人物不可不备真善美之三德，欲达此理想，于是教育之事起。教育之事亦分为三部：智育、德育（即意育）、美育（即情育）是也。"② 此外，蔡元培在 1915 年的《哲学大纲》、1917 年的《以美育代宗教说》以及梁启超在其 20 年代初期倡导情感教育的文章中，也都是在这样的理论前提下论定美育或情感教育的心理根源问题的。

其次，关于美育的性质。美育是借助艺术和其他审美对象进行的美感教育活动，它体现着一般审美活动的性质和特点。德国哲学美学家，从康德到席勒到叔本华，基本上都以无利害关系来界说审美活动的性质。在这一方面，中国近代美育思想家所受影响尤深。在 1917 年的《以美育代宗教说》的讲演词中，蔡元培说道："感激刺感情之弊，而专尚陶养感情之术，则莫如舍宗教而易以纯粹之美育。纯粹之美育，所以陶养吾人之感情，使有高尚

---

① 《蔡元培美学文选》，北京大学出版社 1983 年版，第 174—175 页。
② 《王国维文集》第 3 卷，中国文史出版社 1997 年版，第 57 页。

纯洁之习惯，而使人我之见，利己损人之思念，以渐消沮者也。盖以美为普遍性，决无人我差别之见能参入其中。"而"美以普遍性之故，不复有人我之关系，遂亦不能有利害之关系。"① 像蔡元培一样，王国维也是从无利害超功利角度理解美的对象和审美活动的性质。他化用康德"美是无一切利害关系的愉快的对象"的判断，说"美之性质，一言以蔽之曰：可爱玩而不可利用者是已。"② 所不同者，王国维在他对于审美活动的心理根源和美育之作用等问题的阐发中，还接受了叔本华、尼采的唯意志论美学和席勒审美游戏说的影响，而叔本华的影响尤巨。在 1904 年连载于《教育世界》上的《红楼梦评论》中，王国维以概括的语句写道："呜呼，宇宙一生活之欲而已！而此生活之欲之罪过，即以生活之苦痛罚之：此即宇宙之永远的正义也。自犯罪，自加罚，自忏悔，自解脱。美术之务，在描写人生之苦痛与其解脱之道，而使吾侪冯生之徒，于此桎梏之世界中，离此生活之欲之争斗，而得其暂时之平和，此一切美术之目的也。"③ 此外，王国维的《孔子之美育主义》《去毒篇》《人间嗜好之研究》等文，其立论的思路也都显示出叔本华的深刻影响。蔡元培、王国维之外，梁启超和鲁迅的美育观虽在总体上带有较强的功利性色彩，但在美育活动的性质上则基本上也是持审美无利害关系说，如鲁迅在《拟播布美术意见书》中就认为美术本有之目的，在与人以享乐。他说："言美术之目的者，为说至繁，而要以与人享乐为桌极"。又说："顾实则美术诚谛，固在发扬真美，以娱人情，比其见利致用，乃不期之成果"。他甚至认为离开美术的本有目的而"沾沾于用，甚嫌执持"④。

其三，关于美育的津梁作用。康德在《纯粹理性批判》和《实践理性批判》两大著作中把世界分割成互不相联的现象界和物自体，前者是自然的、有限的、必然的世界，是理性认识可以到达的此岸世界，与之相对的主体认识能力是知性或曰悟性；后者是道德的、无限的、自由的世界，是知性不能到达而只能在实践上去信仰的彼岸世界，与之相对的主体认识能力是理性。这两个世界之间存在一道鸿沟。为了沟通这两个世界，弥合知性与理

---

① 《蔡元培美学文选》，北京大学出版社 1983 年版，第 70、71 页。
② 《王国维文集》第 3 卷，中国文史出版社 1997 年版，第 31 页。
③ 《王国维文集》第 1 卷，中国文史出版社 1997 年版，第 9 页。
④ 转引自郭绍虞主编《中国历代文论选》第 4 册，上海古籍出版社 1980 年版，第 496 页。

性、有限与无限、自然与道德、必然与自由、理论与实践之间的分裂，康德
又著《判断力批判》一书，以介于知性与理性之间的判断力以及与判断力相
关的审美活动作为连接两个彼此分离的世界的桥梁。康德的学说在席勒那里
得到了进一步的发挥。席勒认为在人的自然天性里包含着两种冲动：感性冲
动与形式冲动。感性冲动的对象是自然的物质生活的世界，形式冲动的对象
是精神的道德生活的世界。人的两种冲动及其所面对的两个世界是分离甚至
是对立的，而且各自都是片面的，是对自由的一种限制。只有借助以美为对
象的游戏活动，人的两种冲动才能统一起来，成为完整的、社会的人，才能
从感性自然的领域走向理性自由的领域。因此，席勒也是把审美视为人由自
然走向自由的桥梁。在《孔子之美育主义》里，王国维直接引述了席勒《美
育书简》的思想，说西方自古希腊亚里士多德以后，皆以美育为德育之助。
至近代，谑夫志培利、赫启孙等皆从之。至席勒出，"而大成其说，谓人日
与美相接，则其感情日益高，而暴慢鄙倍之心日益远。故美术者科学与道德
之生产地也。又谓审美之境界乃不关利害之境界，故气质之欲灭，而道德之
欲得由之以生。故审美之境界乃物质之境界与道德之境界之津梁也。"① 审美
之所以能够起到这种津梁作用，在于审美不关利害，能够调和道德之欲与气
质之欲各自的限制和彼此的内界争斗，而使卑劣之感跻于高尚之感觉，唯乐
于守道德之法则。如果说王国维主要是借助于席勒的学说而又吸取了康德的
思想来阐述审美的津梁作用，那么蔡元培则主要是以康德的理论为基础阐述
之。在《对于教育方针之意见》中，蔡元培特别标举世界观教育与美感教
育，并把后者视为前者的重要实现途径。他说："美感者，合美丽与尊严而
言之，介乎现象世界与实体世界之间，而为之津梁。"② 美感教育所以具有此
种作用，在于人一旦进入与造物为友的"浑然之美感"状态，便脱离开一切
现象世界相对之感情，而已接触于实体世界之观念。"故教育家欲由现象世
界而引以到达于实体世界之观念，不可不用美感之教育。"③ 由此可见，王国
维和蔡元培对康德和席勒关于审美之津梁作用的见解深以为然，他们的具体
阐述是极富有哲学深度和理论根基的。

---

① 《王国维文集》第 3 卷，中国文史出版社 1997 年版，第 156 页。
② 《蔡元培美学文选》，北京大学出版社 1983 年版，第 4 页。
③ 《蔡元培美学文选》，北京大学出版社 1983 年版，第 5 页。

三

如前所述，新民与强国构成了中国近代文化建构与教育变革的基本目标取向，而近代美育思想也是建立在这一基本目标取向基础之上，并围绕这一目标而展开的。1902 年，梁启超在《新民丛报》上发表了《论教育当定宗旨》一文，提出教育应以造就新型国民为目的，其宗旨"在养成一种特色之国民，使结团体，以自立竞存于列国之间，不徒为一人之才与智云也。"①同年 2 月至次年 11 月，他撰写了十余万言的《新民说》，论述了培养"新民"是当时中国的第一急务，是创生新制度、建立新政府、建设新国家的基础，并详细论述了"新民"应具有公德、国家思想、进取冒险、权利思想、自由、进步、自尊、生利分利、毅力、私德、尚武、合群、义务思想等 18 种品质。可见，梁启超所谓"新民"，就是具有自由、进步意识和现代人格的现代国家公民。正是从这种育人观念出发，梁启超认为现代教育应是知育、情育、意育三个方面的协调平衡发展。但在当时的学校里，智育还有一些，情、意二育简直可以说是没有，同时还存在着知、行割裂的情况，这种结构上的失衡不利于学生完满人格的培养。由此，梁启超便从早期笼统地倡导兴学、主张"新民"转向于二十年代初期大力提倡"情感教育"。王国维、蔡元培等人大力提倡美育，也是从同样的认识前提出发的。梁启超提出教育当定宗旨的第二年，王国维也发表了《论教育之宗旨》一文，把培养"完全之人物"定为教育宗旨，并由此而倡导体、智、德、美四育并举的"完全之教育"。蔡元培也把美育与现代教育体系的建构和现代人格的塑造联系了起来。他认为美育是共和时代的教育所必需，普通教育的宗旨就是"养成健全的人格""发展共和的精神"，而为了达到这一目的，则需体、智、德、美四育并重，"不可放松一项"②。他还针对从前的教育将美育包括在德育里，以及以宗教代美育和新文化运动中对美育的忽略，在不同时期里撰文强调美育为近代教育之骨干，论析了将美育作为独立的教育部类加以发展的必要性。由此

---

① 《饮冰室文集全编》卷二，上海广益书局 1948 年版，第 140 页。
② 《蔡元培美学文选》，北京大学出版社 1983 年版，第 107 页。

观之，从建构现代教育体系以及新的育人观念出发倡导美育，是中国近代美育的一大特色。从新民与强国的现代教育观念出发，中国近代美育的倡导者们对一系列相关美育问题进行了广泛的、在某些方面也颇具深度的探讨，并就一些问题取得了基本的共识。

首先，将美育从传统的伦理道德教育中独立出来，使其取得了与德育、智育、体育并列的地位，并对美育与其他各育之间的关系做了比较辩证的探讨。从培养"完全之人物"的教育宗旨出发，王国维、蔡元培等人都强调在完整的现代教育体系里，美育应具有独立的与其他各育并行的地位。至于说各育之间的关系，一方面"德育为中心点"，美育为完成德育的辅助手段；另一方面美育与其他各育之间又是相互渗透的，不可截然分离之。德、智、美三育并行且相互渗透，人生才得以渐达真善美之理想，再加以体育训练，"斯得为完全之人物，而教育之能事毕矣。"①

其次，从对美育心理根源和性质的探讨出发揭示了美育的特质。既然美育的心理根源存于人的情感机能中，美育的基本性质在于调适情感，使人的精神世界和谐平衡地发展，以达致人生、人性的完美之境，那么美育的特质也就在于它是诉诸情感的教育。王国维直接把美育称为"情育"。蔡元培也把美育视为"专尚陶养感情之术"，在多处地方一再指出美育"以陶养感情为目的"②。而梁启超更是直接以"情感教育"之名取代美育的提法，其《中国韵文里头所表现的情感》《美术与生活》《美术与科学》《趣味教育与教育趣味》等论美育的文章，处处着眼于一个"情"字。此外，像鲁迅认为美术教育的诚谛在于发扬真美，以娱人情，李石岑说美育"即为美的情操之陶冶"，"不离乎审美之心养成"③，都点明了美育的情感特质。

再次，近代美育思想家们也提出了实施美育的手段和途径。美育是借助一定的审美对象实施的情感教育，在王国维、蔡元培等人看来，凡能够陶冶情感、生养美丽之心的对象都是审美的对象，蔡元培称为"陶养的工具"。王国维认为构成美育对象的包括天然之美和人工之美，而人工之美又包括了

---

① 《王国维文集》第 3 卷，中国文史出版社 1997 年版，第 59 页。

② 《蔡元培美学文选》，北京大学出版社 1983 年版，第 174 页。

③ 李石岑：《美育论》，转引自胡经之编《中国现代美学丛编》，北京大学出版社 1987 年版，第 92 页。

工艺美和艺术美两个方面。蔡元培也在《美育代宗教》一文中提出人类生活的方方面面都有美化的问题，凡一切可以促成人生美化的事物都可以构成美育的对象。然而，由于美育主要是在学校里进行的教育，所以美育最主要的工具是文艺作品。王国维、蔡元培讲美育的对象，谈论的多是艺术。梁启超更明确点明"情感教育最大的利器，便是艺术。音乐、美术、文学这三件法宝，把'情感秘密'的钥匙都掌住了。"① 除了对艺术作为美育工具的强调之外，近代美育思想家们对美育的实施方法和途径也提出了许多具体的意见，其中以蔡元培所论最为系统、具体而又有可操作性。他根据现代教育之分为家庭教育、学校教育、社会教育的状况，阐明了一整套具体的美育实施方法，包括家庭美育、学校美育、社会美育诸方面，其中有不少精辟见解。如他关于学校智育教育中应含有美育的元素的观点，关于社会美育既要设立种种美育机关也要美化环境的观点，关于学校实施艺术教育要真正达到美育的效果而"不可成为机械的作用"的观点，至今仍不失其建设意义。

四

20 世纪初叶的美育思想是历史转型过程中的时代要求和文化精神在教育和美学领域里的体现。今天，站在又一个世纪初叶的历史高度重新审视先贤们给我们留下的这一笔丰厚的精神遗产，可以从两个方面获得有益的启示。

首先，从文化创生的角度来说，中国近代美育新潮给我们提供了学习、借鉴外来文化以及将古代文化赋予新的时代生机而进行创造性转化的范例。黄人在《清文汇·序》中说："中兴垂五十年，中外一家，梯航四达，欧和文化，灌输脑界，异质化合，乃孳新种，学术思想，大生变革。"② 中国近代美育就是在中西文化异质化合的基础上孕生出来的。中国近代美育的主要代表人物无不具有贯通中西的文化视野和学术气度，他们的许多思想和观点的提出都缘自西学，如王国维、蔡元培对德国哲学美学和美育观念的吸取，梁

---

① 《饮冰室文集》卷三七，《中国韵文里头所表现的情感》。
② 转引自汤哲声、涂小马编著《黄人》，中国文史出版社 1998 年版，第 90 页。

启超受英国经验主义美学和德国柏格森生命哲学的影响，鲁迅受尼采等人思想的影响等等。但他们不是从纯学理的角度来引进西方美学和美育理论的，而是企图借此来解决中国社会发展中提出的人生和教育问题，有其现实指向性，而且由于具体国情之不同，他们对引进的理论观点又是有所转化和发展的。同时，他们也力求在新的思想文化背景上来反观中国传统文化，重新阐释古代的思想资料，以求为新的时代所用，如王国维对孔子美育思想的研究就是如此。应该说，中国近代美育思想家们所做的上述"异质化合"的文化创建工作不仅是时代推力使然，也是他们自觉选择的一种文化创生策略。如鲁迅在《文化偏至论》中就指出，中国欲挽近于灭亡之命运，焕发精神，争存天下，"明哲之士，必洞达世界之大势，权衡较量，去其偏颇，得其神明，施之国中，翕合无间。外之既不后于世界之思潮，内之仍弗失固有之血脉，取今复古，别立新宗，人生意义，致以深邃，则国人之自觉至，个性张，沙聚之邦，由是转为人国。人国既建，乃始雄厉无前，屹然独见于天下，更何有于肤浅凡庸之事物哉？"① 在这里，鲁迅提出的中国救亡之策，也正是中国文化建设和国民教育的策略，这种"取今复古，别立新宗"的策略不仅在当时具有时代的合理性，对其他时代的文化创生来说也具有普遍的方法论意义。

其次，从今天的美育建设实践角度来说，虽然历史境遇已有了很大的不同，但作为一场有意义的社会文化运动，20 世纪初的美育新潮不会因历史的距离而消隐了其涛声，仍然有现实的启示价值，主要表现在几个方面：其一，教育之宗旨或者说育人理想，在于使人成为"完全之人物"，为此必须有"完全之教育"才能实现这一育人理想，而现代意义上的"完全之教育"，德、智、体、美四育缺一不可。其二，现代教育的总体趋势是趋向人与自然、人与社会、人与自我三重和谐关系的确立，而科学的精神、自由与民主的意识和审美的情怀则是现代人所应具有的人格素质，美育对这种和谐关系的确立和人格素质的建构有着重要的、不可替代的作用。其三，美育特别有利于涵养人的综合素质，培育人的创造精神和创新能力，这使得美育在现代素质教育中占有了重要的位置。其四，美育有利于克服现代社会发展给

---

① 鲁迅：《文化偏至论》，《河南》月刊第 7 号，1908 年 8 月。

人生、人性所带来的一些负面影响。特别是随着消费的经济时代的到来，工具理性的膨胀和虚假需求的泛滥将不可避免地加剧人生的单向度性，生命存在的精神维度将备受挤压，人的全面和谐发展的理想将面临新的威胁。美育能够培养人以审美的态度对待自然、社会和人生，使人成为审美的人或生活的艺术家，这对工具理性的膨胀和虚假需求的泛滥所造成的单面化人格模塑能起到有益的制衡和调适作用。最后，近代美育新潮还给我们一个启示，即美育是一项系统工程，要建设好这项工程，需要全社会的关注和努力。作为一项系统工程，我们一方面要从理论上研究并弄清美育的性质、特点，美育在整个现代教育体系中的地位和作用以及美育与其他各学科之间的互渗、交叉关系等相关问题，同时更要研究实施美育的具体途径和措施。关于后一方面，我们应该树立一种全方位、多层次的美育建设观念，只要有助于现代教育目的的实现，有助于审美人格的养成，都可以纳入到美育的范围和视野之中。

（原载于《文艺研究》2001 年第 3 期）

"文明"与"文化"

陈 炎

无论是在中文还是在西语中,"文明"(civilization)和"文化"(culture)都属于使用频率极高而又极为模糊的概念。有时候它们可以混用,有时又有严格的区别。但若问混用的理由何在?区别的根据在哪里?不仅百姓日用而不知,就连学者也未必说得清楚。在当今世界上,尽管以"文明""文化"为题目的论文、著作、学术刊物和研究机构不计其数,但对于这两个概念及其内在关系,却始终未能达成共识。在前些年"文化热"的讨论中有人统计,仅"文化"一词就有 140 多种不同的界定方式。最近又有学者指出,"英语中文化的定义有 260 多种,据说是英语词汇中意义最丰富的二、三个词之一"①。这种现象必然会带来三重疑问:第一,造成这种歧义的原因何在?第二,这种歧义能否取消?第三,如果歧义不能取消,是否还有必要界定下去?

我们知道,语言中的词作为一种"能指",其"所指"对象越抽象、越丰富,就越难以解释清楚。而无论"文明"还是"文化",都不像"桌子"或"电脑"那样指称某种客观存在的具体事物;恰恰相反,它们力求包含人类创造这些具体事物的总体成就和不同样态,因而其本身就与言说者看待整个"人化自然"的文明立场和文化态度有关。于是,这里面潜藏的"解释学的循环"势必会导致歧义的出现。而且从逻辑上讲,这种歧义是无法从根本上消除的。但是,尽管分歧是难以避免的,讨论和界定这些概念却不是没有意义的。正如在哲学领域中,每一种对世界本质问题的独特解释都有可能引

---

① 金元浦:《定义大众文化》,《中华读书报》2001 年 7 月 25 日。

发出一种独特的哲学观念、甚至哲学体系一样，在文化领域中，每一种对文明或文化概念的独特理解都有可能引发出一种独特的文明观念或文化理论。不同的是，哲学中的元范畴是用经验中的"能指"来指称超验中的"所指"，因而有形而上学之嫌；文化中的元范畴则是用经验中的"能指"来指称经验中的"所指"，因而可以避免独断论之弊。事实上，如果我们要对文明或文化问题进行认真、系统的研究，都不能不从这两个概念的界定和反思入手。当然了，本文中的界定和反思也只代表笔者的一孔之见，它既不同于施宾格勒，也不同于汤因比，并且也不急于寻求广泛的理解和认同。

一

所谓"文明"，是指人类借助科学、技术等手段来改造客观世界，通过法律、道德等制度来协调群体关系，借助宗教、艺术等形式来调节自身情感，从而最大程度地满足基本需要、实现全面发展所达到的程度。在笔者看来，人作为一种"类存在"，至少具有使用和制造工具（包括一切科技手段）、依赖和凭借社会关系（包括一切社会制度）、渴望和追求情感慰藉（包括一切精神享受）这三个基本特征。唯其如此，人类才可能有对真的探索、对善的追求、对美的创造。反过来说，只有在对真、善、美的探索、追求、创造之中，人类才能最大限度地满足自身的基本需要、实现自身的全面发展。在这一点上，任何时代、任何地域、任何种族的人类群体概莫能外。从这一意义上讲，人类文明有着统一的价值标准。

换言之，人类要满足自身的基本需求，实现自身的全面发展，就必须进行真的探索、善的追求、美的创造。人类要进行真、善、美的探索、追求和创造，就必然会面临人与自然、人与社会、人与自身之间的重重矛盾。而所谓文明，就是人类在克服这些矛盾的努力中所达到的历史进度。当我们说"资本主义时代的文明程度高于封建时代的文明程度"这句话时，既意味着资本主义时代的物质生产能力高于封建时代，也意味着资本主义时代的社会组织形式较之封建时代更能焕发人类群体改造世界的总体能力，还意味着资本主义时代的精神产品及其享受形式比封建时代更加丰富多彩。从这一意义上讲，所谓文明的尺度，也正是马克思主义有关生产力和生产关系、经济基础和上层建筑的综合尺度。

所谓"文化",是指人在改造客观世界、在协调群体关系、在调节自身情感的过程中所表现出来的时代特征、地域风格和民族样式。由于人类文明是由不同的民族、在不同的时代和不同的地域中分别发展起来的,因而必然会表现出不同的特征、风格和样式。我们知道,考古学家对"文化"一词的经典使用方式,就是从不同地域的出土文物在建筑、工具、器皿的风格和样式上入手的。由于旧石器时代不同地域出土的器物中尚无风格和样式上的差别,因而"文化"一词只有在新石器时代以后才被使用,像"仰韶文化""龙山文化"等等。例如龙山文化的发现即是由一片黑陶引起的,由于这种黑陶器皿与仰韶文化的彩陶有着截然不同的风格和样式,从而引起了考古工作者的重视。不仅龙山的黑陶不同于仰韶的彩陶,而且良渚的玉器不同于大汶口的石器、红山的陶俑不同于马家窑的人像……正是这种风格和样式的千差万别,才使得同一个新石器时代的华夏文明表现出五彩缤纷的文化形态。华夏文明如此,整个人类文明更是如此。设想一下,如果没有不同的时代特征、地域风格、民族样式,整个人类文明的历史进程将会显得多么单调乏味。

若就这些不同风格、样式、特征的文化产品对满足人类的基本需要、对实现人类的全面发展所提供的可能性及历史水准而言,这些文化产品包含的文明价值是有高低之分的。但就这些风格、样式、特征与其所属的民族、地域、时代之间的关系而论,文化本身并无贵贱之别。譬如穿衣,我们穿的衣料能否取暖、是否舒适、可否满足人类的基本需要,这中间有一个文明的问题;至于是穿西服还是穿和服、是穿旗袍还是穿超短裙,这其间又有着一个文化的问题。在前一种意义上,我们可以说衣衫褴褛是不文明的表现;在后一种意义上,我们却不能说穿中山装是没有文化的标志。譬如吃饭,我们吃的食物能否果腹、有无营养、是否卫生,这中间有一个文明的问题;至于是吃西餐还是吃中餐,是吃法国大菜还是吃日本料理,这中间又有一个文化的问题。在前一种意义上,我们可以说茹毛饮血是不文明的表现;在后一种意义上,我们却不能说吃美国快餐是没有文化的标志。譬如工具,我们用的器皿会不会渗水、是不是坚固,这中间有一个文明的问题;至于是用石器还是用玉器,是用彩陶还是用黑陶,这中间又有一个文化问题。在前一种意义上，我们可以在石器时代、陶器时代、青铜器时代之间排列出一个文明的序列；在后一种意义上，我们却不能说色调单一而又质地细密的黑陶没有文化品位。

如此说来，文明与文化是两个既相联系又相区别的概念：文明是文化的内在价值，文化是文明的外在形式。文明的内在价值通过文化的外在形式得以实现，文化的外在形式借助文明的内在价值而有意义。一般来说，文明的内在价值总要通过文化的外在形式体现出来，而文化的外在形式又总包含文明的内在价值。如果说穿衣有一种文明的内在价值，那么穿西服还是穿和服则是一种文化的外在形式，——我们很难设想有一种不带民族、时代、地域特征的、没有任何风格和样式的抽象的服装；如果说吃饭有一种文明的内在价值，那么吃中餐还是吃西餐则是一种文化的外在形式，——我们很难设想有一种不带民族、时代、地域特征的、没有任何风格和样式的抽象的饭菜；如果说使用器皿有一种文明的内在价值，那么用中式的陶瓷酒盅还是用西式的高脚玻璃杯则是一种文化的外在形式，——我们很难设想有一种不带民族、时代、地域特征的抽象的容器。

二

文明是一元的，是以人类基本需求和全面发展的满足程度为共同尺度的；文化是多元的，是以不同民族、不同地域、不同时代的不同条件为依据的。如果我们只承认文明的一元论而不承认文化的多元论，便有可能得出"欧洲中心主义"之类的邪说；如果我们只承认文化的多元论而不承认文明的一元论，便有可能得出"文明相对主义"之类的谬论。前者企图将一种文化的模式强加给不同时代、不同地域的不同民族，并肆意贬低和蔑视其他民族的文化创造；后者则企图用文化模式的多样性来抵消文明内容的进步性，并以民族特色为借口而拒绝外来文明的影响和渗透。

文化没有高低之分，却有强弱之别。所谓"强势文化"就是指能力较强、效率较高，从而包含文明价值较多的文化系统。相反，所谓"弱势文化"则是指能力较弱、效率较低，从而包含文明价值较少的文化系统。譬如语言文字，这种因民族、地域的不同所形成的不同的符号系统本没有高低贵贱之分，但其作为人类日常的交际工具和信息传递手段却有是否丰富、是否准确、是否容易掌握、是否便于处理等差别。从这一意义上，我们固然不能说云南纳西族人保存至今的东巴文字没有价值，但这种古老的象形文字系统在当今的信息时代却难以发挥更大的影响。一种语言文字如此，而那种以语言文字为子系统的大的文化母系统更是如此。怀特把文化看成一个能获取能量的系统，认为在其他条件不变的情况下，文化随着每年每人利用能量的增加而演化，从而满足着人们物质和精神上的各种需要。尽管从环境保护主义的立场上看，这种观点似乎是值得商榷的，但人类迄今的文明发展和文化创造却很难提出反面的例证。

文化的差异原本产生于时代、地域和民族的不同，但随着科技的进步、交通的改善、信息的加强，不同民族、地域之间以经济交往、文化交流、政治对话、军事征服等各种方式渐渐打破了固有的文化疆界。然而，在世界一体化也就是时、空一体化的过程中，不同文化系统彼此影响和相互渗透并不总是自愿的，更不是等值的。在这一过程中，强势文化常常居于主导和支配的地位。这种影响和渗透自然有其好的一面，它使得居于劣势地位的弱势文化不得不改变其固有的状态，以提高其文明含量。因此可以说，这种全球化的历史过程，也正是人类文化不断提高其内在的文明总量的过程。但是，这种影响和渗透也有其坏的一面，它使得不同民族和地域的文化差别越来越小，文化面貌日渐趋同。因此可以说，这种全球化的历史进程，也正是人类文明不断减少其外在的文化差异的过程。

仍以语言为例，16世纪，英语还只是居住在英格兰岛上的几百万人的母语，而至今日，世界上以英语为母语的人口已达到3.5亿之多，全球有3/4的邮件是用英语书写的，而国际互联网上的英语信息更是高达90%以上。不难想象，在英语成为世界语言的过程中，人类的交往获得了很大的便利；但同时，有多少个比云南纳西族更为不幸的民族文化连同它们的语言文字一同消亡了。今天，全世界有多少人穿着西服，系着领带，开着丰田牌轿车，来到星级化管理的写字楼里，坐在由IBM公司产生的电脑面前，使用着由比尔·盖茨开发的WINDOWS系统呢？或许，这一数量与全球的文明总量成正比，但却与全球的文化总量成反比。尽管美国人为印第安人设置了保留地，尽管中国人为纳西古乐建立了民乐团，尽管各大旅游区都有所谓民族村之类的保留项目，但要把各个不同地域的民族文化真正保留下来，使其不在全球化的历史浪潮中被淹没，又谈何容易呢？迄今的历史似乎表明，人类文明程度的提高是以文化方式的趋同为代价的。换句话说，我们不仅在开垦荒地、建造工厂的过程中灭绝着自然界的稀有物种，而且在殖民统治、市场经济的进程中灭绝着人类社会的稀有文化。也许有一天，全球化的历史运动大功告成了，那么文化的概念会不会螺旋式地回到旧石器时代，再一次与文明的概念相重叠呢？

好在不同文化圈之间的影响和渗透并不总是单向的。尽管文化有强弱之分，但不仅弱势文化要从强势文化那里学习很多东西，强势文化也要从弱势文化那里汲取必要的营养。美国学者罗伯特·路威曾随手抓了一张欧洲人的菜单进行研究，分析的结果使人大吃一惊，菜肴中四分之三的原料都是从外地引进的：在哥伦布出世以前，欧洲的厨师们根本就没有见过番茄、土豆、四季豆、玉米和菠萝蜜，这些都是从美洲新大陆引进的。至于饮料：1500 年前，欧洲人不知道什么叫作可可，什么叫作咖啡，什么叫作茶。前者是西班牙人从墨西哥带来的；中者最初只生长在非洲的埃塞俄比亚；至于后者嘛，熟悉鸦片战争的人都知道它是怎样从中国被运到欧洲去的。如此说来，如果没有对外的贸易或掠夺，没有文化的交流和渗透，欧洲人的餐桌上便只剩下三样东西：面包、白米布丁和牛奶。反过来，如果我们看一看中国人自己的餐桌，也会发现比 200 年前丰富了许多，那上面不仅有烧饼、油条，也有面包、果酱；不仅有中国的老白干，也有德国的啤酒和法国的香槟。毫无疑问，这种你中有我、我中有你的双向交流无论对东方人还是对西方人来说都是一件好事，它纵然不能增加已有文化圈之间的差异并突出其特色，但却使我们原有的文化形态更加丰富，从而享受的文明质量也随之提高。

在这一方面，或许日本的经验值得注意。在当今世界上，似乎没有哪个东方国家比日本的西化程度更高了；然而恐怕也没有哪个东方民族比日本更善于保存传统文化了。一方面，日本人不遗余力地引进西方文化；另一方面，日本人又在十分顽固地维护着自己的民族传统。于是，在这个太平洋的岛国上，随处可以看到这样一种奇妙的文化景观：西式的摩天大厦与和式的木制建筑同时并存；西服、革履与和服、木屐并行不悖；既可以发现握手的场面，也可以看到鞠躬的情景；既有地球上速度最快的电气火车，又有世界上节奏最慢的茶道仪式；既可以观赏到标准的芭蕾舞、西洋歌剧，又可以欣赏到传统的能乐、狂言；不仅旅馆、饭店，就连厕所也能够分出"西式"与"日式"两种，真可谓泾渭分明、并行不悖。说到底，文化只是文明的外在形式。因此，凡是具有文明价值的文化产品，无论东方西方，都可以兼收并蓄，为我所用。

三

尽管不同文化系统间的交流和渗透是一种历史趋势，但是这种交流和渗透并不总是自觉或成功的。其原因就在于我们对文化的要素与功能、文化的结构与建构之间的复杂关系还缺乏深入研究和理解。

文化作为一个系统，是由各种不同的要素组成的，而每种文化要素都有实现其文明价值的特殊功能，以满足人类群体的需要。以马林诺夫斯基为代表的功能主义学派将这种需要分为基本的和次生的两个层次。基本需要一般是建立在生理需求基础之上的，包括摄取营养、生殖繁衍、身体舒适、生命安全、适当休息、行动自由、健康成长等；次生需要一般是建立在社会需求基础之上的，如劳动协作、信息传递、社会交往、契约保障、情感慰藉等等。人类正是在满足基本需要的过程中不断产生出次生需要，从而向文化提出越来越多的文明需求。

尽管人类的文明需求在本质上是一致的，但由于不同的人类群体生存的自然环境和社会条件不同，因而满足其文明需求的文化方式也不尽相同。以中国人的饮食为例，所谓"东酸西辣南甜北咸"，看上去似乎仅仅是一种毫无道理的习惯而已，细加分析却不难发现，这些习惯的形成或受制于不同地域的物产条件，或归因于人体在不同气候环境下的生理需求，各有各的道理。某些文化现象，在该文化圈以外的人看来似乎是毫无价值的，但经过认真考察却往往能发现其潜在的功能和意义。在这一方面，最为典型的例证是约翰·怀庭关于产后性禁忌的研究。在这一研究之前，不少人仅仅将赤道地区妇女产后长期性禁忌的文化习俗归结为一种迷信。但怀庭的研究成果却表明，由于赤道地区植物蛋白含量较低，使得新生婴儿常因患蛋白质缺乏症而夭折。在这种情况下，如果妇女在产后过早地再次怀孕，就会因缩短哺乳期而增加婴儿夭折的可能性。因此，这种连当地人也说不出原因的产后性禁忌实际上是有着潜在的科学功能和文明价值的。当然了，并不是说任何文化现象都具有天然的合法性，也不是说人类的文化现象中没有需要改造的陈规陋习。这一例证给人们的启示是，在没有弄清楚一种文化现象的文明功能之前，不要轻率地加以否定；反之，在没有搞清楚一种文化要素的文明功能之前，也不要生搬硬套。而这两种现象，恰恰是人们在文化的传播和移植过程中最为常见的错误。

文化系统不仅是由各种要素组成的，而且各要素之间亦有着内在的结构关系。一般说来，文化的诸多要素都不是孤立的，它们只有在其特定的文化结构中才可能发挥其应有的功能，从而实现其文明的价值。仍以饮食为例，筷子和刀叉作为一种文化要素，它们的功能是将烹饪好了的食物送进人们的嘴里，从而改变人类用手直接吃饭的不良习惯。但是，筷子和刀叉只有分别在中餐和西餐之不同的饮食结构中才可能实现其文明的价值，否则，无论是用筷子吃牛排还是用刀叉吃水饺都只能成为一种笑谈。从这一意义上讲，文化研究中的功能主义和结构主义之间并没有必然的矛盾和冲突，只是两者侧重的要点不同罢了。

在不同的文化结构中，有些要素虽然具有鲜明的民族或地域特征，但其内在的功能却有着相似之处。例如佛教信奉释迦牟尼，基督教信奉耶稣基督，伊斯兰教信奉穆罕默德，它们之间相互排斥，有时甚至势如水火。但从文明的角度看，它们又都有着满足人们终极关怀的极为相似的文化功能。在这种情况下，如果人们只看到外在的文化形式的差异性而看不到内在的文明价值的一致性，就可能带来盲目的文化冲突，甚至把这种文化的冲突误认为是文明的冲突。在这一问题上，很容易使人们联想起美国学者亨廷顿的那篇颇具影响力的论文：《文明的冲突》①。事实上，这种文化的冲突非但无助于文明的进展，还常常具有反文明的性质。

在另外一些不同的文化结构中，有些文化要素之间并不存在直接对应的相互关系，而其所需功能则往往由其他文化要素加以"代偿"。例如，一

① ［美］亨廷顿：《文明的冲突》，香港《二十一世纪》1993 年 10 月号。

般认为，宗教和法律是古代社会调节人的灵魂精神世界和肉体行为领域的两个最为重要的文化要素，但这两大要素在古代的中国却都不发达。稍加研究我们就会发现，并不是中国古人就没有灵魂和肉体的问题需要解决，而是中国古人利用不同于其他民族的方法来解决精神世界和行为领域中所存在的问题。因此，如果说中国古代的宗教和法律不像其他民族那样发达的话，那么中国古代的艺术和道德却有过之而无不及。因为在文化功能上，我们的古人主要不是依靠宗教而是依靠艺术给人们带来情感慰藉和终极关怀的，我们的古人主要不是依靠法律而是依靠道德来协调人与人之间的行为方式和社会秩序的。如果不理解这种不同文化结构的重要差异，就有可能用一种文化结构的标准来衡量另外一种文化结构的价值，甚至可能徒劳无功地将一种文化结构中的要素生搬硬套到另一种文化结构中来。在这一问题上，很容易使人们联想起中国学者刘晓枫的那本风靡一时的著作：《走向十字架的真》。当然了，并不是说中国传统的儒家文化不需要改造，而是不可能简单地根据一种设想来加以任意改造。

一种民族文化尽管有其自洽的、相对稳定的结构系统，但这一系统并不是先验的、永恒不变的，它本身就是一个既不断建构又不断解构的过程。作为结构主义的代表人物，列维－斯特劳斯致力于不同的文化要素之间的系统研究，其成就是显著的，但他将外在的文化结构归因于人类内在心理结构的做法亦有其偏颇之处。我们知道，不同的文化模式产生于不同的自然环境和社会环境，就连不同人类群体的心理结构也是由环境造成的。在这里，我们不想否认心理结构对文化结构的影响。但从历史唯物主义的角度来看，这一切都是特定的生产力和生产关系在特定环境下的产物。仍以儒家文化为例，那种建立在亲子血缘基础之上的伦理——国家观念是黄河文明及"亚细亚生产方式"的产物，而并不是什么"恒常不变的道理"。强行改变它是不可能的，永远维护它也是办不到的。它的命运，既取决于外来文化的影响和渗透，更取决于内部土壤的分化和瓦解。随着自然经济的解体和商品生产的发展，儒家文化所赖以存在的人与人之间的原始血缘关系正在一点点地被法律契约关系所取代，儒家文化所一贯张扬的伦理道德观念正在一步步地被公民权利观念所取代……在这个问题上，如果我们只看到文化的建构过程而看不到其结构的意义，就会将文化间的影响和渗透看成是一种可以任意为之的事情；反之，如果我们只看到文化的结构意义而看不到其建构的可能，就会将某种文化的存在看成是永恒不变的事情。因此，只有将共时的结构主义与历时的建构主义统一起来，才有可能既看到文化系统的自恰性和稳定性，又发现文化变革的必然性和规律性。

（原载于《学术月刊》2002 年第 2 期）

西方现代"美育转向"与
21世纪中国美育发展

曾繁仁

20世纪以来的西方现代美学呈现了多元、多变的发展轨迹，出现了种种"转向"，如"非理性转向""心理学转向""语言论转向""文化研究转向"等。但迄今为止，人们却忽视了其中另一种重要的转向即"美育转向"——在由古典形态的对美的抽象思考转为对美与人生关系的探索、由哲学美学转到人生美学的过程中，美育在西方现代美学特别是现代人文主义美学中成了一个前沿话题。这一转向并非偶然，而有其现实的社会根源：整个20世纪，科技经历了由机械化到电子化再到信息化的发展，经济活动由工业时代逐步进入知识经济时代，教育则经历了从世纪初以测试主义为标志的应试教育向20世纪后半叶素质教育受到广泛重视的转变。这种社会的巨变，使得包括想象力在内的人的审美力发展问题显现出从未有过的重要性，美育的地位也由此得以凸显。此外，社会现代化的步伐，同时也带来了工具理性膨胀、市场拜物主义盛行与心理疾患蔓延等各种弊端。而这些弊端的共同点，便集中体现为人文精神的缺失。因此，对现代化进程中人文精神的补缺便成为十分紧迫的当代课题。而美育作为人文精神的集中体现，是实施人文精神补缺的重要途径。因此，西方现代美学的"美育转向"正迎和了时代的需要。

具体说来，西方现代美学的"美育转向"，是以康德、席勒为开端的。康德在其哲学体系中完成了"自然向人的生成"，使美学成为培养具有高尚道德的人的中介环节，第一次把美学由认识论转到价值论、由纯粹思辨转到人生境界的提升。这就是康德为西方现代美学的"美育转向"所开辟的道路。而席勒"基于康德的基本原则"，将美育界定在情感教育范围并明确提出"要使感性的人成为理性的人，除了首先使他成为审美的人，没有其他途径"①。特别可贵的是，席勒的思想体现了鲜明的现代色彩，包含了对于资本主义现代化过程中"异化"现象的忧虑与试图消除的内容。可以说，康德与席勒为西方现代美学的"美育转向"奠定了基本方向。

其后叔本华、尼采具有更加鲜明的现代性。他们以"生命意志""强力意志"为武器，彻底否定了西方的理性主义传统，倡导"人生艺术化"，把审美与艺术提到世界第一要义的本体论高度。

可见，贯穿整个西方现代历程的人文主义美学思潮，在某种意义上就是人生美学，也就是广义的美育。包括弗洛伊德的"原欲升华论"，也可视为一种美育思想，即通过艺术与审美的途径提升人的本能、升华人的精神。存在主义美学更加彻底地将注意点完全转向现实人生，以人的生存为出发点与落脚点，首先敏锐地洞察与感受到现代资本主义对人的深重压力。为了改变这种极端困窘的生存状态，使人找到真正的精神家园，存在主义美学提出通过艺术与审美来实现"生存状态诗意化"的重要命题，而萨特更是把艺术与审美看作人的生存由困窘向自由的提升。与存在主义美学对美育的重视相呼应的，还有作为社会批判理论的西方马克思主义某些代表人物，如马尔库塞，试图以艺术与审美来对这种"单向度的社会"进行改造，强调"艺术也在物质改造和文化改造中成为一种生产力"②。而实用主义的杜威则从科学主义角度同样关注美育，提出"艺术生活化"的著名命题。他的突出贡献在于将艺术归结为经验，以经验为中介打破艺术与生活的界限，认为审美经验就是生活经验的一种，"这种完整的经验所带来的美好时刻便构成了理想的美"③。而这种"理想的美"的获得，就是个体生命与环境之间由不平衡到平衡所获得的一种鲜活的生活经验。这样，杜威的"艺术生活化"理论也从一个侧面反映了现代工业社会大众文化逐步发展的实际情况，同时又带有某种理想的色彩。

这里，我们要特别提出法国当代哲学家福柯晚期著名的"生存美学"思想。这一思想强调"把每个人的生活变成艺术品"，为此，福柯提出了相

① ［德］席勒：《美育书简》，徐恒醇译，中国文联出版公司1984年，第116页。
② 转引自朱立元《现代西方美学史》，上海文艺出版社1993年版，第1021页。
③ 转引自朱立元《现代西方美学史》，上海文艺出版社1993年版，第643页。

应的"自我呵护"命题，主张"与自我的关系具有本体论的优先性，以此衡量，呵护自我具有道德上的优先权"①。"自我呵护"命题的提出，标志着一个重要的哲学与伦理学转折，即把人的关注点从人与社会、人与他人的关系转到人与实际存在的人自身的关系之上，要求从个体出发而突破"规范化"的束缚。应该看到，人类关注重点的转移是有着强烈时代性的。在人类社会早期，农耕时代人类所关注的是自然；进入工业社会，人类关注的重点是理性；从 20 世纪初期开始，特别是"二战"以后，资本主义制度的弊端愈发突出，工具理性局限明显，人类面临诸多灾难，人类因此关注非理性对理性的突破。而进入信息时代以来，网络技术迅速发展，全球化进程不断加速，大众文化日渐勃兴，对工具理性的解构逐步被人的主体性重建所代替。在这种形势下，福柯特别提出以关注人自身存在状况为内涵的"自我呵护"命题，其侧重点显然不在人的解放，而在于人的艺术化生活的"创造"。尽管这一命题的审美乌托邦倾向与极端个人主义内涵十分明显，但它所提示的现代社会工具理性与市场拜物盛行所造成的"规范化"现实，以及由此产生的人的"自我"的某种程度的丧失，却是客观存在的。对此，我们可以在唯物主义实践观指导下，扬弃其个人主义的内涵，通过倡导"自我呵护"而引导每个人的生活走向"艺术化"的创造。

上述西方现代美学的"美育转向"对 21 世纪中国美育的发展提供了重要的启示和借鉴。中国古代虽然有着极为丰富的美育思想遗产，诸如礼乐教化、诗教乐教等理论与实践传统，但是，作为现代形态的美育思想，却是 19 世纪末、20 世纪初由王国维、蔡元培等人自西方引入的。当时最著名的就是蔡元培所倡导的"以美育代宗教说"，由于它主要针对了孔教的一度泛滥而试图以美育取代之，因而带有鲜明的反封建的启蒙主义色彩。新中国成立以后，特别是十年"文革"结束后，一些美学家重新倡导美育，但主要是为了批判"四人帮"颠倒美丑的逆行，带有拨乱反正的性质。至于我国美育倡导的当代性，则集中体现在 1999 年 6 月第三次"全国教育工作会议"将美育作为素质教育的有机组成部分，作为关系国家民族前途命运的事业提了出来。这样，美育便不仅肩负着培养创新型人才的重任，还承担了进行现代

---

① 转引自 [英] 路易斯·麦克尼《福柯》，黑龙江人民出版社 1999 年版，第 172 页。

化过程中人文精神补缺的重担。在这种情况下，有分析地吸收西方现代美学中有价值的美育观念和思想，是十分必要而有意义的。一方面，我国美学研究需要适应时代，尽快走出脱离现实的抽象思辨窠臼，实现必要的"美育转向"，将美育作为理论与实践的前沿课题加以研究、突破。另一方面，我们要对西方现代有价值的美育思想，诸如唯意志主义美学"人生艺术化"的思想，存在主义美学"生存状态诗意化"的思想，福柯"自我呵护"的命题等，作出批判的吸收，将其精华部分吸收到我国当代美育理论体系之中，将人以审美的态度对待社会和自然、特别是人自身，作为美育研究的一个十分重要的当代课题。

　　当前，在主、客等各个方面，人自身都处于十分窘迫的"非美"状态。工具理性的膨胀，应试教育的盛行，科技拜物与市场本位的发展以及生态的破坏，都给人的身心以巨大压力。而城市化的加速、生活节奏的加快，则使人产生空前巨大的精神压力，造成全世界近 4 亿人口、中国近 1600 万人口罹患不同程度的心理疾病。在主观上，由于市场本位、金钱拜物与消费文化的影响，导致人的价值取向低俗，以追求利益为目的的工作与消费使相当一部分人处于一种浑浑噩噩的状态，极大地降低了人的生存质量。面对这种情况，我们应当意识到，改善人的生存状态的关键，主要不是社会与他人，而是人自身。因而，我们应该倡导人们"自我呵护"，以审美的态度对待自身，使人自己的生态状态得到有效改善与提升，将自己的生活创造成"艺术品"。这对于应对时代与社会的挑战，克服某些社会弊端，提升人的生活品位，促进社会主义精神文明建设，都是有其裨益的。

（原载于《学术月刊》2002 年第 5 期）

审美教育：一个关系到未来人类素质和生存质量的重大课题

曾繁仁

这次研讨会之所以选择审美与艺术教育这样一个论题，主要是审美与艺术教育已经成为世界各国文化教育界所共同关注的一个重大课题。那就是，面向新的世纪，人类应该审美地生存，我们应该将我们的后代培养成审美的生存一代新人。众所周知，面对未来，摆在人类面前的是机遇与挑战共存。所谓机遇，那就是未来岁月人类将会取得更多的繁荣发展。而所谓挑战，那就是与繁华发展相伴，人类也将面临自然生态恶化、工具理性膨胀、市场拜物盛行、精神疾患漫延等等严重问题。这就是物质生活富裕与人的生存状态非美化两极发展的悖论。而要解决这个悖论就必须坚持物质文明与精神文明同时发展。而美育就是精神文明的重要组成部分。也就是通过审美教育的手段培养审美的一代新人。这样的新人应该以审美的世界观作为生存的根本原则，摆脱传统的"人类中心主义"和工具理性的束缚，以亲和系统、普遍共生的态度同自然、社会、他人和人自身处于一种协调一致的审美状态，改变人的非美的生存状态，走向审美的生存。中国早在先秦时期就有"诗教""乐教"的古典形态的美育传统。20世纪初期，王国维、蔡元培等先驱者又从启蒙的角度介绍了西方现代美育观念。新中国成立后，特别是新时期，国家对美育发展采取了一系列重要措施，特别是从素质教育的高度将其列入国家教育方针，在原有十分薄弱的基础上取得非常明显的成绩。此次会议的重要目的就是借此机会同国内外有关同行就审美教育与审美文化发展的重要问题进行学术的交流与对话，以达到理解共识，促进发展的目的。这次会议从美育的自身规律、外部关系、中西比较和审美文化等多个层面探讨美育问题，具有较大的学术含量、前沿性、理论性和实践意义，其广度与深度达到了一个新的水平。会议集中讨论了审美教育的极端重要性。大家共同认识到，人类社会已经迈入 21 世纪。新的世纪，对于人类来说既预示着新的繁荣发展，也预示着将会出现许多新的问题和挑战。但创造美好未来却是我们的共同愿望。而美好未来的创造却要依靠一代高素质的新人。这一代新人应该做到科学与人文的和谐统一、理性观念与艺术精神的和谐统一、人与自然的和谐统一、身体健康与心理健康的和谐统一。这就是一种审美的生存。因此，我们的共识是，在新的世纪我们不仅要教育我们的青年学会生存，而且要教育他们学会审美的生存。这就是审美教育所肩负的光荣而艰巨的任务。

这次会议，中外学者还交流了各自国家和学校开展审美教育的情况，起到了交流经验、交换看法、取长补短的作用。国外学者介绍了开展通识教育、进行以学科为基础的艺术教育以及运用高科技手段开展艺术教育的情况和经验，给中国学者很大的启发。中国学者也介绍了从 1995 年开始的作为文化素质教育组成部分的艺术教育的情况，以及 1999 年 6 月全国第三次教育工作会议之后，在政府的有力支持下，从素质教育的高度开展的艺术教育的情况。会议再次证明，世界各国、各地由于文化背景的不同、经济水平的差异，审美教育开展的情况会有所不同，但对审美教育的共同重视我们却是一致的。由于中国尚属发展中国家，在审美教育方面还有许多欠缺。我们一直认为，审美教育是我国所有教育环节中最为薄弱的环节。我们需要很好地向国外的高校学习，不断加强我们的审美教育工作。

这次会议还比较深入地讨论了审美教育中一些有待解决的问题。一是审美教育的普及问题。审美教育的真正普及同整个教育体制密切相关，必须改变现有的应试教育体制，逐步实行素质教育。二是审美教育的评价问题。审美教育本质上是一种情感教育，对它的评价不能采取同其他理化课程类似的统一的标准化评价标准和方式，而应采取个性化的评价标准和方式。但难度大、实施不易。三是审美教育的目的问题。这就涉及审美教育过程中知识、技能与素养的关系。我们认为，知识是前提，技能是基础，而目的则是提高素养。三者之间应该有机地统一在一起。四是审美教育如何面对当前社会与文化的诸多挑战问题。例如，市场经济、大众文化、先锋派艺术、信息时代传媒等等。许多学者认为，审美教育不仅具有理论性的品格，更加具有实践性的品格，应该面对现实、应对挑战，使我们的学生通过审美教育，具有在新的复杂环境中审美地生存的能力。

关于审美教育的科研问题。许多学者认为科研是提高今后审美教育水平的重要支撑。目前在审美教育的科研上首先要加强学科意识。美育是介于美学、教育学、心理学之间的一门交叉边缘学科，但归根到底是教育学的一个分支，并具有相对独立性，而且随着时代的发展愈显重要。因此，作为一个相对独立的学科就应拥有一个有机的知识主体、各种独特的研究方法以及对本研究领域的基本思想有着共识的学者群体。我们应该更自觉地朝着这个方向去建设与发展美育学科。同时，正因为美育是一个交叉边缘学科，就有赖于美学、教育学、心理学、社会学以及脑科学等各有关学者的共同关注和联合攻关，这样才有可能取得新的突破。前面已经谈道，美育作为教育学的分支具有强烈的实践性品格，因此，美育的科研应紧密联系育人实际，从育人第一线发现问题，提到理论高度开展研究，这样才会使美育研究充满动力与活力。

许多代表还就审美文化问题发表了宝贵的意见。大家认识到，优秀的文化是人类文明的结晶，是指导人类前行的精神力量，也是一个民族之根。在经济全球化的时代背景之下，我们一方面要促进文化的交流互补，同时更要坚持文化的多元共存。大力发展民族文化，使之更具生命力与活力。尤为可贵的是，不少西方学者对东方文化的特殊价值给予了充分肯定，表现出他们宏阔的学术视野。大家共同认为，不同地区和民族的学者应共同创造多姿多彩的各民族文化争奇斗艳、百花齐放的崭新局面。而学术领域的交流与对话就是促进各种文化发展的动力和重要途径。我们的这次国际学术研讨会是一种很好的尝试，并取得了明显的成效，显示其特有的魅力。因此，我们殷切地期望不久的将来会有第二次、第三次有关审美教育的国际学术研讨会。让我们以新的成果和更深的友谊再次相聚。

最后，我再次强调我们此次会议的共识：让我们的青年一代学会审美的生存。

（原载于《山东大学学报》（哲学社会科学版）2002 年第 6 期）

生活美学：21世纪的新美学形态

仪平策

审美文化的崛起与发展，已成为中国自20世纪末以来最普遍最突出的文化景观，它以一种从未有过的规模和力度，毋庸置疑地进入并影响了我们的日常生活。对此，美学界虽看法参差，毁誉不一，但总的来说，是忧患者、批判者居多，而肯定者、赞赏者较少。多数学者认为，审美文化在世俗领域、市民阶层、大众社会中的深广发展，美和艺术在感性、通俗、表象化、娱乐化层面的狂欢，总之是向日常生活界面的回归，标志着"人文"理想的一种退场和缺失，意味着"崇高"精神的一种沉沦和堕落。言语之间，大有视为洪水猛兽之意。但显而易见的事实是，这种来自所谓知识"精英"阶层的忧惧和批评是苍白的，当代审美文化依然按照固有的轨迹和"逻辑"蓬勃向前。这就明白地告诉我们，现有的美学话语、理论体系在应对当代审美文化的挑战方面是无力的和失效的，它同当下审美文化实践实际上呈一种隔膜脱节状态。它所习惯的"贵族化"学术姿态使之在新的艺术现实、审美存在面前，只能选择本能的抵御和盲目的指摘，而不是理性的认知和积极地介入。对此，中国当代美学已到了自觉反思自己并尽快作出调整的时候了。

为此，本文提出"生活美学"概念，以同当下审美文化实践的发展指向相对应。作为一种新的美学形态，生活美学是以人类的"此在"生活为动力、为本源、为内容的美学，是将"美本身"还给"生活本身"的美学，是消解生活与艺术之"人为"边界的美学。它所谓"生活"，不同于车尔尼雪夫斯基所说"生活"，因为车氏尽管将美学的重心从"先验理念"拉回到"现实生活"，但他所理解的生活总体上依然是一种抽象直观的、生物学意义上的生活，是一种等同于"活着"的"生活"。我们所理解的"生活"，指的则是人类在历史的时空中感性具体地展现出来的所有真实存在和实际活动；它既包括人的物质的、感性的、自然的生活，也包括人的精神的、理性的、社会的生活，是人作为"人"所历史地敞开的一切生存状态和生命行为的总和。因此，它不是脱离了人的"此在"状态的抽象一般生活，而是每一个人都被抛入其中的感性具体寻常实在的生活。所以，所谓生活美学，也就是将美的始源、根底、存在、本质、价值、意义等直接安放于人类感性具体丰盈生动的日常生活世界之中的美学。在生活美学看来，美既不高蹈于人类生活之上，也不隐匿在人类生活背后，而是就在鲜活生动感性具体的人类生活之中。当然，美也不等同于世俗生活本身。本质上，美就是人类在具体直接的"此在"中领会到和谐体验到快乐的生活形式，是人类在日常现实中所"创造"出的某种彰显特定理想和意义的生活状态，是人类在安居于历史性存在（即具体生活）中所展示的诗意境界。总之，脱离了人类生活世界的"美"，无论它是对象的属性，还是主体的感受，实际上都是一种绝对的抽象，是一个"无"，是根本不存在的。正如海德格尔论及"真理"时所说的："唯当此在存在，才'有'真理。……此在根本不存在之前，任何真理都不曾在，此在根本不存在之后，任何真理都将不在"。① 因为"在最源始的意义上，真理乃是此在的展开状态"。② 就是说，"此在"与"真理"是源始本然地统一着的。其实，同真理一样，"美本身"和"生活本身"在本真的、源始的意义上也可以说是天然一体，浑然不分的。再进一步说，在人类生活本真的、源始的意义上，审美与功利、自由与现实、主体与客体、高雅与通俗、感性和理性等等也是天然一体浑然不分的。从这个角度看，生活美学是无分精粗、不拘雅俗、消解对立、人人共美的美学，是承认一切个体审美权利合法性的没有高下贵贱等级差别的真正"文化的'民主化'"③ 的美学，是真正的人类学美学。在它这里，那种由少数垄断美学资源的所谓"人类灵魂工程师"向大众群体进行君临式启蒙宣教的传统美学霸权机制，将被颠覆和消解。在这个意义上，生活美学是敞开"此在"、普照生命、拥抱人类、快乐众生的美学，是真正落实美学特有的人类终极关怀使命的美学。

---

① ［德］海德格尔：《存在与时间》，陈嘉映、王庆节译，三联书店 1987 年版，第 272 页。
② ［德］海德格尔：《存在与时间》，陈嘉映、王庆节译，三联书店 1987 年版，第 268 页。
③ ［美］丹尼尔·贝尔：《资本主义文化矛盾》，赵一凡等译，三联书店 1989 年版，第 180 页。

作为一种新的美学形态，"生活美学"的产生绝对不会是源自某种个人化的玄思妙想，也并非一个偶然的学术事件，而是美学学科发展的一种内在要求，是现代思维范式的美学产物，在中国也同时是传统文化资源和当代审美文化的必然发展指向。

首先，生活美学是与现代人类学思维范式相对应的理论产物。

任何一种新的美学理论、美学思想的产生，从根本上说，除了现实社会的内在需要之外，还与思维范式的创新和突破息息相关。笔者认同这样的观点：即大致说来，与人类文明三次大的变革相对应，人类思维范式也经历了三大阶段，即古代农业文明阶段的世界论范式、近代工业文明阶段的认识论范式和现代"后工业"文明阶段的人类学范式。① 世界论范式追问的是，世界何以存在？也就是偏于从对象的角度，思考世界存在的原因和根据。认识论范式追问的是，人类能否认识世界的存在？也就是偏于从主体的角度，反思人类认识的可能性和知识的合法性。但是，无论是世界论范式，还是认识论范式，都有一个基本的思维定式，那就是都将对象和主体分离开来，将客体世界和人的认识分离开来，前者忽略了主体的存在，后者则将世界的存在"虚置"起来。显然，二者贯彻的都是一种主客对立的二元论思维模式，体现的都是一种抽象和绝对的存在论。作为对这两种思维范式的扬弃和超越，现代人类学范式的核心则在于将感性具体的人类生活本身肯定为真实的、终极的实在，视为理性、思维的真正基础和源泉。换言之，在现代人类学看来，没有超越人类生活之上的、与人类生活毫无关系的真实实在。人类所有知识都只是对人类生活或在世界中生活的一种领会，因而它能达到的也只能是人类世界、人类此在、人类生活本身。无论将什么作为人类生活的完全外在的、异己的客体，对人类来说实际都是不可思议的，都是一个绝对的抽象，诚如马克思所说："抽象的、孤立的、与人分离的自然界，对人来说也是无"。② 实质上与人类存在、人类生活相分离的任何东西，对人来说都是"无"。

从现代哲学发展看，将人类此在的、具体的生活世界看作知识始源和

---

① 王南湜：《论哲学思维的三种范式》，《江海学刊》1999 年第 5 期。
② ［德］马克思：《1844 年经济学哲学手稿》，人民出版社 1979 年版，第 131 页。

终极实在，是一个渐成主流的理论趋势。海德格尔就将人类生活世界看作一种"向来所是"的、"未经分化"的"本真状态"，是"此在的基本状况"，是真理、"诗意"等"安居"其中的"大地"，或者说，"安居于大地上"就是真理、"诗意"的"源始形式"。海德格尔将返归生活、回到此在称为"还乡"，"还乡就是返回与本源的亲近"。① 这就明确地表露出以有限具体的人类生活为源始本根和终极实在的哲学意向。维特根斯坦则通过语言逻辑批判宣告，一切形而上学均无意义。对于一切说不清楚的"神秘之物"就应该保持沉默。然而他后期认为，他称之为神秘的，虽然是不能说出的，但却是能够表明的东西。他力图用"语言游戏"概念来表明这一"神秘之物"。语言游戏，实质就是生活中的日常语言、自然语言（包括身体符号）；它是日常生活的一部分，是一种"生活形式"。他同海德格尔一样，也将世界、语言和生活（此在）视为一体，认为"世界是我的世界这个事实，表现于此：语言（我所理解的唯一的语言）的界限，意味着我的世界的界限"，而"世界和生活是一致的"。② 所以，与"我的世界"一体的语言，亦即日常生活，成了后期维特根斯坦哲学的根本，成了他观察、解释世界的唯一依据。他曾说："我就像一个骑在马上的拙劣骑手一样，骑在生活上，我之所以现在还未被抛下，仅仅归功于马的良好本性。"③ 应当说，一如海德格尔，维特根斯坦走向"生活本身"的哲学意向也是耐人寻味的。这表明以人类生活为终极实在的人类学范式已成为现代思维的基本趋向。

以人类生活为终极实在的现代人类学范式与马克思的实践论范式是什么关系？这是需要回答的一个问题。实际上，二者有着内在的、本质的一致性，因为人类"全部社会生活在本质上是实践的"（马克思）。所以，以人类生活为终极实在，也必然是以人类实践为终极实在。不过，这里的"实践"与人们通常讲的物质生产实践还不是一回事。作为马克思哲学基本概念的实践（praxis）是存在论意义上的实践，它可以理解为人类生活或人类活动的同义语，而人们常说的作为物质性生产活动的实践（practice）是认识论、

---

① ［德］海德格尔：《人，诗意的安居》，郜元宝译，上海远东出版社1995年版，第87页。

② ［英］维特根斯坦：《逻辑哲学论》，郭英译，商务印书馆1962年版，第79页。

③ ［英］维特根斯坦：《文化与价值》，黄正东、唐少杰译，清华大学出版社1987年版，第51页。

技术论意义上的实践，是主体对客体的一种工具性活动，是验证认识的一种手段。这种物质生产实践在人类生活中具有决定性作用，是一种基础性的实践样态，但马克思从未将实践仅仅理解为物质生产。作为存在论范畴的实践在马克思那里指的就是一种包含物质实践在内的感性直观的人类活动、人类生活。① 这一实践范畴的提出，在思维层面上体现的正是一种现代人类学范式。所以把马克思的实践论范式视为人类学范式的开创形态应当是合理的。

　　人类美学自古至今所发生的变化，实际上正是人类三大思维范式的相应产物。从大的方面说，人类美学迄今主要呈现为三大形态，即古代的客观美学、对象论美学、近代的主体美学、认识论美学和现代的生活美学、人类学美学。古代的客观论、对象论美学，主要将美和艺术视为一种客观的、对象化的存在，美和艺术的价值本体要么存在于客观的自然（形式），要么存在于客观的理念（上帝），要么存在于客观的社会（伦理），总之是客观的、必然的、对象化的；近代的认识论、主体论美学，着重从主体的认知能力、心理体验层面来解释美和艺术，美和艺术的价值本体要么表现为主观的认识（诗性思维），要么表现为内心的愉快（情感判断），要么表现为自由的意志（或生命、直觉、本能等），总之是内在的、自由的、主体性的。古代的客观论、对象论美学与近代的认识论、主体论美学虽立论相反，观点迥异，但有一点是共同的，那就是都将主体与对象、存在与认识、必然与自由、"诗意"与"大地"等对立起来，然后分取一端，各重一面，在思维上都固守着一种非此即彼的二元论模式。显然，这在思维上与古代的世界论范式和近代认识论范式是内在一致的。

　　以人类生活为终极实在的现代人类学范式，为美学形态突破传统的客观论与主体论、对象论和认识论的二元对峙，在一个更高的现代思维层面上切入审美问题的实质，建立一种现代生活美学、人类学美学形态开辟了道路，因为现代生活美学或人类学美学作为对古代和近代两大美学形态的一种扬弃和超越，它从根本上重构（或确切地说是还原）了人与自然、人与整个世界的源始的、本真的关系。它既不再像古代世界论、客观论美学那样将对象世界从人类生活的整体中抽象出去，孤立出去，成为脱离了人、异在于人

---

① 　王南湜：《论哲学思维的三种范式》，《江海学刊》1999 年第 5 期。

的外部世界，成为神秘的美的根源、本质之所在；也不再像近代认识论、主体论美学那样将人类生活中的人的"此在"抽离出来，孤立出来，使之成为脱离自然、对抗实在的空洞纯粹的主观精神或生命本能，成为同样神秘的美感根源、艺术本质之所在，而是彻底超越了人与世界（自然、对象）抽象的主客二元模式，将人视为在世界中生活的、此在的人，而将世界看作人类"在世"生活这一整体中的世界。人和世界在人类生活的整体形式中是原本一体、浑然未分的。由此，也就从根本上确认了美和艺术既非远离人类活动的纯然客观性、对象性存在，亦非远离生活世界的纯然主观性、抽象性形式，而就是融人与自然于浑然整体的具体、活泼、直接、"此在"的人类生活，就是人类感性活动、此在生活本身向人类展开的一种表现性方式，一种诗意化状态，是人类生活自身"魅力"之显现。一句话，美和艺术的故乡既不纯在客观外物，也不单在主观内心，而是就在感性具体丰盈生动的日常生活。正如海德格尔所说：人类日常生活作为"在世界之中存在"即"意指着一个统一的现象"，"必须作为整体来看"①。"它'源始地'、'始终地'是一整体结构"②。因此，若把它说成"一个'主体'同一个'客体'发生关系或者反过来"，就是一个"不详的哲学前提"③，其所包含的"'真理'却还是空洞的"。④ 所以，作为统一整体的人类生活世界（"大地"）就是真理、诗意的安居之所，是其"源始"和"故乡"，而"诗人的天职是还乡，还乡使故土成为亲近本源之处"。⑤ 这就从哲学层面上明确地确认此在生活为艺术之家，从而表露出一种现代生活美学意向。维特根斯坦在将日常生活视为唯一哲学基础时指出："没有什么比一个自以为从事简单日常活动而不引人注目的人更值得注意。……我们应该观察比剧作家设计的剧情和道白更为动人的场面：生活本身。"⑥ 这句话至少包含这样的意思：日常生活作为终极实在不仅是美的本源和基础，而且是比一般艺术更为动人的美。生活与美是同一

① ［德］海德格尔：《存在与时间》，陈嘉映、王庆节译，三联书店 1987 年版，第 66 页。
② ［德］海德格尔：《存在与时间》，陈嘉映、王庆节译，三联书店 1987 年版，第 219 页。
③ ［德］海德格尔：《存在与时间》，陈嘉映、王庆节译，三联书店 1987 年版，第 73 页。
④ ［德］海德格尔：《存在与时间》，陈嘉映、王庆节译，三联书店 1987 年版，第 74 页。
⑤ ［德］海德格尔：《人，诗意的安居》，郜元宝译，上海远东出版社 1995 年版，第 189 页。
⑥ ［英］维特根斯坦：《文化与价值》，黄正东、唐少杰译，清华大学出版社 1987 年版，第 5—6 页。

的。总之，海德格尔和维特根斯坦等现代思想家都倾向于将感性具体的人类活动、人类生活本身肯定为美的真实本原、终极实在和"动人"形式。这表明在现代人类学思维范式的规定下，现代生活美学或人类学美学的产生是美学发展的必然走向。

其次，生活美学是对近代以来"超越论"美学的一种学术超越。

从美学理论本身的价值取向看，生活美学或人类学美学也是对近代以来已成主流的所谓"超越"论美学的一种学术超越。我们知道，近代以来的美学在一种主客二元的模式中，一反古典美学的客观论、对象论传统，将艺术、审美的价值重心凝聚在"人"自身上，集中在主体论层面，在此基础上建立了一种抽象的"超越"论美学，即将艺术、审美活动中的内在矛盾因素，特别是功利与审美、生活与艺术、形式与内容、主体与客体、感性和理性、现实与自由等矛盾关系截然分离、对立起来，进而认为审美就是对功利的超越，艺术就是对生活的超越，形式是对内容的超越，主体是对客体的超越，感性是对理性的超越，自由是对现实的超越，等等。美和艺术在本质上被看作对日常世俗生活的一种拒绝。它高蹈于日常生活之上，以冷眼旁观、超然物外的虚静态度对待生活。认为只有这样，才能给人以现实中所没有的自由，才能保证美学的人文关怀使命的真正落实。在这一抽象的"超越"论思维模式中，审美和艺术成了无关利害、独步世外、唯我唯美、绝对逍遥的精神乌托邦，成了人类脱离现实、返归内心、逃避异化、获得自由的主要方式，成了人类主观心情的慰藉物、内在灵魂的避难所、生命本能的伊甸园，甚至成为"上帝死了"之后人类一种渴望超离尘世安慰心灵实现解脱的"准宗教"。一句话，超越生活远离现实的审美和艺术给了人类以无限自由的绝对承诺。主体、内心、情感、意志、自由、"诗意"在与客体、对象、理性、现实、必然、"大地"的截然对立中逐步走向绝对的抽象和虚空，用海德格尔的话说就是"飞翔和超越于大地之上，从而逃脱它和漂浮在它之上。"① 从康德一直到萨特、马尔库塞等人那里，我们听到的就是这样一种抽象虚幻的超越性、自由性承诺。在我国，自 20 世纪 80 年代始，学术界在反极"左"政治背景中也接受了这样一种"超越"论美学观，审美和艺术的本质也被定

————

① ［德］海德格尔：《诗、语言、思》，彭富春译，文化艺术出版社 1991 年版，第 189 页。

位在所谓的"超越"和"自由"上，而将非功利、无目的、超现实等规定为实现这一"超越"和"自由"的根本条件。时至今日，这一"超越"论美学理念依然占据着不容置疑的主导地位，并成为一些学者衡量文学艺术创作质量、批判当代审美文化的思想利器。

应当说，近代以来的超越论美学，在高扬审美和艺术的主体性、表现性，突出审美和艺术的独立性、自由性等方面，无疑有着构建之功。尤其重要的是，它使人类对艺术的审美特性和美学规律有了非常深刻的认知。但它的理论导向也有着重大缺憾，其主要表现就是割断了审美、艺术与人类生活的本真性、始源性联系，使之因远远脱离实在而陷入了抽象之思，因过分超越现实而走向了玄虚之境，因极端诉诸内心而造出了荒诞之象。……在美学理论开始偏好心理经验、主观解释而拒绝客观实在、生活内容的同时，艺术也开始变得恍惚迷离、晦涩难解，开始变成少数人所创造、"圈子"内所垄断的神秘之物，与日常生活越来越疏远了。与此同时，审美、艺术领域的"贵族"气质与"平民"口味、"精英"品格与"大众"风尚、"雅"与"俗"之间的分别和对立也日益呈现出来。艺术越来越迷恋贵族化、精英化、"纯粹"化，越来越摒弃平民社会和通俗风味了。这就是近代超越论美学及其规约下的审美和艺术领域所呈现的基本景观。正因如此，扬弃"超越论"，走向此在，回归生活，使美学在克服片面中跃到一个更高阶段，便成为一种学术必然。生活美学于是就应运而生。

生活美学一方面将超越论美学所拒绝的此岸现实日常生活，重新设定为审美和艺术的始源根基故土家乡，视其为审美的血脉所在、艺术的本体所归，另一方面则在扬弃了超越论美学非此即彼思维的绝对性和缺乏生活内容的抽象性的基础上，又将其所强调的审美的主体性、自由性等从少数精神"贵族"那里解放出来，还给了每一位生活者，还给了时刻创造生活的大众，即如福柯所言，让每一个体的生活都成为一件艺术品①。也就是说，生活美学从根本上否定了超越论美学所迷恋的二元对立理论模式，在人类的日常生活世界里将功利和审美、现实与自由、艺术与非艺术、感性和理性、主体与客体、高雅和通俗等人为设置的断裂关系还原为源始本真意义上的天然一体浑然无别

———————————

① 参见李银河《福柯的生活美学》，《南方周末》2001 年 11 月 30 日。

之关系。美学从片面抽象的主观世界真正返回（上升）到原初的丰盈具体的生活世界，从而完成自身的理论更新和完善，实现自身的学术飞跃。

再次，生活美学是当代审美文化发展的理论旨归。

20 世纪 90 年代以来，中国美学界发生的最为显著的转变，无疑是审美文化及其批评全方位、多层面的崛起和发展，并在较短的时间内占据了美学话语的中心。与此同时，新中国成立以来一直处于正统和主导地位的本质主义、体系主义美学研究方式至此开始走向沉寂退居边缘。对这一重大变折，笔者曾将其描述为中国当代美学已从"建构"阶段走向"解构"环节的标志①。也就是说，新中国成立以来的美学研究，主要偏重于美学理论的基础性、逻辑性、体系性建构，因而特别重视美、美感和艺术问题的原理性构架，重视对其本质、对象、形态、功能等基本问题、基本概念的思辨探讨。这可称之为一种本质主义、体系主义研究方式。但这一研究也至少有两大弊端：一是总体上局限于纯概念、纯理论的抽象思辨，美学远离生活、远离此在。二是从理论范畴到研究方法基本以"西方"为主臬，缺乏深厚的民族资源和当下的实践基础。20 世纪 90 年代以来审美文化的深广发展，则打破了这种原理研究、体系建构的绝对正统地位，将美学关注的重心从美和艺术问题的本质、概念、逻辑层面转向生活、存在、经验层面。本质主义、体系主义的研究模式逐步遭到疏淡和扬弃。美学开始超越"纯粹"，以一种"泛化"的开放姿态和从未有过的平和心境走出书斋，返归生活，拥抱实践，回到实在。大凡一切感性的、具体的生活实存、文化事象，如两性文化、电子文化、大众文化、音像文化、服饰文化、广告设计、市场营销、社会犯罪、景观旅游、历史文物、传统遗俗等，莫不成为美学接触、介入的对象。美学的这种具体化、平民化、普泛化、本土化趣尚，已经成为当代审美文化研究的重要景观。相对美学本质主义的体系建构来说，这种景观无疑是一美学解构形态。

但本质主义、体系主义研究模式的消解，并不等于美学本身的消解。实际上，从远景预测的角度讲，这种审美文化研究似乎正是本质主义美学向生活美学演变的一个过渡和中介，是生活美学即将产生的一种现实准备和实

---

① 仪平策：《中国的艺术大众化与"后现代"问题》，《东方丛刊》1993 年第 1 期。

践演示，也许这种准备和演示尚有种种缺憾，但毕竟让我们依稀看到了未来生活美学的发展曙光。当前，审美文化正在向更加市民化、普及化、生活化、艺术化方向发展，出现了诸如环境艺术、人体彩绘、游戏文化、陶吧、唐装、蹦迪、DV① 等一些值得注意的新征象。这些新征象将艺术、大众、市场、性感、休闲、世俗、审美、享乐等因素掺和在一起，很难将彼此分得清楚。它至少昭示着传统意义的艺术与非艺术、雅和俗之间界限的趋于模糊，表征着审美与现实、超越与此在、艺术与生活的逐渐融合。它让我们看到，审美和艺术越来越切近地走向了世俗大众，越来越亲密地接触日常生活。这种现象意味着什么？难道除了预示美学向日常生活世界的敞开与回归，预示一种与超越论（或本质主义）美学迥然异趣的新的美学形态——生活美学的呼之欲出，还会有别的答案吗？

需要特别指出的是，这一审美文化现象，与所谓"后现代"语境还有某种联系。笔者从来就不认为中国已真正进入后现代社会，这一点确定无疑。但从"后现代"与"后工业"相关这一点看，中国当代，特别是 20 世纪 90 年代以来的审美文化，随着市场化、商品化、高科技等的高速发展，又确实出现了某些与"后现代"语境相近的特征，诸如艺术与商品的对接，文化、审美的视觉化趋势，大众趣味对意义深度的消解，"雅"与"俗"界限的打破，官能化、感性化的愉悦模式，等等，皆与所谓"后现代"症候相近相关。这表明，拒绝承认当代中国在某种程度上已出现"后现代"因素恐怕不是一种实事求是的科学态度。那么，"后现代"语境中的美学文化应是怎样一种形态？杰姆逊认为："到了后现代主义阶段，文化已经完全大众化了，高雅文化与通俗文化、纯文学与通俗文学的距离正在消失。……后现代主义的文化已经从过去的那种特定的'文化圈层'中扩张出来，进入了人们的日常生活"。② 丹尼尔·贝尔指出："后现代主义反对美学对生活的证明……后现代主义溢出了艺术的容器。它抹杀了事物的界限。"③ 瓦尔特·本杰明也

---

① 原文为 Digital Video，是目前技术上最成熟的民用视频产品。人们用 DV 等装置拍摄身边的事物，记录令自己快乐、感悟的方方面面，以供自娱和与他人分享。

② ［美］杰姆逊：《后现代主义与文化理论》，唐小兵译，陕西师范大学出版社 1987 年版，第 129 页。

③ ［美］丹尼尔·贝尔：《资本主义文化矛盾》，赵一凡等译，三联书店 1989 年版，第 99 页。

谈到，在"后现代"的作者＼读者系统里，"作者与大众之间的区别正失去其基本特征。……文学的标识现在不是建立在专门化训练基础之上，而是建立在多种学艺（polytechnic）之上并从此成为公共财产"。① 这些论述都指出，后现代语境中的审美文化是非专业的，是没有作者与读者、专家与大众、纯粹与通俗、艺术与非艺术等明显区别的，文学艺术只是人类生活的公共财产，是日常生活所展示的一种适当形式。在这里，人类日常生活成为后现代主义所认可的唯一实在。理由显然是，"从根本上说，后现代主义是反二元论的"，② 而只有在日常生活世界，才会真正消解非此即彼的二元论思维。这表明，后现代语境在驱动审美文化发展的同时，也为生活美学的产生提供了值得重视的时代氛围和现实背景。

最后，生活美学的产生以得天独厚、丰富深刻的传统美学文化资源为根基。

无论是古典的本体论、对象论美学，还是近代的认识论、主体论美学，从根源上说，都基本是西方哲学架构和思维模式的产物。中国近、现代，特别是新中国成立以来的美学，从其秉承本质主义、体系主义的理路看，也主要是西方美学（尤其是德国古典美学）的一种搬演和模拟。中国传统美学思想在这里反而成了"他者"，成了一种论证西方美学理念的"材料"。20世纪末中国涌现的大众审美文化潮流，除了市场化、商品化、高科技等原因外，笔者曾指出其中也有着传统文化的因素，是中国传统市民趣味的一种当代"复活"形式③。但那不过是传统文化趣尚的一种自发的"复活"。21世纪生活美学的建构，将为传统审美文化提供一种现代批判基础上的自觉"复活"形态，由此使中国美学真正成为建立在本土文化资源基础上的、能够独立地参与世界性美学对话和交流过程的民族化美学。无疑，这将是中国美学真正走向成熟的标志。

中国传统文化资源丰厚渊深，其中最合生活美学精髓的主要有二。

一是"执两用中"的中和思维模型。这一思维模型包括两方面内涵，一方面是承认世界普遍存在着两两相对的矛盾性，强调要始终抓住矛盾的这

---

① ［美］查尔斯·纽曼：《后现代氛围》，载王岳川、尚水主编《后现代主义文化与美学》，北京大学出版社1992年，第153页。

② ［美］约翰·W.墨非：《后现代主义对社会科学的意义》，载王岳川、尚水主编《后现代主义文化与美学》，北京大学出版社1992年版，第170页。

③ 仪平策：《中国的艺术大众化与"后现代"问题》，《东方丛刊》1993年第1期。

两极、两端、两面……《左传》说："物生有两"（昭公三十二年）；《周易·系辞传上》讲："一阴一阳之谓道"；《论语·子罕》说："叩其两端"；《老子》称："正言若反"（第四十章）；邵雍在《皇极经世·观物外篇》中说："元有二"；张载在《正蒙·太和篇》中讲："天地变化，二端而已"；王安石在《洪范传》中说："道立于两"，"皆各有耦"；程颐在《遗书》中说："道无无对"（卷十五）；朱熹在《朱子语类》中讲："虽说无独必有对，然独中又自有对"，（卷九十五《程子之书》）等等。这里所贯穿始终的可以说就是一种"耦两"思维，"二端"思维。需要指出的是，这里所涉"耦两""二端"，即矛盾的两方面虽时常有主次、轻重、大小、强弱之分，但在逻辑上却互为前提，彼此确证，并立相应，缺一不可。中国古代文学中大量最具民族特色的骈文、对联，以及中国人常说的"无独有偶""好事成双"等表示吉祥美好的成语俗话等，都源于这种根深蒂固的"耦两"思维。另一方面，更关键的是，中国人注重"耦两"思维，却反对将"两"（矛盾的两方面）抽象地分离、对立起来，更不主张用"两"中的一方压抑、否定另一方（即孔子所反对的"攻乎异端"），而是要求矛盾的两方面应不偏不倚，无过不及，在对立两极之间达到彼此均衡、恰到好处的中间状态。这即《中庸》所记孔子讲的"执两用中"（第六章）之义，也是"中庸""中和""折中""持中""守中""用中"等概念的基本精神。《周易·系辞传上》说："阴阳不测之谓神"；程颐《遗书》中说："独阴不生，独阳不生。偏则为禽兽、为夷狄，中则为人。中则不偏"（卷十一）等等，推崇的都是矛盾双方的持中不偏、和谐如一。"中"作为人格、生命、审美的最高境界，亦即最高的"道""常""极"，实际上就是"两"所本所归的"一"，即矛盾双方的中和统一，其理所涉皆不出"一""两"关系。邵雍在《皇极经世·观物外篇》中说："太极一也，不动；生二，二则神也"；张载在《正蒙·太和篇》中说："两不立则一不可见，一不可见则两之用息"；叶适在《进卷·中庸》中说："道原于一而成于两。……然则中庸者，所以济物之两而明道之一也"（《别集》卷七）等，这些论述都是非常有代表性的。他们强调的"济两明一"，就是克服"两"（矛盾双方）的分离状态和片面性质，使之实现中和不偏、浑然如一的理想境界。所以，"执两用中"和"济两明一"的意思是一样的，都是既注重"二元"又强调"归一"。这种传统的思维文化资源，对21世纪中国的生活美学或人类学美学超越西方二元对立思维，建设真正民族化的现代美学形态，是特具参照意义的。

二是"道不远人"的审美价值范式。我们知道，在中国，"美是什么"的本体论探讨一直不占主导，或者说，这种探讨是融解在"美应当是什么"的价值论思考中的，审美价值论才是传统美学的理论核心。《老子》所谓"朴（道）散为器"①（二十八章）说，《坛经》所谓"凡夫即佛"说，尤其是儒家经典《中庸》提出的"道不远人"（十三章）命题，均讲究道与器、真与俗、本体与存在、天国与人间等等的圆融不分，浑然一如。这种哲学文化观念，就直接形成了中国特有的审美价值论范式，或美学的"人学"品格，即"美"之"体"与"人"之"用"的相生不离。具体说，在中国美学中，"美"（或审美之"道"）既不在"人"之外的纯然"物性"（或质料、形式）世界，更不在"人"之上的超验的"神性"（或理念、绝对精神）世界，而是就在活泼泼的"人"的世界中，在日常现世的人生体验和人伦生活中。在根本的意义上，美就是一种富有意趣充满福气享受快乐的生存形式，一种同"人怎样活着才更好"的考虑直接相关的人格理想（儒）和生命境界（道）。在这个意义上，中国的传统美学既不归于经验主义的科学，也不归于超验主义的神学，而是一种充溢着"人间性""在世性"和生活味的"人学"。它以"天堂"即在"人间"的话语方式，彰显着中国传统审美价值论的基本构架，表征着中国人对自身的日常生活及其理想状态的绝对关心。毫无疑问，这一"道不远人"的审美价值论范式，这一将审美胜境与人生乐境统一起来的传统精神，与现代生活美学在学理上虽不尽同却极为相通。它必将为现代生活美学在 21 世纪中国的产生提供丰厚博深的本土文化资源，从而真正实现美学当代性和民族性的统一。

（原载于《文史哲》2003 年第 2 期）

---

① 道家所谓"朴散为器"的"器"，最终指向的也是感性具体的人，是现世的人生情状和生命存在，而并不只是一般哲学意义上的"现象"或存在。因为道家所关心的终极问题其实就是"人该如何生存"的人生论、价值论问题，而并非敏泽先生所说的，是"宇宙本体的问题"，"属于探讨宇宙、自然生成的本体论"（敏泽：《中国美学思想史》第一卷，第 221 页）。在这一点上，道家学说和儒、佛义理其实本无二致。

辩证和谐美学与审丑教育

周来祥

和谐美学归根结底是人的美学，是和谐的人创造的美学，又是促进人和谐全面发展的美学。和谐美学把美、审美、艺术放在理性科学认识和感性意志实践的关系中来理解，把美界定为和谐自由的审美关系，与此相对应把审美和艺术界定为和谐自由的审美意识，界定为以情感为网结点的感知、想象、理智和谐组合的心理意识整体。和谐美学的这些基本精神规定了审美教育和艺术教育的本质特征。

第一，审美教育和艺术教育，以感知为前提，以情感为中心、为特质。与各种理性教育不同，它必须首先给予人们以审美感知，没有这种审美感受，审美教育和艺术教育就无从开始，就无从谈起。同样，它不是一种概念的教育，不是一种逻辑推理的教育，不是靠逻辑的力量征服读者，而是一种情感的教育，靠情感的感染力量吸引观众，在潜移默化中升华人们的心灵世界。

第二，审美教育和艺术教育，不是单一的，而是丰富的，不是局部的，而是整体的。它以情感为中心，为网结点。情感一方面与感知、想象、思维相联系，另一方面与目的、理想相联系，而其与各种元素之间也是一个既互补又互动的有机关系。情感力既推动着感知力、理解力和想象力，而感知力、理解力和想象力又深化、丰富了情感力。感知力、理解力、想象力、情感力相互渗透、相互融合成为一个密不可分的张力结构。这个张力结构推动感知力、情感力、理解力、想象力都得到充分而协调的发展。

第三，这种和谐的心理结构是动态的，在矛盾的运动中不断地调节它的和谐与平衡。一般地说，矛盾对立是普遍的、绝对的，平衡、和谐是暂时的、相对的。但在审美教育、艺术教育中，平衡、和谐是理想、是目的，矛盾对立、裂变主要是作为中介、作为过程而存在并发挥作用。追求崇高、丑、荒诞日趋极端的对立，从整个人类审美心理结构和审美意识的发展说，只是一个短暂的历史阶段。这个阶段源于素朴的古典和谐心理，又以更高的现代辩证和谐的心理结构为旨归。

最后，这种审美意识和审美心理结构，又规定了审美功能。审美意识及其物化形态的艺术，既与科学理性有深刻的内在联系，又与目的理想意志实践相联系。前者必然带来真的认识作用，促进智育的深化；后者必然产生善的教育作用和鼓舞人们走向实践，从而引导德育的升华。这种作用不是外加的，是其审美本质中具有的。这从根本排斥了唯美主义，因为美、审美、艺术本身就是真与善，就是理性科学认识和感性意志实践的一种特定关系规定的。这一规律认识和意欲目的、理性与感性的特定组合，也规定着审美理想、审美观念、审美趣味、审美心理结构和审美能力培养的特点。审美理想、审美理念的培养，侧重于审美教育的理性、普遍方面，审美趣味的形成则侧重于审美教育的感性、个别方面。而审美心理结构的塑造和审美能力的锻炼则贯穿于审美理想、审美观念、审美趣味等整个审美活动之中，并且是它们的历史积淀的积极成果。

美和艺术不是抽象的，在其存在的现象形态中是具体的、丰富的，在其历史的动态中，是变化的、多姿多彩的。现象形态反映了人复杂的社会联系的特定方面，这种历史的动态展示了人的本质的特定的社会内涵和时代的人文精神。这些美和艺术的形态在审美教育和艺术教育中，具有不同的特点和各自独特的功能，但这个问题还未引起人们充分的注意，我们应该予以特别的关注和深入的研究。

从量的观点看，现实的美分为社会美和自然美。社会美偏重于内容，偏重于社会的善，偏重于人与社会的关系；自然美偏重于形式，偏重于自然的真，偏重于人与自然的联系。与美的形态相对应，艺术中也出现了模仿再现艺术和抒情表现艺术。再现艺术偏重于在个别的感性现实中，描绘人与人错综复杂的社会关系；表现艺术偏重于在自然的形式中（表现艺术描绘自然，只是把自然作为情感形式）展现人们细微深刻、丰富多彩的心灵世界。因此社会美和再现艺术在协调人与人的关系，促进人与社会和谐发展中有更大的作用；而自然美和表现艺术，在平衡人的内心世界，促进人与自然和谐共处方面有独特的审美功能。

从质的观点看，有偏于素朴和谐的古典美，亦即中国传统的中和之美，以及与之相对应的古典主义艺术，有偏于对立的近代崇高和其不断裂变的形态：丑和荒诞，以及与之相对应的现实主义、浪漫主义、现代主义和后现代主义艺术；有既追求对立又追求协调的新型的辩证和谐美，及与之相对应的社会主义艺术。对这些美和艺术形态的动态探析在中国几乎经历了半个世纪，而对这些美和艺术形态的审美和艺术教育的独特内涵与独特功能的研究才刚刚开始。据见到的有限材料，杜卫的《美育论》已较早地谈了美与崇高、悲剧与喜剧在审美教育中的特点和作用，可惜对丑与荒诞这一 20 世纪最大最鲜明的创造，却还未有只言片语。

古典素朴的和谐美（中和之美）与和谐美的古典艺术，对我们的审美和艺术教育具有双重的意义。它一方面作为我们优良的美学传统，作为恰到好处美得不能再美的理想与艺术的范本，仍然给予我们巨大的审美享受和艺术教育，特别是面对西方由崇高向丑、向荒诞日益极端的裂变，由现代主义向后现代主义日益对本质、中心、主流、统一性的彻底解构，更显示了中国和东方和谐美和艺术独有的魅力。不少西方的学者如德里达正在矛盾痛苦的深渊中，把求救的目光投向东方。海德格尔着力探寻的"此在"（Da-sein），在中国古代审美文化中可找到它的理想范本。的确在中国古典美和艺术中，那种人与自然是朋友、人与人、人与社会和谐协调的大同世界观念，对拯救西方丧失的统一性，对于创造人与自然、人与社会、人与自身和谐完满发展的未来都将是巨大的精神文化资源。但古典的中和之美，既是未经分化的古代人的创造，又是原始的、素朴的、单纯的，在一个封闭的圆圈中发展的。它不丰富、不复杂，承受不了尖锐剧烈的冲突。它的完满恰恰是建立在古代人不完满的基础上。古代人曾经认为自己是完满的，但那种完满是未经裂变的原始的低层次的完满，与现代自由人的完满不可同日而语。和谐的古典美与古典艺术的这一局限，是审美教育和艺术教育中不可忽视的一个重要问题。

崇高、丑、荒诞，特别是丑和荒诞，现实主义、浪漫主义、现代主义、后现代主义艺术，特别是现代主义和后现代主义艺术，我们在相当长的一个时间里，过多地看到了它们的负面影响，缺乏一种科学的全面分析，甚至把它们排斥在审美和艺术教育之外。而研究它们似乎仅仅是为了否定它们，几乎没有人提出审丑教育、审荒诞教育的问题。其实，丑与荒诞、现代与后现代艺术，在对现代和后现代社会的认识，在对资本统治下异化、裂变中的近代人的分析，在对人们审美心理结构的调整和重建方面，都具有不可替代的作用。卡夫卡的《变形记》通过旅行推销员格里高尔·萨姆沙在一天早晨突然变为一个大甲虫的故事，写了人的异化，写了人异化为非人，异化为一个动物的痛苦心理，以及家人对它的冷漠和残酷。贝柯特的《等待戈多》展示了异化中的近代人对希望的追求和追求的破灭。戈多是一个希望的象征，是一个寓意的符号，人们一天一天地等待它，它一天一天总是不来。虽然戈多可能是不存在的，但等待的人们仍然把它作为一种可能的存在来追求。这就是一个后现代的悖论。这种在不断失望中对希望的不断等待，有人称为"等待的西西弗神话"，这同希腊神话中的西西弗一样。西西弗不断地把巨石推向山顶，但一到山顶就滚了下来，他再从头推起，日复一日，永无休止。这恰恰说明，人们从矛盾的一个侧面执着追求的东西，当他走到这个矛盾方面的极端时，他才发现其追求的结果与其追求的目标，正好相悖。这给人以悲剧的震撼，又给人以极大的尴尬与无奈，但这是一个不以审美感受、审美态度为转移的深刻的辩证矛盾，是一个在非理性、反理性的追求中呈现的一个很理性的规律，这本身似乎也是一个悖论。到了海勒的《第二十二条军规》，被异化的近代人，连《等待戈多》的希望也粉碎了。虽然谁也不知道"第二十二条军规"是什么，但谁也逃不出"第二十二条军规"。小说主人公尤索林是一个飞行员，他渴望解甲回国，本来第二十二条军规规定，飞满25次就可回国，他已飞行了25次，满以为可以回国了，但得到的回答却是：不可以回国，因为第二十二条军规又规定：一个飞行员，无论何时，都得执行司令官的命令，司令官让你飞行，你必须继续飞行，否则，就犯下违抗命令的罪行。第二十二条军规又规定一个精神失常的人，可以停飞回国，但当你提出自己是一个精神病人时，却恰恰证明你不是一个精神病人，你还得继续飞行。这第二十二条军规就是一个无法逃脱的网，把任何挣脱它的希望都粉碎了。这把后工业社会对人像牲畜一样地控制、玩弄的象征性寓意揭示出来，其深刻性更大大违背了它那反理性的寻求。

　　近代审美心理结构建立在主体性和对立性的基础上，它把构成审美心理的各种因素日益分裂、对立起来，组合成一个冲突的激荡的崇高型心理结构。古代的审美心理是偏于和谐的，而近代审美心理恰恰是以人的主体自觉、个性解放所引起的主体与客体的深刻对立、冲突突破了古典的和谐圈，开始了自己的历史行程。古代审美心理是单纯的，而近代审美心理却是复杂的；古代是宁静的，而近代却是激荡的；古代是单纯、愉悦的，而近代却是与痛苦、烦恼、孤独、尴尬与无奈等复杂性情感结为一个矛盾体的；古代是脆弱的，它欣赏不了丑，回避丑，不能容纳痛苦等复杂情感，而近代却相对是坚强的，它不但不惧怕丑，而且追求丑，体验荒诞；古代是大一统的，一元的，而近代却日益否定统一性，日趋多元化。这种对立的激荡的多元的近代审美心理结构，对于冲破传统的根深蒂固的封闭的和谐心理，对于重建现代包含着对立和冲突的辩证和谐的审美心理结构，具有重要的价值和迫切的现实意义。近代崇高的审美心理结构同样也具有两重性，对冲破古典和谐心理来说，它是积极的，充满活力和创造，把古代人从原始、幼稚、单纯、宁静、封闭、狭窄、肤浅的审美心理中解放出来，推动人们的心理向宽广、复杂、深刻、动荡、丰富和多元化发展，从而又为更高的辩证和谐审美心理的建构提供了必要的条件。其意义是重大的，不可或缺的。假若我们离开了近代的崇高、丑、荒诞及其艺术，只借助古代和谐的美和艺术，那么我们所创造的美和艺术，很可能不是现代的辩证和谐的，而是向古典主义的复归，是一种复古而不是真正的创造。八个样板戏在美学上的倒退，也正说明了这一点。这种美和艺术不但不能建构人们现代辩证和谐的审美心理，相反还可能在延续维护传统的封闭的和谐心理，延缓人们迈向现代的步伐。当然，我们的目标是创构人们辩证和谐的审美心理结构，而不是把人们都培养成具有西方那样的丑和荒诞的审美意识，因此在这里各种审美心理元素的分裂、发展是有限度的，不能一味地"极端"下去，不能拒绝统一性，不能拒绝本质、主流和中心。后现代否定了这一条，就否定了辩证和谐的基础，新的和谐就无从谈起。因此我们必须在统一的前提下谈对立，谈和谐，既有复杂的对立，又有辩证的和谐，也就是说在心理建构上要有一个"度"，成功的塑造，就在于巧妙而艺术地掌握这个"度"。只求和谐，那就退回到古代；只求对立，那就跟在 20 世纪西方人的后面亦步亦趋；只有既追求对立又追求和谐才是真正现代人的审美心理建构。这种审美心理的建构，并不只是审美的，它的意义远远超出了审美的范围。从国际上看，矛盾对立激荡的 20 世纪，曾导致多少人的心理失衡，精神疾病成为一种世纪病，弗洛伊德精神分析学说的产生不是偶然的。从中国改革开放以来的现状看，心理障碍，甚至抑郁症、躁狂症等心理疾患，在人们特别是青少年中日益上升，这不能不引起我们每一个教育工作者的关切。而审丑、审荒诞的教育，辩证和谐心理的建构，将大大提高人们承受压力、承受痛苦的能力，大大提高人们包容复杂、化解矛盾、寻求共赢，在动态的冲突中掌握自己心理平衡的能力，从而更有效地预防和减少心理疾患，更好地提高人们的心理素质，增强人们的心理健康。正是在这个意义上，应该进行审丑教育、审荒诞教育。

（原载于《文艺研究》2003 年第 4 期）

论易儒道交融的中国古代和谐美思想

马龙潜

对于中国古代美学的基本性质，我们同意这样的观点：中国古代美学与西方古代美学一样，同属于古典主义美学，在美的形态上都主张和谐美。这一历史形态的形成，同儒、道两家的哲学思想、伦理思想和美学思想的互相离异和互相吸收有特别密切的关系。尽管他们在各自的发展过程中又分化为不同的学派，但总的来说，儒家偏重于人的哲学，着眼于人对社会的义务，强调善与美的统一，这一点从儒家早期的经典文本《周易》和先秦儒家各大流派的相关论述中都可以得到说明；而道家则偏重于自然哲学，着眼于人对自然的认识，强调真与美的统一，这一点也可以在从老子到庄子等道家学派代表人物的相关言论中见出。两家各有偏重又相互补充，相反相成地融合为共同的和谐美的理想。事实上，无论三教九流、诸子百家各派学说，还是各民族、各地区不同的文化传统，都是异中有同、同中有异。它们在相互论辩和影响，相互补充和交融中，对形成具有中国民族特色的美学思想都作出了自己的贡献。本文拟从先秦儒、道两家美学异同比较和相互交融的角度，对中国古代和谐美的思想做以简论。

人与自然的和谐统一

殷周以来，占统治地位的思想是宗教神学。奴隶主贵族利用当时人们对自然现象的无知，按照自己的意志创造出上帝这一超自然的精神力量来主宰一切，人同自然的关系被歪曲颠倒了，自然之天变成了有意志的造物主。在这种神学天道观的统治下，人同自然的关系完全是对立的，除了"人神以和”的宗教幻想之外，没有真正的自由和谐可言。在同这种宗教神学天道观的斗争中，老子创立的道家学说作出了杰出的贡献。它撕下了“天”的神秘外衣，恢复了其物质性的本来面目，提出了以“道”为体，以“德”为用，以“法自然”为基本原则的思想体系，从而为正确解决人与自然的关系奠定了基础。虽然老子之后的道家分成了稷下黄老学派和庄子学派两大分支，但在人与天地自然的关系上，观点却是一致的，即都强调人与自然的和谐统一，都认为这种和谐统一是美的理想境界。

老子把人与自然的和谐建立在“法自然”的原则上。他认为，广大而无限的宇宙是一个统一整体，是由道、天、地、人四个主要元素组成的大系统，即所谓“道大，天大，地大，人亦大。域中有四大，而人居其一焉。”（《老子》第二十五章）这“四大”之间既不是相互冲突，也不是杂乱无章，而是井然有序和谐统一的，这集中表现在“人法地，地法天，天法道，道法自然”（《老子》第二十五章）这一根本原则上。这个被人、地、天、道依次效法的“自然”是什么呢？综观老子全书，它有两层含义：一是指本来如此，天然而成的性质，如“功成事遂，百姓皆谓‘我自然’”（《老子》第十七章）；二是指整个天地宇宙的存在状态，如上述“域中”，也就是泛指整个大自然。这两层含义其实是一回事，总起来就是后人讲的“清水出芙蓉，天然去雕饰”。老子认为，道和天地都效法自然，人也应当如此，即仿效自然的状态和性质，按照自然规律行事，只有这样才能实现人与自然的和谐统一，实现这种统一就叫“得道”。老子认为得道的人是最自由的，表现在摄生方面，能够“长生久视”，能够“陆行不遇兕虎，入军不被甲兵。兕无所投其角，虎无所措其爪，兵无所容其刃”（《老子》第五十章）；表现在言行方面，能做到“善行，无辙迹；善言，无瑕谪；善数，不用筹策；善闭，无关键而不可开；善结，无绳约而不可解。”（《老子》第二十七章）而这种得道之人的杰出代表就是圣人。由于圣人完全认识和掌握了自然的无知、无欲、无争、无为等性质以及柔弱胜刚强等规律，所以能够“处无为之事，行不言之教”，做到“无为，故无败；无执，故无失”，“慎终如始，则无败事”，“为无为，则无不治，”即自由自在地治理天下。从老子对人与整个自然界的统一，对这种统一性的体现者——道的赞美，对人与自然的和谐以及对得道之圣人的赞美来看，他始终把和谐统一当作美的理想，把由于主体对必然性的取得的自由当作最理想的境界。这种把美建立在合规律性的基础上，强调真与美统一的思想是很深刻的，从人与自然的关系上把握了美的本质。

稷下黄老学派则在精气论的基础上把人与自然的统一直接建立在"和"的规律上。他们改造了老子的"道"，吸收了它的"其中有精"，"冲气以为和"的基本内核，认为宇宙万物都是由精气构成的，而"道"主要是指精气的属性、功能本质和运动规律。其中最核心的问题就是"和"。这一派的代表著作《管子》中《心术》《内业》《白心》等篇认为，"凡人之生也，天出其精，地出其行，合此以为人。和乃生，不和不生"（《管子·内业》），强调了由天地而生人的关键是"和"，并把这一规律称为"种之道"。又说："凡物之精，比则为生。""比"与"和"都是不同事物的结合，即对立统一。他们认为，万物只有按照"和"的规律运动变化，才能生生不息，永无止境，所以"和则能久"。万物如此，人心也不例外。"彼心之情，利安以宁，勿烦勿乱，和乃自成。"（《管子·内业》）人们只要保持内心的和谐并且按照"和"的规律认识和对待事物，不但可以"其外安荣""浩然和平"，"四体乃固"，"九窍遂通"，而且"乃能穷天地，被四海，中无惑意，外无邪灾。心全于中，形全于外，不逢天灾，不遇人害"，还可以"戴大园而履大方，鉴于大清，视于大明"，"遍知天下，穷于四极"（《管子·内业》）。这也就是"圣人""得道之人"所达到的自由境界，即人与自然和谐统一的最高理想。由此可见，稷下黄老学派把老子的单纯"法自然"，发展成为认识和运用人与自然共同具有的"和"的规律。这就把人与自然的和谐建立在更深刻的层次上了。与此相联系，他们的气化学说和精、气、神统一的思想，以及从万物的本质、属性、功能和普遍规律的意义上来把握"道"的理论，对美学思想的发展都产生了巨大影响。

道家的另一著名代表庄子却继续了老子思想中某些消极因素，把老子的"玄同"发展为物我"齐一"，从而把人与自然的和谐夸大成绝对的自由。他认为，事物的差别都是相对的，"莛与楹，厉与西施，恢恑憰怪，道通为一。其分也，成也；其成也，毁也。凡物无成与毁，复通为一"（《庄子·齐物论》）。又说："以差观之，因其所大而大之，则万物莫不大；因其所小而小之，则万物莫不小"；"以趣观之，因其所然而然之，则万物莫不然；因其所非而非之，则万物莫不非"（《庄子·秋水》）。既然事物的性质和人的认识都是相对的，不存在什么差别，所以"天地与我并生，而万物与我为一"（《庄子·齐物论》）。人与自然的和谐发展到极端，把它绝对化了。然而这正是庄子所追求的"道"的理想境界。在他看来，有形的万物都是有成有毁的，只有道才是"无为无形""无成无毁"的天下大全，才是超出一切相对的万物之上的绝对。庄子认为，只有认识了道，即与道同体的"圣人""真人""至人"才能"独与天地精神往来而不傲倪于万物，不谴是非，以与世俗处"（《庄子·天下》），才能"乘天地之正，而御六气之辩，以游无穷"（《庄子·逍遥游》），这也就是"无己""无待"的"逍遥游"。怎样才能达到这种绝对自由呢？庄子说，必须经过一番"坐忘"的功夫，"堕肢体，黜聪明，离形去知，同于大通。此谓坐忘。"（《庄子·大宗师》）即把外物和自己都彻底忘掉，完全无知，无欲，无虑，无为。显然，庄子在人与自然的关系上追求的这种绝对的自由和谐是不存在的。但是在这些唯心主义谬论中却包含着一个深刻而被歪曲了的美学思想，即人与自然的自由和谐作为一种美的理想，是合目的性与合规律性的统一，也就是人在认识必然的基础上，把有目的变为无目的，即以自身为目的的时候，才能达到出神入化的美的最高境界。这一思想对中国古典美学诸如"神韵说""意境说"等理论都产生了深远的影响。

庄子的"坐忘"是对老子"法自然"的恶性发展，有否定人对自然的主观能动性之嫌，所以被荀子批评为"蔽于天而不知人"。道家的这一弱点却正是儒家特别注意纠正和弥补的。儒家"六艺"之一的《易》所涉极广。《易·系辞下》说："《易》之为书也，广大悉备，有天道焉，有人道焉，有地道焉。"在这里，与"人"相对的"天""地"显然都属于自然事物，因而从实质上讲，《易》象首先说的是人与自然的关系。《说卦》有云："昔者圣人之作《易》也，将以顺性命之理。是以立天之道曰阴与阳，立地之道曰柔与刚，立人之道曰仁与义。兼三才而两之故《易》六画而成卦。"与道家"人法地，地法天，天法道，道法自然"的观念不同，在儒家看来，"一阴一阳之谓道，继之者善也，成之者性也"（《易·系辞上》）。一阴一阳为天之道，天道流行，化成万物之性，人之性亦然。故人与天、地在本性上是相通的，因而人可以通过尽己之性以通天地之性，进而赞天地之化育："唯天下之至诚为能尽其性；能尽其性则能尽人之性，能尽人之性则能尽物之性，能尽物之性则可以赞天地之化育，可以赞天地之化育，则可以与天地参矣。"（《礼记·中庸》）儒家的这种"天人合一"观较之道家"师法自然"的观点，显然大大突出了个体的主动性，使个人面对自然时不是清静无为，而是积极进取。是故《易·象》曰："天行健，君子以自强不息。"

孔子看待人与自然的关系完全是从他的"仁学"着眼的。他的"智者乐水，仁者乐山"的观点就是从人的精神品质出发的。孔子赞成"暮春者，春服既成，冠者五六人，童子六七人，浴乎沂，风乎舞雩，咏而归"的自由境界（《论语·先进》）。也正是因为人与自然的这种和谐融洽的关系，才充分体现了人生理想，即实现了天下大治的愿望。继承孔子思想的思孟学派比孔子较多地谈到人与自然的关系。子思认为"中""和"是宇宙中最根本最普遍的规律。他说："中也者，天下之大本也；和也者，天下之达道也；致中和，天地位焉，万物育焉。"（《中庸》第一章）表面看来，这与稷下黄老学派的观点是相同的，其实却同中有异。子思的观点是孔子"中庸之道"的引申扩大，是由人道引出天道，再用天道论人道，而道家则是直接从"道法自然"立论。子思还把人的真诚专一等主观精神概括为"诚"的概念，然后又把它夸大为宇宙精神的天道，说："诚者，天之道也；诚之者，人之道也。"（《中庸》第二十章）以此说明"天人合一"。孟子进一步发展了子思的思想，说："尽其心者，知其性也；知其性，则知天矣。"（《孟子·尽心上》）他认为人的心、性与天本为一体，天是有道德属性的，天的道德属性包含在人性之中，天人是相通的。由此他得出结论："万物皆备于我矣，反身而诚，乐莫大焉。"（《孟子·尽心上》）他体会到人与自然达到和谐的快乐，美在于人与自然的统一。但这种审美感受却是建立在唯心主义基础上的。在这一点上孟子与庄子又是相通的。

另一名儒家大师荀子则在唯物主义基础上发展了人与自然和谐的思想，实现了儒道两家在这个问题上的交融。他站在儒家的立场，却充分吸收了道家思想的积极因素。他认为自然界是井然有序的、有规律的，而这些规律又是客观的、不以人的意志为转移的。他说："天行有常，不为尧存，不为桀亡。"（《天论》）这些规律中最根本的是"和"，"列星随旋，日月递昭，四时代御，阴阳大化，风雨博施，万物各得其和以生，各得其养以成，不见其事而见其功，夫是之谓神"（《天论》）。自然规律既然有迹象可寻，因此是可以被人认识的，"所志于天者，已其见象之可以期者矣；所志于地者，已其见宜之可以息者矣；所志于四时者，已其见数之可以事者矣；所志于阴阳者，已其见知之可以治者矣"（《天论》）。荀子的这些观点显然是对老子的"法自然"的道论和稷下黄老学说的批判继承。但是荀子没有到此为止，他同时吸收了思孟学派强调人的主观精神的合理因素，而克服了道家消极无为的缺点，提出了"制天命而用之"的光辉思想，从而把人与自然的和谐建立在积极的自然天道观的基础上。荀子认为，自然界既然是有秩序的，存在着和谐，因而存在着美，例如有"山林川谷美""兰槐之美""珠玉之美""响万物之美"等。但是自然界之所以有美，是因为和人有关，能为人"致其用"。他说："故天之所覆，地之所载，莫不尽其美，致其用，上以饰贤良，下以养百姓而安乐之。"（《王制》）人与自然的这种和谐，不仅是因为体现了能"致其用"的功利目的，而且还因为人们在自然物上看到、想到人的某些优美品质，从而产生审美感受。荀子说："孔子观于东流之水。子贡问于孔子曰：'君子之所以见大水必观焉者，是何？'孔子曰：'夫水，大遍与诸生而无为也，似德。其流埤下，裾拘必循其理，似义。其洸洸乎不淈尽，似道。若有决行之，其应佚若声响，其赴百仞之谷不惧，似勇。主量必平，似法。盈不求概，似正。淖约微达，似察。以出以入，以就鲜絜，似善化。其万折也必东，似志。是故君子见大水必观焉。'"（《宥坐》）可见君子之所以观赏赞美水，是因为他把水这一自然物与人的德、义、道、勇等优美品质联系起来，使人与自然产生了共鸣。这就是说美的合目的性一面，即美与善的统一，是儒家一贯强调的观点。荀子说："以赞稽之，万物可兼知也。身尽其故则美。"（《解蔽》）"故"就是事物的道理、规律，只有"兼知"并且亲自遵循事物的规律，才能达到美。他认为圣人把这种合规律性即"天道"与合目的性即"人道"结合得最好，所以说"圣人备道全美者也"（《正名》）。由此可见，先秦儒道两家在人与自然的和谐统一问题上，由各执一端，通过互相争辩，相互影响，逐步达到了相互补充、相互交融。荀子在这方面起了决定性的作用。

个体与社会的和谐统一

道家尊重自然，强调天道，向往人与自然的和谐统一。在个体与社会的关系上，他们也同样强调一种自然的和谐，而反对人为的统一。对于维持个体与社会之间关系的道德、法律，他们有的完全否定，有的用天道加以重新解释，使其从属于自然法则。他们不像儒家那样偏重于美的社会功利的目的性，而仍然在法自然合规律性的基础上，把有目的性变为无目的性，实现无目的的合目的性与合规律性的统一，即美与真的统一。

老子反对儒家提倡的忠、孝、仁、义之类的伦理道德，认为这些道德规范的产生正是个体与社会不和谐、不统一的表现。他说："大道废，有仁义；慧智出，有大伪；六亲不和，有孝慈；国家昏乱，有忠臣。"（《老子》第十八章）要想恢复"大道"，即个体与社会和谐的理想，必须摒弃这些伦理规范和功利，这样才能"无为而无不为"，即"绝圣弃智，民利百倍；绝仁弃义，民复孝慈；绝巧弃利，盗贼无有"（《老子》第十九章），这是对于社会的要求。对于作为个体的人来说，老子提出了"见素抱朴，少私寡欲"（《老子》第十九章）的主张，要求恢复到人的自然本性，像"婴儿之未孩"那样天真无邪，素朴无瑕。认为如果每个人都做到了这一点，就铲除了个体与社会的矛盾，天下就可以实现"无为而治"了。于是老子提出了他的美好的社会理想："小国寡民，使有什伯之器而不用，使民重死而不远徙。虽有舟舆，无所乘之，虽有甲兵，无所陈之，使人复结绳而用之。甘其食，美其服，安其居，乐其俗。邻国相望，鸡犬之声相闻，民至老死，不相往来。"（《老子》第八十章）从历史的发展来看，这是一种历史的倒退，当然是不可能实现的。但这种自然主义和谐美的理想，却对根植于自然经济基础上的中国古代美学思想，特别是在政治舞台上失意的知识分子产生了极大影响。

庄子的社会理想，如同他幻想"逍遥"于"无何有之乡"的绝对自由一样，是向往一种"绝圣弃知""摘玉毁珠""焚符破玺""掊斗折衡"，即取消一切文化制度的社会，他称这种社会为"至德之世"。他赞美说："夫至德之世，其德不离；同乎无欲，是谓素朴。素朴而民性得矣。"（《马蹄》）其实这是一种无知无欲，没有文化，没有阶级，甚至人兽同居的原始社会，这比老子的"小国寡民"时代倒退得更远。可见，庄子关于个体与社会的和谐思想，同样是建立在他的虚无主义理论基础上的。

同老庄这种避世弃俗的思想相反，稷下黄老学派把个体与社会的和谐建立在积极治世的基础上，其思想特点是"因道全法"，即用道家的自然天道观来解释法治的理论，主张用儒道兼蓄、礼法并用的方法来协调人与社会的关系。他们说："虚而无形谓之道；化育万物谓之德；君臣父子人间之事谓之义；登降揖让，贵贱有等，亲疏有体，谓之礼；简物小大一道，杀谬禁诛谓之法。"（《管子·心术上》）又进一步解释说："义者，谓各处其宜也。礼者，因人之情，缘义之理，而为之节文者也。故礼者，谓有理也；理也者，明分以谕义之意也。故礼出乎义，义出乎理，理因乎道者也。法者，所以同出，不得不然者也。"（《管子·心术上》）这套理论明显地体现了儒道两家的融合。值得注意的是，他们是把道、德、义、礼、法这些社会规范和制度看作一环扣一环、井然有序的统一体，以此发挥对个人与社会的维系作用。他们还从积极的方面继承了老子的"无为"思想，提出"君道无为，臣道有为"的理论。他们描绘这种美好的社会是："为人主，南面而立。臣肃敬，不敢蔽（蔽）其主。下比顺，不敢蔽（蔽）其上。万民和辑而乐为其主上用，地广人众兵强，天下无适（敌）。"（《黄老帛书·经法·六分》）之所以有这样的上下左右自由和谐的社会景象，乃是由于以"道"治国的结果，"道行于世，则贫贱者不怨，富贵者不骄，愚弱者不慑，智勇者不陵，定于分也"（《尹文子·大道上》）。显然，这是为剥削阶级设计的一种维持阶级统治秩序的幻想，比起老、庄的消极无为来，它体现了新兴地主阶级那种积极向上的精神。但从美学思想来看，他们关于和谐美的理想却是共同的。无为而治——这是无目的合目的性；道行于世——这是合规律性；以道治国——这是合规律性与合目的性的结合，也就是实现自由和谐的根本途径。

如果说，道家偏重于合规律性，而将有目的变为无目的，那么，儒家则偏重于合目的性，并把社会的外在目的变为个体的内在目的。如《易·序卦》所说："有天地然后有万物，有万物然后有男女，有男女然后有夫妇，有夫妇然后有父子，有父子然后有君臣，有君臣然后有上下，有上下然后礼义有所错。"将道德秩序的起源由社会转移到自然，借自然的属性来论证道德的合理性，看起来似乎是天经地义的事情。于是，存在于天人之间和谐统一的关系自然也就转化为个人与社会之间的和谐统一。不特如此，这种将社会等级秩序嵌入天地万物之间的做法，还使个人在处理自身与社会之间关系的时候，面对的仿佛是天地自然，使个体人格的主动性和独立性得以凸显。这一点对体现在孔子"仁学"体系中君子人格观念的形成，至关重要。儒家的创始人孔子提出的以"仁"为本，以"礼"为用的思想体系，集中体现了他在个体与社会关系问题上的这一美学倾向。

孔子所处的春秋末期，是由奴隶制向封建制过渡的社会动荡时期。当时，"礼崩乐坏"，维护奴隶主贵族统治的一套典章文化制度不灵了。"子弑父"，"臣弑君"，"陪臣执国命"等"犯上作乱"为普遍现象，阶级矛盾通过人与人之间、个体与社会之间的激烈冲突而明显地暴露出来。孔子站在保守的立场上却把这种历史的必然性看作是"天下无道"的丑恶表现。他理想的美好社会即"天下有道"的社会是"和"，即人与人、个体与社会之间的高度和谐统一，他说："礼之用，和为贵，先王之道斯为美。"（《论语·学而》）这种贵而美的"先王之道"究竟是什么样子呢？他曾引用《诗经》描绘说："不竞不绿，不刚不柔，而政优优，百灵是遒，和之至也。"（《左传·昭公二十年》）即一切都协调适中，恰到好处。因此，在这样的政治环境里，能使"老者安之，朋友信之，少者怀之"（《公冶长》）。在这种各得其所的社会里，君王也不用多操劳。他认为舜就是一个先王的典型，并称赞道："无为而治者，其舜也与？夫何为哉？恭己正南面而已矣。"（《卫灵公》）在这里我们又看到了儒道两家理想中的共同点，不过仍然是同中有异：道家强调的是"至柔"，而儒家却主张"不刚不柔"——中庸之道。孔子认为，造成社会不和谐的重要根源就是失去了中庸的原则，他说："中庸之为德也，甚矣乎，民鲜久矣。"（《论语·雍也》）所谓中庸，并不是无原则的调和折衷，而是注意对立双方的互相依存，和谐统一，无"过"无"不及"，即《礼记·中庸》所云："执其两端，用其中于民。"郑玄在该篇题解中说："名曰中庸者，以其记中和之为用也。"可见中庸就是中和思想的具体运用，它是实现社会和谐的根本道路。质言之，"和"是社会理想，是"至道"，"中"是思想方法，是"至德"，一外一内合起来又称"中和"。

"中"和"和"体现了美的事物普遍具有的某些规律性，所以孔子说"和为贵"，"斯为美"，这是他关于美的合规律性一面的认识。但他更强调的却是和、同的一面，他说："知和而和，不以礼节之，亦不可行也。"（《论语·学而》）因此，他重视礼的规范调节作用，他一生奋斗的志向就是恢复已被破坏了的周礼。他呼吁，为君的要"上好礼"，为臣的要"事君尽礼"，做到"君君，臣臣，父父，子子"，人人都"非礼勿视，非礼勿听，非礼勿言，非礼勿动"（《论语·颜渊》），整个社会都"齐之以礼"，就可以达到上下左右和谐一致。然而面对当时"礼崩乐坏"的局面，只靠强制手段使人们遵守周礼已经不可能了，于是孔子便提出了"仁"作为"礼"的思想根据。什么是"仁"呢？孔子用自己的话来概括，就是"爱人"。首先，"仁"是一种对待上下左右各种人的友爱善良的基本态度，表现为"入则孝，出则悌，谨而信，泛爱众，而亲仁"（《论语·学而》）。其中最根本的是亲子之爱，"孝悌也者，其为人之本与？"（《论语·学而》）孔子认为，如果人人都能做到这种亲子之爱，就不会再发生违礼的行为。"其为人也孝悌，而好犯上者，鲜矣；不好犯上，而好作乱者，未之有也。"（《论语·学而》）这样社会秩序就可以稳定。如果把亲子之爱推广到对周围的人"谨而信"，对所有的人"泛爱众而亲仁"，"博施于民而能济众"，"四海之内皆兄弟"，于是个体与社会就可以完全达到和谐统一。其次，"仁"是一种发自人的本性的内在欲求和自觉行动。它不是靠外力强制的，"为仁由己，而由人乎哉？"（《论语·颜渊》）只要自觉努力都可以做到，"我欲仁，斯仁至矣"（《论语·述而》）。而这种自觉性的集中表现就是"克己复礼"，"颜渊问仁。子曰：'克己复礼为仁。一日克己复礼，天下归仁焉。'"（《论语·述而》）这样孔子就把"复礼"的外在目的变成了"欲仁"的内在目的，继而又把这种内在目的转化为"天下归仁"的外在目的了。最后，"仁"是一种独立完美的个体人格修养的理想境界。孔子认为，人是应该有点独立精神的，"三军可夺帅也，匹夫不可夺志也"（《论语·子罕》）。比起礼、乐来，作为精神修养的"仁"是更为重要的。"人而不仁，如礼何？人而不仁，如乐何？"（《论语·八佾》）因此，君子在任何情况下都应该不违背"仁"，"君子无终食之间违仁，造次必于是，颠沛必于是"（《论语·里仁》），并以行"仁"为最大快乐，"志士仁人，无求生以害仁，有杀身以成仁"（《卫灵公》）。他认为"里仁为美"，断定"苟志于仁矣，无恶也"（《论语·里仁》），即把仁者作为个体人格修养的完美境界。这种思想境界乃是实现个体与社会和谐的最重要的内在条件，在这里作为内在目的的个体自觉修养，与作为外在目的的社会功利达到了有机的统一，即通过"仁"实现了真与善的统一。

孔子的继承者孟子进一步发展了儒家关于个体与社会和谐统一的思想。首先，他把孔子的"仁"发展为"仁政"学说和"仁义之道"。而对战国大国兼并，争城夺地，杀人盈野的动乱局面，他主张天下"定于一"。他认为统一天下不是靠掠夺性的战争，而是靠人心归向，靠上下一心的"人和"，他说："天时不如地利，地利不如人和。"（《孟子·公孙丑下》）怎样才能达到人和呢？一方面他要求统治者实行"仁政"，让人民有自己的"恒产"，能"乐岁终身饱"，即得到起码的生活条件，从而能安居乐业；另一方面他要求每个人都遵守"仁义之道"，即履行自己的社会责任，他说："老吾老，以及人之老；幼吾幼，以及人之幼。"（《孟子·梁惠王上》）人相亲相爱，"岂有仁义为不美也"（《孟子·公孙丑下》），这就把孔子的"里仁为美"扩大为整个社会人与人之间的和谐美。其次，他提出性善论作为仁义之美的理论根据。他说："仁、义、礼、智非由外铄我也，我固有之也"，（《告子上》）认为仁义等美德是人们天生固有的一种内在要求。他指出这是人与禽兽的根本区别，不过一般人经不起外物的引诱而失掉了，即所谓"人之所以异于禽兽者几希，庶民去之，君子存之"（《离娄下》）。但失掉了的善性美德还是可以收回来的，关键是个人自觉的努力，"求则得之，舍则失之"（《告子下》），所以说"人皆可以为舜尧"。孟子这种强调人的自我实现，自我肯定，即把善这种外在目的自觉地变为内在目的的思想，是对人与社会和谐美的本质的深刻认识。第三，他肯定了人类美感的共同性，进一步从审美主体方面论证了个体与社会的和谐统一。孟子用性善论把人与动物区别开来，继而又从人与动物族类的区别上论证了人类美感的共同性。他说："凡同类者，举相似也，何独至于人而疑之。圣人与我同类者。"（《告子上》）人类美感的共同性就是这种"举相似"的东西，"口之于味也，有同耆焉；耳之于声也，有同听焉；目之于色也，有同美焉"（《告子上》）。孟子的这一观点在一定意义上承认了共同美的问题，亦即肯定了美的普遍性和绝对性，这同老庄只强调美的差异性、相对性的观点形成了鲜明的对立。儒道两家分别强调的这两个方面，正好就是审美本身所包含的二重性的辩证统一。在这里我们又看到了儒道两家的相互补充。第四，他提出了"与民同乐"的观点，从审美活动方面强调了人与社会的和谐。他在同齐宣王的对话中指出，个人的"独乐乐"不如与别人的同乐；"少乐乐"不如"与众乐乐"。他认为审美活动不是个体的单独活动，只有与他人与众人共赏、共鸣，才能得到最大的审美愉快。在这里他谈的是审美活动的社会性，同时也就从一个重要方面论证了个体与社会的和谐统一。

荀子在个体与社会的关系上同样强调"和"，强调"一"，强调"天下之大齐"。但其立论的根据与孔孟又有所不同，他把孟子的"人之所以异于禽兽者几希"的观点发展为人能"合群"的理论。他说："人，力不若牛，走不若马，而牛马为用，何也？曰：人能群，彼不能群也。人何以能群？曰：分。分何以能行？曰：义。故义以分则和，和则一，一则变力，变力则强，强则胜物。"（《王制》）这就是说，人之所以比禽兽强胜，是因为人能结成群，即组织起来。而人能组织成群，又因为人能"分"，即有社会分工和等级差别，分的必要条件则是"义"，即政治制度和道德规范。由于分工合作，才能和谐一致，才能强大有力。在这里荀子在直观的水平上猜测到人的社会性问题，接触到人的社会本质问题。但由于剥削阶级的偏见，他却把封建性的等级制度看作社会和谐的前提，说："分莫大于礼"，"礼者，贵贱有等，长幼有差，贫富轻重皆有称者也"（《富国》）。同时，他又把这种封建社会关系看作是天经地义，"君臣、兄弟、夫妇，始则终，终则始，与天地同理，与万世同久"（《王制》）。荀子把封建地主阶级的善建立在自然规律的基础上，以美化封建社会，这说明他认识到和谐美应是真与善，合目的性与合规律性的统一。这也是他站在儒家的立场上，吸收道家美学的结果。

荀子的人性论是他上述思想的理论根据。他在人性论问题上，同样体现了儒道交融。与孟子性善论相对立，他主张人性恶，说："之性恶，其善者伪也。"（《性恶》）又说："性之和所生，精合感应，不事而自然，谓之性。性之好、恶、喜、怒、哀、乐，谓之情。情然而心为之择，谓之虑。心虑而能为之动，谓之伪。"（《正名篇》）这种精气合和，感应生性，"不事而自然"的思想，显然是继承了稷下黄老学派的观点。但关于性与情的区分，自然与人伪的关系，却是他的创造，他说："性者，本始材朴也。伪者，文理隆盛也。无性，则伪之无所加。无伪，则性不能自美。性伪合，然后圣人之名一，天下之功于是就也。"（《礼论》）在这里，他想通过本性与人伪的对立统一关系，论证圣人推行礼义道德对于维护社会制度的重要性，但同时也表明了"性不能自美"的个体与"文理隆盛"的社会之间的辩证关系。作为个体的人，生而有"好利""疾恶""好声色之欲"等恶性，必然导致"争夺""淫乱"等恶果，是个体与社会不和谐的根源。为了克服这一矛盾，必须靠"师法之化""礼义之道"等人为的教化手段，而圣人对此起了决定性的作用。因为"圣人备道，全美者也，是县（悬）天下之权称也"（《正论》），由于圣人推行礼义教化，才能达到"政气行，风俗美"（《王霸》），即实现个体与社会的和谐统一。

　　总之，从孔子的"仁学"，到孟子的性善论和荀子的性恶论，都为个体与社会的和谐美寻找理论根据。当然，由于他们所处时代不同，代表的阶级利益不同，对于个体与社会的和谐的理解也就有所偏重，但在把人与社会的和谐作为儒家的美学理想这一点上，他们的观点却是一致的。

（原载于《周易研究》2003 年第 5 期）

中华和谐美第一图

——太极图的审美观照和理性思考

周来祥

一

　　摆在我们面前的是一幅大家都熟悉的流行的标准的太极图，多少年来它吸引着我，感动着我。我长时间地注视着它，我反复地观照着它，它是中华民族的第一张奇图，也是第一张美图。它给我以永恒的愉悦，是我理想中古典和谐美的范本，是我国传统的中和之美的表征。它代表着我国审美文化的最大特色之一，作为中华民族审美文化的源头，其意义不亚于书法中的王羲之、戏曲中的梅兰芳。

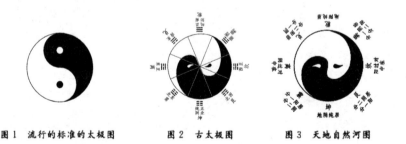

图1　流行的标准的太极图　　　图2　古太极图　　　图3　天地自然河图

　　太极图是一种圆形的美，中间的线条是弯曲的，横过来看，又像是波浪，呈现了一种曲线的美，波浪形的美。

　　它左白右黑，白中有一黑点，黑中有一白点，黑白对比，左右相称，体现了一种平衡、对称、稳定、有序的美。

　　它波浪形的曲线，透出了一种动势，并活画出黑（阴）白（阳）两条鱼的形象。这两条鱼似在游动中旋转，而中间这条反 S 形的曲线，由上向下俯视，则呈一种立体的螺旋状，展示事物发展在循环往复中的螺旋式上升，并静中有动、静动结合地展示了一种宁静的美。

它是一种古典的中和之美，把圆形线、曲线、黑色、白色均衡、有序、稳定、和谐地组成为一幅美的画图，一幅极直观又极简括，极具体又极抽象的中华和谐美的第一图。有的数学家用几何学解释标准太极图，并得出了它的几何定律是："居中两切圆四等分大圆"。① 而这一美的组合，关键是掌握好一个度，这个度主要体现在中间那波浪式、反 S 形的曲线上。这条线画得恰到好处，几乎美得无以复加，美得不可能再美。你不能对它作任何一点改动。对它任何一点的改动，向上升或向下降一点，向左或向右偏移一点，就会失去它平衡的美，对称的美，有序的美，稳定的美，中和的美。这是一条多么绝妙的曲线啊，体现了我们中华民族中和之美理想的尺度，也体现了我们中华民族中和文化理想的尺度。不仅作为道教的标志，也成为中华民族古典和谐美的表征和范本，广泛流传，家喻户晓，经久不息。我国的古代雕塑，人体也多为反 S 形，与古希腊雕塑的 S 形正好相反，看来这是一条源远流长的更具中国审美文化传统特色的优美的曲线。

现在我们再来看这张古太极图（录自［清］胡渭《易图明辨》，原出于明末赵仲全《道学正宗》，是古代文献中第一次将"阴阳鱼"图称为"古太极图"的）。

与前图相较，两图有基本的相近之处，如都是圆形，中间都有一曲线，都是左白右黑，平分为二，都是一种古典的和谐美。但凝神观照，仔细辨析，两者又大相径庭。这个相异之处，关键的有两点。

一、前者是波浪形线，反 S 线，后者则是旋涡形线，这就增加了它的动势，给人以剧烈的流动感，旋转感。两者虽然都处于一个共同的圆形之中，但相对而言，前者是静态的，后者是动态的。

二、前者太极两仪中各画一个圆圈；后者则画一个水滴形，在圆中包含着尖形、不规则线形等不圆的因素，在和谐中包含着不谐和的因素，在柔中包含着刚。前者是和谐的，是柔性的，后者则夹杂着不协调的因素，是刚性

---

① 参见欧阳红《易图新辩》，湖南文艺出版社 1996 年版，第 124 页。

的美。这两大变化，使前者呈现为理想的阴柔之美，使后者呈现为典型的阳刚之美。但阴阳、刚柔、动静，又不是分裂的、相互排斥的，而是阴中有阳，阳中有阴；刚中有柔，柔中有刚；动中有静，静中有动；尖形、直线形、不规则线形与曲线形、弧线形和规则线形相互交叉、相辅相成，和谐地共处于一个黑白对称四等均分的大圆圈中，因而成为中国古典和谐美——中和之美的两种基本范式，一是偏于静的阴柔之美，一是偏于动的阳刚之美。而这差异变化的关键又正在那条阴阳鱼的中间分界上，当这根线呈反 S 线形时，它是宁静的、阴柔的；当这根线异变为旋涡线时，它就给人们以强烈的流动感、旋转感，成为阳刚之美。但也正在这里，更见出古典阳刚的壮美根本上不同于近代的崇高，近代的崇高首先要粉碎古典和谐的圆圈，突破和谐的圆圈，把黑白、阴阳鱼根本对立起来，但阳刚的壮美，不管如何流动，如何刚烈，如何尖直，却以不超过共同的圆圈为极限，它始终守在这个和谐的圆圈之中。正所谓"言天下之至动而不可乱也"①。

　　根据目前学术界的研究，中华民族文化的源头最早可能就是巫术文化，我们知道史官出于巫，礼乐文化亦源于巫，周礼是巫文化的理性化。医也产生于巫，巫同时就是原始的医生。审美文化，美的观念，现在看也与巫文化有紧密的关系。太极和八卦都是巫文化的创造，而八卦又似来自太极，所以《系辞传》说："易有太极，是生两仪，两仪生四象，四象生八卦"。它们原是为了"明吉凶"，举大业的②，我们也可以说，中国审美文化的形成，美的观念的诞生，也是源于巫文化的。同时它也代表着我们先民们中和的审美意识的萌生，说明我国的中和文化、中和美的观念几乎是和先民们一起来到这个世界上的，它太久远了，它太神奇了。

　　同时，从古太极图到流行太极图的演变，又大体反映了我国美的理想、美的形态发展的历程。假若说汉唐以前偏于宏大、阳刚之壮美（不是没有优美），唐宋以降日益转向偏于阴柔的优美（不是没有壮美），那么这两张太极图可以说是中国审美意识发展史极简明的一个缩影。

---

① 朱熹：《周易本义·系辞传》，天津古籍书店 1986 年版，第 99 页。
② 朱熹：《周易本义·系辞传》，天津古籍书店 1986 年版，第 287 页。

二

太极图不但富于美的魅力，而且美中蕴真，含义无穷，耐人玩味。其内涵之广大，其意蕴之深远，真可谓形象的世界观，直观的方法论，极简括又极抽象地展示了宇宙、人类、自然、社会发展最根本的规律。《系辞传》说"易与天地准"，太极图也正具象地体现了这一真理。

当我们在审美的体验中，对这张阴阳两鱼旋转互动的圆形图，进行环环相推、层层解剖时，它那丰厚而深刻的哲学内涵，便逐步升华出来。我寻思良久，初步得到七层含义。

一、在一个圆中，亦即在一个事物中，大至宇观，小至微观无不分为两个不同的方面，一阴一阳，一刚一柔，一黑一白，一动一静，而太极的一分为二，是自无极（以空为无极）的混沌划分发展而来的，是一个进步。

二、以阴阳所表征的矛盾的两个方面，是互根互生的，阴自阳极处（阳极盛点）生，以阴为根；阳自阴极处（阴极盛点）生，以阴为根。阴极盛点和阳极盛点都正处于把两者平分开的直径线的两端。

三、阴阳，刚柔两方既相辅相成，又相生相克，相摩相荡，从而推动阴阳两方的变化发展，推动两者的消长、盛衰，所谓"刚柔相摩，八卦相荡"，"刚柔相推，而生变化"（《周易本义·系辞传》），阴方由衰而盛时，阳方正好是由盛而衰，反之亦然。事物正是在这种量变中不断变异的。

四、这个运动、变化不是直线的，而是曲线的、波浪形的、反S形的；不是平坦的、笔直的，而是坎坷的、曲折的。

五、这种变化从圆形看是终而复始的，但从立体的螺旋形看，它是螺旋式前进的，表面上是回到原来的起点，但后一起点已非前一起点，它已经站在一个更高的历史层面上。

六、两者虽相摩相荡，但却不能截然分离。因为那黑鱼中的白眼，白鱼中的黑眼，以及包容两鱼的大圆，已告诉我们：阴中有阳，阳中有阴；柔中有刚，刚中有柔；你中有我，我中有你，如何能彻底分开，如何能截然地二元对立和断裂！

七、因而不管两者是如何相分相荡，但最后总要共处于一个圆中，共同和谐地构成一个矛盾的统一体。中国哲人认为事物是一个圆圈接着一个圆圈地向前发展着，它不强调斗争式、飞跃式、突变式、断裂式……

随着时光的推移，我可能还会有更多的发现，当然比我更睿智更深沉的哲人当能给我们以更大的惊喜。这些"生生不息"的易之至理，不但体现于物物，而且孕生于人人，朱熹说人人皆一太极，信斯言也。

<h2 style="text-align:center">三</h2>

我这个推断有根据吗？符合太极图发展演变的历史过程吗？这确实是一个值得深入研究的问题。这样我们还要从哲学的沉思转向历史的考辨。这似乎是一个枯燥的领域，但却有另一种无穷兴味。自宋元以来，研究易图、太极图流变的书日益繁多，还可以继续写一部更大的书来讨论，短期内恐难以达成共识，但有几点是可以确定的。

第一，易图、太极图是古已有之，绝非某些人的臆撰，而且也是难以伪造和独撰的。这个"古"不但可以推到伏羲氏，还可推到凿木取火的燧人氏。有关古易图的文字，最早见于《尚书》《易传》《尚书·顾命》说："赤刀，大训，宏璧，琬琰在西序；大玉，夷玉，天球，河图在东序。"《系辞传》说："古者包牺氏之王天下也，仰则观象于天，俯则观法于地，观鸟兽之文，与地之宜，近取诸身，远取诸物，于是始作八卦。"[1]《系辞传》又说："河出图，洛出书，圣人则之。"[2]孔子也曾说过："凤鸟不至，河不出图，吾已矣夫。"（《论语·子罕》）管仲对齐桓公也说过："昔人受命者，龙龟假，河出图，洛出书，地出黄乘。"（《管子·小臣》）这说明河图、洛书是非常古老的，是确实存在过的，而包牺氏（即伏羲氏）之作八卦，也非独创，而是有所依据的。《魏志·高贵乡公传》载易学博士淳于俊说："庖希因燧皇之图而作八卦。"《尚书纬》也说："伏希氏有天下，龙马负图出于河，遂法之以画八卦。"这些图究竟是什么样子，后人没有言说，但从以上文字可以推断它是非常久远的，也可能是人类远古文明的第一幅杰作。它在燧人氏时已成

---

① 朱熹：《周易本义·系辞传》，天津古籍书店 1986 年版，第 322—323 页。
② 朱熹：《周易本义·系辞传》，天津古籍书店 1986 年版，第 1 页。

雏形，后淹没于地下，伏羲时被河洛大水冲刷，复现于世，伏羲因之而又加以创造，遂由太极衍生八卦。但那时只有图像，没有文字，可能是最早的《易》。朱熹在《周易本义》中说："有天地自然之易，有伏羲之易，有文王周公之易，有孔子之易，自伏羲以上皆无文字，只有图画，最宜深玩。"这话是有道理的，清代胡渭《易图明辨》，全然否之，是拘于细节，而失之整体，难成定论，未必可信。更值得注意的是浙江河姆渡出土的新石器时代的一个彩陶纺轮上，绘有类似太极的图案："一根相反相成的形线，把整个画面分成两个阴阳交互的两极。这两极围绕一个中心回旋不息，形成一虚一实，有无相生，左右相倾，前后上下相随的一种核心运动。"① 这可以看作太极图案发源很早的一个佐证。

第二，据有关记载，伏羲之后，尚有夏易《连山》，商易《归藏》（先坤者也），而秦火之后，两汉以来，历代也多有文字记载。

《隋书·经籍志》（易类）载：梁有周易乾坤三象，周易新图各一卷，又周易玄普图八卷，薛景和撰在纬书类中有河图二十卷，河图龙文一卷。

到了唐末五代华山道士陈抟又复得古易图，南宋朱震在《进周易表》中，曾作了这样一段概述："国家龙兴，异人间出。濮上陈抟以先天图传种放，放传穆修，修传李之才，之才传邵雍。放以河图洛书传李溉，溉传许坚，坚传范谔昌，谔昌传刘牧。修以太极传周敦颐"。陈抟之先天图从何而来，朱震未说，而易家相传是得自麻衣道者，这也并非无稽之谈。黄宗炎在《太极图说辨》中说："周子太极图创自河上公，乃方士修炼之术也。""考河上公本图名无极图，魏伯阳得之以著《参同契》，钟离权得之以授吕洞宾，洞宾后与陈图南同隐华山而以授陈，陈刻之华山石壁。"这样陈图就直接来自吕祖了。总之，秦汉以来，易图很可能散佚民间，在隐逸者、道者手中代代相传，到了唐末五代而由道士陈抟再度公之于世，《宋史·陈抟传》也说他曾"刻于华山石壁"，是很可能的。

周敦颐的太极图，明显是注易解易之作，恐非古易图。朱熹在《周易本义》前附易图九幅。有人说是他派门人蔡元定赴川从隐者手中寻得，但胡渭《易图明辨》又说："遂令季通（即蔡元定）入峡，购得三图耳，蔡氏秘

① 雷圭元：《中国图案作法初探》，上海人民美术出版社 1979 年版，第 41—42 页。

不肯出，及明末元初，复见于世"①，也就是说这张图，朱熹生前并未见到，与其所列九图无关。朱熹曾说："伏羲四图其说皆出邵氏，盖邵氏得之李之才挺之，挺之得之穆修伯长，伯长得之华山希夷先生陈抟图南者，所谓先天之学也。"② 可见朱熹的易图，直接与邵雍有关，而邵雍又远来自陈抟。

明代开始，对太极图日益关注。并出现了两张过去被认为最早见之于世的太极图，一是明初载于赵撝谦《六书本义》中的，历来被认为是第一张太极图。当时还未称太极图，而称"天地自然河图"（见图3）。二是明末载于赵仲全《道学正宗》中的"古太极图"（见图2），此图与赵撝谦图相较有两个特点，一是赵撝谦图，鱼头有棱角，而赵仲全图，则线条更为圆润柔和；二是赵仲全图在阴阳鱼上加了四条线，划分为八个区域，这就将卦爻阴阳位数与阴阳鱼图黑白变化的度数更为严格地对应起来，太极图的名称和图形也大体确定下来。

太极图这一时隐时现、最后彰显于明代的历史过程，是清晰的、可信的，说明它一直在中华民族传统文化中承传着、发展着、完善着，最后才美化为现在流行的标准的太极图。这可能不是某一个人或某几个人的心血，而是中华民族自燧人、伏羲以来代代相传的集体创造。

第三，最近在陕西周至县楼观台老子说经台之石壁上，发现易图十二幅，其中关于太极图的有三幅，据李伟晶《太极与八卦》附图，现编为图4、图5、图6录于下面：

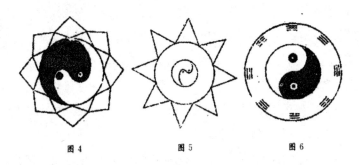

图 4   图 5   图 6

这三幅图很值得重视。首先它恰好代表了三个类型，三个历史时期。

---

① 参见丛书集成本，商务印书馆发行，第84页。
② 朱熹：《周易本义·系辞传》，天津古籍书店1986年版，第7页。

图 4 与古太极图相近，是壮美的形态；图 5 与流行标准的形态近似，是优美的形态；图 6 介于两者之间，是一种过渡形态。说它们相近，是因为它们还有细微的差异，如图 4 两鱼眼中都画一眼珠，图 6 的鱼眼也如此，而图 5 的鱼眼则没有眼球，而且不分黑白、阴阳。可见在流传中虽模式大体一样，而细微处尚没有统一的规范。其次，这三张图大概不是刻于同一个时期。楼观台可能建于隋唐以前，道教中有楼观派，卿希泰在《中国道教思想史纲》（第一卷）中曾说：“时北朝道士，复有楼观一派，颇显于周、隋之际，至唐尤盛。此派处于佛教势力较盛的环境，为同佛教相抗衡，独宗关尹，鼓吹老子化胡之说，与佛教徒相诟詈。”“其传记有《楼观内传》三卷……此书多妄造古事，诡称周秦时已设道士。现原书已佚，惟赵道一《历世真仙体道通鉴》存其逸文，元时朱象先有《终南山说经台历代真仙碑记》，为此书之节本。”① 可见在北朝时楼观已形成道教一派。日本学者洼德忠教授在其所编《道教年表》中曾载：“公元 624 年，唐高祖参拜终南山的老子庙”，② 此庙可能就是楼观台（我曾去过楼观台，那里不但有老子讲经台，附近还有老子墓，立有石碑，不过据史家考证，老子并未到过陕西周至，不曾讲过经，也不能有墓，这些皆道者妄造）。图 4 可能是建造时的遗迹，代表了唐以前的图像（远比明初赵撝谦的太极图要早）。图 5 可能是唐、宋年间维修、重建时刻制的。而图 6 则可能是元、明以后的续刻。但不管历史年代是否非常准确，它却雄辩地证明，太极图隋唐以来仍在民间流传、加工、演变，而且与道教、隐者有紧密的关系。过去曾有人说两汉以后，它散佚于“蜀汉间”隐者手中，亦非虚言，楼观台的易图又是一个证明。

第四，我所以作这样一个推论，不仅有断断续续的历史文献可资作证，而且还在于中华民族文化有一种严谨、客观、务实、求实的传统，这和一个民族的气质、性格都有很深的内在联系。三皇五帝过去大多作为一种半神话式的传说，但它毕竟不同于古希腊式的神话。燧人氏凿木取火，反映了用火在熟食、制陶和人类形成发展上的重要地位；伏羲氏“作结绳而为罔罟，以佃以渔”（《系辞传》），记述了原始人类的渔猎时期；神农氏“斵木为耜，揉

---

① 卿希泰：《中国道教思想史纲》，四川人民出版社 1980 年版，第 344 页。
② 洼德忠：《道教史》，上海译文出版社 1987 年版，第 308 页。

木为耒，耒耨之利，以教天下"（《系辞传》），描绘了人类由渔猎进入农耕时代的情景。燧人、伏羲、神农可能不是指某一个人，而是指一个氏族部落，但它的存在与更替，与现代社会科学所揭示的原始人类发展的历史过程大体一致。而且它代表的氏族很可能也是一个曾经存在过的氏族群体。文学本是一种想象的创造，但在中国先秦的《诗经》中却是很写实的，"氓之蚩蚩，抱布贸丝"，对以物易物的原始交换，几乎可以作为一种纪实的文献看待。它的一些不长的英雄史诗如《公刘》很可能就是一些历史人物的真实记述，对研究那个时代具有史料性的价值。韩非子说的画鬼神易，而画犬马难，也正反映了先秦时期，偏重写真的倾向。正因这种纪实传统，所以中国虽也有神话，但却没有古希腊神话的繁荣。中国的神话，偏重于人的神化，偏重于传说的神化，大多由具体的人、事演化而来，因而具有某种历史的因缘，有一定的可靠性。而希腊神话大多是神的人化，是把神塑造得近似于人，有人的性格、行为和情感，是人的幻想的创造物。虽然在大的范围内也可以反映原始人类的某些状况，如恩格斯曾谈到埃斯库罗斯的《复仇神》，通过雅典娜以裁判长的资格投了奥列斯特一票，决定"宣告他无罪"，反映了"父权制战胜母权制"的历史轨迹①，但雅典娜、奥列斯特，不一定有具体的历史根据。也正为它超越了历史的拘束，所以古希腊人的想象就有了更高的飞翔。了解了中国文化的纪实传统，那么对"河出图，洛出书，圣人则之"，对"庖牺因燧皇之图而作八卦"的文字记载，就不会只当作荒诞不经之言了。

第五，我觉得从事美学史、从事审美意识史、从事审美文化史的研究，重视考证，重视文字证据，固然重要，但从审美意识、审美趣味、审美理想形成发展嬗变历史的角度，来考辨、判断其产生的大的历史时期（不是具体到某年某月），是一个可靠的标准和可行的办法。如维纳斯一看就知道是古希腊那个美的时代的产物，它与文艺复兴时期的《蒙娜丽莎》不同，与新古典安格尔的《在帕福斯的维纳斯》也不同，更不要说近代戈雅浪漫的《裸体的玛哈》，罗丹丑的《老妓》，毕加索立体派的《亚维农的女郎》了。它呈现的审美观念、审美趣味、审美理想就把自己归入了它那一个历史时代。维纳

---

① 参见《马克思恩格斯全集》第4卷，人民出版社1958年版，第5—8页。

斯的断臂，令世人深以为憾。文艺复兴以来，不少雕塑家欲圆补臂之梦，但其原臂的位置姿态却想象不出来，结果全臂的维纳斯反不如断臂的美。不是这些艺术家天资不高，造诣不深，而是时代不同了，美的理想、美的标准改变了，近代不可能重新再造一个古典的维纳斯，这是一个铁的法则，任何人都是不能超越的。同样太极图，一看就知道它是古代和谐美的代表，它绝不同于近代对立、裂变、激荡的崇高。而壮美的古太极图主要在唐之前，而流行的优美的太极图大体在唐宋以后，这个大的历史范围，一般不会有太大误差。因为审美观念、审美趣味、审美理想的历史变异，几乎体现于那个时代所有的文化现象之中，是最普遍、最客观、最有规律性的。一件器物，一件艺术品渗透并体现某个时代美的观念、趣味和理想，就已经自己把自己划属于那个时代，把自己钉在那个时代的历史年轮上了。

　　第六，我之所以认为古太极图与人类远古时代的文化有内在的关联，还有人类思维史的依据。我们知道人类最初的思维正与儿童一样，首先发展的是原始思维、形象思维，古太极图的最早版本可能就是人类原始思维、形象思维的第一个杰作。《系辞传》说的"仰则观象于天，俯则观法于地，观鸟兽之文，与地之宜，近取诸身，远取诸物，于是始作八卦"，符合思维发展的规律。朱熹说的"自伏羲以上，皆无文字，只有图画"，也有他的合理性。这样我们就可以推断大概是先有《易图》，后有易经；而在易图中，也可能是先有太极图，后有八卦图，卦爻自无极、太极衍生而来，即"易有太极，是生两仪，两仪生四象，四象生八卦"。当然易经产生之后，为了对《易系辞传》进行阐解和发挥，也可能再画图以明之。我觉得周敦颐的太极图类于此。在这个意义上，又可以说先有易经，而后有易图了。

（原载于《学术月刊》2003 年第 10 期）

"先王乐教"与中国早期美育的发展

祁海文

中国古代美育以"礼乐教化"为核心观念，并通过"乐教""诗教"等途径具体实施。这一美育传统的历史根源和典型形态就是先秦文献所载的"先王乐教"。"先王乐教"不仅直接影响到"礼乐教化"美育传统的形成，而且为美育思想的产生奠定了观念的历史来源和思考的历史背景。"乐教"一词最早见于《礼记·经解篇》，但"乐教"之事先秦文献已有很多记载。这些记载都是围绕从三皇五帝到西周的历代帝王展开的，不仅见于《论语》《荀子》等儒家文献及《尚书》《周易》等儒家相关文献，也见于《墨子》《庄子》《韩非子》等诸子之书，并在先秦晚期的《吕氏春秋·古乐》篇有较系统的整理。这说明，"先王乐教"已经成为先秦思想的一个普遍性共识，尽管墨、道、法诸家对其持批判甚至否定态度，但都肯定它的存在并将其作为历史传统来思考。因此，虽然文献关于先王乐教的追述依然存在传说与历史相混杂的问题，却并非完全出于想象、附会。

《尚书·舜典》载："帝曰：'夔！命汝典乐，教胄子。直而温，宽而栗，刚而无虐，简而无傲。诗言志，歌永言，声依永，律和声。八音克谐，无相夺伦，神人以和。'夔曰：'于！予击石拊石，百兽率舞。'""诗言志，歌永言，声依永，律和声"统称为"乐"，"先王乐教"因此具有美育性质。但舜帝时代不可能出现如此自觉的美育言论，同时，先王乐教也不仅限于"教胄子'《吕氏春秋·古乐》载："昔古朱襄氏之治天下也，多风而阳气畜积，万物散解，果实不成，故士达作为五弦之瑟，以来阴气，以定群生"。这是作乐以调和阴阳之气，抚育万民。《周易·豫》："《象》曰：'先王作乐以崇德，殷荐之上帝，以配祖考。'"《吕氏春秋·古乐》载帝颛顼以《承云》之乐"祭上帝"，帝尧以《大章》之乐"祭上帝"。这是作乐以祭祀神灵。《礼记·乐记》："王者功成作乐，治定制礼。"《吕氏春秋·古乐》载夏禹治水、商汤放桀、武王伐纣，功成之后均作乐"以昭其功""以见其善"这是作乐以表彰功德。《礼记·乐记》谓"天子之为乐也，以赏诸侯之有德者也"，《吕氏春秋·古乐》载周成王时，周公率兵平叛功成，"乃为《三象》，以嘉其德"。尽管这些后代追述不免有理想化成分，但由此却可以看出，作乐、用乐始终是"先王"治国平天下之大事，并与宗教、政治、道德等有紧密的联系。

刘师培曾指出："古代教民，口耳相传，故重声教。而以声感人，莫善于乐。""六艺之中，乐为最崇，固以乐教为教民之本哉?"他在阐释《孟子》"夏曰校"之说时，又指出"盖教字隐含二义：一为教育，一为宗教。校训为教，所以明夏代之教民，咸以宗教为主也。"[1] 其实，"以乐教为教民之本"和"咸以宗教为主"是统一的，所谓"乐教"既是"教育"，也属"宗教"。清人俞正燮指出，"通检三代以上书，乐之外，无所谓学。"[2] 近人徐复观也认为，上古"以乐为教育的中心"[3]，"乐之外，无所谓学"。并非所学仅止"乐"，而是"以乐为教育的中心"从事于"学"。因此，作为教育，"乐教"是以"乐"为基本实现形式的一般性教育，这种教育又是通过宗教活动的形式进行的。"乐教"的政治、道德等功能的实现也是与宗教紧密结合在一起的。由于"以宗教为主"，先王乐教包含着美育却又不是美育，客观上可能具有陶冶性情、培育人格等美育功能，但却远未达到自觉状态。即使《舜典》所说的"教胄子"，其最终目的也是"神人以和"。

先秦文献追述"先王乐教"很少谈道"礼"，这一事实可以印证近人"乐比礼出现得更早"[4] 的说法。"乐教"与宗教、政治、伦理密不可分，在很大程度上决定于"礼""乐"关系的发展。古人关于"礼"的制作的记录大体是从周公"制礼作乐"开始的。这似乎意味着，周公"制礼作乐"标志

① 刘师培：《古政原始论》，转引自孟宪承《中国古代教育史资料》，人民教育出版社 1961 年版，第 31—32、33 页。
② （清）俞正燮：《癸巳存稿·君子小人学道是弦歌义》，转引自《吕思勉读史札记》，上海古籍出版社 1982 年版，第 452 页„
③ 徐复观：《中国艺术精神》，春风文艺出版社 1987 年版，第 3 页。
④ 徐复观：《中国艺术精神》，春风文艺出版社 1987 年版，第 1—2 页。

着古代美育发展的一个重大转折。

《说文解字》释"礼"为"事神致福",王国维认为"礼"的古字即甲骨文的"豊"字,起源于宗教祭祀活动,一切祭祀神灵之事皆谓之"礼"。①郭沫若、侯外庐、徐复观等认为"礼"字可能到西周才正式出现,但诸家对"礼"起源于原始宗教祭祀的说法多无异议。因此,"礼"字晚出,并不是说西周以前没有"礼"存在,但至少意味着"礼"的观念、意识是很晚才觉醒的。《说文解字》谓"乐"字"象鼓鞞。木,虡也。""乐"字字形出自乐器,上古乐器亦属礼器,"乐"与"礼"在字源学上是一致的。郭沫若曾指出,古"礼"字右下半部应为"壴",即"鼓"字的初文②。裘锡圭先生指出,"礼"字右侧的"豊"字"应该分析为从壴从玨","本是一种鼓的名称"③。《礼记·礼运》篇追溯"礼"的起源,也认为"夫礼之初始诸饮食,其燔黍捭豚,污尊而杯饮,蒉桴而土鼓,犹若可以致其敬于鬼神。"这说明,原始乐舞本来就是"致其敬于鬼神"的"礼"。因而,所谓"乐教",同时也就是"礼教"。但是,由于"礼"字晚出,上古作为宗教祭祀礼仪的"礼"是以"乐"的形态出现的,即"礼"藏"乐"中"礼""乐"一体。

上古"乐"与"礼"作为宗教祭祀仪式,专掌于"巫"。《说文解字》:"巫,祝也。女能事无形,以舞降神者也。象人两袖舞形,与工同意。"刘师培认为,"舞从无声,巫舞叠韵。占重声训,疑巫字从舞得形,即从舞得义。故巫字并象舞形。"④陈梦家以为,"舞巫既同出一形,故古音亦相同,义亦相合。"⑤"舞"与"巫"字出一源。古巫不仅以歌舞事神,且兼司祭祀之事,"以舞降神"实系祭祀之礼仪。因而,原始乐舞的功能主要体现为巫术或宗教祭祀,"礼""乐"与"舞""巫"在根本上是相通的。《吕氏春秋·古乐》载,"昔葛天氏之乐,三人操牛尾,投足以歌八阕。""操牛尾""投足以歌"与《尚书》的"击石拊石,百兽率舞"一样,都是以图腾崇拜为内容的祭祀乐舞表演。乌格里诺维奇指出:"在原始社会中,巫术和艺术是混融和交织

① 王国维:《观堂集林》第1册,中华书局1991年版,第291页。

② 郭沫若:《卜辞通纂》,东京文求堂1933年版,第54页。

③ 裘锡圭:《甲骨文中的几种乐器名称》,《中华文史论丛》1980年第2辑。

④ 刘师培:《刘师培辛亥前文选》,三联书店1998年版,第437页。

⑤ 陈梦家:《商代的神话与巫术》,《燕京学报》第20期。

在一起的。这种混融和交织见于仪式",这时,艺术与巫术"还没有从仪式活动这一原始时代的混融性结构中脱胎而出。"① 中国上古的"礼"与"乐"就"混融和交织"在"以舞降神"这个"原始时代的混融性结构"的仪式活动中。这是"先王乐教"教化传统的原始形态和根源。

根据《国语·楚语下》观射父的说法,以"绝地天通"为标志,上古宗教有一个从"巫""觋"向"祝""史"发展的过程,即从原始巫术向宗教的过渡。随之,事神方式从早期巫觋的"明神降之"发展到"祝""史""宗"等的"敬恭明神",从以乐舞降神变为以乐舞祭神,不再是神灵附体的迷狂歌舞,而是悦神、娱神的乐舞表演。而原始乐舞的"混融性结构"也逐渐发生裂变,本在乐舞之中的"礼节""威仪"等开始分化出来,逐渐成为与乐舞同等的"事神"之事。这可能是原始氏族社会向早期奴隶制社会发展所导致的政治社会规范意识逐渐觉醒在宗教祭祀上的反映。这一发展在文化发展趋向上表现为从原始的"巫觋文化"向"祭祀文化"的转变②,在观念形态上则表现为从自然崇拜向神灵崇拜的发展,而在"事神"方式上则显现为"礼""乐"的初步分化。

从文献记载看,夏代已处于"绝地天通"之后。由夏至商,是"先王乐教"高度发达的时代。文献记载,夏、商两代有《大夏》《大濩》等为统治者"昭其功""见其善"的乐舞表演。《山海经·海外西经》说:"大乐之野,夏后启于此舞九代,乘两龙,云盖三层,左手操翳,右手操环,佩玉璜。"张光直先生认为,"夏后启无疑为巫,且善歌乐。"③ 商代巫风盛行,《墨子·非乐》篇云:"先王之书,汤之《官刑》有之曰:'其有恒舞于宫,是谓巫风'。"随着阶级社会的形成和国家的出现,奴隶主阶级逐渐开始自觉地进行教育活动。《礼记。明堂位》称:"序,夏后氏之序也。"《礼记·王制》认为夏有"东序"与"西序",殷有"左学"与"右学',说明夏、商两代可能已有《尚书·舜典》所说的"教胄子"的贵族学校教育。《孟子·滕文公上》说:"序,射也。"马端临《文献通考·学校考》称夏"以射造士"。殷

① ［俄］乌格里诺维奇:《艺术与宗教》,王先睿、李鹏增译,三联书店1987年版,第49—50页,18页。

② 陈来:《古代宗教与伦理——儒家思想的根源》,三联书店1996年版,第8—12页。

③ 张光直:《中国青铜时代二集》,三联书店1990年版,第64页。

墟卜辞有卜问"万"教学的记载,其教育已达到相当自觉的程度。"万"可能是位宫廷乐师,所教内容主要为祭祀乐舞,对象则为贵族子弟。故《文献通考．学校考》称商"以乐造士"。再次,"礼""乐"分化之势愈加明显。夏代祭祀活动还不很普遍,而殷商祭祀则达到高度发达阶段。卜辞研究表明,商代的宗教有一个从图腾崇拜向祖先祭祀发展的过程,其事神的方式最重要的是祭祀。殷商对祖先神的祭祀每日举行,名目繁多,主要有五种祭祀方式。其中前两祭是伐鼓而祭、舞羽而祭,次两祭是献酒肉而祭、献黍稷而祭。最后一种是合历代祖妣并祭。① 五祭依次而行,周而复始．由此可以看出,自"绝地天通"以来的"礼""乐"分化之势到商代已有很大发展。乐舞歌诗虽然仍是宗教祭祀的主要部分,但已不是容纳一切的事神仪式。祭祀礼仪已经从乐舞的"混融性结构"中分化出来,并有相当程度的规范化和系统化,成为相对独立的"事神"方式。这既体现了事神方式的专业分化,也标志着乐舞宗教功能相对淡化。

尽管如此,夏、商"乐教"仍然没有达到充分自觉的程度。这不仅是因为夏、商"乐教"仍然在极其浓重的宗教气氛下进行,更主要的在于夏、商的宗教信仰本质上属于宗教学上的"自然宗教",还没有发展到"伦理宗教"阶段。② 殷商的上帝和祖先神都没有充分人格化也没有与人世政治、伦理生活发生关系。"殷人的天神观念不能很好地起到维护统治的作用,并没有发展成为殷代奴隶制的上层建筑的有机组成部分。"③ 侯外庐曾指出,殷人没有明确的善恶观念,也没有与社会分工相联系的权利义务的道德概念,卜辞中"没有发现一个抽象的词,更没有一个关于道德智慧的术语。"④ 这说明直到殷商时代,政治规范意识和道德伦理观念还没有达到充分自觉。这也是"礼"的观念晚出的重要原因。

因此,夏商两代虽然"乐教"高度发达,并且发展出明显的教育自觉意识,但由于仍处于原始的"自然宗教"阶段,乐舞仍是基本的事神方式。因此,教育的自觉就主要体现在宗教祭祀之上,乐舞的主要功能也仍然是从

---

① 郭宝钧:《中国青铜时代》,三联书店 1963 年版,第 228 页。
② 陈来:《古代宗教与伦理——儒家思想的根源》,三联书店 1996 年版,第 145—152 页。
③ 余敦康:《殷周之际宗教思想的变革》,《中国哲学史研究》1980 年第 1 期。
④ 侯外庐:《中国思想通史》第 1 卷,人民出版社 1957 年版,第 23 页。

事于"事神致福"的祭祀活动，在根本上还没有自觉地、有意识地利用"乐教"来进行政治、道德、审美等方面的教育。因而，夏商虽然可以说是"先王乐教"传统高度发达的阶段，却不是礼乐教化观念和美育思想自觉的阶段，在总体上，仍处于不自觉的美育活动即美育思想的起源阶段。

（原载《文艺研究》2004 年第 5 期）

论中国美育研究的当代问题

杜　卫

一、当前美育研究的出发点和方法

讨论中国美育研究的当代问题，当然要切近当代中国社会、文化和人的生存状况，关注实践问题，但这并不意味着拒斥对美育基础理论问题的探讨。事实上，任何对实际问题的探讨总有一个理论的出发点，而如今我国美育理论难以切近实际，不易介入实践，恰恰与基础理论的某些方面存在严重缺陷有密切的关系。

首先是理论的出发点。从哲学上讲，人的全面发展理论、人的生存理论是美育研究比较切近的出发点；从美学上讲，人生论美学最适合作为中国当代美育研究的出发点；从教育学上讲，素质教育思想与美育最相容。以上这三个方面其实都体现了一种理念，那就是关心人的生存和发展的以人为本的理念。20世纪初，王国维就从人生论出发创建了他的美学和美育理论，并作为中国现代美学和美育理论的重要遗产一直影响到今天的中国美学和美育理论。这种理论之所以有如此的生命力，不仅在于它成功地融合了中西美学和美育思想，而且在于它扣住了在中国从传统社会向现代社会、从封闭国家向开放国家转型过程中人们所面临的大问题：在这大转变、大震荡、大迷惑的时期，人如何有意义地生活？人生的意义何在？百余年来，时代变迁，但是，这个大问题却仍然存在。所以，人生论美学以及以此为出发点的美育理论也仍具有生命力。可惜的是，由于各种各样的原因，中国当代美学在相当长的一段时间抛弃了这种以人本主义为内涵的美学思想，占据主流位置的认识论美学、实践论美学热衷于解决"美"的本质的客观性问题，人生的问题被所谓的"客观性"或者"社会性"问题所淹没，美学也就成了与中国人的生命和文化活动几乎没有关系的一种"学术"。这样的美学根本无法贴近国人的生活，也无法走向美育实践，原因很简单，美育关注的是生活着的人，是活生生的人的生存和发展，而这种美学里是没有具体生活着的人的，只有作为"美的本质"的那个抽象的"物"或者是作为"人的本质"的那个抽象的人。这种美学与注重人生体验和人生境界之创生的中国传统美学和艺术精神也格格不入，所以也不可能对国人的精神生活产生真正深刻的影响。当年朱光潜先生曾批评中国当代的某些美学理论是"见物不见人"，实在是中肯之言。因此，当代中国美育研究要有所成就，就应该认真研究古今中外的人生论美学，特别应该借鉴王国维、蔡元培、朱光潜、宗白华等创建的中国现代人生论美学及其美育理论，并结合今天社会文化的新变化加以创新，使美育研究真正关心国人特别是儿童青少年的生存状态和发展状况，使之具有人文关怀。

　　如同美学和教育理论中有"自律论"和"工具论"的对立一样，当前我国美育理论中也存在着美育"自律论"与"从属论"的差异甚至对立。概括地说，美育"自律论"的基本观点是：美育是一种独立的教育形态或类型，它有自己独特的性质、特征、功能、规律和方法，有自己独立的目的，这个目的就是培养完善的人。美育"从属论"则认为：美育是德育或智育的一种手段或途径，是为德育或智育服务的，以德育或智育的目的为目的。这两种观念的根本差异在于是否把美育的人文性作为美育的出发点，具体地说就是：教育（包括美育）是否以人自身的生存和发展为最根本目的，是否以人性、人格的完满为最高理想。对此，美育自律论的回答是肯定的，从属论的回答是含混的。其实，每一种教育形态都只是以促进受教育者某一方面的发展为主要目标的，同时，每一种教育形态也必然对整体人格产生影响。个体的某一方面的发展与其他方面的发展是相互联系、互为条件的，所以，每一种教育形态对于培养全面完整的人格而言也是互为条件的。我们一方面应该对美育的特殊性有充分认识，同时也要研究美育同其他各种教育形态之间的联系；既要避免美育"从属论"的错误，又要克服封闭的美育自律论的弊病。王国维在一百余年前就指出："要之，美育者一面使人之感情发达，以达完美之域；一面又为德育与智育之手段，此又教育者所不可不留意也。"① 这个论述明确了美育自身的目的和作为手段的功能，只不过还没有详细论证二者的内在关系。

自律论的美育观念以充分肯定审美的人生价值为前提，也就是说，它以强调审美对于人的生存幸福和全面发展的不可替代的独特意义为基础。离开了这个基本点，任何从实用主义、道德主义、工具主义或形式主义立场出发的美育理论，都不可能达到对美育本体论问题的真正理解。形式主义者试图割裂审美与人生的深刻联系，由此使审美走向封闭的自律性。结果，审美的意义只在于感性材料的组合关系之中，其深刻而活泼的生命情调却被排斥在外。由于审美的人生价值被排除了，也就无美育可言。而道德主义者或智力主义者只看到审美或艺术活动中与道德或认识活动有关的一些方面，排斥个性情感对于个体自身生存发展的重要意义，只把情感看作是道德或认识活动的辅助手段，因此，对美育的理解只能是一种"从属论"的观点。他们从根本上否定了美育的独立地位和特殊功能，所以美育"从属论"的一个逻辑结果是美育"取消论"。

美育理论的自律论观点充分强调了美育的人文性，但是，正如人既是宇宙间独一无二的生灵，又与自然和社会有着多种多样深刻联系，美育的自律论不应该是封闭的自律论，而应该是一种开放的自律论。它之所以是自律的，是由于其性质与功能均由审美和教育的人文性派生，并对个体的生存发展有直接的作用，由此形成了独特的性质与功能；它之所以是开放的，那是由于它与其他教育活动处于密切的联系之中。这种联系体现在两个层面：1. 美育内在包含着其他教育活动的某些因素，或者说美育与其他教育活动有部分的重合。例如，审美本身就包含着一种秩序感，一种文化的和社会的因素。因此，审美表现必然包含着与认识、道德相协调的一面。席勒也指出，审美自由不是"脱离规律"的，而是与逻辑必然性和道德必然性处于协调的关系，即超越了规律对情感自由表现的"强制性"②。由于审美与认识和道德有相互联系的一面，所以，美育是开放的，它具有某种智育和德育的功能。2. 美育亦能为其他教育活动提供有效手段。例如，在具体的艺术教育中发展

---

① 王国维：《论教育之宗旨》，载《王国维文集》第三卷，中国文史出版社 1997 年版，第58 页。

② [德] 席勒：《美育书简》，徐恒醇译，中国文联出版公司 1984 年版，第 108 页。

儿童的道德认知和掌握知识的能力等等，这在当前我国的学校教育中并不少见。有必要指出的是，有效地运用美育方法只能基于对美育规律的认识，所以，自律的观念仍是必要的，这是把握美育基础理论问题的基点，特别是在我国对美育的特殊性还缺乏必要的研究和确认的时候，适当强调美育的相对独立性是有必要的。事实是，从认识过程来说，不能确认美育的独特性质，也就不可能真正确立美育与其他教育方法的内在和外在的联系。另一方面，正如任何事物都是既相对独立又相联系一样，美育与其他教育的联系也不能忽视，只有在美育与其他教育的区别和联系中才可能实现对美育真正的全面把握。以开放的"自律论"研究美育还有助于辩证地把握美育与德育的关系。关于这个美育理论的关键问题，我已经在一篇论文中专门论述过①，这里就不重复了。

二、当前美育基础理论研究需要向实践深化

自 20 世纪初王国维率先引进西方的"美育"概念和美育理论，虽经王国维、蔡元培、梁启超、朱光潜、丰子恺等将西方美育理论与传统美育思想相互参照和阐发，形成了具有启蒙意义和现代人本主义内涵的中国现代美育理论，但是，他们对于美育的基础理论问题却并没有做全面、深入的阐述。所以，从 20 世纪最后的十几年到 21 世纪初，就在中国美学努力寻求自身的学科独立性的同时，美育理论研究中也出现了创建"美育学"②或者试图把美育作为"一个独立的学科"③的学术努力。这种努力的实质是：在我国一部分人忽视美育或者把美育与其他教育混淆起来的背景下，力图揭示美育的独特性质和规律，并确立美育不可替代的重要地位。

如果要追究美育研究的学科性质的话，那么，我们宁可把它界说为一个多学科参与的、研究审美育人的特点、规律、目标和方法的学问。它的学

---

① 杜卫：《美育与德育关系论》，《浙江师范大学学报》（社会科学版）1996 年第 4 期。

② "美育学"的提法最早可能是王国维在《论教育之宗旨》（1903 年）一文中提出来的（见《王国维文集》第三卷，第 58 页）。20 世纪 80 年代之后，中国出版了诸如《审美教育学》（杨恩寰，1987 年），《美育学导论》（杜卫，1992 年）等直接冠以"美育学"名称的著作和高校教材。

③ 曾繁仁：《走到社会与学科前沿的中国美育》，《文艺研究》2001 年第 2 期。

科边界随着实际问题和研究需要的变化而变化，因此，它本身没有一整套固定的范畴和方法，不可能也没必要形成具有体系性的知识。席勒创建了现代美育理论，他的《美育书简》不仅把康德的美学与政治问题结合起来，引出了一条由审美而达政治问题解决的理想化途径，使得德国古典美学的意识形态性质更为凸显；而且把康德美学更加人本主义化，使之贴近人的生存和发展境遇，引出了一条在现代化进程中使人从异化和理性的压制下解脱出来的感性解放之路，从而使他的美育理论又成为一种作为社会、文化批判理论的美学。席勒的美育理论就体现了多学科参与的应用性研究的特点，它本身没有体系，而是针对问题展开研究；不是以建构完整知识体系为目的，而是以问题的解决为导向。这就要求当代中国的美育基础理论要在前人研究成果的基础上继续深化。

美育研究的是审美育人的问题，当然要应用美学知识，但是不能照搬美学理论，而应该根据研究对象和问题的特殊性对美学等学科作必要的选择，特别要把美学理论向育人的实践转化。日前，我们对于审美和艺术的教育价值和功能的研究还很不够。或许是受到"审美主义"和"工具主义"对立冲突的困扰，要么干脆否认审美和艺术的教育功能，要么把知识传授和道德说教统统塞进"美育"。实际上，审美和艺术具有丰富的教育价值和功能，其中许多是不可替代的。对审美和艺术的教育价值和功能的阐发应该注意三个方面：首先，审美有着独特的美育价值和功能，这种价值和功能不是外加的，而是其自身具有的。例如，审美作为一种感性、情感的活动对于人的感性和情感的丰富和升华具有独特的作用。朱光潜曾阐述了美育的"解放"功能，指出美育能够解放人的本能欲望并使之升华，能够使人发现宇宙人生诸多新鲜有趣的东西而使生命充满活力，能够使人从"自然的限制"超脱出来而脱离低级趣味，达到比较高的人生境界①。这些都是审美活动具有的价值和功能。其次，要充分发掘艺术的教育价值和功能。美育和艺术教育有重合之处，但并不完全等同。就范围来说，美育大于艺术教育，但是，艺术的内涵却十分丰富，不仅包含了审美，而且还具有许多非审美的因素，特别是包

---

① 朱光潜：《论美感教育》，载《朱光潜全集》第四卷，安徽教育出版社 1987 年版，第 147—151 页。

含着丰富的文化内涵，是对儿童青少年进行教育的绝好材料。第三，对审美和艺术的教育价值和功能的发掘既要从它们的特点出发，又不能局限于纯粹的审美或艺术，而应该在促进人的全面发展理念指导下，把一些有利于完善人格的因素都发掘出来。

　　既然美育是一项育人的工作，那么就会遇到一些教育对象的具体问题，这些问题往往不是美学研究的重点，甚至在一般美学研究中常常被忽视。例如，美育的具体任务是促进儿童青少年个体的审美发展，包括审美能力、审美趣味、审美观念、个体审美发展的阶段性等。这项课题的研究将有助于美育工作者在充分了解个体审美心理特征和发展规律的基础上，制定有针对性的、前后连贯的教育目标、课程计划、教学内容和方法，可以避免美育过程的盲目性，也就是说，审美发展研究将有助于美育研究深入到具体的实践过程中去。在《审美经验的发展》一书的前言里，英国艺术教育专家罗斯（Malcolm Ross）指出，关于审美发展问题的研讨旨在"帮助教师们更好地理解他们的目的，特别是鼓励艺术教师为儿童们创造一些适应他们变化着的需要的学习经验"①。这种通过审美发展概念来加强美育理论的应用性的研究思路对我们应该是有启示的。

　　审美发展作为个体感性方面能力和意识的发展，实质上是个体旧的审美心理结构向新的审美心理结构的转变和提升。它意味着个体感性方面素质的成长和成熟，意味着个体生命活力的充实。当然这种成长和成熟并不是单纯的理性发达，而是感性的丰富和深厚，是人的感性从肉体到精神的贯通与和谐，也就是个体感觉、知觉、想象、情感、直觉的活泼与深刻。罗斯经过一段时间的实验后指出：审美发展本质上是一种"生命价值的提升"，具体表现为"感受性"的发展。他讲的感受性近似于审美能力，不过他比较强调感受性在辨别、建构和理解具有内在统一性的审美形式方面的能力，并把它称作"解读形式并使之成为情感对象的心理活动方式"②。在个体的审美心理结构中，审美能力和审美意识是主要因素，而从个体发展的可教育性方面说，审美能力又是其审美发展的最重要、最基础性的要素。所以，个体的审

①　[英] 罗斯主编：《审美经验的发展》，培格门出版公司1982年版，第1页。
②　[英] 罗斯：《审美冲动》，培格门出版公司1984年版，第25页。

美发展是以审美能力为核心的个体审美心理结构的转变和提升；以促进审美发展为特殊任务的美育，应该把促进个体审美能力的发展作为中心任务。

　　审美发展研究与美学中的审美心理学研究有重合之处，特别是在国内外审美发展研究还并不成熟的情况下，审美发展的研究必然要吸收审美心理学的研究成果。但是，审美发展研究有它自己的侧重，那就是从促进个体审美发展的美育要求出发，着眼于构成个体审美素质的主要心理因素和个体审美发展的特点和规律。因此，外部的教育与个体内部的发展是构成审美发展研究框架的两个基本要点。从教育的角度来分析个体审美心理的发展，从个体审美发展的特点和规律入手来考虑美育具体目标的确立以及教学内容、教学方法的选择，这两个方面构成了审美发展研究的基本思路。例如，审美能力的研究在一般的审美心理学中并不是重点，但是，在美育的心理学研究中却是十分重要的。作为审美发展研究核心部分的审美能力研究重在揭示哪些心理特征是培养审美能力时所必须开发和发展的，其发展有什么特点和规律，审美能力的发展对个体的审美发展以及整个人格的发展有什么意义等。总之，要把审美心理学的成果更适当、更有效地应用于美育研究，特别是审美发展的研究，需要在美育实践中长期地进行实验、分析和概括。

　　美育实践的开展需要一些有效的实施途径。一些学校从 20 世纪 80 年代开始就组织学生去观赏园林和自然景观，教师们为了指导学生观赏而求助于美育理论。但是，由于我国当代多数美育理论总是直接搬用美学理论，把美育的途径分成"自然美的美育""社会美的美育"和"艺术美的美育"，所以美学中关于自然美的论述很多，却很少论及"自然景观"，至于景观的观赏和教育等问题更是被忽视。其实，自然景观和我国当代有些美学理论中讲的"自然美"是两个范畴。概括地说，前者是具体的审美对象，属于审美形态范畴，是与欣赏主体相对的；而后者是抽象的美，属于审美哲学或美的哲学范畴，是与审美主体相对的。美育活动中直接涉及的是自然景观，不是自然美。当前美育理论界常常把美育活动中具体的自然审美对象，与形而上的自然美混为一谈是不合适的。对美育活动来说，哲学层面上的自然美问题远不如欣赏层面上的景观问题重要，因为对于普通的受教育者来说，直接影响他们身心的是具体而直观的审美对象，美育过程就是用这些审美对象来育人的。因此，美学上的那些形而上问题固然重要，但是到了具体的美育理论中就不那么重要了。

有些原先属于美学研究的问题到了美育理论研究中范围可能拓展了。还是以景观为例。作为一个美学概念，景观主要具有审美价值，但是，由于美育作为一种教育形式，教育者在具体的教育过程中不可能把美育仅仅局限于纯粹的审美范畴，而应该在单纯的审美教育之外考虑充分实现其综合的教育价值。例如，历史文化景观作为景观的一种就不仅具有审美价值，还具有历史文化的价值。所以，历史文化景观就不仅仅是美育资源，还是人文教育的重要场所。在组织学生观光时，要充分考虑到审美教育同历史文化教育的有机结合。每一个地方都有文化遗迹，虽然它们或许还不著名，却是本地的名胜，也可能具有特殊的教育价值。例如，历史民居、古戏台、少数民族文化、地方博物馆，还有历史悠久的桥梁、道路、城墙、牌楼、人工河等等。这些历史遗迹保留着丰富的区域文化传统，与当地的民风民俗密切相关，而且，它们往往与民间艺术血肉相连，或者就是民间艺术的代表，所以是美育的理想的乡土教材。乡土的文化艺术对学生来说，要比西方的艺术或历史文化名胜更容易理解和接受，也可以由此使学生认识生活于其中的城镇或乡村的历史文化和艺术，从而培养他们爱家乡、爱父老乡亲的美好情感和保护乡土文化的意识。这就意味着：美育理论要比美学理论更具有综合性，而这恰恰是交叉和边缘性应用研究的主要特点之一。

总之，当代中国美育理论研究就应该向那些直接影响人们审美发展的具体问题深化，向教育教学实践所提出的理论和实践问题深化，这个过程同时也就是确立一系列属于美育理论自身需要研究的课题，从而使美育基础理论研究走出自己的路来。

三、当前美育研究面临的新问题

在我国社会、文化、教育大转型的时期，作为一种多学科参与的应用性研究，美育研究应该突破传统的思维方式，把文化生活和教育实践中出现的新问题作为主要研究课题。当前我国美育研究所面临的新问题很多，下面列举几个方面，以期抛砖引玉。

第一，美育发展感性、个性和创造性的问题。审美作为一个感性的生存论范畴，美育作为一种特殊的感性教育是以人的感性存在的独立意义为前提的。这就是美育最基本的现代性意义。但是，在中国当代美育理论和实践中，感性和个性相对被忽视，甚至常常是缺席的。这种状况从中国现代美育理论创立之初就已存在。在中国现代美育理论中，由于过分注重美育的启蒙功能，特别是道德教育功能，现代美育理论中本来占据着核心地位的感性和个性被相对忽视了。除了朱光潜曾对感性生命较为重视外，王国维、蔡元培、丰子恺等对感性本身的价值经常是忽略的。在诸多的现代美育论著中，感性的作用似乎只是促进理性发展的基础或改善德育的路径。这种理性化、德育化倾向至今仍深刻地影响着当代中国的美育理论，人的感觉、情感、想象、直觉等感性方面发展的价值还得不到充分的重视，甚至未被列入美育的具体目标。审美作为一个感性范畴，其前提就是人作为感性的个体存在，忽视感性也必然忽视个性。尽管诸多的中国现代美学家、教育家都尖锐地批判过教育对个性的压抑，把发展个性作为教育改良的一个重要方向，但是，在他们的美育理论中，所关注的主要不是发展人的个性，而是发展人的社会性（即所谓"群性"）。当然，美育的确具有发展人的社会性的作用和任务，但是，就其特殊性来讲，美育更有利于发展人的个性。与德育相比，美育的这种特点更为明显。注重启蒙和道德重建的中国现代美学家们相对忽视了美育发展个性的重要功能，这种思想倾向也由于传统美育思想的支持而深刻地影响了中国当代美育理论。事实上，中国当代教育中对感性和个性的轻视甚至压抑已经到了非常严重的地步，学校经常排斥美育，或者把美育当作德育来实施，这是需要我们加以认真反思的。

我们知道，在现代化进程中诞生的西方现代美育理论的一个历史性贡献在于对现代社会中人性异化的揭示和批判，从而使得现代美育理论成为一种现代文化批判理论的思想资源。这种批判是从"理性压抑感性"这一历史现实出发的，其正题是人的感性生存和个性的完整。然而，在20世纪上半期的中国，社会文化尚未进入完全现代化进程，席勒面临的问题并没有现实地摆在中国现代美学家的面前。所以，王国维、蔡元培和朱光潜这些美学家和教育家的美育理论没有把发展人的感性和个性摆在美育的突出位置，这是可以理解的。但是，在中国已经进入现代化进程的今天，儿童青少年感性、情感不丰满以及个性不发达的状况已经十分突出，他们的感性和个性发展问题应该被摆到教育的十分重要的地位。

与发展感性和个性密切相关的是美育发展创造性问题。从中国传统美育思想来看，先人比较强调的是在感性基础上发展人们的德性。应该说，这是中国传统美育思想的优秀遗产，今天仍须继承。但是，时代不同了，民族的复兴呼唤着创造性的勃发，国际竞争的一个关键就是一个国家创造能力的高低。着眼于国家创新体系的建立，教育为我国经济、社会、政治、文化提供人才资源和智力支持的任务已显得日益明确和紧迫。在从应试教育向素质教育转轨的教育改革进程中，教育如何为国家培养具有创新精神和创新能力的人才已被提上教育改革的重要议事日程。在这样的大背景下，我们对美育的作用和任务也应该有一番重新的估量，特别值得注意的是美育对发展人的创造性的特殊功育旨。

众所周知，审美和艺术活动是最富于创造性的，而且，在美育活动中儿童的某些创造天性能够得到保护和发展。国外一些专家的研究表明，美育对于解放无意识，保障自发性，发展心理活动的独创性、流畅性和敏捷性等创造性因素，促进直觉思维能力的发展等方面，具有其他教育无法替代的作用。所以，一些发达国家把美育作为发展学生创造性的主要课程来设置，并把艺术课程称为创造性艺术（creative art）课程。而我国以往对美育发展创造性的任务重视不够，研究也很粗浅，现在应该引起高度关注。

第二，美育研究应对大众文化和全球化挑战的问题。大众文化在我国的迅速兴起使得我们所处的文化环境发生了巨大变化。一方面，它为不同文化层次的人们提供了丰富多彩的娱乐产品和条件，对人们的艺术兴趣和欣赏能力的发展也有一定的帮助；它改变了单一、单调的文化艺术生活方式，对某些僵化的观念也有一定的冲击作用，活泼、新鲜、通俗、生活化的娱乐方式活跃和丰富了人们的休闲生活；作为第三产业的一个重要部分，它能够扩大就业机会，并有着可观的经济效益。另一方面，它与主流文化、高雅艺术和我国学校教育所倡导的价值观念有不少错位、抵触或对立之处。从一定意义上讲，与高雅文化相对的大众文化，其文化层次较低，但是，当前它在我国如此流行，恰恰反映了当前我国公众的文化素养和审美趣味水平。同时，以提供感官快乐为主要特征的大众文化也满足了人们（包括文化水平较高的人群）消遣娱乐的需求，其中少数作品也具有较高的艺术创作水准。可见，大众文化与学校教育的矛盾不可能在短期内消除。我们不可能因为大众文化品位较低而对它进行"扫荡",学校也不能封闭式办学,与社会文化生活隔绝。我们应该正视大众文化对学校美育的挑战,对此有所重视,加强研究,并采取措施,通过自身的改革,使学校的教育适应新的文化生态环境。

由于大众文化具有泛审美的娱乐化特征,所以对美育的冲击是不言而喻的。首先,儿童青少年对大众文化很喜欢,有些人甚至很痴迷,而对高雅艺术却不感兴趣,这使许多学校艺术教师感到很无奈。其实,这倒为我们反思学校美育提供了一个契机。为什么我们的艺术课程(包括多数语文课)学生不喜欢?而学生不喜欢的东西又怎么能够对他们的成长产生积极影响呢?我们的美育教学是不是应该更切近学生,更贴近当代生活,更生动活泼,更便于学生接受呢?其次,我们对于大众文化的分析研究还远远不够,所以无法引导学生理性地对待大众文化,也无法根据大众文化对学生的影响相应地调整美育策略。简单地排斥大众文化或者盲目地追随大众文化都是不可取的。从理论上看,感性化甚至有些滥情化的大众文化的冲击可以引发对于当代美育定位和功能的思考:美育作为偏于感性的教育,其中的理性成分应该如何解说,美育究竟应该如何在人的感性提升方面发挥作用呢?

大众文化具有全球化特征,大众文化兴起的过程其实也是西方文化大量涌入的过程,因此,美育应对大众文化冲击的问题包含着应对全球化(实际上是西方化)冲击的问题。20世纪以来,中国人在对待西方文化方面的态度总的说来是非常谦虚的,许多到过西方国家的学者恐怕都有这样的感受:西方人对中国艺术的了解远不如中国人对西方艺术的了解。而西方文化的大量涌入却提醒我们,应该让我们的孩子更多地了解本土文化。本土文化也不仅仅是指经典,还应该包含地方的和乡土的文化。可是,我们的美育理论和实践对这方面却是相对忽视的。许多孩子可能读过许多古今中外的名著,但对本地的戏曲、传说、故事等民间艺术一无所知。其实,地方艺术具有综合的教育价值,而且这些艺术作品通俗易懂,比较容易被孩子们理解,应该与其他经典艺术作品一起成为学校和社会美育的重要组成部分,使我国的美育在国际化和本土化之间保持适度的平衡。

第三,美育研究适应基础教育课程改革的问题。我国新一轮基础教育课程改革正在全国范围展开,国家制订的课程标准不仅专门设置了音乐、美术和艺术三类艺术教育课程，而且在其他课程中也提出了美育渗透的要求。值得注意的是，课程标准明确规定艺术教育课程的核心和主要任务是审美教育，这就从根本上确立了学校美育的主渠道。美育的主渠道在学校教育，而学校美育的主渠道在课程，特别是艺术类课程。这是因为学校是专门的教育机构，有课程和教学计划、专业教师、专门设备等保证美育的实施，而且一个人接受美育的最佳时期是儿童青少年时期。校园文化活动是学校美育的重要组成部分，但是，与课程相比，它还是相对次要的。课程教学面向每一个学生，有时间、空间、内容、条件等各种保证，特别是国家课程标准带有强制性，各学校必须执行，这就从根本上保证了美育在学校的实施。根据美育要渗透到教育教学全过程的要求，学校的所有课程都应该有美育任务，但是，与艺术类课程（包括一部分语文课程）相比，其他课程的美育任务不是主要的，因此，必须明确艺术类课程是学校美育的主渠道，也应该是当前我国美育研究的重点。

总之，以新课改为龙头的新一轮基础教育改革既向我国的美育研究提出了新的挑战，同时为我国美育研究的发展提供了一个机遇。美育理论和实践的研究者要确立当代问题意识，深入学校，走进课堂，在问题解决的过程中把我国的美育研究引向深入。

（原载于《文艺研究》2004 年第 6 期）

论席勒美育理论的划时代意义

——纪念席勒逝世二百周年

曾繁仁

  长期以来，我国美学界对于席勒的美学理论，由于受鲍桑葵《美学史》等著作的影响仅仅将其界定为"康德与黑格尔之间的一个重要的桥梁"①。在21世纪的今天，我们再来审视席勒的美学理论，就会深深地感到过去的评价是不全面的。事实上，我们现在可见的席勒的近二十篇（部）美学论著，尽管题目各异，但其核心论题却是"美育"。其他论著均围绕这一论题在《美育书简》的统领下展开。我们正是从这样一个崭新的角度出发来探索席勒美育理论的划时代意义。

一

  席勒从美育的独特视角批判了他所处的时代。这种批判开了对于资本主义现代性进行审美批判的先河，影响到后世并对当代仍有其重要意义。哈贝马斯在《论席勒的审美教育书简》一文中指出："这些书简成为了现代性的审美批判的第一部纲领性文献"②。众所周知，以工业革命为标志的资产阶级现代化在人类社会发展史上构成了一个十分明显的二律背反：美与非美的悖论。所谓"美"即指人们物质生活的富裕、文明与舒适；而所谓"非美"即指人们精神生活的贫乏、低俗与焦虑。因此，对于同资产阶级现代化相伴

---

① 朱光潜：《西方美学史》下卷，人民文学出版社1964年版，第439页。

② [德]哈贝马斯：《现代性哲学话语》，曹卫东译，译林出版社2004年版，第52页。

而生的现代性之反思与批判、乃至于试图超越，就成为现代与当代的紧迫课题。对现代性进行审美的批判与反思是众多现代与当代理论家的重要理论探索之一，而开其先河者即为席勒。他以其特有的理论敏感性，高举美的艺术是人的"性格的高尚化"的工具①之武器，深刻揭示了现代性之二律背反特性。他认为，一方面，现代化是历史的必然，"非此方式人类就不能取得进步"②；另一方面，他又尖锐地批判了所谓现代性所导致的人性分裂和艺术低俗的弊端。他对于资本主义现代化所造成的社会与人性的分裂进行了无情的批判。他说："现在，国家与教会、法律与习俗都分裂开来，享受与劳动脱节、手段与目的脱节、努力与酬报脱节。永远束缚在整体中一个孤零零的断片上，人也就把自己变成一个断片了。耳朵里听到的永远是由他推动的机器轮盘的那种单调乏味的嘈杂声，人也就无法发展他生存的和谐，他不是把人性刻到他的自然（本性）中去，而是把自己仅仅变成他的职业和科学事业的一个标志"③。对于资本主义现代化过程中美的艺术与现实的脱节和走向低俗，席勒也进行了深刻的批判。他说："然而在现时代，欲求占了统治地位，把堕落了的人性置于它的专制桎梏之下。利益成了时代的伟大偶像，一切力量都要服侍它，一切天才都要拜倒在它的脚下。在这个拙劣的天平上，艺术的精神贡献毫无分量，它得不到任何鼓励，从而消失在该世纪嘈杂的市场中"④。席勒对于资本主义社会中人性分裂和艺术堕落的批判，是非常深刻和具有普适性的，即便在今天仍不失其价值。正因为如此，席勒的这种审美批判一直影响到后世乃至今天。众所周知，黑格尔曾经批判资本主义时代同审美与艺术的对立，因而导致散文化倾向。马克思则在《1844年经济学哲学手稿》中列专章批判了资本主义的"异化劳动"，特别对其"劳动创造了美，但是使工人变成畸形"的非人性现象进行了深刻的批判⑤。马尔库塞于1964年在《单向度的人》一书中深刻地批判发达的资本主义社会信奉单向度的技术思维，扼杀了人与艺术的多向度"自由"本性。这些批判应该说都与席勒

① ［德］席勒：《美育书简》，徐恒醇译，中国文联出版公司1984年版，第61页。
② ［德］席勒：《美育书简》，徐恒醇译，中国文联出版公司1984年版，第53页。
③ ［德］席勒：《美育书简》，徐恒醇译，中国文联出版公司1984年版，第53页。
④ ［德］席勒：《美育书简》，徐恒醇译，中国文联出版公司1984年版，第51页。
⑤ 《马克思恩格斯全集》第42卷，人民出版社1979年版，第92页。

有着某种渊源关系。同时也说明席勒从审美的角度批判资本主义现代化过程中存在的美与非美的二律背反并试图加以解决，是一个关系人类社会前途的具有重大价值的时代课题。

还有一点需要引起我们注意的是，席勒不仅是德国古典美学发展的桥梁，而且在许多方面超越了德国古典美学，在某种程度上突破了德国古典美学的思辨性、抽象性，努力将美学研究带入现实生活，开启了现代美学突破主客二分思维方式、走向"主体间性"之路。有的理论家曾经指出，从西方美学发展的历史来说，应该是由康德到席勒再到马克思，而不是像传统观念所理解的由康德到黑格尔再到马克思①。这种看法是有道理的，因其充分注意到席勒对于德国古典美学的超越。席勒当然是继承了康德但又在许多方面超越了康德。正如黑格尔所说："席勒的大功劳就在于克服了康德所了解的思想的主观性与抽象性，敢于设法超越这些界限，在思想上把统一与和解作为真实来了解，并且在艺术里实现这种统一与和解"②。而席勒本人在《论美》书简之中也明确表示，他要探索一种不同于康德的"主观—理性地解释美"的"感性—客观地解释美"的"第四种方式"③。非常重要的是，席勒不同于包括黑格尔在内的德国古典美学之处在于，整个德国古典美学总体上都是从思辨的哲学体系之完整出发来阐释其美学理论的，而席勒却与其相反，是从改造现实社会和艺术的需要来阐释其美学理论的。他认为美与艺术是社会与政治改革唯一有效的工具。他说，政治领域的一切改革都应该来自性格的高尚化，但是在一种野蛮的国家制度的支配之下，人的性格怎么能够高尚化呢？为此我们必须寻求一种国家没有为我们提供的工具，去打开不受一切政治腐化污染保持纯洁的源泉。他说，"这一工具就是艺术，在艺术不朽的范例中打开了纯洁的泉源"④。而且，德国古典美学仍然遵循着主客二分的思维模式。康德的"美是无目的的合目的性"必须凭借着一个理性的先验原理，黑格尔的"美是理念的感性显现"则将美确定为绝对理念的表现形式。而席勒的"美在自由"却是凭借一种初始的审美经验现象学，在审美的

① 李泽厚：《美学四讲》，三联书店 2004 年版，第 35 页。
② ［德］黑格尔：《美学》第 1 卷，朱光潜译，商务印书馆 1979 年版，第 76 页。
③ ［德］席勒：《秀美与尊严》，张玉能译，文化艺术出版社 1995 年版，第 35—36 页。
④ ［德］席勒：《美育书简》，徐恒醇译，中国文联出版公司 1984 年版，第 61 页。

想象的游戏中将一切实体的经验与理念加以"悬搁",进入一种主体与客体、感性与理性交融不分的审美境界。他说,"从这种游戏出发,想象力在它的追求自由的形式的尝试中,终于飞跃到审美的游戏"①。席勒认为,这种审美的自由不同于对必然的认识的"智力的人的自由",而是以人的综合本性为基础的"第二种自由"。其内涵为"实在与形式的统一、偶然性与必然性的统一、受动与自动的统一"②。哈贝马斯认为,这实际上是当代"主体间性"理论和"交往理论"的一种萌芽。他在《论席勒的审美教育书简》中指出:"因为艺术被看作是一种深入到人的主体间性关系当中的'中介形式'(Form derMitte Iung)。席勒把艺术理解成了一种交往理论,将在未来的审美王国里付诸实现。"③

特别重要的是,席勒在人类历史上第一次提出了"美育"的概念,并将其界定为"人性"的自由解放与发展。这不仅突破了近代本质主义认识论美学,奠定了当代存在论美学发展的基础,而且开创了"人的全面发展"和"审美的生存"的新人文精神重铸之路,关系到人类长远持续美好的生存。席勒于 1793 年至 1795 年撰写了他一生中最重要的美学论著《美育书简》,发表时的标题为《关于人的审美教育书简》。这是资本主义现代发展过程中有关人性批判与人性建设的一部鸿篇巨制,标志着美学逐步由书斋走向生活。也正是在这一论著中席勒在人类历史上首次提出了"美育"概念,并将其同人的自由紧密相联。他在第二封信中指出:"我们为了在经验中解决政治问题,就必须通过审美教育的途径,因为正是通过美,人们才可以达到自由。"④审美教育的目的就是克服资本主义时代对人性的扭曲和割裂,恢复人所应有的存在自由。这种人的存在自由就是人性发展的无障碍性和完整性。他说"我们有责任通过更高的教养来恢复被教养破坏了的我们的自然(本性)的这种完整性"⑤。将审美教育与人的自由生存和人性的全面发展紧密结合,其意义极为深远。从美学学科本身来说开创了由美学的抽象思辨研究到

---

① [德] 席勒:《美育书简》,徐恒醇译,中国文联出版公司 1984 年版,第 142 页。
② [德] 席勒:《美育书简》,徐恒醇译,中国文联出版公司 1984 年版,第 87 页。
③ [德] 哈贝马斯:《现代性哲学话语》,曹卫东译,译林出版社 2004 年版,第 52 页。
④ [德] 席勒:《美育书简》,徐恒醇译,中国文联出版公司 1984 年版,第 39 页。
⑤ [德] 席勒:《美育书简》,徐恒醇译,中国文联出版公司 1984 年版,第 56 页。

现实人生研究的广义的美学学科的美育转向。这就是从席勒以来二百年中绵延不绝的现代人本主义美学的发展。而从更深远的社会意义来说，克服资本主义现代化所带来的人性和人格的片面性，追求人的审美的生存，则是人类始终不渝的宏大课题。马克思曾经在《1844年经济学哲学手稿》中探讨了人类通过"按照美的规律建造"的途径，扬弃"异化"、恢复人的自由本性问题。后来马克思又探讨了人的全面发展成为建设共产主义必要条件的问题。他说："只有在个人得到全面发展的条件下，私有制才能消灭，因为现存的交往形式和生产力是全面的，而且只有得到全面发展的个人才能占有它们，即把它们变成自己的自由的生命活动。"① 海德格尔则针对资本主义时代极端发展的技术思维对人性的扭曲提出"人的诗意地栖居"②。席勒的美育理论尽管有其不可避免的局限性，但他对现代性过程中精神文化建设的高度重视、对人的审美生存的不懈追求却成为鼓舞人类前行的伟大精神力量。

二

　　席勒最重要的理论贡献在于围绕"美育"这个论题，以《美育书简》为中心，构筑了一个相对完备而新颖的美育理论体系。这个美育理论体系的核心是"把美的问题放在自由的问题之前"③，而其实质是一种现代存在论美学的初始形态，预示着现代美学由认识论发展到存在论的必然趋势，直接影响到后世。正如我国有的学者所说，席勒美学"既超越古希腊以来自然（宇宙）本体论，又超越近代认识论，从而达到了人本学本体论的新高度，并且一直影响到20世纪以来的美论"④。

　　席勒美育理论提出的哲学基础是由认识本体论到存在本体论的过渡。席勒的美育理论继承了康德的哲学思想，他在《书简》的第一封信中指出"下述命题的绝大部分是基于康德的各项原则"⑤。也就是说，席勒主要继承

---

① 《马克思恩格斯论艺术》（一），人民文学出版社1960年版，第358页。
② ［德］海德格尔：《荷尔德林诗的阐释》，孙周兴译，商务印书馆2000年版，第106页。
③ ［德］席勒：《美育书简》，徐恒醇译，中国文联出版公司1984年版，第38页。
④ 蒋孔阳、朱立元主编：《西方美学通史》第四卷，上海文艺出版社1999年版，第413页。
⑤ ［德］席勒：《美育书简》，徐恒醇译，中国文联出版公司1984年版，第35页。

了康德的先验人本主义哲学，特别是康德有关自然向人生成的观点。但对于康德所包含的认识本体论却有所突破。席勒对于欧洲工业革命以来盛行的认识本体论总体上是持批判态度的。他认为古代希腊人之所以优于现代人就因为古希腊人的哲学观是一种人本本体论，而席勒所处时代的哲学观却是一种从知性出发的认识本体论，成为工业革命过程中各种"异化"现象的根源之一。正是出于克服这种"异化"现象的动机，席勒由古希腊的古典本体论出发，走向存在本体论。他认为，所谓美即是由感性冲动之存在者到形式冲动之存在的过渡与统一。他认为，为了把我们自身之内必然的东西转化为现实，并使我们自身之外现实的东西服从必然性的规律，我们受到两种相反的力量的推动。"前者称为感性冲动，产生于人的自然存在或他的感性本性。它把人置于时间的限制之内，并使人成为素材"；"第二种冲动我们称为形式冲动。它产生于人的绝对存在或理性本性，致力于使人处于自由，使人的表现的多样性处于和谐中，在状态的变化中保持其人格的不变"①。只有由第一种冲动过渡到第二种冲动实现两者的统一，才能使现实与必然、此时与永恒获得统一，真理与正义才得以显现。在这里，所谓"感性冲动"实际上是指处于时间限制的"此在"状态之存在者，而"形式冲动"则指隐藏在存在者之后的"存在"，两者的统一才能使存在得以澄明，真理得以显现，这就是一种审美的状态。对于这种使人性得以显现的审美，席勒将其"称为我们的第二造物主"②。也就是说，席勒认为审美是使人具有精神文化修养并真正禀赋人性的唯一途径。他认为，"只有当人在充分意义上是人的时候，他才游戏；只有当人游戏的时候，他才是完整的人"③。也就是说，在他看来审美实际上是人与周围世界发生的第一个自由的关系，也是人脱离动物单纯对物质的追求走上超越实在的文化之路的标志。由此可见，席勒是从存在本体论的独特视角来阐释其美育理论的。

关于美育的内涵，席勒将其界定为"自由"。他认为，在现实生活中存在着力量的王国和法则的王国。在力量的王国里人与人以力相遇，其活动受到限制；在法则的王国中人与人以法则的威严相对峙，其意志受到束缚；只

---

① 〔德〕席勒：《美育书简》，徐恒醇译，中国文联出版公司1984年版，第75—76页。
② 〔德〕席勒：《美育书简》，徐恒醇译，中国文联出版公司1984年版，第111页。
③ 〔德〕席勒：《美育书简》，徐恒醇译，中国文联出版公司1984年版，第90页。

有在审美的王国中，人与人才以自由游戏的方式相处。因此，"通过自由去给予自由，这就是审美王国的基本法律"①。席勒所说的"自由"包含十分丰富的含义。它不同于认识论哲学中的自由是对必然的把握，也不同于理性独断论的理性无限膨胀的自由。而是超越实在、必然与理性的一种审美的关系性的自由，是一种"心境"。诚如席勒所说"美使我们处于一种心境中，这种美和心境在认识和志向方面是完全无足轻重并且毫无益处"②。这种自由的另一含义是审美的想象力自由，是想象力对于自由的形式的追求从而飞跃到审美的自由的游戏。当然归根结底席勒所说的自由是人性解放的自由，是通过审美克服人性之割裂走向人性之完整。席勒认为，只有在审美的国度里才能实现"性格的完整性"③。席勒指出，只有通过美育这种"精神能力的协调提高才能产生幸福和完美的人"④。但是，席勒也清楚地看到，在现实的资本主义社会中，试图通过审美教育营造审美的王国，培养自由的全面发展的人格是不可能的，只能是一种理想。这种理想作为一种需求只可能存在于每个优美的心灵中，而作为一种行为也许只能在少数优秀的社会圈子里找到。通过上述分析可知，席勒美育理论的自由观同康德美学的自由观密切相关，但又区别于康德。康德的自由观局限于精神领域，是一种想象力与知性、理性的自由协调。席勒美育理论的自由观则不局限于精神领域，而是侧重于现实人生，追求一种人性完整、政治解放的人生自由，因而是一种人生美学之路，开辟了整个西方现代美学走向人生美学的方向。

关于美育的作用是席勒美育理论的重要组成部分，关系到美育是否具有不可代替性的地位。席勒认为，美育的特殊作用即是其成为沟通感性与理性、自然与人文、知识与道德、感性王国与理性王国之中介。席勒指出："要使感性的人成为理性的人，除了首先使他成为审美的人，没有其他途径"⑤。这就使美育成为由自然之人成长为理性之人的必由之途。这是对康德自然向人生成的观念的继承发展。这就是席勒关于美育作用的"中介论"，

---

①　[德] 席勒：《美育书简》，徐恒醇译，中国文联出版公司 1984 年版，第 145 页。
②　[德] 席勒：《美育书简》，徐恒醇译，中国文联出版公司 1984 年版，第 110 页。
③　[德] 席勒：《美育书简》，徐恒醇译，中国文联出版公司 1984 年版，第 45 页。
④　[德] 席勒：《美育书简》，徐恒醇译，中国文联出版公司 1984 年版，第 55 页。
⑤　[德] 席勒：《美育书简》，徐恒醇译，中国文联出版公司 1984 年版，第 116 页。

成为整个美育的核心环节，构成了整个审美之谜。席勒认为，审美联结着感觉和思维这两种对立状态，寻找两者之间的中介成为十分关键的环节。他说，"如果我们能够满意地解决这个问题，那么我们就能找到线索，它可以带领我们通过整个美学的迷宫"①。席勒之所以这样说，那是因为审美所关系到的感性和理性是一种各自成立而又相反的两端，因而构成一种二律背反。由此，审美与美育就具有一种特有的张力、魅力与神秘性。这也是美育的"中介论"作用特性所在。美育的中介作用是多方面的。除了上述教化的作用之外，美育还是社会解放的中介。席勒认为，美育能在力量的可怕王国和法则的神圣王国之间建立一个游戏的审美王国，从而使社会与人得到解放。他说："在这里它卸下了人身上一切关系的枷锁，并且使他摆脱了一切不论是身体的强制还是道德的强制"②。而且，席勒认为美育还是人性得以完整的中介。他说，其他一切形式或者偏重于感性，或者偏重于理性，都使人性分裂，"只有美的观念才能使人成为整体，因为它要求人的两种本性与它协调一致"③。正因为美育具有这种特殊的中介作用，所以席勒认为它是德智体其他各类教育所不可取代的。他说："有促进健康的教育，有促进认识的教育，有促进道德的教育，还有促进鉴赏力和美的教育。这最后一种教育的目的在于，培养我们的感性和精神力量的整体达到尽可能和谐"④。

席勒认为，美育所凭借的手段是美的艺术。正因此，从某种意义上说美育就是艺术教育。美的艺术之所以是美育的最重要手段，是由艺术的性质决定的。席勒认为，艺术的根本属性是"表现的自由"⑤。因为，艺术美是一种克服了质料的形式美，也是一种无知性概念束缚的想象力的自由驰骋。所以，只有这种艺术美才能成为以自由为内涵的美育的最重要手段。席勒首先从艺术类型的横向的角度论述了理想的美育的途径。那就是由优美到崇高，达到人性的高尚。这就是理想的美育过程，也是理想的人性培养过程。他

---

① ［德］席勒：《美育书简》，徐恒醇译，中国文联出版公司 1984 年版，第 98 页。
② ［德］席勒：《美育书简》，徐恒醇译，中国文联出版公司 1984 年版，第 145 页。
③ ［德］席勒：《美育书简》，徐恒醇译，中国文联出版公司 1984 年版，第 145 页。
④ ［德］席勒：《美育书简》，徐恒醇译，中国文联出版公司 1984 年版，第 108 页。
⑤ ［德］席勒：《美育书简》，徐恒醇译，中国文联出版公司 1984 年版，第 75 页。

说："我将检验融合性的美对紧张的人所产生的影响以及振奋性的美对松弛的人所产生的影响，以便最后把两种对立的美消融在理想美的统一中，就像人性的那两种对立形式消融在理想的人的统一体中那样"①。这里所谓"融合性的美"就是优美，包括喜剧等一切有关的艺术形式，内含着某种形式的认识因素。而"振奋性的美"则是崇高，包括悲剧等一切有关的艺术形式，更多地趋向于道德的象征。因此，只有两者的结合才是理想的美育手段，也才能使人性达到统一，培养理想的性格。席勒认为只有以美与崇高结合为一个整体的审美教育，才能使人性达到完整，使人由必然王国，经过审美王国，进入道德的自由王国。②而从纵向的角度，席勒勾画了审美教育的历史过程，即由古代的素朴的诗到现代的感伤的诗，最后走向两者结合的理想形态的诗。他认为，古代素朴的诗趋向于自然，反映了人性的和谐；而现代感伤的诗却是寻找自然，反映人性的分裂，但却给人提供更多崇高的形象。因此，由素朴的诗到感伤的诗是人类走上文化道路的反映，是一种历史的进步。但理想的美育手段应该是未来的两者结合的诗（艺术形式）。他说："但是还有一种更高的概念可以统摄这两种方式。如果说这个更高的概念与人道观念叠合为一，那是不足为奇的"③。他认为，美的人性"这个理想只有在两者的紧密结合中才能出现"④。席勒的美育理论将美学研究从抽象的思辨带到现实生活之中，同时也将康德美学理论中的"自由"从形而上学的天堂带到现实生活之中。他第一次提出了现代社会人性改造的重大课题，并试图通过美育的途径实现人性的改造，建构了完备而系统的美育理论体系，给后世以巨大的启迪与影响。

三

　　席勒的美育理论在 1904 年就由王国维介绍到中国，其后蔡元培又提出著名的"以美育代宗教"说，产生了广泛影响。由此逐步开始了这一理论的

---

① ［德］席勒：《美育书简》，徐恒醇译，中国文联出版公司 1984 年版，第 94 页。
② ［德］席勒：《秀美与尊严》，张玉能译，文化艺术出版社 1995 年版，第 337 页。
③ 参见朱光潜《西方美学史》下卷，人民文学出版社 1964 年版，第 464 页。
④ ［德］席勒：《秀美与尊严》，张玉能译，文化艺术出版社 1995 年版，第 337 页。

中国的本土化过程。在"五四"运动前后反封建时期，席勒的美育理论在一定程度上起到启蒙的作用，所谓"代宗教"也是指取代封建儒教。而在当前我国进行大规模的现代化的过程中，席勒的美育理论更有其重要作用。席勒的美育理论是一种作为世界观的本体论理论，将审美看作人的本性和人的解放的唯一途径，因而成为最重要的价值取向。

这一理论对于我国当前在马克思唯物主义实践观的指导下，通过美育的途径，培养广大人民的审美世界观，造就一大批学会审美的生存的人，建设和谐的小康社会，具有极为重要的意义。我国现代化在近二十多年中取得极大发展和辉煌成就，但也不可免地出现美与非美的二律背反现象。在社会日益繁荣进步、人们生活日益改善提高的同时，也出现了环境污染严重、精神焦虑加剧、某种程度的道德滑坡与文化的低俗倾向等精神文化领域的问题。我国的社会制度无疑有利于这些问题的解决，但仍需采取政治、经济、法律等各种手段。但上述问题说到底是一个文化问题，也就是人的生活态度问题，因此只有从文化的、世界观与价值观的角度才能从根本上解决这些问题。其中就包括通过美育培养人民确立审美的世界观，以审美的态度对待自然、社会与他人，成为生活的艺术家，获得审美的生存。通过美育帮助人们确立审美的世界观，从而将人类从现代文化危机中拯救出来。这是具有普适性的人类自救之路。因为，前工业时代人类依靠上帝这个"他者"来使自己超越私欲，而工业文明时代人类破除了对于上帝的迷信，倒反而陷入了某种道德真空的危机。但我们相信，在当代，人类依靠包括审美自觉性在内的理性力量就一定能够使自己摆脱过分膨胀的私欲，走出文化危机，创造崭新的生活。

席勒的美育理论是一种人生美学，旨在克服现实生活中人性的分裂，实现人性的完整，造就无数人性得到全面发展的自由的人。这是对于工业革命时代工具理性对人性的压抑、对人格的分裂与教育扭曲的反拨，是对新的有利于人的自由、全面发展的教育的呼唤，对于我们建设当代崭新的社会主义教育体系具有重要意义。特别是我国当前提出加强素质教育的重要课题，将美育作为其中的"不可代替"的方面。在这项重要工作中，应该借鉴席勒有关美育所特具的将人从感性状态提升到理性状态的"中介作用"等重要理论资源。而在落实当前国家有关加强德育和未成年人思想道德建设的重要工作中，要借鉴席勒有关美育所具有的"排除一切外在与内在强制的自觉自愿"的特性，充分发挥美的艺术在道德建设中的熏陶感染作用，落实德育工作的"针对性与实效性，增强吸引力与感染力"。

在当前的文化与文学艺术建设中，席勒的美育理论也具有重要的借鉴作用。席勒早在二百年前就敏锐地看到资本主义市场经济所形成的艺术的低俗化、功利化倾向。他尖锐地指出，艺术的精神"消失在该世纪嘈杂的市场中"，艺术严重地脱离了生活。他力主艺术对于"兽性满足"和"性格腐化"的超越，成为精神力量的"自由的表现"，使得日常生活做到审美化。当前，在文化与文学艺术的建设中也存在美与非美的二律背反。一方面，优秀的反映时代精神的文艺作品大量涌现；另一方面由于市场利益的驱动和腐朽文化的浸染，导致文化与文学艺术的严重的非美化与低俗化。在这种情况下，应该很好地借鉴席勒有关美的艺术作为人性"高尚化"工具的理论，既正视当前大众文化蓬勃发展的现实形势，同时又坚持美的艺术的"高尚化"方向。使我国的文化和文学艺术事业得以健康、全面、可持续发展。

在我们吸收中西理论资源建设当代美育理论体系的学术工作中，席勒的美育理论有着极为重要的借鉴作用。席勒的美育理论作为一种人生美学是与我国古代美学"诗教""乐教"的传统相一致的。席勒在写《美育书简》的同时写了《孔子的箴言》，表明他对遥远的东方智慧的向往，也说明他的美育理论在某种程度上受到中国古代文化的影响。确实，中国古典美学之"中和论"美育思想，以中国古代"天人合一"理论为哲学基础，显示出特有的哲思魅力。探索中国古代"中和论"美育思想与席勒"中介论"美育思想的结合与互补，将会更好地推动我国当代美育理论建设。

歌德曾经指出，席勒"为美学的全部新发展奠定了初步基础"[1]。歌德的评价是恰当的。在席勒逝世二百年后的今天，我们再来回顾席勒的贡献，就会明显地看到席勒不仅是属于过去时代的，而且更是属于未来时代的伟大美学家；他不仅继承了过去，而且开创了未来。他必然地会有自己的局限和不成熟之处。但他对时代的思考，对人类前途命运的关怀，以及他的美学理论

---

① 参见［英］鲍桑葵《美学史》，张今译，商务印书馆1986年版，第385页。

中所灌注的强烈的人文精神，都是跨越时代的，必将惠及人类的今天和明天。席勒于 1795 年在一首名为《播种者》的诗中写道："你只想在时间犁沟里播下智慧的种子——事业，让它悄悄地永久开花。"席勒就是这样的精神播种者，他在两百多年前所播下的美育理论的智慧的种子已经在人类的文化园地里开出灿烂的花朵，并将愈加绚丽。

（原载于《文艺研究》2005 年第 6 期）

中国与西方服饰的古代、现代、后现代特征

陈炎　李梅

　　服饰大致应满足人类三个方面的需要，即调节体温、保护身体的生理需要；区别身份、表达信仰的社会需要；遮蔽弱点、突出个性的审美需要。无论中国的服饰还是西方的服饰，都在满足这三方面需求的过程中，获得各自内在的文明价值。同时，中国和西方不同的文化背景，又使各自的服饰具有不同的文化形式，并表现出不同的文化指向。

　　在古代文明尚未建立起来的蒙昧时代，西方与中国的服饰都是以满足人的生理需要为目的的。在进入文明时代以后，服饰的社会需要开始膨胀，甚至在某种程度上高出了生理的需要，出现了超出使用功能之外的形而上指向。所不同的是，在西方古代宗教文化的背景下，这一指向主要是超验的宗教神学；而在中国古代的宗法文化背景下，这一指向主要是世俗的伦理纲常。进入现代社会以后，科学精神取代了宗教和伦理的统治地位。在工具理性的支配下，西方与中国的服饰不约而同地抛弃了形而上的文化诉求，自觉地向着人体生理需求回归。但是，这种功能主义的追求又会导致服饰的科学化、模式化、单一化。作为这种现象的反动，西方与中国的后现代服饰又都开始了全新的探索。在材料和技法上，无论西方还是中国的后现代服饰都在跨越国界、跨越时间的范围内进行着大量的文化吸收，即将古今中西的服饰经验作为自己文化创造的符码和工具，以博采众长的方式加以利用。在价值和内涵上，无论西方还是中国的后现代服饰都在进行着没有深度的尝试，即不再寻求服饰背后的形而上意蕴，从而将上帝和伦理驱除出服饰文化的领地，或采取戏谑和反叛的方式加以消解。在功能和意义上，无论西方还是中国的后现代服饰，都在进行推陈出新的探寻，它们所要满足的，已不再是单

纯的生理需要，也不再是沉重的宗教和伦理需求，而是个性的张扬和审美的尝试。

一

　　所谓文明，始于一种深度模式的建造。也就是说，人们不仅要通过"对象化"的行为改造这个世界，而且要赋予物质世界以"人化"的意义。所以，服饰是一种符号，它有着"能指"和"所指"的双重意蕴。但是，由于西方与中国文化的具体模式不同，其"所指"的内涵和"人化"的意义也就有这样或那样的差别。总的来说，古代的西方人和古代的中国人都有神秘的宗教追求，也都有世俗的伦理指向。所以，他们在服饰背后所赋予的价值常常是交叉的：既有宗教的内涵，又有伦理的意义。然而，就其同中有异的相对差别而言，西方古代的文化可称为宗教文化，因而其服饰背后的深度内涵以神学为主；中国古代的文化可称为宗法文化，因而其服饰背后的所指意蕴以伦理为主。

　　西方宗教的发展，改变了人们对待肉体的态度，而人们对待肉体的态度，又深深地影响了西方古代服饰的发展和变化。在古希腊时代，人们对奥林帕斯诸神的崇拜构成了原始宗教的主要内容。这些被尊奉的诸神是多元的、富有人性欲望的。不仅神有七情六欲，而且人、神之间也可以沟通，二者结合的产物叫作英雄。因此，这是一种"此岸性的充满了肉感和人情味的观念形态"，基本特点是"直观的自然崇拜和明朗的感觉主义"。这一特点"典型地体现在对人的自然形体和现世生活的赞美之中"，因此，这一时期的希腊人"对肉体的重视更甚于对精神的关怀，对现实生活的关注更甚于对彼岸世界的向往"①。在这种情况下，希腊人"竟把肉体的完美看作神明的特性"②。而作为遮蔽身体的装饰物，古希腊的服装只是人体的"一件松松散散的附属品，不拘束身体，可以随心所欲在一刹那之间扔掉"，而且"在衣服飘动的时候或者接缝中间，随时会暴露肉体"③。

<hr>

① 　赵林：《西方宗教文化》，长江文艺出版社 1997 年版，第 52、53 页。

② 　[法] 丹纳：《艺术哲学》，傅雷译，人民文学出版社 1983 年版，第 45 页。

③ 　[法] 丹纳：《艺术哲学》，傅雷译，人民文学出版社 1983 年版，第 278 页。

古希腊人的基本服饰被称作"基同"（chiton），它是将一块宽大的布料做成筒状然后用别针在人体上扣合而成的。"基同"外面，有时还穿一种叫作"希玛修"（himation）的长外衣。它"面积较大，穿用时伸缩自由，外出时可以拉起来盖在头上防风雨，睡觉时可以脱下当铺盖"①。在离开了身体之后，"希玛修"只是一块宽大的布料，只有当它被披裹在人体之上时，优雅自然的躯体才赋予其"服饰"的造型。从这意义上讲，是人的躯体把布料塑造成了衣服。换言之，在古希腊时代，身体是服饰的主人，而服饰只是身体的附属。在日常生活中，古希腊的男子也可以不穿"基同"，直接穿"希玛修"。

进入中世纪以后，基督教的一元神取代了奥林帕斯多神教的统治地位。在这种新的宗教世界观中，感性和理性的对立在加剧、灵魂和肉体的矛盾被突出。在这种情况下，用于遮蔽肉体的服饰便被赋予了超越肉体的功能指向，要能够"抵挡魔鬼的诡计"②，有助于灵魂的救赎。

按《旧约·创世纪》的说法，耶和华神用泥土造了男人亚当，又用亚当的肋骨造了女人，并让他们住在伊甸园里。"当时夫妻二人赤身裸体并不羞耻"③。女人在蛇的诱惑下，与亚当一起吃了神禁止他们吃的善恶树上结的果子，于是"他们二人的眼睛就明亮了，才知道自己是赤身裸体，便拿无花果树的叶子，为自己编作裙子"④。当耶和华神再次来到园里时，亚当和他妻子便躲到树木中，因为自己赤身裸体不敢见神。耶和华于是知道他们吃了善恶树上的禁果，便将他们逐出了伊甸园。这个"失乐园"的故事，把人类服饰的起因，解释成人在能够辨明善恶之后对自己的肉体所产生的羞耻感。这种将灵魂与肉体对立起来，抬高前者而贬低后者的做法，显然是宗教禁欲主义的思想体现。正如海涅在《论德国宗教和哲学的历史》中所说："邪恶的撒旦和善良的基督对立着，基督代表精神世界，撒旦代表物质世界；我们的

---

① 张乃仁、杨霭琪：《外国服装艺术史》，人民美术出版社 1992 年版，第 39 页。

② 《圣经·新约·以弗所书》，中国基督教三自爱国委员会、中国基督教协会 2000 年版，第343 页。

③ 《圣经·旧约·创世纪》，中国基督教三自爱国委员会、中国基督教协会 2000 年版，第4 页。

④ 《圣经·旧约·创世纪》，中国基督教三自爱国委员会、中国基督教协会 2000 年版，第4 页。

灵魂属于精神世界，肉体属于物质世界；从而，整个现象世界，即自然，根本是恶的；撒旦，这黑暗的主宰者，就想用它来引诱我们堕落；因此，必须谢绝人生中一切感性快乐，对我们的肉体，这个撒旦的采邑，加以折磨，这样才能使灵魂越加庄严地升到光明的天国，升到基督光辉灿烂的国度”①。在这种情况下，服饰的文化内涵便发生了历史性的深刻变化。

1370 年前后，西方流行一种袖口上装饰有各种皮革的女装，因为它的袖窿开得很宽大，露出了过多的肌肤，因而被指责为是“地狱之门”②。而 14—15 世纪流行的安尼帽和两个角的高帽子，则被教会称作“魔鬼的创造物”。尽管这种帽子模仿的是哥特式教堂建筑，但由于它们的造型与生殖器颇为相似，因而必须加以唾弃③。这个漫长而黑暗的时代里，一方面，禁欲主义思想让男人和女人都穿上能够严密遮盖身体的宽大保守的服装。一般基督徒们穿着色彩单调呆板的土布麻衣；女人们则一度戴上了长可及肩的面罩或者从头上垂下遮掩全身的面纱。另一方面，在“荣耀主”的旗号下，又出现了各种夸张华丽的奇装异服。拜占庭贵族们穿着锦缎制成的叫作“达尔马提亚”（dalnatica）的宽松连衣裙式的服装，上面饰有华丽繁复的刺绣，还缀着五光十色的珠宝或贵金属。而在哥特式时期（公元 12—15 世纪）的西欧，贵族男子们则穿着绣有自己族徽或爵徽的“柯达弟亚”（cotardir）。这是一种色彩鲜艳的分色服，衣身、垂袖和裤袜的颜色往往左右不对称，如有时左边裤腿为红色，右边裤腿则为绿色，这种服装“不禁使人想到教堂里那些色彩对比强烈、风格华丽的彩色玻璃窗”④。

以上第一种情况下的服饰，当然出于对肉体的否定和对灵魂救赎的企盼，而第二种情况下的服饰，“光彩夺目，简直像镶嵌壁画般灿烂，令人感觉到它具有否定人类的抽象的、绝对的宗教性”⑤，依然是以服装的修饰美取代人体的自然美，以上帝的荣耀取代人的尊严。说到底，这两种表面截然相反的服饰倾向，都将使超验的“所指”指向神秘的彼岸世界，不再为肉体存

---

① ［德］海涅：《论德国宗教和哲学的历史》，海安译，商务印书馆 1972 年版，第 16 页。
② 孙世圃编：《西洋服饰史教程》，中国纺织出版社 2000 年版，第 58 页。
③ 参见李方明《服饰审美的社会性》，《安徽师范大学学报》1994 年第 4 期。
④ 张乃仁、杨霭琪：《外国服装艺术史》，人民美术出版社 1992 年版，第 75 页。
⑤ ［日］千村典生：《图解服装史》，孙基亮译，中国纺织出版社 2002 年版，第 17 页。

在保留观赏的空间。

　　基督教的禁欲主义理念对西方服饰的影响还表现在对服饰形制的直接规定上。首先，是《圣经》中对服饰直接作出的规定。如《新约·哥林多前书》中说，女人在做礼拜时，必须要蒙着头巾。"凡男人祷告或是讲道，若蒙着头，就羞辱自己的头"，"男人本不该蒙着头，因为他是神的形象和荣耀"，"凡女人祷告或是讲道，若不蒙着头，就羞辱自己的头"，因为"女人乃是为男人造成的。因此，女人为天使的缘故，应当在头上有服权柄的记号"①。其次，是基督教教义对服饰样式的影响。上文提到的古希腊的"基同"，在古罗马时期，演变成一种叫作"丘尼卡"（tunica）的连袖筒形衣；到了古罗马帝国末期，"丘尼卡"进一步发展，不再将一块宽大的布料制成筒形再套到身上，而是将一块布料裁成十字状，在十字中间开孔，作为领口，在袖下和体侧分别缝合，然后从肩膀到下摆装饰着两条紫红色的条饰。这种十字形套头衫深受基督教徒的喜爱，其原因除了它简单实用外，还在于十字形正是基督教信仰的符号。这种形制的衣服，也就是被称作主教法衣的"达尔马提亚袍"（dalmatic），后来成为基督教专门的祭服。又如，中世纪流行的一种叫作"苏尔考特"（Surcot）的女式罩袍，是将多余的长裙在腹前掖入腰带，"前面的堆褶使腹部凸起好像孕妇，据说这是因对圣母玛利亚的崇拜而造成的流行样式。因玛利亚在未婚嫁时就从圣灵受孕而怀孕基督，所以她有孕时的形象也被看作是圣洁美好的"②。此外，基督教对各种颜色寓意的规定，对服饰也产生了影响。

　　此外，宗教理念对西方古代服饰所产生的影响，往往还通过宗教建筑的影响而间接实现。例如，古希腊时代的"基同"也像神庙的柱子一样分成"多立克柱式"和"爱奥尼柱式"。前者有纵向的凹槽，后者有肥大的褶绝。前者与多立克柱式的柱身相类似，后者与爱奥尼柱式的柱头相仿佛。哥特式时期的服装，喜欢将外形有意拉长，以追求一种苗条纤细、挺拔向上的视觉效果。尖尖的皮鞋和高高的帽子极尽夸张之能事，与直刺苍天的教堂和钟楼相映成趣。进入文艺复兴时期以后，"过去那种又长又尖的鞋不复存在，

①　《圣经·新约·哥林多前书》，中国基督教三自爱国委员会、中国基督教协会2000年版，第302页。

②　张乃仁、杨蔼琪：《外国服装艺术史》，人民美术出版社1992年版，第75页。

鞋的造型有了根本改变，鞋头变成宽肥的方形，比后跟还要宽大，尤其在西班牙最盛行方头鞋。也有按脚形做得比较瘦窄的鞋，但鞋头是圆尖形的或小方形的"①。这又与文艺复兴时期圆顶教堂的流行有关。到了巴洛克建筑盛行的时代，服饰也变得华丽而雕琢，其曲折多变的线条颇似教堂上旋涡形的装饰品。作为巴洛克艺术的极端性发展，罗可可式的服装更为烦琐，女装从胸衣到裙摆都装饰着层层的花边、缎带及蝴蝶结，裙子上更是饰满了缎带和鲜花，和教堂上的饰物一样不厌其烦……

从古希腊身体作为服饰的主人，到中世纪之后服饰把人体塑造成统一样式的造型；从古希腊时期建筑受人体比例的推崇影响，到中世纪之后服装忽视人体的自然美，反倒以建筑为模型硬要对自然体形进行改造……这其中服饰与肉体的关系，经历了一个从肯定到否定的过程。而这一过程的要义，就是在服饰自身的使用功能之外去追求一种形而上的宗教理念。

二

如果说在宗教文化的背景下，西方古代是通过服饰和肉体的关系，来调节人和神的关系，那么在宗法文化的背景下，中国古代则是通过对不同服饰的等级区分，来调节人和人的关系。

《周易·系辞下》说："黄帝、尧、舜垂衣裳而天下治，盖取诸乾坤。"②《周易集解》引《九家易》解释说："衣取象乾，居上覆物，裳取象坤，在下含物也。"③ 那么，上衣下裳取象于天地又有什么意义呢？《礼记·乐记》说："天尊地卑，君臣定矣。卑高已陈，贵贱位矣。"④ 天尊地卑，决定了君臣之间君尊臣卑的等级关系。这样，从对自然界天在上、地在下的感性认识出发，中国古代赋予天地以尊卑的等级结构，进而又把这一等级结构作为社会等级制度的依据。而上衣下裳的冠服制度，则成了标志和维护这一等级制度的重要手段。所以《周易正义》卷八中王弼注说："垂衣裳以辨贵贱，乾

---

① 张乃仁、杨蔼琪：《外国服装艺术史》，人民美术出版社 1992 年版，第 113 页。

② 阮元校刻：《十三经注疏》，中华书局 1980 年据世界书局缩印本影印，第 87 页。

③ 参见李鼎祚撰《周易集解》卷十五，中国书店 1984 年版，第 4 页。

④ 阮元校刻：《十三经注疏》，中华书局 1980 年据世界书局缩印本影印，第 1531 页。

尊坤卑之义也。"孔颖达疏说："取诸乾坤者，衣裳辨贵贱，乾坤则上下殊体，故云取诸乾坤也。"① 按照儒家的理想，只要衣冠服饰各有等级，尊卑贵贱判然有别，帝王只需拱手而立，社会便能秩序井然。在这种宗法文化的背景下，中国古代服饰没有在肯定肉体还是否定肉体间挣扎，而是忽略了人的肉体，遮蔽人的个性，以凸显其昭名分、辨等威、分贵贱，别亲疏的社会特征，致力于把个体编入一个尊卑有序、贵贱有等的社会整体之中，从而被纳入"礼治"的范畴，形成了一套全面、系统、细致、烦琐的冠服制度。

作为礼仪制度的重要组成部分，中国古代的冠服制度在夏、商两代初见端倪，至周代已经较为成熟。这其中最为人们所重视的服饰形制，是吉服和凶服。吉服和凶服，都被分为五个等级，又称作"五服"。《周礼·春官》载："小宗伯之职……辨吉凶之五服"②。

吉服的五服，指天子、诸侯、卿、大夫、士在隆重的祭祀场合，为区别等级尊卑所穿用的五种服饰。这些服饰的差别，主要在于衣裳上纹样的不同。《尚书·益楼》记载舜对禹说："予欲观古人之象，日、月、星辰、山、龙、华虫，作会；宗彝、藻、火、粉米、黼、黻、𫄷绣，以五彩彰施于五色，作服，汝明。"③ 这段话里提到古帝王上衣所绘的六种图案，即日、月、星辰、山、龙、华虫，和下裳上所绣的六种图案，即宗彝、藻、火、粉米、黼、黻，合起来是十二种，这十二种纹样就是后来所谓的"十二章"。东汉郑玄注说："此十二章为五服，天子备有焉，公自山、龙而下，侯伯自华虫而下，子男自藻、火而下，卿大夫自粉米而下。"④ 就是说，只有天子的衣裳上，才可以有十二章纹；公的衣裳上只能用从山、龙以下的章纹，也就是九章；侯伯只能用华虫以下的章纹，也就是七章；子男、卿大夫的章纹依次递减。十二章纹并非单纯审美的装饰图案，而是各有取义，分别代表不同的品格。对此，宋代蔡沈《书经集传》卷一解释说："日、月、星辰，取其照临也；山取其镇也；龙取其变也；华虫，雉，取其文也；宗彝，虎蜼，取其孝

---

① 阮元校刻：《十三经注疏》，中华书局 1980 年据世界书局缩印本影印，第 87 页。
② 阮元校刻：《十三经注疏》，中华书局 1980 年据世界书局缩印本影印，第 766 页。
③ 参见江灏、钱宗武译注，周秉钧审校《今古文尚书全译》，贵州人民出版社 1990 年版，第 59 页。
④ 阮元校刻：《十三经注疏》，中华书局 1980 年据世界书局缩印本影印，第 142 页。

也；藻，水草，取其洁也；火，取其明也；粉米，白米，取其养也；黼，若斧形，取其断也；黻，为两己相背，取其辩也。"① 十二章纹既各有其象征意义，其数量依次减少，自然象征的意义也随之减少，而不同等级的差异，也就由此而生。比如，皇帝穿十二章纹的吉服，公爵只能是九章纹，因为前三章纹，也就是日、月、星辰照临下土的品格，只有天子才能与之相配。由此可见，不同形制的冠服，其差异不仅仅在于图案多少，更在于其背后象征意义的差异及这种差异所昭示的等级秩序，如果违背服制，就是僭越，不仅是对礼仪制度的破坏，更重要的是对社会等级秩序的破坏。

　　凶服，又称丧服，是人们在吊唁、守孝活动中根据自己与死者的亲疏关系分别穿用的五种服饰。即斩衰、齐衰、大功、小功、缌麻五种服制。根据《仪礼·丧服》②，其形制主要为：（一）"斩衰"，用最粗的麻布制成。所谓斩，是指露着衣服边侧的断口，以表示内心悲痛，无心修饰边幅。儿子、未嫁女为父母，诸侯为天子，父为嫡长子，妻为夫，妾为君（家长），公卿、大夫的众臣为其主人等都要服斩衰。斩衰为礼最重，需要服丧三年。（二）"齐衰"，用粗麻布制成。所谓齐，指缝齐衣服边侧。子为母、继母、庶母服齐衰三年。众孙为祖父母，大夫的庶子为其嫡兄弟，已嫁女为其父母，妻子为丈夫的国君，媳妇为公公、婆婆等服齐衰一年。一族中的男女为宗子及宗子的母亲和妻子，为有过厚恩的上司及上司的母亲和妻子，女子为曾祖父母等服齐衰三个月。齐衰为礼，仅次于斩衰。（三）"大功"，用熟麻布制成。父母为夭亡的子女，过继作为他人后嗣者为自己的兄弟，妻子为丈夫的祖父母、伯父母、叔父母等服大功。大功为礼，次于齐衰，服期一般共为九个月。（四）"小功"，用比大功细的熟麻布制成。小功是为外祖父母，子侄及未婚嫁子女为姨母等所服，服期一般五个月。（五）"缌麻"，用缌布制成，可以洗濯使其洁白，但不能加石灰使之爽滑。缌麻是为曾祖父的亲兄弟及其配偶、祖父的堂兄弟及其配偶、父亲的从祖兄弟、外甥、舅舅、妻子的父母等所服。缌麻是为礼最轻的一种丧服，服期一般为三个月。由于丧葬活动是古代最为重要的族群活动，每个人在宗族内的身份和地位，也就在丧服的形

---

① 　蔡沈：《书经集传》，文渊阁四库全书本。
② 　参见彭林译注《仪礼》，岳麓书社 2001 年版，第 279—322 页。

制和穿着中彰显出来，从而将每个个体固定到一个尊卑有序、秩序井然的宗族体系中去。

不难看出，吉服的五服，主要体现的是中国古代人与人之间尊卑等级的社会差异；而丧服的五服，主要处理的则是中国古代人与人之间亲疏远近的血缘关系。这两种服制，构成了中国古代"礼治"的重要内容之一，从而将每一个穿着服装的文明人编织到纵横交错的社会——人际网络之中。

我们强调中国古代服饰尊卑有序的等级差异，并不是要否认西方古代服饰也有类似的情况。例如，在哥特式建筑流行的年代里，不同等级的欧洲人鞋尖的高度有不同的规定。王族的鞋尖长度可以是脚的两倍半，爵爷可为两倍，骑士达到一倍半，富人为一倍，庶民则仅为脚的二分之一。14 世纪，英国爱德华三世的法令中曾对贵族、自由民、工匠的穿扮细节进行了具体的规定。17 世纪，欧洲男子只有贵族的鞋上才许用踢马刺，女子以拖裙的长度表示穿着者等级，王后裙长 17 码，公主 10 码，王妃 7 码，公爵夫人 4 码……① 但是，与中国古代宗法背景下庞杂的冠服制度不同，西方古代服饰的等级划分相对简单，其影响也比较小。此外，在西方，天主教神职人员的法衣也有等级区分，天主教教会按教阶将法衣分成斗篷式长袍（cope）、白色长袍（suxplice）及主教的无袖长袍（chimere）等，但这种等级划分在宗教改革中受到强烈的反对，英国 16 世纪的清教改革运动，有一项重要内容，就是拒穿天主教神职人员的法衣②。同样的，西方古代也有丧服习俗，如为死者吊唁须穿黑衣等等。然而，从总体上看，西方古代的丧服制度远远没有中国古代这样完备而烦琐，其文化内涵也较为单纯。

从这一意义上讲，中国真可谓"衣冠王国"了。由周朝建立的这套以吉服和凶服为核心的服饰制度已经相当完备，以后各代更是踵事增华，日益烦琐。除了依靠章纹数量来区别等级高低、依靠材料的粗细来区别亲疏远近之外，后来的冠服等级还靠衣裳、冠冕的颜色及形制，佩饰的有无、数量、颜色及形制等来加以规定。如据《旧唐书·舆服志》记载，隋大业六年（公元 610 年）曾诏令规定了不同等级的服色："五品已上，通著紫袍，六品已

---

① 　孙世圃编：《西洋服饰史教程》，中国纺织出版社 2000 年版，第 58 页。
② 　参见柴惠庭《英国清教》，上海社会科学院出版社 1994 年版，第 59、74、118 页。

下，兼用绯绿。胥吏以青，庶人以白，屠商以皂，士卒以黄"①。到了唐高宗总章元年（公元668年）又规定"始一切不许着黄"②，从此黄色成为帝王专用的颜色，直到清朝灭亡。除了颜色的规定之外，唐代还增加了佩挂鱼袋的制度，三品以上官员佩金鱼袋，四品、五品官员，则佩带银鱼袋③。明代为区别官员等级，又增加了一项新的标志，即补子。补子又称补褂，是缀在官服的前胸和后背上用金线彩丝绣成的图像徽识。明洪武二十六年（公元1393年）以后，"定职官常服用补子：公、侯、驸马、伯，用麒麟、白泽。文官一品用仙鹤，二品用锦鸡，三品用孔雀，四品用云雁，五品用白鹇，六品用鹭鸶……武官一品二品用狮子，三品四品用虎豹，五品用熊罴，六品七品用彪……"④ 总之，冠服制度随着封建制度的逐渐完备日益走向繁杂，这种趋势一直持续到辛亥革命清王朝灭亡。

《大戴礼记·劝学》："君子不可以不学，见人不可以不饰。不饰无貌，无貌不敬，不敬无礼，无礼不立。"⑤ 明确地将"饰"与"礼"联系起来。这样一来，穿衣戴帽也就成为中国古代"礼乐文化"不可或缺的组成部分。《礼记·丧服四制》说："凡礼之大体，体天地，法四时，则阴阳，顺人情，故谓之礼。"⑥ 具体到服饰上，"体天地"，就是要使服饰衣、裳分开，以体现天尊地卑的关系。据说萌生于周代、成熟于战国的深衣，乃是一件披在身上的长衣，但为了不违背"上衣下裳"的古制，在剪裁时要将上衣和下裳分开来裁，然后再缝成长衣⑦。"法四时"，就是要根据春夏秋冬四季的变化改变服装的款式与颜色，像《礼记·月令》记载的帝王服色那样，春"衣青衣，服仓玉"；夏"衣朱衣，服赤玉"；夏秋之间"衣黄衣，服黄玉"；秋"衣白衣，服白玉"；冬则"衣黑衣，服玄玉"⑧。"则阴阳"就是要根据婚丧嫁娶等不同场合穿着"吉服"与"凶服"等不同装束。"顺人情"，则是要根据喜怒

① 《旧唐书·舆服制》，中华书局点校本。
② 《旧唐书·舆服制》，中华书局点校本。
③ 参见陈茂同《中国历代衣冠服饰制》，新华出版社1993年版，第139页。
④ 周汛、高春明：《中国历代服饰》，学林出版社1984年版，第228页。
⑤ 王聘珍撰《大戴礼记解诂》，中华书局1983年版，第134页。
⑥ 阮元校刻：《十三经注疏》，中华书局1980年据世界书局缩印本影印，第1694页。
⑦ 万棣：《关于"深衣"之探索》，《天津工业大学学报》2003年第6期。
⑧ 阮元校刻：《十三经注疏》，中华书局1980年据世界书局缩印本影印，第1355—1384页。

哀乐等不同情绪穿着不同色彩、不同款式的服装……凡此种种，就使得中国古代的冠服制度，在儒家思想结合阴阳五行学说的基础上，获得了一个天人感应的宇宙论模式。

三

如此说来，与西方一样，中国的古代服饰，也始终保持着某种实用目的之外的超功能指向。只不过在西方宗教文化的背景下，这一指向是宗教神学；而在中国宗法文化的背景下，这一指向是封建伦理。这种实用之外的超功能指向，不仅使古代服饰成为一种人类文化的特殊符号，有了"能指"与"所指"双重的深度模式；而且使人类服饰的文明内容，有了中国与西方不同的文化形式，呈现出各具特色的民族风格。从技法上看，西方古代服饰的最大贡献是从 13 世纪开始的立体剪裁法的发明。这种立体剪裁法的出现，或许与西方服饰习惯于模拟宗教建筑的创造方法相关。而中国古代服饰的最大贡献，则是对图案设计锲而不舍的追求。这种绘、绣、染、织手段齐备的工艺图案，或许与中国人为了通过服饰而彰明身份等级的目的相联。这一切，都是古代西方与中国服饰为人类文明所作出的贡献。

然而，从另一个方面来讲，无论是指向宗教神学，还是指向封建伦理，这种超越功能之外的价值诉求都会导致服饰的异化。在古希腊，是"人穿衣"的时代，因为彼时的衣服只是人体的附属品而已。为了凸显人体的美，衣服可以弃之身外。而进入中世纪之后，随着实用之外的超功能指向日益强化，服饰的异化现象也不断加剧，甚至进入"衣穿人"的时代，因为此时的人体反倒成了被衣服遮蔽的对象。为了强化衣服的禁锢作用，人们甚至不惜戕害自己的身体。"十四世纪中叶，男女服装的造型开始分化，男服上重下轻富机能性，女服上轻下重富装饰性"[1]。为了造成这种对立状态，男子的上身衣内填充了很厚的棉花或羊毛，以使胸部显得宽厚健壮；下身则在短裤下而穿着紧瘦的长筒袜，以使双腿显得挺拔有力。与之不同的是，女子上身的紧身胸衣要把腰围尽力缩小；下身则穿上厚重而多层的裙子，并用鲸鱼骨加

---

[1] 江平、石春鸿等编：《服装简史》，中国纺织出版社 2002 年版，第 77 页。

以支撑。这种将男人变成 V 形而把女人变成 A 形甚至 X 形的做法，显然违背了人体的固有结构，因而会带来极大的戕害。据说，到了英国伊丽莎白及法国梅狄奇时代，紧胸上衣已发展成为一种酷刑，"那时，紧身衣用铁丝或木条制成，并紧贴皮肉，往往擦伤皮肤，造成令人难以想象的痛苦。"① 许多贵族只有在他人帮助的情况下才能完成自己的装束。而那些因穿紧身胸衣引发心脏病、造成内脏移位、妨碍血液循环、影响生育功能的例证更是不胜枚举。除了紧身胸衣，裙撑也极大地束缚了女性的行动。16 世纪西方的裙撑有三种：西班牙式、英国式、法国式，其中，西班牙式裙撑和英国式裙撑给女子出门落座甚至如厕都造成极大的不便②。

正像西方古代有着不是"人穿衣"而是"衣穿人"的时代一样，中国古代也有着不是"人穿鞋"而是"鞋穿人"的历史。缠足是中国古代特有的一种陋习，即把女子的双脚用布帛缠裹起来，使其变成为又小又尖的"三寸金莲"。这种习惯起于何时，学术界说法不一，但至少在宋代文献中已有缠足的记载。同西方古代的束腰一样，缠足也是颠倒服饰与人体关系的典型例证。在这一例证中，同样隐含着把女人视为玩偶的男权主义偏见和几近变态的禁欲主义情绪。

四

进入现代社会之后，随着西方"宗教文化"与中国"宗法文化"的相继衰落，西方与中国古代服饰背后的"所指"发生了动摇，因而前者的主要目的不再是体现人与神之间的宗教关系，后者的主要目的也不再是调节人与人之间的伦理关系。当这种"深度模式"消失之后，服饰的唯一目的只剩下服务于人类自身的生产与生活需要了。这样，昔日曾被过分强调的服饰超功能指向，就逐渐被日益突出的功能性特征取代。

欧洲资产阶级革命，使西方男装早在 18 世纪就已出现简洁化、朴素化和功能化的发展趋势。从燕尾服演变而成的方便利索的无尾西服，到 19 世

---

① ［美］赫洛克：《服装心理学》，吕逸华译，纺织工业出版社 1986 年版，第 151 页。
② 张乃仁、杨霭琪：《外国服装艺术史》，人民美术出版社 1992 年版，第 110 页。

纪中期开始得到普及。最初的时候，这种服装只限于郊游、散步等休闲时穿用。而随着工业革命的实现、生活节奏加快，这种不登大雅之堂的服装却渐渐上升为欧洲男装的经典品种，进而成为国际交往中的礼服。进入 20 世纪以后，又因为这种套装多为活跃于政治、经济领域的"白领阶层"穿用，也被称作"职业套装"（Bussiness Suit）。显然，这种"职业套装"之所以能够脱颖而出，成为欧洲男装的礼服，不是因为它最奢侈、最豪华、最具有宗教意味，而是因为它的用料最经济、剪裁最合理，最符合男人的身体结构和白领阶层的行为方式。换句话说，它是一种最能体现人类理性的服装。

西方女装则一直要到 20 世纪才开始向着功能化方向发展。1910 年前后，法国的保尔·波阿莱倡导使用胸罩，第一次彻底将女性从紧身胸衣的桎梏下解脱出来。他借鉴古希腊基同及东方宽衣样式设计出来的女装，免除了服装对女性身体的束缚，再现了女性身体的天然姿态。1914 年法国的夏奈尔因根据男式套头衫和水手装设计出女性水兵服而一举成名，此后她所设计的紧凑简练、强化功能的各种服装，风靡了整个西方世界。现代社会，一方面由于宗教压力的减轻和对男女平等地位的追求，一方面由于对服装功能性的强调，使得男装和女装不再处于绝然对立状态，而有时变得十分相似起来。①

与宗教或伦理至上的古代社会不同，现代社会是科学和理性至上的社会。科学和理性的发展，加速了服饰对功能性追求的步伐。诞生于一战期间的"人体工程学"，专门研究产品与人体的关系，为服装向着功能性迈进提供了科学指导和理论依据。与此同时，服装生产的工业化进程，又使得这种工具理性得到淋漓尽致的发挥。在古代社会，豪门贵族有自己专门的裁缝。每一个裁缝都有其独特的手艺，甚至是秘不外传的"绝活儿"。因而，每一次大规模的社交活动就如同一场别出心裁的服装表演。而在现代社会里，人们的服装则带有大工业生产的流水线性质，多了标准严格的工艺手段，少了匠心独运的个性特征。

在中国，1911 年的"辛亥革命"和 1919 年的"五四运动"，基本废弃了昭名分、辨等威的封建冠服制度，服装的样式也发生了革命性的变革。当

---

① 参见张乃仁、杨霭琪《外国服装艺术史》，张乃仁译，人民美术出版社 1992 年版，第 334—337 页；张竞琼主编《现代中外服装史纲》，中国纺织大学出版的 1998 年版，第 12—27 页。

西方借鉴东方的宽衣样式，服装由紧窄变得相对宽松以利于人体健康时，中国则吸收了西方服装的立体三维结构，服装由宽袍大袖而变得相对紧身以方便人体活动。孙中山所倡导的"中山装"，在西方服式的方形轮廓和中国服饰的封闭立领的基础上，加上了对称式四口袋设计，突出了服装庄重实用的特点，被称为"国服"。尽管上衣正面的五个扣子和每支袖口上的三个扣子有所谓象征"五权宪法"和"三民主义"的说法，但就整体设计而言，其实用之外的超功能装饰已经变得微乎其微了。

与此同时，中国的女装则在原有旗袍的基础上缩短长度，又吸收了西方服装的立体造型原理，增加了胸省、腰省，形成了更简洁轻便、适体合身的改良旗袍，成为"东方女装"的代表。尽管作为大清政府统治者的旗人没有缠足的陋习，并且从康熙到慈禧，直至以孙中山为临时大总统的中华民国，都曾下达过禁止妇女缠足的法令，但直至新中国建立以后，才真正结束了中国广大妇女缠足的历史。1949 年以后，随着女性社会地位的提高，中国现代的男女服饰也像西方一样，有了性别趋同的历史走向。其间先后流行过的列宁装、人民装、红卫兵的绿军装，及由"老三色"（蓝、黑、灰）构成的"老三装"（中山装、军便装和青年装）既是特殊政治背景下人们革命热情的体现，也可以看作是在经济困难的条件下追求服装功能性的极端表现①。

改革开放以后，人们的生活水平显著提高，生活节奏也日益加快，因而服饰虽渐渐丰富多彩，但并未离开功能主义的主导方向。由于各种人造纤维纺织品在服装上大量使用，以及大规模成衣工业发展，使得时装价格大大降低，平民百姓也开始普遍穿上了作为舶来品的西服、夹克，服装的阶级界限和民族界限逐渐变得模糊起来。此外，由于功能性服装的简单风格使对服装样式的仿制变得十分容易，再加上时装杂志的大量发行以及电影、电视对服装新样式的展示和传播等因素，使得时装风行速度大大加快。在这种情况下，各种风靡一时的时装潮流，不仅轻易地湮没了人的个性特点，也毫不留情地卷走了服饰原本具有民族性、地域性的美学特征。

---

① 江平、石春鸿等编：《服装简史》，中国纺织出版社 2002 年版，第 149 页。

五

现代文明消除了服饰背后形而上的宗教和伦理背景，使服饰的创造转移到为人体服务的自身功能上来，这显然具有人性解放的进步意义。但是，现代化的科技理性，又使得服饰创造进入规范化、模式化的工业流程，使得原本具有民族、地域色彩的服饰文化变得日渐统一，进而成为全球一体化的单一模式。换言之，现代化恢复了人性，但却湮没了个性。在这种情况下，一种新的"后现代服饰"思潮出现了。

所谓"后现代"，是对现代文明的一种反动。作为一种"否定之否定"的新的逻辑、历史形态，后现代服饰要在否定单一化模式的现代服饰的基础上，朝着具有多元色彩的古代服饰进行历史性复归。这种"否定"不是简单抛弃，而是辩证的"扬弃"；这种"复归"不是"平面化的返回"，而是"螺旋式的上升"。换言之，这种"否定"既要摒弃现代服饰单一目的性的急功近利观念，又要采纳现代服饰符合规律性的科学技术手段；这种"复归"既要摒弃古代服饰戕害人性的宗教、伦理模式，又要恢复古代服饰多元并生的民族特点、个性色彩。

首先，在材料和技法方面，无论西方还是中国的后现代服饰都在跨越国界、跨越时间的范围内进行了大量的文化吸收，即将古今中西的服饰经验作为自己文化创造的符码和工具，以博采众长的方式加以利用。由于不满现代服饰的规范化模式，后现代服饰的倡导者在服饰材料、剪裁手法、缝制方式、穿着搭配等方面不断进行新的尝试，将各种古典服饰语言和民族服饰语言一一拆解并混合使用，表现出一种强调多元化发展的后现代特征。

1977年伦敦朋克乐队充满荒诞和怪异的摇滚演奏，吸引了当时的年轻人，而乐队成员在舞台上的奇装异服，更是为许多年轻人所模仿。在"自己动手"的信条下，年轻人从旧货市场淘来廉价旧衣，搭配上墨镜、金属链条、手镯、狗脖圈，并认为这种装束更能展现自我。20世纪90年代以后，越来越多的人开始对原来有着较为固定的穿着原则的服饰，进行随心所欲的搭配。有人这样描写2003年香港街头的服饰："女孩子大热的天戴着围巾，穿着靴子；逛马路穿着晚装裙；一个四五十岁的女人穿着小姑娘的娃娃装；

一个少女拿着她妈妈的手提袋；有个女孩儿将内衣穿在了外边；一个小伙将牛仔裤的裤脚穿在了袜子里面；那个一身职业打扮的上班族怎么穿了一双草编鞋；这位女士为什么在穿裙子的同时又穿有裤子；那些看似未完成的作品（到处是明线、毛边）究竟美在哪里？还有那些扮相不男不女的装束更是多不胜举。"① 反季节、反性别的穿着打扮，内衣外穿、外衣内穿的反常搭配以及各种别出心裁的装点和佩饰，显示了后现代主义者鲜明的反叛精神。他们并不是要寻求一种新的和谐，而是试图通过穷尽各种穿衣打扮的可能性，在千人一面的流行服饰的汪洋大海中保持独立的个性。

　　除了把各种服饰反常规、反传统地搭配在一起穿着，时装设计师们往往拥有比穿着者更丰富的后现代主义的服饰表现手段。在服饰材料上，他们除了采用各种高科技新型面料，还尝试用铝线、金属圈、金属片、塑料片等组合成各种服装。2004 年 3 月，法国圣·迪奥公司的后现代服装设训一大师约翰·加里亚诺让模特们穿着用"报纸"拼凑的裙子亮相。在剪裁手法和缝制方式上，服装设计师们忽而强调传统的裁剪缝制手法，忽而提出不要裁缝的构思，忽而采用东拉西扯的不规则剪裁。20 世纪 80 年代初，反传统时装派的设计师使用有孔的、水洗的、石磨的、皱巴巴的等看上去很破烂的艺术纺织品，采用撕碎、补丁、开绽、拧曲、破口、翻里等手法构成时装。这一派的代表人物，日本设计师川久保玲、山本耀司于 1983 年巴黎的高级成衣服装新作发布会上推出的"破烂装"和"乞丐装"，以黑色为基调，有意把下摆裁成斜的，让衣服边毛茬暴露在外，或者保留粗糙的缝纫针脚②。这种令人口瞪口呆的破烂式样或乞丐式样，既是对女装传统的倾向于华丽高雅的审美习惯的反叛，也是对强调功能性、强调搭配原则的现代服装理念和着穿意识的消解。

　　其次，在价值和内涵上，无论西方还是中国的后现代服饰都在进行着没有深度的平面尝试，即不再寻求服饰背后的形而上意蕴，从而将上帝和伦理驱逐出服饰文化的领地，或采取戏谑和反叛的方式加以消解。当宗教不再成为人们心中的信仰，伦理不再指导人们当下实践的时候，宗教文化背景及

① 李莉婷：《不协调美——今夏香港街头服装有感》，《服装》2003 年第 12 期。

② 参见［日］千村典生《图解服装史》，中国纺织出版社 2002 年版，第 154—177 页；江平、石春鸿等编《服装简史》，中国纺织出版社 2002 年版，第 30—35、136 页。

宗法文化背景下盛行的那些具有明显的超功能指向的服饰，就丧失了曾经拥有的超越使用功能之外的文化内涵，只剩下一个空洞的外壳；当贸易的发展打破了国家的界限，生活的方式也在渐渐趋同的时候，在世界服装一体化的大潮中刻意保持古典服饰或民族服饰，也会显得很不自然。因此，欧洲18世纪末开始被当作正式礼服的燕尾服，如今则多由马戏班子的男演员所穿。2001年在中国上海举办的APEC首脑会议期间，各国政要身着对襟"唐装"的集体亮相，与其说是一种民族文化的认同，不如说是一种流行款式的表演。

虽然在一个经济全球化、信息一体化的现代社会里，服饰不可能固守原有的传统理念和民族特征，但是丧失了原有文化内涵的古典服饰因素和民族服饰因素，却可以被后现代的服装设计师们拿来演绎他们自己的服饰理念。20世纪70年代后期，服装设计师圣·洛朗、里克·高修、高田圣三等设计师根据北非摩洛哥人的服饰风格、俄国哥萨克舞蹈演员的服饰风格、美洲印第安人的服饰风格以及东方各国的服饰风格，设计出各种具有异国情调的新奇服装，成为应用各种古典服饰及民族服饰语言的成功典范[1]。其后，后现代的服装设计师们更加大胆地将脱离了原有情境、丧失了原有文化含义的各种服饰符号拆解之后混合使用，设计出各种稀奇古怪、冲突强烈的服饰。根据中国纺织网及搜布网的消息，2002年，约翰·加里亚诺曾推出将印第安人七彩条子、墨西哥花卉图案、日本仕女图、卡通人物、少数民族的珠串饰物、长靴上的手工绣花等各种服饰元素混杂在一起的时装作品。根据纺织服装在线网的消息，加里亚诺在2004年3月6日的巴黎冬季时装发布会上，又把类似猎人穿的大衣布料用在有衬架的长裙上、把玻利维亚帽子和斜纹法兰绒搭配、把小丑裤和色彩鲜艳的裙装相叠加，产生一种跟观众们"开玩笑"的效果。

最后，在功能和意义上，无论西方还是中国的后现代服饰，之所以要进行推陈出新的探寻，已不再是出于单纯的生理需要，也不再是出于沉重的宗教和伦理信念，而只是一种没有深度模式的个性的张扬和没有统一标准的审美的尝试。如果说，现代服饰凭借科技理性的动力，打破了宗教的、伦理

---

① ［日］千村典生：《图解服装史》，孙基亮译，中国纺织出版社2002年版，第154—158页。

的、民族的、阶级的层层壁垒，是为了创造一种最为符合人性的、科学的服装；那么后现代服饰利用东方与西方、传统与现代、宗教与世俗、男装与女装的种种手法，既不是为了恢复真正意义上的民族传统，也不是为了张扬真正意义上的理性精神，而是试图通过综合利用人类服饰丰富多彩的历史经验，来实现对现代功能性服饰千篇一律模式的抵御和反叛。后现代主义者一方面不承认各种古典服饰、民族服饰背后所隐藏的那种深层的宗教观念与伦理情感，另一方面也不认为现代服饰的科学准则和功能性追求就一定高于古典服饰和民族服饰的宗教或伦理精神，他们在取消"深度模式"并实现"价值多元"的基础上，将古典服饰及民族服饰的多元技法和现代服饰的科学手段唯我所用地拼凑在一起。因此，可以将学者们对后现代建筑主要精神的概括借用到后现代服饰上来，即后现代服饰的主要精神，也表现为一种"激进的折衷主义"[1]。

后现代主义服饰之所以是"折衷"的，就在于它的服饰模式、服饰语言、服饰材料、服饰风格统统是"混血"的，它不忌讳古典与现代的混血，不忌讳东方与西方的混血，更不忌讳宗教与世俗、宗教与伦理乃至各不同宗教派别之间的混血。在后现代主义者看来，纯种的古典，纯种的现代，纯种的东方宽衣模式，纯种的西方立体裁剪，都过于单一了。而后现代主义服饰的复杂性、多样性，恰恰来源于这种杂交优势。于是，他们一方面削平了各种服饰之间的价值差异，一方面又将其各种手段拆散并混杂在一起，为我所用。后现代主义服饰之所以是"激进"的，就在于它的折衷手段不是为了获得一种新的和谐，而是为了尝试各种不同的可能性。为了穷尽服饰艺术的各种可能性，后现代服饰设计师既不忌讳对古典服饰和民族服饰指鹿为马、似是而非的借鉴，也不在乎现代服饰的各种剪裁缝制技巧和规则，而敢于把一切能够想象得到的大胆妄为、荒诞滑稽的艺术构思付诸实践。

与古代服饰相比，后现代服饰因失去了宗教和伦理的深层意蕴而显得有些浅薄，但它毕竟更加自由了；与现代服饰相比，后现代服饰因失去了理性准则和功能性的追求而显得有些随意，但它毕竟更加轻松了。与其他后现代主义艺术相似，这种自由与轻松可能也是一种"生命中不能承受之轻"，

---

[1] 陈炎：《东西方建筑的古代、现代、后现代特征》，《天津社会科学》2003 年第 3 期。

但它也毕竟为人类服饰艺术提供了更广阔的想象空间和更多样的创造可能。尽管一方面后现代主义各种流派的服饰变化多端，令人惊叹不已；另一方面这些令人眼花缭乱的服饰又往往是昙花一现，在给人短暂的感官冲击之后，很快便销声匿迹。但是，在后现代主义服饰风起云涌的变化背后，却存在着一些相对稳定的创作方法，即不择手段、唯新是求。

后现代服饰的这一特征，恰好印证了人类文明与文化二律背反的关系：即人类文明程度的提高，要以文化方式的趋同为代价，随着人类文明程度的提高，作为整体性的生活方式的民族文化在减少，作为元素性的生活要素的人类文化却在增加[①]。由此也可以预见，在未来的服饰发展中，"东方""西方"作为整体性的概念将会成为古董，而它们之中的各种元素却又会在东西方不同的服饰艺术中获得再生。

（原载于《文艺研究》2005 年第 8 期）

---

① 　陈炎：《文明与文化》，《新华文摘》2002 年第 6 期。

从精英美育到大众美育：两种美育范式的并存与共生

王汶成

一

审美通过情感的激发以及由此产生的从感官到心理、直到精神上的愉悦，可以影响人的灵魂和生命活动，对人起到一种特殊的教育作用，而且这种作用是任何其他的教育方式所不可取代的。关于审美的这种特殊的教育作用，古今中外的思想家、政治家、教育家都给予特别的关注和重视，并提出了各式各样的审美教育的理念和方法。

早在我国的先秦时代，伟大的教育家孔子就意识到了艺术教育的巨大作用，重申了周代以来以"乐教""诗教"配合"礼教"的教育方略和传统，即所谓的"兴于诗，立于礼，成于乐"（《论语·泰伯》），并且有时代针对性地提出了"乐而不淫、哀而不伤""文质彬彬"等"中和之美"的美育思想（《论语·八佾》《论语·雍也》）。而几乎与孔子同时，古希腊的大哲柏拉图也在另一个遥远的国度里，倡导艺术的作用。出于维护和巩固雅典贵族统治的考虑，他激烈地反对"摹仿的"艺术，认为这种艺术"摹仿罪恶，放荡，卑鄙，和淫秽"，腐蚀和败坏了青年的灵魂，而对"代神说话"的"灵感的"艺术则推崇有加。他曾满怀期望地反问道："我们不是应该寻找一些有本领的艺术家，把自然的优美方面描绘出来，使我们的青年们像住在风和日暖的地带一样，四周一切都对健康有益，天天耳濡目染于优美的作品，像从一种清幽境界呼吸一阵清风，来呼吸他们的好影响，使他们不知不觉地从小就培养起对于美的爱好，并且培养起融美于心灵的习惯吗?"① 多受美的教育，让心灵也变得美，让整个人都变得美，这就是柏拉图对当时年轻人的谆谆告诫。

近代以后，资本主义生产方式的产生极大地推动了生产力的发展，但人的生存境况并没有得到应有的改善，反而在某些方面更加恶化了，譬如大工业生产的分工所造成的人的畸形发展和异化现象、不合理的分配方式所导致的过度的贫富不均和激烈的阶级冲突，等等。这一切变化使得审美教育显得更为重要和迫切。正是在这样的历史氛围中，作为启蒙思想家的席勒发表了《审美书简》一书，明确提出了"审美教育"这一术语，把审美教育的地位和作用提到了前所未有的高度，指出美是沟通人的感性和理性的桥梁，是人从自然通向自由的必经之路。

从 20 世纪中叶开始，人类历史逐步跨入后工业社会。与科学技术高速发展和物质财富急剧增长的同时，人的工具理性、物质欲望、消费意识等方面也因受到过分刺激而极度膨胀起来，人几乎异变为所谓"拼命赚钱、拼命享乐"的机器，在后工业时代，如何重新措置人的灵魂，如何为人寻求一个新的"安身立命"的精神家园，就成为一个不可回避的严峻问题摆在现代人的面前。在席勒等前辈启蒙思想家的"全面发展的人"的美育理想的启示和感召下，当代许多有识之士再度把审美教育提到了议事日程。海德格尔、马尔库塞、阿多诺、荣格等西方思想家都极力强调美的拯救力量，力主通过审美教育疗治现代人的灵魂，促使现代人在审美的理想中获得精神的超越和解放。同样，中国新时期以来也面临着如何培养全面发展的人的问题，审美教育不再是可有可无的摆设，理所当然地应该成为现代素质教育中不容忽视也不可替代的重要环节。美育已明确写入了政府颁布的《义务教育法》，在法规上取得了与智育、德育、体育同等的地位。

上述由历代思想家、政治家、教育家等社会精英人物所倡导的，在有些时候还得到了政府等权威机构认可甚至资助和组织的，并且主要是在学校中通过教师的教学引导所实施的美育活动，尽管在具体的美育理念上有着诸多的差异，但在美育的实施方式上则属于同一的范式，可以将其概括为精英

---

① 《柏拉图文艺对话集》，人民文学出版社 1963 年版，第 62 页。

美育的范式。所谓精英美育并非仅指由社会精英人物所提倡、策划和从事的美育活动，除了这一重要特征之外，精英美育至少还有以下几个方面的特点。

第一，精英美育总是从某种特定的时代要求出发，有某种预设的理论作为指导，并且带有某种严肃的社会目的。例如孔子的美育思想，就是针对春秋时代的"礼崩乐坏"的社会现实提出的，以"中和之美"作为他的美育理念的理论基础，而他之所以强调"诗教""乐教"的重要性，又是指向于一个严肃的社会目标的，这就是所谓"克己复礼"的目标指向，意欲全面恢复周代的礼教和宗法等级制度。

第二，精英美育，特别是现代的精英教育，总是由一个比较权威的教育机构来组织实施的，通常有既定的教育方针、教育计划、教学大纲，甚至有规定的课程配置和选定的教材和教学内容，多数情况是在课堂上（有时也可能由老师带领在艺术馆、展览馆、演示厅，或者在野外），以老师的讲授为核心，对各个层次的学生实行一种自上而下的教育方式。这种教育方式虽然也可以是"启发式"的、"引导式"，但总体上看是"由外向内"地对学生施加影响，以期使学生接受某种精英文化所认同的审美价值、审美判断、审美理想和审美观念。

第三，与前两点密切相关的是，精英美育在选择施教材料时，总是倾向于选定那些最符合自己的审美理想的经典作品作为范本，并以这种范本为最高标准来裁定其他美育材料的优劣等级和取舍。所以，并不是所有的审美材料都能够被精英美育所采取的，那些在内容和形式上与典范作品相去甚远的审美材料，将会受到精英美育的排斥。

总之，精英美育作为历史上形成的一种美育范式，几乎涵盖了从古至今的一切文化精英所倡导的审美教育，它是一种有社会使命、有文化导向、有规范、有组织的审美教育。之所以从美育范式的角度提出精英美育的问题，主要是因为当代美育发生了重大的变化，这就是在原有的精英美育之外，又出现了一种新的美育范式，即大众美育的范式。事实上，当这种新的美育范式兴起之时，原有的美育活动无论在理论上存有多大的分歧，都在客观上统统被归入精英美育的范畴了。所以更为迫切的问题还不是不同美育观念之间的分歧，而是不同美育范式之间的分歧。我们现在最需研究的问题似应是：这种新兴的美育范式到底是一种怎样的美育范式？这种新的美育范式产生之后，与原有的精英美育构成了怎样的关系？当代美育格局发生了怎样的历史性变化？精英美育如何策应这种变化以便图谋进一步的发展？

二

严格地说，大众美育并非一种全新的美育范式。早在精英美育产生之前已经存在某种形式的大众美育了。因为在人类发展的早期阶段并没有专职的教育者，更没有学校之类的专门教育机构。那时的教育只能是一种在日常生产劳动和生活实践中的自我教育，或者是人们之间随机性的"互动式"教育。这种基本没有固定的教育者和受教育者的身份区别的教育，正是大众教育的主要特征。同样，那时的审美教育（如果有的话）也是一种氏族成员们在闲暇时间里的共同创作、共同欣赏的大众美育。尽管现代的大众美育与远古时代的大众美育在范式上有相通之处，但在具体形态和理念上则有着本质的差别，是绝不能混为一谈的。如果说远古的大众美育是在社会生产力极为低下的情况下产生的，那么现代的大众美育则是社会生产力高度发达的产物。

众所周知，20世纪中叶以后，科学技术突飞猛进，可谓日新月异。在科学技术第一生产力的牵引下，社会的物质财富以惊人的速度急剧增长，一般民众的物质乃至精神生活的水平也得到了极大的改善和提高，尤其是劳动时间的缩短和闲暇时间的增多，使得一般民众有更充分的条件在更广更深的程度上投身于政治、文化、审美以及受教育的活动中。从另一方面看，由于全球化进程的加速推进，以高科技为依托的现代信息产业也蓬勃发展起来，成为知识经济时代最具发展前途的新兴产业。报刊、广播、电视、互联网等现代传媒手段，依仗高科技的巨大优势，吸引了越来越多的民众去接受、去利用、去参与。时至今日，大众传媒已经在大众的文化和精神生活中居于一个举足轻重的主导地位。正是在大众传媒的激发和促动下，一种以广告、电视剧、通俗读物、流行音乐、时尚文化、网络文化等为主要内容的现代大众文化迅速崛起，势如破竹，对以学院派为代表的精英文化构成了严重的冲击，使精英文化在社会文化格局中的权威地位发生了动摇。我国自改革开放以后，特别是自市场经济转型之后，也发生了类似的发展过程。在上述两方面因素的综合作用下，当代美育的发展也经历了一些显著的变化，我们可以把这种变化概括为以下三个方面。

一是大众化走向。美育的接受主体不再仅限于在校的青少年学生等狭小的圈子，而是扩展到了一般平民百姓的广大范围。现今的平民百姓，只要愿意，就可以利用优越的生活条件和大众传媒的便利，随时随地接受审美教育。例如，他可以随便打开一台电视机，各式各样的电视节目，包括广告、肥皂剧、歌舞、时装表演等就纷纷涌向他的眼帘。他如果拥有一台电脑，他还可以随时上网，观赏或者直接参与一些文艺娱乐活动。他还可以利用双休日的时间，到野外，到他想要去的任何地方，观赏自然和人文的景观。美育，对一般大众来说，不再是可望而不可即的奢侈品，而成为一种随处即得的东西。

二是生活化走向。以往的美育主要是艺术教育，即通过艺术品的欣赏而获得教育，而如今的美育已渗透到人们的日常生活中去。现代人的日常生活已不仅仅受实用目的支配，同样也讲究日常生活审美化、艺术化。审美和艺术因素已经融入普通人的生活中去，与他的实际生活、日常的饮食起居密不可分地融为一体。普通大众既可以从传统意义上的艺术作品那里获得审美教育，也可以从他周围的现实生活直接获得更为丰富多彩的审美感受和教育。例如已经进入城镇居民生活而成为一种时尚追求的美容服饰、塑身健美、家居装修、卡拉 OK、街舞、旅游、节庆中的文艺活动甚至包括超市购物等等，都是一些典型的生活化的美育形式。我们当然可以对这些新的美育形式提出各式各样的批评，但我们却很难否认这些看似属于普通人生活方式的东西已经具有了美育功能这一客观事实本身。这些新的美育形式既是审美生活化的表征，也是生活审美化的结果，它们作为大众生活中的审美和艺术因素已经与大众生活交合为一体，对大众的审美趣味和观念起着不可估量的强大影响和塑造作用。

三是社会化走向。从人一生的生活环境的变化看，全面的审美教育应该包括家庭美育、学校美育、社会美育三个方面。其中，家庭美育与人的关系最密切，学校是美育最重要的基地，社会是美育的最大课堂。但是，社会美育是面向大众的一种公益事业，它较为充分的开发和建设需要雄厚的物质保证和高度发展的社会生产力作为支撑，而这一点，只有在现代社会生产的条件下才有实现的可能性。所以，传统美育的发展在社会美育方面是受到极大限制的，只好在学校美育方面有所作为。这样，传统美育的主要受众就不得不局限于在校学生中，难以扩展到广大的人民群众。与此形成鲜明对照的是，当代美育依赖于强大的物质基础，除了继续加强学校美育外，社会美育也取得了令人瞩目的进展。社会美育的主要内容就是建立各种公共美育场所、设施、机构和美化居民的工作与生活环境，这些都需要政府投入大量资金。仅就我国的情况看，近年来社会美育建设的进展尤为突出，不仅大城市，即使许多中小城市也都建起了博物馆、艺术馆、植物园，一些荒废多年的名胜古迹、旅游景点又被重新修整，对大众开放。此外，环境绿化、园林保护、中心文化广场的辟建也已成为城市建设的不可缺少的重要项目。这一切都表明，社会美育的建设确实得到了政府部门的高度重视，并出现了蓬勃发展的势头。因此，我们说当代美育有一个社会化走向，是有客观依据的，不算言过其实。当代美育上述几个方面的变化汇总起来，就酿成了一个新的美育范式产生，这就是大众美育。

与原有的精英美育相比，大众美育有一些完全不同的新特点。首先，顾名思义，大众美育就是由大多数民众积极参与的美育。这里说的"大众"是现代意义上的大众，是与社会各界的少数"精英分子"相对而言的大众，它应该包括一个极为广泛的群体，其主体是指具有一定文化水准和消费水准的城镇居民。这个人群范围要比精英美育所包括的以学生为主体的范围大得多，因而社会影响力也应该大得多。

其次，大众美育是一种大众自愿进行的自我教育，它不像精英美育那样全然出自老师的权威性筹划和支配，而是大众依照自己的喜好乐趣自己选择审美的对象和内容，并且按照自己的方式去赏玩和接受这些对象和内容，从中获得或多或少的审美愉快和教益。就拿大众美育中最常见的内容旅游来说，一个人只要有相当的财力和闲暇，就可以选择任何自己认为合适的时间和喜欢的景点去浏览。因此，比较起来，大众美育应该比精英美育更利于发挥受教育者的主动性和能动性，而且更具有一种娱乐消遣的功能和特性。

再次，大众美育不像精英美育那样有自觉的理论指导和明确的社会目的，它往往带有极大的个体自发的随意性，甚至带有一种恣意而为的盲目性。就是说，在大众美育的过程中，由于缺乏共同协定的理念和目标，大众整体上丧失了控制这个过程定向能力，甚而反过来被这个过程控制。正是因为这个，或者说主要是因为这个，造成了大众美育中的"追新潮""赶时尚"的现象。人们常常不问为什么，只要是某个或某些公众名人所引领的某种新趣味，或者已经有许多人津津乐道的某种新趣味，就认为是"时髦的""有创意的"，就争相效仿和追随。今天时兴"白"的，就去追"白"，明天换了"黑"的，又去追"黑"，完全把个人的趣味释解到追逐"时尚"中去了。这方面最典型的例子就是"流行色"了。本来是"穿衣戴帽，个人所好"，但是现代大众，特别是都市里的现代大众，却甘愿出让个人的喜好，而热衷于追逐所谓流行的品牌、流行的色彩、流行的款式，不管这些流行的服饰是否适合自己的口味和身份。从这方面看，大众美育虽然是大众的一种自我教育，理应更能激发起受教育者的主观能动性，但又因其大众化的"自我等同性"的缘故，而使受教育者的个性无形中"削平"和解构，这应该是大众美育在其蓬勃发展中出现的一个严重问题。

更为严重的问题体现在大众美育的最后一个特点上，这就是大众美育的运作和推行常常要借助于大众传媒，主要是广告、电视、互联网以及一些通俗性的大众读物等等，这一切形式的大众传媒又反过来对当代的大众美育产生巨大的影响。这种影响，从积极的方面看，它可以为大众美育提供丰富的信息、材料和便捷的条件或有力的工具，对大众美育的开展起到了推波助澜的作用。但是，正如我们都知道的，现代大众传媒并非一种社会公益事业，而是属于现代文化产业的一部分，需要资金投入和利润回报，具有商业经营的性质。当大众传媒依仗其高科技的优势必然对包括大众美育在内的大众文化起着一种操纵和诱导作用的时候，它的商业本性和大众美育的审美本性就发生了严重的冲突。为了获得高额利润，大众传媒往往不惜刺激和迎合大众中的低级趣味，以便吸引更多的"眼球"，尽可能地提高收视率和点击率。这样就势必造成大众美育质量的不断下降的趋向，甚至有把大众美育蜕变为大众"丑育"的危险。现今的电视、网络、通俗读物中随处可见的"暴力""色情"等庸俗和"媚俗"的东西，对大众美育就起着这样一种极其恶劣的影响。所以，大众美育在发展中所面临的最严峻问题就是如何应对和消除大众传媒的商业"炒作"带来的恶劣影响。

　　黑格尔说过："凡是存在的就是合理的。"这句名言的哲学内涵，我们暂且不论。但它告诫我们，为了推动历史的发展，应该首先承认和正视历史发展的客观现实。当我们审视和探讨当代美育问题时，无论如何，我们不能无视大众美育兴起这一事实。大众美育作为一种新兴的美育范式，对原有的精英美育范式构成猛烈的冲击。我们不仅要承认在当代美育格局中有两种美育范式并存，还要进一步研究如何正确处理这两种美育范式的关系。

三

　　当初席勒提出"美育"这一概念时，在他的理想中就是要对广大民众实行审美教育，这是由他的启蒙大众的思想决定的。只不过受历史条件限制，他的大众美育理想不可能实现，他倡导的美育顶多只能在小资产者以上的阶层中开展。但是，历史发展到 20 世纪中叶以后，将美育普及到广大民众的历史条件终于成熟，大众美育的新范式也就应运而生了。所以，大众美育新范式的产生实际上代表着历史的进步，意味着美育活动扩展到普通大众的理想在历史上第一次成为现实，总体上应该给予肯定的评价，至少应该承认它的历史存在的合理性。而且，大众美育的产生和发展虽然对精英美育形成一定冲击，但并不意味也不可能取代精英美育。这两种美育范式虽各有其不同的社会历史根源和特点，但并非相互对立，完全可以通过相互沟通而达到共存共荣的。所以，两者没有必要非要争出个孰高孰低、孰优孰劣的结论来，更没有必要非要争出个"不是鱼死，就是网破"的结局来。事实上，精英美育的优势在于严肃的社会使命和清醒的文化导向，而大众美育的受众的广泛性和主动参与性又是精英美育所缺乏的，两种美育范式正好构成一种互补关系，可以以此为基础，寻求共同发展的途径。就目前情况看，大众美育的迅猛发展及暴露出来的问题，既是对精英美育的挑战，也是精英美育进一步发展的契机。精英美育除了更深入地搞好学校美育这一块之外，还要扬长补短，充分发挥优势，积极介入大众美育，探讨和解决大众美育所遇到的问题，使大众美育走向健康和稳步发展的道路，与大众美育共同负担起当代美育的历史使命。具体地说，大众美育应在以下几个方面作出努力。

　　首先，精英美育要正视和承认大众美育作为一种新的美育范式的存在，并且从美育哲学的高度研究这种新的美育范式，弄清它的性质、运作方式和发展规律，为大众美育构建理论的根据，提供理论的指导，以便克服大众美育本身固有的自发性和盲目性的弱点。把大众美育纳入理论研究的视野，不仅是为了满足进一步发展大众美育的需要，也为美育研究开辟了一个崭新领域，必将推动美育研究更加靠近现实和大众，更具有一种实践性的品格。当然，对美育研究者来说，大众美育是一个前所未遇的新课题，同时也是一个最前沿的课题，不只涉及美学、艺术学和教育学的一般理论，还涉及有关现代的大众文化、通俗文艺、大众传媒、信息产业等许多新知识，这一课题的难度应该给予充分的估计。

第二，如前所说，大众美育虽然有最广泛的群众基础，但又由于"从众心理"的消极作用，很容易受一波又一波"时尚"的影响和控制，不利于受教育者个人创造性的培养和发挥。针对这种情况，大众美育理论研究者更应该侧重研究"时尚"问题，从理论上揭示时尚的本质及其变化规律，加强对时尚的审美内涵的复杂性和两面性的具体分析和评价，启发和引导大众运用自己的理性正确鉴别和判断时尚中哪些是真正美的东西，哪些是丑的东西，哪些属于正当的趣味，哪些属于低劣的趣味，以便帮助大众摆脱时尚的控制，使大众的审美潜力和个人创造力从时尚中解放出来，得到较为自由的发挥。譬如美容、健身、"流行色"、豢养宠物、网上游戏等，这些明显属于时尚的现象，就应该引起美育理论工作者的特别关注，及时给予理论的辨析和评价，及时指明在这些时尚流行中所出现的偏差和误区。不要以为这些都是微不足道的小问题，研究它们是小题大做。事实上，研究这些问题正是促使美育理论与美育现实紧密结合的机遇和桥梁，既有紧迫的现实意义，又有极高的理论价值。当然，作为一种社会现象，时尚的产生和流行具有深刻的历史必然性，是现代社会发展的突出表征之一。我们不可能也没有必要"消除"时尚，但我们可以深入研究和认识时尚，并在这种理论认识的基础上因势利导，促使时尚体现出来的审美情趣更健康一些，更高尚一些。总之，对时尚的把握和引导是精英美育介入大众美育、与大众美育共生共荣的极为重要的一环。

第三，前面已经申明，大众传媒的商业性与审美教育的审美性的矛盾是造成大众美育质量日趋低下的根本原因。大众传媒在经济利益的驱动下，倾向于刺激和迎合大众的低俗趣味，目的是为了争得尽可能多的受众，这就使得大众美育有沦落为大众"丑育"的危险。在社会主义市场经济条件下，除了可以运用社会主义制度宏观调控的优势来节制大众传媒的利益冲动之外，以社会使命为重托的精英美育也应该不失时机地担负起引导大众的责任，向大众反复阐明经典艺术与通俗艺术的区别、通俗艺术与"媚俗"艺术的区别、"煽情"艺术与抒情艺术的区别，提升大众的审美能力和鉴赏水平。为此，美育工作者还可以主动参与大众传媒，利用大众传媒的便捷和巨大的社会影响力，直接面对大众，宣传正确的审美观和高尚的审美趣味，以抵消大众传媒的负面影响。但是，大众传媒与包括大众美育在内的大众文化的密切联系是历史形成的，可以说，没有大众传媒的发展，也就没有现代的大众美育和大众文化。而且，大众传媒的商业性与大众美育的审美性之间的矛盾也不是现在就可以彻底解决的。我们现在要做的，只能是充分发扬精英文化的社会批判精神和文化的导向作用，以积极的态度介入和干预大众传媒，把大众传媒因商业性而造成的负面影响降到最低程度，为将来彻底解决商业炒作与审美教育的矛盾奠定基础。

综上所述，当代美育的发展和变化已经终结了精英美育范式一统天下的历史，现在的局面是大众美育与精英美育两种范式同时并举，平分秋色。从根本上说，两种美育范式虽有重大差异，但又不是相互排斥和对立的。随着大众美育范式的急剧发展，精英美育范式面临着前所未有的挑战，同时也面临着千载难逢的发展机遇。如何加强两种美育范式交流与沟通，图谋两种美育范式共生并进，就成为一个亟待解决的关键问题。这既是一个理论问题，更是一个实践问题。这个问题不解决，当代美育难能出现突破性进展。

（原载于《山东社会科学》2005 年第 11 期）

中国现代美育的历史进程与目标取向

谭好哲

一

美育或曰审美教育，作为一种现实的教育活动和方式，无论中外都是古已有之的事情。在西方，古希腊人已开始用史诗、戏剧、音乐、雕塑等不同艺术形式对自由民施行艺术教育，大哲学家柏拉图和亚里士多德等人的政治学理论中都包含了丰富的艺术教育思想。在我国，自远古的三皇五帝时代起就留下了"先王之乐"的种种传说，《尚书·尧典》中即有舜命夔"典乐教胄子"的记载。周代之后，"制礼作乐"更是成为历代统治者治国教民的一件大事，而包含着文学和艺术教育在内的"六艺之教"（礼、乐、射、御、书、数）也成为中国古代教育的重要内容。与此同时，无论中外，施行艺术教育的目的都在于将人美化，使人"不知不觉地从小就培养起对于美的爱好，并且培养起融美于心灵的习惯"[1]，从而养成"自由而高尚的情操"[2]。简言之，就是将人从粗野而凡庸的生存之域提升至尽善尽美的理想之境。正是在这个意义上，有了"美育"一词的发生。据现存所考材料看，汉末魏初著名的"建安七子"之一徐干可能是中外最早提出"美育"一词的人。徐干在其所著《中论》一书的第七篇《艺纪》篇中写道："艺者，所以事成德者也；德者，以道率身者也。艺者，德之枝叶也；德者，人之根干也。斯二物者，不偏行，不独立。木无枝叶则不能丰其根干，故谓之瘣；人无艺则不能成其

---

① 柏拉图：《文艺对话集》，人民文学出版社1980年版，第62页。

② 《亚里士多德全集》第9卷，中国人民大学出版社1997年版，第275页。

德，故谓之野。若欲为夫君子必兼之乎？先王之欲人之为君子也，故立保氏掌教六艺：一曰五礼，二曰六乐，三曰五射，四曰五御，五曰六书，六曰九数；教六仪：一曰祭祀之容，二曰宾客之容，三曰朝廷之容，四曰丧纪之容，五曰军旅之容，六曰车马之容。大胥掌学士之版，春入学舍，辨合万舞，秋班学，合声讽诵，讲习不解于时。故诗曰："菁菁者莪，在彼中阿，既见君子，乐且有仪。美育群材，其犹人之于艺乎？"

在这里，徐干不仅明确提出了"美育"一词，而且依据《周礼》的有关记载，说明了先王"美育群材"的途径和方法，也就是以"六艺""六仪"来造就"群材"。在这篇文章中，徐干发挥了传统儒家"文质彬彬，然后君子"的古训，认为德行是做人的根本，也是"礼乐之本"，同时礼乐又是修饰德行的枝叶，是"事成德者"。因而以"德音"为本的礼乐来"美育群材"的目的乃是君子人格的养成，"美育"在中国古代乃是养成"君子"人格的基本途径。

不过，尽管徐干很早就使用了"美育"一词，但该词在中国古代的文献中流传并不广泛，古人经常谈论的还是"礼乐教化""六艺之教"。此外，也没有证据表明，当20世纪初叶，美学和美育的概念与观念在中国学界广泛地传播起来的时候，是受到了徐干和其他什么古人的影响。事实上，现代的美学和美育之类的概念和观点不仅是西学东渐的产物，而且从其观念内蕴和思想取向上看还是对古代以道德伦理教化为目的的美育思想体系的一种历史的反动。具体言之，中国现代美育观念的滥觞，首先不是缘于对古代美育思想的继承和发扬，而是基于中国社会由传统封建社会向现代化社会转型的历史动因，起于救亡图存、教育救国的时代局势，同时也得益于西学东渐的学术背景。就中国现代美育思想的具体观念和内容而言，首先是西方相关思想的移植和汲取，其次才是基于中国自身特殊的历史境遇和教育背景以及美学和艺术研究状况的改造、转化与创新。换言之，美育在中国是作为一项自觉设计的"现代性"工程浮出历史地平线的。从社会语境上看，它与中国社会的现代转型和现代化追求相匹配；从思想文化背景上看，它以对现代思想和学术的知识诉求为精神支撑。

从1840年鸦片战争以后，老大的中华帝国在外国列强坚船利炮的击打下，愈加显出了其落后、腐败的实相，面对着国权沦丧、种将不保的危急局势，惊醒起来的中国人开始了以富国强兵、重振国威为目的的艰难探索，中国社会也从此开始了由传统的封建的农业社会向现代的民主的工业社会的历史转型。19世纪中叶，面对江河日下的国势，封建士大夫中一部分关心国家命运的有识之士如龚自珍、林则徐、魏源等人最早惊醒过来，发出了外抗强权、内求变革的强烈呼声。他们揭露封建"衰世"的腐朽，主张用"经世致用之学"来改革旧的传统教育，从而改良政治、改变学风，提倡学习西方的科学技术，以达到抵御外侮、"师夷之长技以制夷"之目的。其后，以李鸿章、张之洞为代表的"洋务派"更是秉持"中学为体，西学为用"的教育理念，把兴办新式学堂、造就懂得西方现代科学技术的人才视为中国富国强兵的根本和当务之急。从19世纪70年代出现的资产阶级改良主义到甲午中日战争之后变法图强的维新运动，有识的中国人已经系统地形成了这样的认识：中国之国势颓委、积弱积贫的根源在于"民力已茶，民智已卑，民德已薄"①。要改变这种局面，根本的办法在于通过变法来"新民"。新民是变法之本，也是国家强盛之本。而要新民，首要的在于开民智、伸民权。开民智，就要兴办新式教育；伸民权，就要改革国家政治制度。清末洋务派重要代表人物郑观应在其《盛世危言》一书的《学校》（1892）一文中明确指出："学校者，造就人才之地，治天下之大本也。"② 在该书的《西学》（1892）一文中又说："国于天地，必有与立。盛衰兴废，固各有所以致此之由。学校者，人才所由出；人才者，国势所由强。"③ 严复在其1895年3月刊于天津《直报》上的《原强》一文里依据达尔文的生物进化论和斯宾塞的社会学理论，论述了中国通往富强之途、跻身于世界强国之林的根本在于"鼓民力""开民智""新民德"。他说："盖生民之大要三，而强弱存亡莫不视此：一曰血气体力之强，二曰聪明智虑之强，三曰德行仁义之强。是以西洋观化言治之家，莫不以民力、民智、民德三者断民种之高下。未有三者备而民生不优，亦未有三者备而国威不奋者也。"基于这个普世通则，故中国"今日

---

① 严复：《原强》，转引自陈学恂主编《中国近代教育文选》，人民教育出版社2001年版，第175页。

② 郑观应：《盛世危言》，转引自陈学恂主编《中国近代教育文选》，人民教育出版社2001年版，第47页。

③ 郑观应：《盛世危言》，转引自陈学恂主编《中国近代教育文选》，人民教育出版社2001年，第54页。

要政，统于三端：一曰鼓民力，二曰开民智，三曰新民德。夫为一弱于群强之间，政之所施，固常有标本缓急之可论。惟是使三者诚进，则其治标而标立；三者不进，则其标虽治，终亦无功"①。严复所谓"鼓民力"，就是要通过禁绝和改革吸食鸦片、女子缠足这样一些不良习俗，以培养人民健康的身体；他所谓"开民智"，就是要废除八股取士，开办新学，学习西方的科学技术；他所谓"新民德"，就是要废除专制政治，实行君主立宪，用资产阶级的民主、自由、平等来代替中国的封建宗法制度和伦理道德。严复认为上述"三者乃强国之本"，而其中，他又特别强调民智者为"富强之原"。另一位代表人物是梁启超。梁氏在其作于 1896 年的《变法通议》一书的第二节"论变法不知本原之害"中，以更为清晰的理路和更为简洁的语言总结说："吾今为一言以蔽之曰：变法之本，在育人才；人才之兴，在开学校；学校之立，在变科举；而一切要其大成，在变官制。"② 在该书的第三节"学校总论"中，他又把兴学校、开民智作为变法的首务，强调中国之衰乱由于教之末善，"故言自强于今日，以开民智为第一义。"甚至说："亡而存之，废而举之，愚而智之，弱而强之，条理万端，皆归本于学校。""今国家而不欲自强则已，苟欲自强，则悠悠万事，惟此为大，虽百举未遑，犹先图之。"③这与严复的上述观点是一致的。循此思路，在同作于 1902 年的《新民说》和《论教育当定宗旨》等论著中，梁启超又依据天演物竞之理指出，当今的时代乃民族帝国主义崛起与盛行的时代，"今日欲抵当列强之民族帝国主义，以挽浩劫而拯生灵，惟有我行我民族主义之一策。而欲实行民族主义于中国，舍新民未由。"④ 这是从"外治"即外患方面着眼，而从"内治"即祛除国家内部的腐败堕落达至除旧布新的局面来说，也唯有新民一途。"苟有新民，何患无新制度？无新政府？无新国家？"⑤ 苟如此，国家又何患之有？而欲新民，则非改革旧的教育制度、兴办新学不能为也。他强调说："一国之有公教育也，所以养成一种特色之国民，使之结为团体，以自立竞存于优胜

---

① 《梁启超全集》第 1 册，北京出版社 1999 年版，第 175—176 页。
② 《梁启超全集》第 1 册，北京出版社 1999 年版，第 15 页。
③ 《梁启超全集》第 1 册，北京出版社 1999 年版，第 17、19、20 页。
④ 《梁启超全集》第 2 册，北京出版社 1999 年版，第 15 页。
⑤ 《梁启超全集》第 2 册，北京出版社 1999 年版，第 655 页。

劣败之场也……故有志于教育之业者，先不可不认清教育二字之界说，知其
为制造国民之具"①。由以上诸多的引证可见，中国现代教育是在国势危急、
在中国社会由传统走向现代的转型过程中发生的，换言之，它是富国强兵的
追求，是社会现代化之时代需求的产物。而中国现代美育，就是在这样的时
代境况和教育背景中孕育并展开的，这是我们研究中国现代美育首先必须明
了的一个历史前提。

　　此外，与这种中西交会、社会转型的时代境况相关联，中国现代美育
的发生也与西学东渐的学术气候密切相关。自 19 世纪中叶中国人自觉地学
习西方的科学技术开始，至 19 世纪末 20 世纪初，西方的文学艺术与社会科
学也相继大量被译介过来，从而相应地促成了中国传统的文学艺术与学术
文化向现代的转型，文学界、艺术界和人文社会科学界的"革命"相继发
生。其中，与美育关系最为密切者，一是西方文学艺术尤其是具有创新意识
的现代文学艺术的传播，为学校艺术教育的实施提供了与中国传统流传的文
学艺术不同的审美对象；二是西方现代心理学、伦理学、教育学特别是哲学
和美学的引进与介绍，给国人的美育研究提供了可资借鉴的思想观念与研究
方法。可以想见，没有对国外特别是西方文学的了解，就不会有梁启超倡导
的"诗界革命"和"小说界革命"，也就不会有《论小说与群治之关系》这
样欲以小说新一国之民的文学教育新论，当然也不会有鲁迅先生倡导"摩罗
诗力"，以求培育"精神界之战士"，从而"起其国人之新生，而大其国于天
下"的《摩罗诗力说》。同样，没有康德、席勒、叔本华等西方近现代哲学、
美学的译介与传播，也就不会有王国维的《论教育之宗旨》和蔡元培的《对
于教育方针之意见》，这两篇中国现代美育史上的经典性文献，对于艺术和
审美的社会作用的看法皆取之于以康德为代表的德国古典美学，而"美育"
一词也直接承之于席勒的《美育书简》。王国维在《论教育之宗旨》中论及
美育之必要时，特别点明了近世席勒"之重美育学，实非偶然"②，后来又专
门写作《教育家之希尔列尔》一文，介绍了席勒的《美育书简》的基本观点
与成书背景。在刊于 1903 年 7 月《教育世界》55 号上的《哲学辨惑》一文

---

① 《梁启超全集》第 2 册，北京出版社 1999 年版，第 911、912 页。
② 《王国维文集》第 3 卷，中国文史出版社 1997 年版，第 58 页。

中，王国维特别点明了西方学术特别是哲学的传播与教育学的关系："尤可异者，则我国上下日日言教育，而不喜言哲学。夫既言教育，则不得不言教育学；教育学实不过心理学、伦理学、美学之应用。心理学之为自然科学而与哲学分离，仅曩日之事耳；若伦理学与美学则尚俨然为哲学中之二大部。今夫人之心意，有知力，有意志，有感情；此三者之理想，曰真、曰善、曰美。哲学实综合此三者而论其原理者也。教育之宗旨亦不外造就真善美之人物，故谓教育学上之理想即哲学上之理想，无不可也。"① 为明此理，他又于翌年的《教育世界》128、129 号上发表了《述近世教育思想与哲学之关系》的长文。对于中国现代美育学的这样一个知识发生学的背景，我们也不可不加细察。

那么，承载着现代思想内蕴的中国现代美育究竟起于何时呢？蔡元培在《二十五年来中国之美育》一文中说："美育的名词，是民国元年我从德文的 Asthetiche Erziehung 译出，为从前所未有。"② 蔡元培之外，舒新城在 1929 年由上海中华书局印行的《近代中国教育思想史》中也认为："美感教育的倡议，要以民国元年为始，首倡者为蔡元培……中国十余年来的美感教育思想，实以他为唯一的中坚人物。"③ 由这些说法来看，美育之列为教育一科，美育观念之深入人心，实是与蔡元培的倡导鼓吹分不开的。但"美育"一词及美育思想传播并不始于民国初年。现在学界一般认为，王国维刊于 1903 年 8 月《教育世界》56 号上的《论教育之宗旨》一文不仅明确使用了"美育"一词，而且也是最早一篇系统阐述美育之价值与功用的历史文献。此文之外，从 1903 年至 1907 年，王国维还写下了《去毒篇》《人间嗜好之研究》《古雅之在美学上之位置》《教育偶感四则》《奏定经学科大学文学科大学章程书后》《论小学校唱歌科之材料》《孔子之美育主义》《叔本华之哲学及其教育说》《教育家之希尔列尔》《霍恩氏之美育说》等一系列文章倡论美育。由这些材料来看，王国维堪称中国现代思想史上蔡元培之前系统阐述现代美育问题的第一位思想家。不过，若仅以"美育"一词的引用和"美

① 《王国维文集》第 3 卷，中国文史出版社 1997 年版，第 4 页。
② 《蔡元培美学文选》，北京大学出版社 1983 年版，第 186 页。
③ 舒新城：《近代中国教育思想史》，转引自俞玉滋、张援编《中国近现代美育论文选》，上海教育出版社 1999 年版，第 184 页。

育"学科的介绍来说，王国维还抢不得头功，真正的头功仍属蔡元培。蔡元培早在其作于 1901 年 10 月—12 月的《哲学总论》中论析各种学术之关系时指出，人类生存其间的宇宙由物、心、神三者成立，而其研究之学问，则分别有理学、哲学、神学。哲学论究无形之心性，为心性之学，而心性有外显之心象，由作为哲学之一部的心理学研究之。心象又有情感、智力、意志之三种，相应又有审美、论理、伦理之三学。"伦理学说心象之意志之应用；论理学示智力之应用；审美学论情感之应用。故此三学者，为适用心理学之理论于实地，而称应用学也。其他有教育学之一科，则亦心理之应用，即教育学中，智育者教智力之应用，德育者教意志之应用，美育者教情感之应用是也。"① 在这段文字中，蔡元培不仅使用了"美育"的概念，且将美育列为教育学中与德育、智育并列的一个独立学科，同时还依据康德哲学和美学的基本观念将美育的本质界定为情感教育，从而使美育的学科建构一开始就置于现代教育的总体框架之中和现代哲学与美学以及心理学、教育学的知识水准之上。此后，王国维 1903—1907 年期间的美育研究，蔡元培自己在民国元年之后的美育研究以及其他学者随后的相关研究，都是沿袭着蔡元培 1901 年对美育的基本定位，在现代性的历史规定性和思想文化的精神支点上加以展开的。

二

概而言之，发端于 20 世纪初叶的中国现代美育至今大致上以中华人民共和国成立为界，分为前后两个大的阶段。从 1901 年蔡元培在《哲学大纲》中提出美育概念起始到新中国成立近 50 年时间，可以说是中国现代美育的倡导、确立与探索时期，具有现代性的美育观念的确立以及与现代教育要求相适应的审美教育实践体系尤其是学校美育实践系统的建构，是美育理论的倡导者和实践家们关注的重点；从新中国成立至今的 50 多年，则是中国现代美育的沉寂与再度恢复和繁荣发展时期，特别是 20 世纪 80 年代以来，美育学的研究除去传统理论资源，西方当代哲学、心理学和艺术教育等最新成

---

① 《蔡元培全集》第 1 卷，浙江教育出版社 1997 年版，第 357 页。

果也成为学界借鉴、吸取的重要思想资料，成为催生新观念与新思路的动力因子，从而使中国新时期的美育研究具有更多的当代性甚至"后现代"的色彩。

如前所述，在20世纪初叶，美育是作为中国社会现代化和教育现代化之宏伟工程的一个有机而合理的部分进入思想家和教育界的自觉选择与设计理念中的。1912年7月，在北京召开的全国临时教育会议上，根据蔡元培同年2月在《民立报》所发表的《对于教育方针之意见》一文提出的军国民教育、实利主义教育、公民道德教育、世界观教育和美感教育"五育"并举的教育方针，讨论通过了民国教育方针："注重道德教育，以实利教育、军国民教育辅之，更以美感教育完成其道德。"① 从此，美育作为中华民国的教育方针被确定下来。1919年冬，由上海艺术专科师范学校和爱国女校的教职员工发起、以全国各地学校艺术教师为主体而成立的"中华美育会"，以及该会1920年4月所出版的《美育》研究月刊，更是标志着由王国维和蔡元培等前驱所倡导的美育已在学术组织和学术研究上结出了初步的果实。到20年代初期，美育作为现代教育之一部的必要性已经在思想界和教育界得到了比较广泛的认同。1922年6月，蔡元培在《教育杂志》第14卷第6期上的《美育实施的方法》一文中写道："我国初办新式教育的时候，只提出体育智育德育三条件，称为三育。十年来，渐渐的提到美育；现在教育界已经公认了。"②1925年，著名美学家吕澂在为雷家骏编的《艺术教育学》所作序言中指出："入世之教，不可废美育。顺人所习，畅适其生，道在斯也。"③1927年蔡元培任大学院院长（大学院是当时全国最高学术教育行政机关）之后，为了推行"以美育代宗教"的主张，"谋全国艺术之普及"，还在大学院下特设"全国艺术教育委员会"，来整顿和推行全国的艺术教育工作。可以说，20世纪的头20年左右主要是现代美育观念的确立期，而美育的观念一旦确定，随着教育体制上的容纳，随着更多的艺术专门学校的建立以及综合学校内艺术系、科的设立和艺术课程的设置，学术界研究的更多的就不再是为什么必须实施美育的问题，而是如何更好地实施美育问题了。

---

① 陈学恂：《中国近代教育大事记》，上海教育出版社1981年版，第229页。
② 《蔡元培美学文选》，北京大学出版社1983年版，第154页。
③ 雷家骏编：《艺术教育学》序二，上海商务印书馆1925年版，第2页。

　　中国 20 世纪上半叶现代美育的倡导确立与实践上的探索，取得了诸多值得引起后学重视的成果。其有形可见的最主要成果是大量国立与私立艺术院校的建立，而且艺术教育列入了普通的中、小学以至大学教育的课程设置之中。与此相辅，则是产生了数量可观的研究成果和不少的美育研究家。像王国维、蔡元培、梁启超、鲁迅、丰子恺、王统照、李石岑、张竞生、舒新城等思想界、文学界、教育界和艺术界的大家都是当时重要的美育人物。仅就研究成果来说，其理论成就也是特别值得注意的。首先，这些研究确立了以"立人"即培养"完全之人物"为基本宗旨的现代教育理念，同时确立了"美育"在培养"完全之人物"的现代教育中不可或缺的地位与不可代替的独特作用。其次，从现代教育学、心理学尤其现代哲学和美学的角度论证了实施美育的合理性。如前所引，王国维在《哲学辨惑》中论证说，人类教育之所以需要德育、知育和美育，从人的心理根源看乃在于有知、情、意的分野，从哲学之理想上看乃在于有真善美三种价值之追求。其他如蔡元培、梁启超等人关于美育合理性的论述基本上也都沿袭了王国维的这一思想理路，这种论证思路就使得中国现代美育观念的建构从一开始就摆脱了经验性的束缚，而深入到学理的深处，达到了现代知识学的最高水准。再次，从美育学发生的上述知识学谱系出发，王国维、蔡元培等人对美育活动的性质作了界定。从康德审美是无利害关系的自由的愉快的基本观点出发，王国维、蔡元培等人一般都把美育界定为情感教育。王国维在《论教育之宗旨》中直接将"美育"注解为"情育"。蔡元培也明确地说："美育者，应用美学之理论于教育，以陶养感情为目的者也。"[①]美育诉之于人的情感，且能陶养人的情感，乃是在于审美的情是无利害感的自由之情感，因其自由而具有超脱性、普遍性，也因此而使美育能为德育之助、智育之辅。最后，对美育实施的对象和工具、范围和途径等做了大量的研究和实践探索，取得了许多共识性见解。关于美育的对象和工具，一般认为凡一切能陶冶情感、生养美丽之心的对象都是审美的对象，但美育的主要对象和工具是艺术，艺术是情感教育的利器。正是从这个意义上，不少论者常常把艺术教育等同于教育，或者把美育等同于艺术教育。前者如天民 1921 年刊发于《教育杂志》第 10

----

① 《蔡元培美学文选》，北京大学出版社 1983 年版，第 174 页。

卷第1、2号上的《艺术教育学的思潮及批判》一文在解说艺术教育学的由来时直接说"艺术教育一名美育"①。陆其清在1940年发表于《音乐与美术》第5期上的《艺术教育的效能》一文中也说："艺术教育这名词……简单的说就是'美育'。"② 雷家骏在其《艺术教育学》中也明确地说："艺术就是美术；艺术人生就是美的人生；所以艺术教育简单的名称，又叫做'美育'。本书专门研究艺术教育，同样可以说是研究美育。艺术教育一名美育，读者不要把它们认做是两桩事啊！"③ 而中华美育会办《美育》月刊第一期的"本志宣言"也明确地宣示，创办中华美育会并发刊《美育》杂志的考虑即在于推动艺术教育的发展："本志是我国美育界同志公开的言论机关，亦就是鼓吹艺术教育，改造枯寂的学校和社会，使各人都能够得到美的享乐之一种利器。"④ 可见，在中华美育会的同人看来，美育也就是艺术教育。至于美育实施的范围和途径，当时的学者们认为美育实施的范围包括家庭美育、学校美育、社会美育三个方面，其中尤以学校美育为主要的途径。而关于学校美育，人们对于小学、中学、大学的美育以及艺术职业教育与非艺术职业教育的美育实施方法均作了大量的设计和探索，对学校美育的推广与普及产生了积极的作用。

　　谈到20世纪上半叶中国美育的发展，还应该提到那些于鼓吹美育有功的杂志。中国现代最早倡导美育的杂志当属20世纪初由罗振玉、王国维在上海创办的中国最早的教育刊物《教育世界》，王氏有关教育和美育的文章大多发表在这份杂志上。其后鼓吹美育最为有力的当属20世纪20年代初由吴梦非主编的《美育》杂志和20、30年代由李金发主编的《美育》杂志。前一份美育杂志融美育理论的研讨、艺术知识的介绍、艺术的创作与欣赏以及美育教育方法的探索为一体，是"五四"之后宣扬美育的一个主要阵地；后一份美育杂志则以美术知识的普及和欣赏为主，以其对于艺术趣味的坚守为现代中国美术教育的普及起了一份推动的力量。此外，20年代由李石岑

---

① 天民：《艺术教育学的思潮及批判》，转引自俞玉滋、张援编《中国近现代美育论文选》，上海教育出版社1999年版，第81页。

② 陆其清：《艺术教育的效能》，转引自俞玉滋、张援编《中国近现代美育论文选》，上海教育出版社1999年版，第242页。

③ 雷家骏编：《艺术教育学》，上海商务印书馆1925年版，第19页。

④ 吴梦非主编：《美育》第1期，上海商务印书馆1920年4月，第2页。

主编、上海商务印书馆发刊的《教育杂志》也在美育的倡导和研究上作出了重要的贡献。俞玉滋等人所编的《中国近现代美育论文选》中的许多文章就是刊于这份杂志,有人甚至称这份杂志"更以提倡美育为唯一的职责"①。其他一些更为专业的杂志如《音乐与美术》等,除去一般专业性艺术问题的研究之外,在美育研究方面也多有创获。这些杂志,不仅在当时为美育的倡导和研究提供了舆论阵地和平台,功莫大焉,而且从今天的研究角度来说,这些杂志为中国现代美育的发展留下了珍贵的资料库存,整理这些资料库存可以发现当时美育研究的声势、状况、学术成就和发展轨迹,值得特别加以珍视。

尽管从民国元年,实施美育就列入了国家的教育方针,尽管无论在学理研究层面还是在实践操作层面上美育界均作出了很大的努力,但由于先后接连不断的军阀混战、国共战争、八年抗战和三年解放战争,国家一直处于风雨飘摇、民不聊生的境地,美育在 20 世纪上半叶施行的广度和深入的程度以及实际的效力究竟如何还是不能令人特别乐观的。中华人民共和国成立之后,人民生活进入相对和平与安定的发展时期,国民教育也开始步入正轨。1951 年 3 月,教育部召开第一次全国中等教育会议提出:"普通中学的宗旨和培养目标是使青年一代在智育、德育、体育、美育各方面获得发展,成为新民主主义社会自觉的积极的成员。"1952 年 3 月,教育部颁发了《小学暂行规程(草案)》和《中学暂行规程(草案)》,均规定对学生"实施智育、德育、体育、美育全面发展的教育。"1955 年 5 月,国务院召开的全国文化教育工作会议重申,必须贯彻全面发展的方针,使学生在智育、德育、体育、美育诸方面全面发展②。这些重要的全国性教育会议和规程均把美育明确地列为学校教育的一个组成部分,从而使艺术教育在新中国的学校教育中占有一席之地,也保持了学校艺术教育工作能够比较顺利地开展起来。然而好景不长,自 1957 年以后,由于极左思潮愈演愈烈、政治运动频仍不断,在德育挂帅实乃政治挂帅的教育观念支配之下,美育在长达 20 余年的时间

---

① 舒新城:《近代中国教育思想史》,转引自俞玉滋、张援编《中国近现代美育论文选》,上海教育出版社 1999 年版,第 188 页。

② 参见郭声健著《艺术教育论》(附录二"新中国艺术教育大事记(1949—1999)"),上海教育出版社 1999 年版,第 256—257 页。

内竟被打入冷宫，学校艺术教育工作陷入沉寂，遭受严重摧残。"文革"期间，美育甚至被当作封资修的黑货而遭到彻底否定。在这种情况之下，美育学的研究当然也无从谈起。以国家图书馆美育类图书收藏为例，从新中国成立以后到1980年，国内学者所著的美育类图书仅有两种，一是1951年温肇桐撰写的《新美术与新美育》，二是1954年蔡迪出版的《美育与体育》。此后的1/4个世纪中，只收录了一本蔡元培的《美育代宗教说》，还是海峡对岸出版的中文图书，大陆学者自己新著的美育图书竟然一本没有。

　　党的十一届三中全会召开之后，随着教育事业的恢复和发展，学校美育也逐渐地恢复和发展起来，中国美育迎来了又一个新的春天。1981年1月，教育部、文化部联合下发了《关于当前艺术教育事业若干问题的意见》，要求各级文化教育部门必须把艺术教育放在应有的地位，既要重视培养专门艺术人才，也要注意普通教育中的美育。1986年4月国务院制定的《中华人民共和国国民经济和社会发展第七个五年计划（1986—1990)》中规定各级各类学校都要加强思想政治工作，贯彻德育、智育、体育、美育全面发展的方针，把学生培养成为有理想、有道德、有文化、有纪律的社会主义建设人才。1989年11月，国家教委颁发的《全国学校艺术教育总体规划》（1989—2000年)，明确规定了我国学校艺术教育的方针和任务。1992年3月14日由教育部发布的《中华人民共和国义务教育法实施细则》规定实施义务教育必须贯彻国家的教育方针，坚持社会主义方向，实行教育与生产劳动相结合，对学生进行德育、智育、体育、美育和劳动教育。1993年2月，中共中央、国务院印发的《中国教育改革和发展纲要》明确提出美育对于培养学生健康的审美观念和审美能力，陶冶高尚的道德情操，培养全面发展的人才，具有重要作用。要提高认识，发挥美育在教育教学中的作用，根据各级各类学校的不同情况，开展形式多样的美育活动。1999年6月13日，由中共中央国务院正式颁发的《关于深化教育改革全面推进素质教育的决定》又规定，实施素质教育必须把德育、智育、体育、美育等有机地统一在教育活动的各个环节。学校教育不仅要抓好智育，更要重视德育，还要加强体育、美育、劳动技术教育和社会实践，使诸方面教育相互渗透、协调发展，促进学生的全面发展和健康成长。《决定》还提出要尽快改变学校美育工作薄弱的状况，将美育融入学校教育全过程。2002年6月，教育部在认真总结《全国学校艺术教育总体规划（1989—2000）》实施的基础上，制定并印发了《全国学校艺术教育发展规划（2001—2010）》，《发展规划》中指出切实加强学校美育工作，是当前全面推进素质教育，促进学生全面发展和健康成长的一项迫切任务。学校艺术教育是学校实施美育的主要途径和内容。据此，《发展规划》中对新世纪第一个 10 年学校艺术教育的指导思想、发展目标、主要任务做了明确规定。与该发展规划相匹配，同年 7 月，教育部第 13 号令还颁发了《学校艺术教育工作规程》。这些政策、法规的颁布和施行，表明在长期的沉寂之后，美育作为中国当代教育的一个热点重新受到人们关注和重视，美育被一步一步重新纳入党和国家的教育方针。同时，由于有了这些政策、法规，美育的倡导与实施重新获得国家公权力的强有力支持，这就使美育学研究和美育实践的恢复与繁荣发展有了一个有利的外部条件和保证。

　　由于学界的强烈呼吁、政府的高度重视和教育界的积极参与和行动，新时期以来尤其是近 10 多年来，中国当代学校美育的普及广度和推进深度是中国美育发展的前一个时期所不可比拟的，从总体上看，可以说是由恢复而逐渐达到了一个繁荣发展的局面。这有几个突出的标志：一是政府教育主管部门与学术界高度重视。除上述政策、法规的制定与实施外，为了贯彻德育、智育、体育、美育、劳动教育全面发展的方针，加强对美育工作特别是学校艺术教育工作的宏观规划与指导，国家教委于 1986 年 9 月成立了第一个主管普通学校艺术教育工作的专门机构——艺术教育处（1989 年成立社会科学研究与艺术教育司，1993 年成立体育卫生与艺术教育司），并于同年 12 月成立了国家教委艺术教育委员会，后改名为教育部艺术教育委员会。目前，教育部艺术教育委员会改换四届，办公室设在教育部体育卫生与艺术教育司，委员会秘书长直接由该司司长兼任。教育部直属的高等学校社会科学发展研究中心还成立了专门的美育理论研究室。与教育部这一组织架构相对应，各省市教育厅一般都设有体育卫生与艺术教育处，许多地方并由官方牵头成立了推行艺术教育或美育的相关机构。另外，许多民间学术团体如中国音乐家协会、中国高等教育学会和中华美学学会等都成立了美育或艺术教育的专业分会。这些官方与民间的行政领导和学术组织机构，在全国美育工作的开展方面发挥了重要的组织与推动作用。二是教育界逐渐形成了美育是学校教育不可缺少的组成部分，没有美育是不完全的教育的教育理念，提高了对学校美育和艺术教育工作的重视程度，加大了支持力度。尽管因应试制度所造成的片面追求智育的问题仍相当普遍，但总体上看，全国中、小学艺术教育在按照国家的有关规定逐步走向正轨。高等院校中除专业艺术教育获得了空前长足的发展外，综合性高校也纷纷设立艺术院系、开设艺术课程、组织校园艺术活动，以增强学校的艺术氛围，加强综合素质教育，同时几乎所有的综合性重点大学特别是师范类高校都成立了美育研究中心或艺术教育中心，以推动学校美育工作的施行和研究。而伴随着文化的普及和人民生活水平的提高，社会美育的开展更是达到了空前的规模和水平，人们生活、工作和休闲娱乐场所的审美化成为当下社会生活的一个新的景观，审美成为人们日常生活的一部分，美育终于从学校一隅大踏步地走进了家庭和社会的各个层面，从而在整个社会呈现出蔡元培早年期待的家庭美育、学校美育和社会美育同时并举、争相斗艳的局面。三是美育理论的研究工作乘时而进，获得了空前的发展，在很多方面比上一历史阶段有了新的拓展，为推进新时期美育工作的具体实施从而也为新时期的教育改革提供了理论观念上的支撑。

新时期美育的研究工作是从1981年《美育》杂志的创刊开始的。该刊由湖南人民出版社（后改为湖南文艺出版社）美育编辑部编辑，至1988年终刊共出版46期，是中国20世纪出版期数最多的美育专刊，在新时期伊始，为审美生活领域里的拨乱反正，为普及美学知识、推进审美教育作出了重要贡献。与该刊的出版相连动，从1982年起，有关美育类的学术专著也开始陆续出版，而且出版量呈连年递增的趋势。还是以国家图书馆的美育类出版图书收藏为例，从1982年起，截至2005年9月，共计550余种（从检索到的内容看，国家图书馆图书分类不是很准确，有些不属于美育类图书也列在目录中），其中从1982年至1989年90余种，从1990年至1999年290余种，从2000年至2005年9月160余种，平均计算20世纪80年代每年10种，而从1990年以来每年达到30种左右。这还只是仅以美育命名的图书，若加上各种以艺术教育命名的几百种美育类图书在内，数量将更为可观。仅从图书出版这一个角度来看，新时期以来特别是20世纪90年代以来中国美育研究的盛况是此前任何一个时期都不能比的。就观念建构的层面而言，新时期以来的美育研究也比20世纪上半叶的美育研究有了一些新的不同的特点。其一，尽管此一时期与前一时期在推行美育的基本宗旨——培养"完全之人物"或曰实施完人教育——上并没有根本的变化，但王国维、蔡元培等人倡导美育更多的是着眼于现代教育的完整性，希图以美育作为德育和智育的辅助，而新时期以来的美育理念则更多地立足于个人的全面发展，即受教者之个性自由而协调的发展，特别强调美育在素质教育中不可替代的重要作用。其二，在王国维、蔡元培一辈人那里，美育的本质与作用大致是定位在通过艺术而进行的情感教育上，这种观点在新时期的美育研究中虽然仍为很多人所坚持，但又产生了一些新的理论言说，诸如审美教育的感性教育学、生命说、人道主义说、娱乐休闲说以及伴随着素质教育的提倡而兴起的美育发展论① 和大美育说② 等，这些新说作为对情感教育说的超越与突破，大大丰富和扩展了人们对美育本质与作用的认识，为新时期以来多样化的美育实践和创新性探索提供了理论支持和指导。其三，前一个时期的美育研究虽然也注意到了美育与家庭、社会、政治、教育以及实业等的关系③，但是主流的看法还是认为美育是通过艺术而施行的情感教育，所以论者大都特别地注重学校美育的研究；而新时期以来，人们虽然仍把学校艺术教育作为实施美育的主要场所和途径，但对学校美育开始越出艺术教育的层面来加以思考，学校美育之外对推行社会美育以提高全民族的素质也给予了越来越多的关注。其四，就美育研究的理论资源和支撑来说，前一时期的美育理念基本上直接来源于西方近现代的哲学、美学和教育学理论，尤其是以康德、席勒、叔本华等人为代表的德国古典美学和美育理论；而新时期以来的美育研究，除去这些资源之外，还大量地汲取了西方 20 世纪以来的学术成果，尤其是各种人本主义哲学、心理学和教育学的理论观点以及生理学、脑科学发展的最新成

---

① 美育发展论由杜卫所提出。此论认为美育应以个体感性能力的开发为基点，又面向个体整体人格的建构，强调美育以人为目的的人文性和美育理论与实践变革的生活化。参见杜卫《美育论》，教育科学出版社 2000 年版。

② 所谓"大美育"是"八五"规划期间两项有代表性的美育课程——即原国家教委"审美教育对学生素质全面发展影响的实验研究"和中央教科所"中国儿童大美育实验研究"的联合概称。"大美育"说的基本观点是认为长期以来将美育简单地等同于艺术知识和艺术技能方面的教育是对美育的偏狭理解。美育是立美的教育活动，应该在学校教育的各个方面和环节上都充分发挥美育的立美功能，以美育促进学生德、智、体、美、劳素质全面和谐发展。

③ 参见周玲苏《新文化运动和美育》，《美育》第 3 期，1920 年 6 月；蔡元培《美育实施的方法》，载《教育杂志》第 14 卷第 6 号，1922 年 6 月。

果。此外，还有一个更大的区别，就是王国维、蔡元培、鲁迅等中国 20 世纪思想文化大家甚至朱光潜、宗白华、蒋孔阳、李泽厚等现当代美学大家的相关理论成果也成为美育研究者的理论借取资源和思想催生酵母，这是前一时期所没有过的。最后，在前一时期，除去王国维的《孔子之美育主义》这样个别的篇章之外，对中外美育思想的系统研究还未曾有过；而新时期以来则出现了很多这方面的研究专著，像聂振彬的《中国古代美育思想史纲》，涂途的《欧洲美育思想简史》，姚全兴的《中国现代美育思想述评》，祁海文的《礼乐教化——先秦美育思想研究》，袁济喜的《传统美育与当代人格》，孙世哲的《蔡元培鲁迅的美育思想》等，都在中外美育思想史的爬梳整理方面作出了努力，为美育学的理论研究提供了思想史料。更值一提的是，近些年来，中国现当代的美育思想发展成为高校博士、硕士学位论文的一个重要选题来源，像于文杰的《中国美育现代性研究》、杜卫的《中国现代美育理论现代性研究》、宫承波的《蔡元培美育思想研究》、刘向信的《中国现代人本主义美育思想研究》、吴东胜的《从历史传统的现代转型看当代美育的使命》、刘彦顺的《论新时期美育学的学术进程》等，分别从现代性反思的角度对中国现代美学的历史进程、代表人物和重要理论观点作了具有学理深度并富于启示价值的深入研讨，从而开启了当代美育学研究的一个新的思维空间。

三

如前所述，从晚清以来，实现中国社会的现代化，以自强于世界各民族之林，一直是一切进步的、忧国忧民的志士仁人的追求与梦想。所不同的是，在清朝末年，中国是在落后挨打的危急局势之下被动地走上由古老的封建社会向现代社会的历史转型，而到辛亥革命之后尤其是"五四"新文化运动之后，走向现代已成为中国人义无反顾的自觉历史选择。尽管一个世纪的历史岁月中，在中国社会究竟往何处去、究竟如何才能找到一条通往国富民强的现代化之路问题上也有歧义、斗争与挫折、困顿，但走向现代的脚步从未止息过。新时期之后，党和国家确立了实现农业、工业、国防和科学技术领域四个现代化的国家发展战略，而教育则被逐渐地提到基础与优先发展的地位上。早在 1977 年，邓小平就在一次谈话中指出："我们要实现现代化，关键是科学技术要能上去。发展科学技术，不抓教育不行。靠空讲不能实现现代化，必须有知识，有人才。没有知识，没有人才，怎么上得去？"[①] 这种说法与前述清末维新派对教育地位的认识思路是一致的。邓小平在这次谈话中不仅比较了中国与发达国家如美国、苏联在科学技术和教育上的差距，而且提到了维新派人士加以效法的日本明治维新的历史经验，说日本人从明治维新就开始注意科技，注意教育，花了很大力量。明治维新是新兴资产阶级干的现代化，我们是无产阶级，应该也可能干得比他们好。如果说清末维新派开民智、兴教育的言论主要是建立在鸦片战争以来中国落后挨打的惨痛历史教训基础之上的，那么，邓小平的这番谈话则不仅是在深刻总结中国社会百多年来落后挨打的历史教训，也是在放眼世界，认真总结了世界各国现代化的经验基础上得出的科学认识和结论。这个科学的认识和结论为新时期以来中国教育的现代化发展确定了地位，指明了方向。1985 年 5 月 27 日发布的《中共中央关于教育体制改革的决定》明确指出，教育必须为社会主义建设服务，社会主义建设必须依靠教育。1995 年 3 月 18 日第八届全国人民代表大会第三次会议通过的《中华人民共和国教育法》又在总则中明确提出，教育是社会主义现代化建设的基础，国家保障教育事业优先发展。由此可见，从19 世纪至 20 世纪的世纪之交到 20 世纪至 21 世纪又一个世纪之交，百多年来，中华民族，先是从她的有识之士开始直到国家的高层决策者，已经牢牢地确立了这样一个基于历史经验和教训的科学认识：中华民族要改变近代以来落后挨打的被动局面，自强于世界民族之林，就必须走现代化发展之路，国家的现代化大业必须有现代化的人才来实现，现代化的人才又必须依靠现代的教育来培养。包括美育在内的中国现代教育就是在这样的历史规定性与认识逻辑的基础上孕育和发展起来的。自王国维、蔡元培一辈开始直到今日，为民族的现代复兴和国家的现代化大业服务，为现代化人才的培养服务，始终是中国现代教育界也是中国现代美育界坚守的一个基本宗旨。换言之，为兴业的目的而立人，是中国现代教育同时也是中国现代美育的目标和使命所在。

　　不过，由于历史境遇的不同，触发机缘的不同以及研究主体意识取向

---

① 《邓小平文选》（1975—1982 年），人民出版社 1983 年版，第 37 页。

和理论借鉴的不同，立人这一基本的教育宗旨在不同的美育家那里会有不同的理论切入角度和理论呈现形式，在不同的美育发展阶段也会有强调重点的不同。王国维之倡导美育乃是为了培养身体与精神之能力无不发达且调和的完全之人物，梁启超之倡导情感教育、趣味教育是在于培养有特色的国民即达成"新民"之目的，而朱光潜、宗白华以及新时期的许多美学家倡导美育则更多地着眼于人生的艺术化或审美化。而就美育发展的阶段性言之，20世纪上半叶的美育家论美育更多的是着眼于现代教育的完整性和理想性，着眼于社会的现代改造和民族的振兴；而新时期以来的美育研究则更多着眼于素质教育与人的个性的全面、协调的自由发展之关系。这种变化究其原因还是由于历史境遇的不同造成的，在前一个历史阶段，中国社会的现代转型尚在进行之中，现代教育也正在初创中，所以言美育者关注教育的完整性和理想性，关注社会的改造是势所必然的；而到了新时期以来，现代的社会制度已经建立起来，中国已经走上了实现现代化的快车道，现代国民教育体系也已基本建成，因而谈美育者更加关注受教育者个人的人生幸福和全面发展，也是符合情理之事。

然而，无论不同的美育家们的具体理论言说有多少不同，也无论现代美育的前后两个阶段在理论重心上有何差别，但各种美育话语都必然会或隐或现地涉及三个方面的关系：即美育与社会的关系、美育与教育的关系、美育与人生的关系。中国现代美育是作为中国社会现代化进程的产物而发生的，是"现代性"社会工程的一个有机组成部分，这一点前面已多有论述，不再赘言。这里，仅就后两个关系再略作一点铺陈。

先谈美育与整个教育的关系。教育的基本职能是育人，这是中、外、古、今皆然的事情。但是从总体上看，中外古代的教育都是德性教育，以涵养人的德性为主，宗旨是把个体化的人培养成符合国家所倡导的理性规范的道德化的人，而知的教育、美的教育都要隶属于道德意志的教育。古希腊的柏拉图之所以在其理想国的政治设计中驱除模仿诗人，就是因为模仿的作品在内容上有这样那样的缺陷，不利于接受者养成至善的人格和坚强的意志力。他所能接受的只是那些颂扬神明，又有利于形成城邦保卫者善的人格与坚强意志力的文艺作品。同样，中国传统的教育是培养堪为国家所用的入世之才，圣贤之器，其理想是君子人格的养成。正如前引徐干的《中论》里所阐发的那样，虽然说"文质彬彬，然后君子"，质与文都需要，但文只是修饰质的枝叶，质比起文来更为重要。君子虽然要"既修其质且加其文"，但毕竟德才是"人之根干""礼乐之本"，而艺不过是"德之枝叶"，艺的作用在"事成德"。也就是说，礼乐教育的基本目的是人的道德伦理之修养。其实这不仅是中国古人的看法，也正是中、西传统教育的共同特点。近代以来，随着城市工业经济的发展，社会分工越来越细，社会对人才的需求越来越专门化，传统的德性教育便渐渐地衰落，代之而起的是以培养专门人才为主、以"致知"为主要内容的现代知性教育。重知的现代教育的发展虽然适应了现代社会分工精细化的需要，却也带来了一个严重的弊端，就是某种知识与技能的片面发展对人的整体的割裂，对人的其他素质和能力的极度压抑。对这种状况，席勒在《美育书简》中曾作过深刻的反思与批判，并明确指出："为了培养个别能力而必须牺牲它的整体，这样做肯定是错误的。"[1] 在我国，传统的德性教育在 19 世纪末 20 世纪初已走向末路，而自洋务运动起学习西方逐步建立起来的西式学堂教育虽然方兴未艾，却也显露出在西方已有过的弊端。美育之论，正是在这种教育背景上适时而起的。王国维在《论教育之宗旨》中倡导体育之外，人的精神能力的培养必须智育、德育、美育三育并举，即着眼于教育史的反思。他说，"完全之人物不可不具备真善美之三德，欲达此理想，于是教育之事起。教育之事亦分为三部：智育、德育（即意育）、美育（即情育）是也。如佛教之一派，及希腊罗马之斯多噶派，抑压人之感情而使其能力未发达于意志之方面；又如近世斯宾塞尔之专重智育，虽非不切中一时之利弊，皆非完全之教育也。完全之教育，不可不备此三者"[2]。其他如蔡元培提出德、智、体、美育和世界观教育五育并列的思想并主张"以美育代宗教"，所针对的正是晚清忠君、尊孔的钦定教育宗旨和袁世凯篡权期间的尊孔逆流，而梁启超倡导情感教育则是针对当时教育中的知、行割裂以及唯智主义的结构性失衡的现状。可见，这些现代美育的先驱人物倡导美育都是从现代教育的完整性着眼的，同时他们都在自己的相关论述中对德、智、体、美各育不可替代的特殊作用以及美育与其他各育之间的

---

① ［德］席勒：《美育书简》，徐恒醇译，中国文联出版公司 1984 年版，第 56 页。
② 《王国维文集》第 3 卷，中国文史出版社 1997 年版，第 57 页。

相互渗透与作用作了多方面的、深入的分析。

　　像这些美育先驱人物一样，新时期以来的种种美育言说，从大的方面来看，同样也是着眼于教育完整性的。新中国成立以后，由于受苏联教育模式的影响，再加上当时中国特殊的政治局势的干扰，美育逐渐被取消了其独立的教育地位，成为政治化的德育的附庸，所以新时期初期也就是20世纪80年代初期，美育的倡导者先是呼吁美育作为教育一维之地位的回归，希冀美育从德育的遮蔽中解放出来。而随着现代化建设事业的迅猛发展对专门人才的需求和教育事业尤其是高等教育的快速发展，中国教育一度又走向了另一个偏差，就是以应试教育为基本模式的知识教育的片面发展。因而近十多年来的美育研究，大多又转向知识教育与美育的关系上来，在知识经济时代的背景之下来研讨美育在提升人的综合素质，在培养人的创新性思维和能力中的作用。从美育与教育关系的上述变迁大势可以看出，美育在百多年来的历史进程中，其实一直扮演着校正器的作用，就美育本位看起来似乎是在不断地为自己在教育领域争取一席之地，实则是为了中国的现代教育能够有一个合理而协调的结构，并使之沿着最优化的道路走下去。

　　再说美育与人生的关系。王国维将教育的宗旨与他对美育的大力提倡归结为"在使人为完全之人物"，而所谓"完全之人物"即人之身体能力和精神能力无不发达且调和。这是对美育与人生关系的一个极为精辟的概括，直到今天，美育在人生之完美幸福、人格之和谐发展中的作用仍然是人们最为钟爱的学术话题。不过，对美育与人生关系的论说，在中国现代美育的两个不同阶段又是建立在不同的时代规定和理论认识逻辑基础之上的。在20世纪上半叶，美育像中国整个教育事业的发展一样，是服务于鼓民力、开民智、新民德的时代要求的，是为"新民"这一中国当时的第一急务服务的。梁启超1902年在《论教育当定宗旨》一文中，从"新民"理论出发，认为教育之意义，"在养成一种特色之国民"，使结团体，以自立竞存于列国之间，而他所谓"特色之国民"，就是具有独立自主的个人品格、自由意识和进取精神的现代国家公民。这样的特色国民是建立新制度、新国家的基础。也是基于同样的认识思路，鲁迅先生在《文化偏至论》中指出，当时的中国，只有"尊个性而张精神"，使人人皆能踔厉，国家才能真正兴盛强大起来。基于这种"尊个性而张精神"的"立人"理念，鲁迅在《摩罗诗力说》

中满腔热情地讴歌以拜伦为代表的浪漫派诗人，希图借"摩罗诗力"之声，呼唤"精神界之战士"出现，通过改造个性不张的国民性最终达到改造国家的目的。1920 年，在新加坡南洋华侨中学的演说中，蔡元培也是把美育与教育的"立人"宗旨联系起来。他说普通教育的宗旨就是"养成健全的人格""发展共和的精神"，而要养成健全的人格，则需德、智、体、美四育并举，"这四育是一样重要，不可放松一项"①。所谓"养成健全的人格""培养共和的精神"，其实也就是梁启超早先的"新民"理论在共和时代的一种新的发展。如果说上述"新民""立人"之说更多体现的是时代的历史规定性的话，那么这一时期对美育必要性的论证则主要基于康德对人类心意机能的知、情、意三分之说。如前所引述，蔡元培早在 1901 年的《哲学总论》中就明确提出，人类的心象有情感、智力、意志之三种，落实于教育学中，则"智育者教智力之应用，德育者教意志之应用，美育者教情感之应用是也"。可见，美育对于人类教育的必要性乃是建立在人类心理本体有情感的存在这一事实基础之上的。这之后，王国维、梁启超等人的美育论无不沿袭了这一论证思路。

应该说，新时期以来的美育研究，在美育与人生关系问题上的认识，对前一个时期有一定的承续性，但也有相当的拓展。从美育之必要性的理论认识逻辑上看，康德的知、情、意三分学说已不再是唯一的理论资源，席勒《美育书简》中对片面化的社会分工和现代知识教育之弊端的分析，经典马克思主义和现当代西方马克思主义对资本主义社会异化现象及其根源的揭示和批判，以及以存在主义哲学为代表的西方人本主义哲学对技术理性的分析和批判等等，都成为美育研究者立论言说的理论借鉴，甚至成为主要的理论资源。对于美育存在必要性的认识已从较为抽象的心理本质转向了更为现实的社会领域。由于这个转变，美育在新时期以来的发展进程中不仅承担着建构合理的教育结构和发挥特殊的育人功能的作用，而且具有更强的现实人生关怀的意识，在一定程度上担当了社会文化批判和精神人格重建的职能。在近十多年来的中国教育界，美育界对于片面的知识教育、对应试教育所造成的种种严重后果揭示最多，抨击尤甚，对中国教育的发展起了很好的内部制衡与调节作用。而就历史的规定性来看，中国的现代教育在经历了曲曲折折

---

① 《蔡元培美学文选》，北京大学出版社 1983 年版，第 107 页。

的发展之后，自 20 世纪末期以来，已经超越了简单地学习和移植西方的教育学制与课程体系的阶段，而逐渐走出一条符合中国自身现代化建设需求的以义务教育为基础、以高等教育扩张式发展为牵引、普通教育与职业教育相结合、学历教育与终身教育相衔接、专业艺术教育与非专业艺术教育并举的教育之路，而无论哪一类教育，为提升国家的综合国力，提高国民素质而推行素质教育，贯彻德、智、体、美、劳相结合的教育方针都是共同的，美育在教育方针和教育体制、课程体系中的地位已经牢牢地占有不可替代的一席之地。1999 年 6 月发布的《中共中央国务院关于深化教育改革全面推进素质教育的决定》根据中国教育变化了的新形势，作出了全面推进素质教育，培养适应 21 世纪现代化建设需要的社会主义新人的要求和决定。决定指出："实施素质教育，就是全面贯彻党的教育方针，以提高国民素质为根本宗旨，以培养学生的创新精神和实践能力为重点，造就'有理想、有道德、有文化、有纪律'的、德智体美等全面发展的社会主义事业建设者和接班人。"这一决定凝聚了中国教育界的共识，是对中国教育与人的全面发展关系的一个科学的表述，美育也由此而获得了其新的历史规定与功能。决定指出："美育不仅能陶冶情操，提高素养，而且有助于开发智力，对于促进学生全面发展具有不可替代的作用。"把美育与促进受教育者的全面发展联系起来，这既是新的时代形势、新的人才观念对于教育发展的客观需要，也是对于王国维以来中国美育思想家们关于培养"完全之人物"教育理念的继承与发展。正是从促进人的全面发展的角度，中国美育界近年来对美育功能的认识，已逐渐地超越了以往的美育为德育之助、智育之辅的附属论或工具论，超越了将美育仅仅局限于艺术知识与技能教育以及情感教育的狭义美育论，提出了种种新说。应该说，强调人的感性能力开发的发展论、主张以立美为美育的基本功能的大美育说，甚至主张美育在人的休闲娱乐中的价值的娱乐说，都是基于受教育者素质能力的提高和人的全面发展而提出来的。可以说，正确地处理素质教育、人的全面发展与美育的关系已经成为并且将会继续成为落实科学的教育发展观的一项重要内容，而这也应成为美育界必须积极面对并予以科学回答和解决的一个重大的理论课题和实践问题。

（原载于《山东社会科学》2007 年第 1 期）

往来不穷，道通为一

——中国当代艺术教育观念的形成和发展

马龙潜　高迎刚

西学东渐以来，随着我国社会生活中"西化"的东西越来越多，文化观念层面的内容也逐渐发生了变化。这些变化必然反映在艺术教育观念方面。与其他领域内的观念变迁类似，艺术教育的变迁并非是一边倒的"西化"，而是在中西文化的交流互动中的种种变化。概言之，一个多世纪以来，我国艺术教育观念经历了由传统而趋西化，继而重新重视传统，并在中西交流对话中形成特色的过程。

一、中国古典艺术教育观念的内涵

中国古典艺术教育显然依附道德人格养成。所谓"德成而上，艺成而下"（《礼记·乐记》）就是这一艺术教育观念的最好注脚。在这样一种文化传统中，艺术教育的最高目的就是人格修养的最高境界，而这一境界的主要内涵是如何成为一个符合社会要求的人所谓"发乎情，止乎礼仪"。它不只是"礼仪"对"情"的节制作用，更是对诗歌艺术之理想境界的描述。

那么，艺术教育在人格养成过程中能起什么作用，这一作用又是如何实现的？王国维认为，孔子之教人，可谓"始于美育，终于美育"，其根据即是孔子说的"兴于诗，立于礼，成于乐"（《论语·泰伯》）。表面上看，此说原是不错的，然而细品孔子之意，所谓"兴于""成于"，并不意味整个教育过程只是以诗歌音乐之类艺术手段熏陶人，其中更重要的过程还在于"立于礼"正是经过了"礼"的训练，诗乐之类的熏陶意义才变得显豁起来，所以，孔子又说："志于道，据于德，依于仁，游于艺。"（《论语·述而》）可见，在孔子看来，"艺"并非安身立命的根本，仅可"游"于其中，而在"游"的过程中如何才能不至于迷失方向呢？那就需要"志于道，据于德，依于仁"之类的功夫了。所以，在孔子的教育观念中，艺术教育仅仅是一种手段，其目的还在于养成一种理想的人格，使门人弟子成为符合社会道德要求的"君子"。那么，为什么在古人看来，艺术教育可以起到提高人格的作用呢？这种作用又是如何实现的？在孔子那里，这种作用是通过艺术与自然的亲和关系实现的。《论语·先进》有孔子让弟子子路、曾晳、冉有、公西华各言其志的记载。在这段记载中，我们看到，在孔子及其门人弟子看来，造成"礼乐之邦"是比仅仅能够"安邦定国"更高的境界，而在孔子看来，"乐"是比"礼"更高的境界，所以孔夫子喟然叹曰："吾与点也！"问题的关键在于，曾晳的这种境界虽然体现在鼓瑟弹琴中，但却是借助人与自然的和谐画面传达出来的，这也就是王国维称为"天然之美"的境界。

现在的问题是，为什么人与自然的和谐能够传达出孔子及门人弟子向往的理想人格境界呢？理解这一问题，还要从古人对"中和之境"的认识入手。古人讲的"中和之境"，并非仅仅是对理想境界的描绘。实际上，在古人对理想境界的向往中，还隐含了他们对人与自然以及人与社会之关系的独特理解。《礼记》载：

> 喜怒哀乐之未发，谓之中；发而皆中节，谓之和。中也者，天下之大本也；和也者，天下之达道也。致中和，天地位焉，万物育焉。

《礼记·中庸》对"中和之境"的这段说明，向来被认为古人的经典描绘。恰恰在这一段文字中，我们可以发现古人对人与自然以及人与社会之关系的理解。在笔者看来，古人所谓"中和"，即合于"中"之"和"；"中"指自然，"和"是"自然"的实现；欲使"中"发而为"和"，须中"节"。可见，"中"重内在，自然天成，这是一种至高的人格理想，但却很难在现实世界中实现；"和"重外在，平衡、和谐，可以视为"中"之境界的现实形态，虽然并非"中"本身，但却是人修养可能达到的最高境界。这种"和"之状态的养成，并非一个自然而然的过程，而必须经过一个漫长的修炼过程，孔子尚且"七十而从心所欲，不逾矩"（《论语·为政》），一般人便可想而知了。

在以孔子思想为代表的中国传统文化中，"节"并不仅仅体现为约束，更体现为一种潜移默化的过程。显然，能够在这种潜移默化的过程中发挥作用的，并不仅仅是"仁"和"礼"等严肃的内容，也包括"诗""乐"等怡情养性的内容，这也就是孔子强调"兴于诗，立于礼，成于乐"的原因了。

二、西方艺术教育观念的基本特征

说到西方人的艺术教育观念，许多人习惯对其作古代和现代的区分，并进一步在古今不同观念的对比中，突出现代艺术教育观念的合理性。这样的做法或许有道理，笔者无意对此多做评价，但在这里要强调的是，事实上，在西方古今的艺术教育观念中，并不存在多少水火不容的内容，相反，我们可以发现其中存在的前后承续关系。

在当代西方的教育观念中，有所谓"通识教育"（liberal arts education）的说法。需要注意的是，这里的"通识"，并非全面的知识结构这一字面的意思，而是指"liberal arts"，即通常所谓"文科"知识的学习，艺术教育是这种"通识教育"中极为重要的一个方面。当代西方教育观念中这种看似名不副实的提法，实际上浓缩了一段西方人曾经片面强调对"理科"，主要是"自然科学"知识学习的历史。

众所周知，西方社会对自然科学过分的偏爱已经酿成不可逆转的后果：在思想层面，是所谓"技术理性"或称"工具理性"的膨胀，使生活于西方社会的个人失去了全面发展的现实环境，导致人类对自然环境的极度破坏，使江河湖海污染日益加剧，淡水资源告急；大片原始森林消失，珍稀物种濒临灭绝，海平面日益升高，全球气候异常。不断恶化的现实环境令人触目惊心。思想和现实层面的这些变化看似各自形成，实际上存在一种必然的因果联系：正是由于思想层面上的人文精神缺失，才导致了整个社会对人与自然、人与社会人自身的感性和理性精神之间应该具有的互相协调关系被忽视，随之而来的必然是人类对自然资源的恣意掠夺和自然环境的日益恶化；人际关系的冷漠，人在社会中日益滋生的孤独感、不安全感，导致了种种社会问题的爆发。

这种对"理科"知识的强调，虽兴盛于 20 世纪以来的西方社会，但肇始于文艺复兴时期。文艺复兴后期，伴随着中世纪神权统治逐渐衰落，人类作为"万物灵长"的自立自主意识逐渐确立起来，以自然科学的迅速发展为主要标志的人类精神世界的伟大变革从此拉开了序幕。然而，潘多拉的盒子一旦打开，人类就无法预测从里面涌出来的到底是些什么东西了。日益严峻的现实环境让每一个现代人不得不思考这样一个问题，现代科学技术飞速发展，究竟是人类的福音还是人类灭亡的先声？西方有识之士终于认识到，单靠科学技术是不能改善人类现世生活的，人类必须同时重视"人文学科"教育，致力培养全面发展的人才，才有可能对已经畸形发展的现实世界纠偏，人类才有可能摆脱自我毁灭。

值得注意的是，现在西方人重新重视的"人文学科"，也是从文艺复兴时期逐渐发展起来的。这就意味着，在文艺复兴时期，西方文化中的人文精神与科学技术的发展还是彼此协调的。这种协调发展给人类带来的是文明和进步，而科技理性的片面发展给人类带来的则是无尽的梦魇和难以预期的灾难性后果。

由此可见，从文艺复兴至今，西方人的教育观念，经历了一个从重视人文学科到忽视人文学科，再到自然科学与人文科学并重这样一个螺旋上升的过程。在这一过程中，西方社会对教育的认识也在逐渐变化，艺术教育在整个教育中的地位日益显著，西方社会的艺术教育观念也逐渐发生了深刻的变化。仅以美国为例，从 1988 年美国艺术资助机构公布的《走向文明——艺术教育报告》，对艺术教育在培养学生文明感创造力、沟通能力，以及表达能力和判断能力方面的积极作用的评价，到 1992 年《美国国家艺术教育国家标准》出台，再到《2000 年目标：美国教育法》对艺术作为核心课程地位的认可，都显示出西方社会对艺术教育在促进社会良性发展和个人健康成长方面所具有的积极意义的确认。沿着这样的道路发展下去，人类就有希望看到一代又一代相对"全面发展"的人的出现。

以历史的眼光看，西方社会这种重视人的全面发展的教育观念并非始自 20 世纪，甚至也非始自文艺复兴，早在古希腊早期哲人的相关论述中，这种观点就出现了。无论是毕达哥拉斯学派的宇宙和谐论，还是柏拉图的灵魂三分说，都强调处于一个整体内部不同因素的协调发展。而且，正是对自然和谐的理解，成为古代西方人认识自身心理结构内部和谐的理论基础。无论是毕达哥拉斯学派把人的精神结构看作"小宇宙"的观点，还是柏拉图把现实世界看作理念世界摹本的看法，都包含了西方人在自然和谐观的基础上理解人的精神世界和谐状态的理论倾向。不仅如此，在毕达哥拉斯学派和柏拉图、亚里士多德学说中，我们也可以看到他们对诗歌音乐、悲剧等艺术形式在人的性格形成过程中的作用的认识。由此观之，不仅西方古今艺术教育观念存在明显的前后承续关系，而且从地域文明对比的角度来看，古代西方的智慧与古代中国的哲人们在艺术教育观念方面也存在诸多相通之处。

三、当代中国艺术教育观念对中西艺术教育思想的继承和发展

以历史的眼光看，现代中国社会的艺术教育观念，当然也是在继承中国传统艺术教育观念的基础上发展起来的。然而，中国近现代以来的特殊历史文化背景使这一自然的历史进程发生了诸多变化，以至于我们今天在回顾一百多年来的艺术教育观念发展史时，已经无法将中国传统艺术教育观念作为一种最重要的文化资源看待了。一个多世纪以来，我国在艺术教育观念方面经历了由传统而趋西化，继而重新重视传统，在中西交流对话中趋于形成自己的特色这样一个曲折的过程。由此我们看到，影响中国现当代艺术教育观念演变过程的，决非单纯的中国传统艺术教育观念，当然也不是单纯来自西方的种种新奇观念，而是两者的交流互动，这对中国当代艺术教育观念的未来发展方向产生深远的影响。

大半个世纪以来，有中国特色的马克思主义作为我国各项事业的指导思想，也深深影响了我们的艺术教育观念的形成。特别是 20 世纪 80 年代改革开放以来，艺术教育观念发生了深刻的变化，马克思主义关于人的全面发展的思想，始终是决定中国现当代艺术教育观念的主导思想。不过，马克思主义并非僵化不变的理论体系，它是在广泛吸收人类文明史上一切优秀成果的基础上形成的，在其发展过程中仍不断地汲取各种新的思想观念中的有益成分；而且，马克思主义对社会主义事业具有指导意义，并不意味着我们需

要亦步亦趋地按照马克思说的去做，而是要理论联系实际。因而，我们要坚持马克思主义根本原则，在马克思主义指导下，大量吸收古今中外各种文明中的有益成分。只有这样，我们的各项事业才能获得长足发展。

纵观新中国成立以来，特别是新时期我国艺术教育事业的发展历程，我们可以明显地看到中国当代艺术教育观念中，既有对中国传统艺术教育观念的继承，也有对西方各种艺术教育观念的借鉴。正是在吸收借鉴古今中外各种优秀艺术教育思想的基础上，结合中国当代社会的实际情况，我国的艺术教育事业才取得了令人瞩目的成就。回顾这一段充满艰辛和坎坷的历史，我们可以毫不夸张地说，影响中国当代艺术教育观念的，并非单一来自中国传统的或者西方的某种艺术教育观念，而是中西艺术教育观念的交流互动，决定了中国当代艺术教育观念的形成和演变。

中国古代艺术教育观念注重人与自然的和谐，西方艺术教育观念则更为注重自然本身的和谐。通过比较可以发现，中国古代的艺术教育观念相对重视人与社会的和谐关系，却较为忽视人自身精神结构的和谐；而西方的艺术教育观念则相对重视人自身精神结构的和谐，却较为忽视人与社会的和谐关系。在对待自然的态度方面，两者的理解也存在一定差异。中国古代更为注重人与自然的和谐，西方人则更为注重自然本身的和谐（在西方人的文化观念中，自然多半是作为人的对立面出现的，这一点无论在古希腊悲剧还是在西方美学的崇高观念中都表现得很明显）。而在当代中国的文化观念中，则综合吸收了中国古代和西方文化观念中的有益成分，提出了建设"和谐社会"的理论。在这一理论中，人与自然、人与社会、人自身的和谐都得到了足够的重视。在这一代表着现时代较高的理论水平和当代社会现实需求的文化观念中，艺术教育起到了不可替代的作用。因为无论是人与自然之间，人与社会之间，还是人自身和谐状态的实现，最终都是要靠人的理解和实践来实现的，而艺术教育的目的恰恰就是要造就一种具有全面发展、和谐共生意识的人格。这样一种艺术教育观念的形成，显然并非对历史上曾经存在过的某种现成的艺术教育观念的简单继承，而是在综合借鉴、吸收融合古今中外各种先进的文化观念的基础上产生的。《周易》有"往来不穷谓之通"之说，庄子亦有"道通为一"的说法。中国现当代艺术教育观念的形成和发展历程恰好印证了这一古老文化观念的生命力。

　　合理发展全民艺术教育，实现人与自然、人与社会以及人的精神结构自身的全面和谐状态，是我们这个时代对艺术教育提出的要求。在中西艺术教育观念的交流和对话中，我们的教育乃至整个文化环境必将发生巨大的变革。我们有理由期待，这个世界将会变得越来越美好，越来越和谐。

（原载于《天津社会科学》2007 年第 2 期）

艺术教育与审美经验的培养

凌晨光

艺术教育的直接目的在于培养个人的审美能力和艺术体验的能力，而其更深层的目标则在于通过陶冶情操、提高个体在情感与理性方面的和谐程度，来提升人们的品格，并且以自由超越的审美愉悦将个体带入一个旷达超脱的人生境界。在艺术教育中，艺术成为教育的媒介，施教者与受教者在对艺术活动及艺术作品的感受、认识、理解、评价的基础上共同参与教育过程，如此艺术活动与艺术作品成为艺术教育的主要讨论对象和中介因素，艺术教育的直接目的与深层目标都是在此基础上得以完成和实现的。

艺术以其情感性、直观性而直接对应于人的感官，艺术对象都是感官对象，艺术活动则是以人的感官经验为起点的。艺术活动中的感官经验不同于一般的日常生活经验，而是包含审美意蕴的审美经验。艺术教育中的一个重要课题就是，在共同面对艺术的由施教者和受教者参与的活动中，如何能够更加顺畅和完满地实现审美经验的培养和传递过程。或者说是通过对艺术活动与艺术作品的共同关注，施教者如何将内含于艺术品中的审美经验内容与自己的审美经验心得成功地植入受教者的心灵结构之中，直至内化为受教者自己的经验和能力。总之，艺术感觉与审美经验的培养与传递是艺术教育的核心问题。

一、从艺术与审美的关系看审美经验的特性、功能

审美"aesthetic"一词在德国哲学家鲍姆嘉通那里，指一种感性知觉和感性认识。今天看来，这种感性认识表现为一种对待某些对象的特殊观看角

度、注意方式、兴趣或经验，而它所关注的对象主要是艺术作品。审美涉及美、快感、艺术等概念，所以不妨说，审美是这样一种活动，它通过对对象的外观、形式、结构以及从中体现出的和谐关系的观照与感知，感受到一种心理或心灵层面上的快感和精神层面上的愉悦。审美活动的主要对象是艺术品，于是，我们可以这样界定"审美"的概念，它指对事物（特别是艺术作品）的感知和观照，指对它们的观看、倾听和阅读。这其中，感知能力占据着审美活动的重要位置，而感知能力的丧失，在美学家那里则被称为"审美的悲剧"，甚至有人把这种感知能力的丧失比作"瘟疫"，意大利文学家卡尔维诺就曾针对文学作品与人的语言感知力和表达力的关系问题，发表了如下看法："有时候我觉得有某种瘟疫侵袭了人类最为独特的机能，也就是说，使用词汇的机能。这是一种危害语言的时疫，表现为认识能力和相关性的丧失，表现为随意下笔，把全部表达方式推进入一种最平庸、最没有个性、最抽象的公式中去，冲淡意义，顿挫表现力的锋芒，消灭词汇碰撞和新事物迸发出来的火花。"在卡尔维诺看来，克服乃至消灭这种语言瘟疫的利器只能是文学艺术作品，用他的话讲，"文学，很可能只有文学，才能创造出医治这种语言疾病的抗体。"[1]

鉴于艺术与审美的特殊关系，从艺术品的角度来说，艺术作品由于对应于审美活动或者说是为审美活动提供了对象，因此说它具有了审美价值，而那种由艺术品所激发出来的，并且能够维持一定强度的感知和观照的经验，就被称为审美经验。在美学家那里，审美经验指人们对所看所听的对象之特征的特殊关注和兴趣，又指一种特殊的心理能力，这种能力可以使主体从对象中发现出特有的美。从对象中看到或发现美的这种心理能力也被称为是一种审美的眼光，在这种眼光中，原来平淡无奇的日常景观也会焕发出奇异的美的光彩。正如法国印象派画家从田野里的干草垛上看到了光与色的美妙颤动，而乐此不疲地一画再画。对于法国雕塑家罗丹的那句话，我们并不陌生："所谓大师，就是这样的人：他们用自己的眼睛去看别人见过的东西，在别人司空见惯的东西上能够发现出美来。"[2]

---

[1]　[意] 卡尔维诺：《未来千年文学备忘录》，杨德友译，辽宁教育出版社1997年版，第41页。

[2]　[法] 罗丹口述，葛塞尔记：《罗丹艺术论》，沈琪译，人民美术出版社1978年版，第5页。

　　关于审美经验的性质与特征，美学史上有过不少论述，既有鲍姆嘉通的感性经验说，18 世纪英国哲学家如柏克的美感经验说，又有康德审美无利害说，叔本华的审美观照说等等。美国哲学家美学家比尔兹利有关审美经验特性的看法，具有相当的总结性和综合性。他将审美经验的特性概括为：1. 客体的指向性，2. 感受的自由性，3. 超脱的情感性，4. 主动的发现性，5. 完整性。①

　　客体的指向性是说，审美经验集中于眼前的客体，感知到对象的和谐平衡、恰如其分的组合关系。这是一种直接面对客体的观看，与现象学哲学家的"意向性"概念不谋而合。在现象学理论中，艺术作品被称为意向性客体，它是艺术创作主体与艺术接受主体意识所指向的客体对象，存在于主体意识的活动中，体现了意识与客体的直接对应关系。感受的自由性是说，审美经验能够把人从日常功利意识中解放出来，达到一种暂时的、由艺术对象所激发的自由状态。这种自由状态与康德强调的审美的非功利与无利害特性是密切相关的。在这种状态下的主体，可以体验到一种轻松感与和谐感。超脱的情感性是说，在审美经验中，经验主体在情感上与对象拉开一定距离，在投入时保持冷静，在参与时保持疏离，呈现为一种超脱状态，因此，即便面对可怕的东西，主体也会从情感上超越它的威胁。这种情感基调在另一位美学家奥斯本看来，是冷静型的，因为主体的情感反应尽管由眼前的艺术对象引发，但很少与主体自身的感情经历相混合。主动的发现性是审美经验的又一特性，对此种特性的概括表述可以是这样的："一种积极主动地锻炼心智建构能力的感觉，一种遇到潜在冲突性刺激的挑战而竭力要将这些东西协调起来的意识；在看到直觉对象之间与各种意义之间的关系之际，一种神经紧张的状态升华为振奋的情怀，这种感觉（或许是幻想性的）具有理智性。"② 主动的发现性在审美经验中体现为一种对知觉对象的高度关注，此时的经验主体的意识和心理比平时更加活跃、更加清醒，因而更具发现力和洞

---

① 参见［美］列维、史密斯《艺术教育：批评的必要性》，王柯平译，四川人民出版社 1998 年版，第 213—214 页。［美］史密斯《艺术感觉与美育》，滕守尧译，四川人民出版社 2000 年版，第 43—44 页。术语略作调整。

② ［美］列维、史密斯：《艺术教育：批评的必要性》，王柯平译，四川人民出版社 1998 年版，第 214 页。

察力。作为审美经验的最后一个特性的完整性，指的是经过了感知和情感的游历与付出的经验主体终于恢复到一种完整的感觉状态之中。在审美过程中也许他曾经一度体验到失落、迷茫，甚至是无助与痛苦，但在审美的最终阶段，这种暂时的感觉迷失与情感波动反而加强了后来的知足感，在一种自我的发现与自我的发展中完成了感觉与情感的全面提升。

在了解了审美经验的特性之后，审美经验的功能问题就不难把握了。这是因为，事物的特性与功能本来就具有直接的对应关系。换句话说，事物的功能也就是该事物在展示其特性的活动中所发挥出来的效用和能力。就审美经验功能而言，实际也就是其审美特性的自然延伸。比如，审美经验的最后一个，也是综合性的特性——完整性，就直接引发了人们的成就感与满足感，用美学家比尔兹利的话说，"那些具有高级审美特性的艺术品所造成审美经验，会在欣赏者身上造成一种特殊的感觉：感到一种自我的提升和发展，好像自己的人格更加完整和完美，因而更加自爱和自强。"① 在比尔兹利看来，这种满足感就是由高雅艺术引发的特殊快乐效应，也是审美经验的一种总体效应。如果略微细分一下，这里所说的总体效应又可以包括两个方面，一是对心理需要的满足，二是对心理能力的强化。就前者而言，审美经验可以因其多变而常新的特点以及对注意力的吸引和感受力的激发而防止审美主体心理的厌倦与疲劳；对后者来说，审美主体在对对象的直接关注和自由超脱的情感体验中，强化了自身的知觉能力、洞察力和情感能力。

在审美经验的实现途径中，有两个坐标是不应忽视的，这就是艺术本身的丰富内涵和审美主体对艺术品作出反应的能力。艺术品造就的审美经验一般会提供一种高度的心理满足和精神愉悦，使人的各种心理能力得到更好的发挥，从而产生出更深刻的理解和洞识。

二、从艺术的内涵看艺术教育的目标

"艺术是什么"这个问题对于任何一部以艺术为谈论话题的书籍来说，似乎都应该给予明确回答，然而，实际情况往往是，越是基本的、越是常用

---

① ［美］史密斯：《艺术感觉与美育》，滕守尧译，四川人民出版社 2000 年版，第 44 页。

的名词、概念和范畴，就越是难以界定。正如古罗马学者圣·奥古斯丁所言："假如没有人问我，我很清楚它是什么。但是假如有人问我，而且要我说明，那就使我为难了。"奥古斯丁是针对"时间"这个概念而言的，但当时他所面临的处境正如我们现在试着为艺术下定义时遇到的难题一样。

由于艺术是一个难以明确定义的术语，于是人们喜欢借助比喻表达出他们对艺术的了解与认识。最古老的比喻是把艺术比作"镜子"，认为它可以如镜子照出物体一样地模仿世界。在古希腊哲学家柏拉图以及文艺复兴时期的著名画家达·芬奇那里，艺术是一面平面镜；而在另外一些更激进更现代的学者和艺术家看来，这面镜子变成了哈哈镜（它反映的世界是经过了变形的）、显微镜（它能把对象世界放大，让人们看到平时看不到的东西）、三棱镜（它可以从无色的阳光分离出七种绚丽的色彩）。另一种与"镜子"相对立的比喻是把艺术比作"灯"，它不是"反映"物体，而是"照亮"对象，它能够让那些原本处于幽暗混沌之中的事物显露出自己真实的面目。还有人把艺术比作"桥梁""门廊"或"窗户"，它们有一个共同之处，就是连接了两个不同的空间，意味着艺术能够引领人们进入一个更加丰富的崭新世界。另有一个"万花筒"的比喻也值得一提，它认为艺术就像这种儿童喜爱的奇妙玩具一样，能够把有限的生活通过各种组合，幻化为无穷的胜景。这些比喻都从一个侧面显示了艺术的本质特性和作用，但它们之间并不能相互取代，而只能相互补充。这说明，艺术是一个内涵极其丰富的存在，人们甚至不可能用有限的言语表述穷尽它的意义。

因此，与其胶着于"艺术是什么"的问题，不如切实地体会一下艺术到底能够做什么。其实，这个问题在前面关于艺术的比喻中已经包含其间了。艺术记录了艺术家看待世界的独特角度和方式，因此，它能够赋予观赏者一双神奇的眼睛，使他看到在平日的普通生活中看不到或不曾留意的东西；艺术是艺术家想象力的家园，因此，它能够在观赏者面前展现一个未知世界，让他进入一个自由无羁的审美时空；艺术是艺术家真情流露的场所，因此，它可以用情感之钥，打开观赏者尘封已久的心扉，令他畅饮至纯至净的审美情感的甘霖……当然我们听到的还有对艺术及其功用的学理性的界定，比如艺术表现了一种使思想和感情得以成型的能力（巴赞）；艺术体现和张扬了人在一个无情的世界上发现意义的努力（比尔兹利）等等。

欣赏艺术，简单说就是搞清楚"看（听）什么"和"如何看（听）"。倘若是看画面上的人物与真人是否相像，那么如何评价毕加索的《亚威农少女》？如果是看形象漂不漂亮，那么罗丹的《欧米哀尔》又有何价值？假设是看艺术家的技巧是否圆熟，那么对于凡·高的执着笔触和强烈色彩又应做何感想？对这些问题的思考与回答，使我们逐渐接近了艺术和艺术教育的本质内核。

在由美国艺术教育学家列维与史密斯合著的《艺术教育：批评的必要性》一书，为艺术教育设定了以下四种目的：培养文明感，孕育创造力，传授有效的沟通交流能力和提供工具用以评估人们所读、所观和所听的对象。[①] 这四个目的侧重于对受教育者艺术感受能力和鉴赏能力以及沟通能力和创造能力的培养，其中，对艺术感受力或者说是艺术感觉的发掘与培养是最为基本的层面。在艺术教育理论家看来，良好的艺术感觉是建立在下列条件基础上的。这些条件包括：通过学习和熟悉艺术的发展历史而对优秀艺术作品有一个较为准确的定位与把握，通过直接参与艺术实践活动而对艺术材料、特性有切身感受，通过学习如何欣赏和评价艺术作品而知道艺术判断的基本原理和标准，通过对艺术问题的深入思考与反思而从人类文化的总体层面上理解艺术。形成良好艺术感觉的这四个方面的条件或者要求，对于受教育者来说并非能够轻易具备和达到。从另一个角度讲，艺术教育是伴随受教育者身心发育与成长过程的一种长期的循序渐进的教育，这种教育所达到的目标也是极其令人鼓舞的："我们能够证明艺术教学的基础在于艺术能够激发想象力和扩展感知力，能够促进人格的完整，能够培养审美理想，能够实现审美价值，能够提供人本主义的理解力。"[②] 通过艺术课程的学习，年轻人具有了一种建立在良好趣味之上的艺术感，从而能够敏锐而灵活地感知和欣赏艺术作品，并且得以由此而逐渐发展成为具有良好教养的通才。

综上所述，一方面，艺术教育是一种涉及艺术史、艺术创造、艺术欣赏、艺术评论等多学科知识的综合课程，它集历史、艺术、哲学等学科知识

---

① ［美］列维、史密斯：《艺术教育：批评的必要性》，王柯平译，四川人民出版社1998年版，第 26 页。

② ［美］列维、史密斯：《艺术教育：批评的必要性》，王柯平译，四川人民出版社1998年版，第 225 页。

与研究方法于一体，是"一种人文学"，具有明显的综合性；另一方面，艺术教育关系到人的全面素质的培养和发展，与人的感知力、洞察力、理解力、想象力、情感体验能力、交流沟通能力的提高等关系至为密切。因此，艺术教育在人类健康发展的进程中的价值与意义是理应受到充分强调和重视的。

三、从艺术教学中开发审美经验

作为一个有机整体的艺术活动，大致可以分为三个部分，即艺术创造、艺术作品与艺术欣赏。其中，艺术作品既是艺术创造活动的结果，又是艺术欣赏活动的对象，因此它起到了桥梁中介的作用。在连通创造与欣赏两种艺术活动的同时，也完成了审美经验的成型、艺术化呈现以及由创作主体到欣赏主体的交流传递等任务。在上述艺术活动的三大部分中，内蕴了审美经验的创造形态、作品形态与接受形态，对于艺术活动及其各个有机组成部分的研究，可以发掘出丰富的审美经验内涵，因而，探讨整体艺术活动的各组成部分的特性、过程、运作规律等问题，自然成为艺术教育的重要内容。

有艺术教育研究者指出："不可否认，那些对艺术创造有着亲身经验，掌握了各种艺术创造和表演技能的学生，尤其是那些在刚刚上学、还没有正式接受审美教育之前就受过这种训练的学生，在接受审美欣赏的教育时，有着极大的优越性。"[1] 也就是说，有关艺术创造活动的早期训练，对于审美教育的进一步展开，具有十分重要的意义。就受过艺术创造训练的学生而言，他对艺术创造的亲身经验既培养了他的艺术制作技能，又启发了他的艺术欣赏眼光，甚至我们可以说，相对于没有受过艺术创造训练的孩子，有艺术创造经验的学生可以从艺术品中看到更多的东西，感受到更深刻全面的审美经验。用艺术教育者的话讲，"创造性对艺术观赏者的影响在于提高他们的感知能力，最终使他们能够真正地审视"。[2] 可见，对艺术的创造特性的理解和认识在受教育者的审美感知能力中所占的比重到底有多大。这种理解和认

---

① [美] 史密斯：《艺术感觉与美育》，滕守尧译，四川人民出版社 2000 年版，第 165 页。
② [美] 列维、史密斯：《艺术教育：批评的必要性》，王柯平译，四川人民出版社 1998 年版，第 58—59 页。

识可以在实践和理论两方面展开，实践方面，即施教者应创造条件，使受教者有机会直接参与艺术创造活动，即使这种创造活动是十分简单和初级的。理论方面，则是指通过对艺术创造过程的理性分析和研究，揭示艺术创造的内在规律和特性，从中显现审美经验的酝酿、构思、成形过程，是受教者在具备了艺术创造感性经验的基础上，还能掌握艺术与审美经验如何在创造过程中被物化、形式化地呈现的有关知识。对于艺术创造过程的理论研讨可以集中在这些问题上：处于创作主体意识、心理层面的审美意象是如何转化成为具有物质化外观和美的形式的艺术形象的？其中的转化过程和机制对于我们理解艺术、提高审美经验的意义何在？

优秀的艺术作品对人的审美经验的激发作用，已是不言而喻的。艺术作品以其独特的性质唤起观赏者的审美经验，审美经验则向观赏者提供了艺术的快感和特殊的审美愉悦。这种快感和愉悦不同于日常生活中的快感和愉悦，它不是唤起观众的生理欲望，而是引发一种平静、超脱的心境与眼光。比如面对画中的鲜桃，他感到的不是垂涎欲滴，而是由桃子的形状和色彩构成的形式化的快感，观赏者的这种审美经验是在掌握了艺术规律、了解了艺术规范的基础上产生的，当人们对艺术作品的构成规则和艺术表现的手段惯例真正理解之时，他就具备了一种正确接受艺术作品的能力，这种能力可以使其避免在日常生活与艺术世界之间产生混淆，防止他误将审美情感和愉快等同于生理层面的欲望满足。观赏者的审美能力是建立在对艺术品的正确概念和正确理解的基础上的。下文将主要从艺术品中的隐喻以及艺术成规两个问题入手，论证在一种合适的接受眼光中艺术品所蕴含的审美经验是如何被发掘和提炼出来的。

一切对审美经验的讨论，最后都要归结到艺术欣赏活动中。可以说，对艺术欣赏与接受过程的了解与研究，最能揭示审美经验的内涵与特质。在艺术欣赏活动中，观赏者的艺术创造经验和艺术品知识得以综合与生发，在面对具体对象时化合为一种审美的心态与期待，它们为艺术品效果的全面发挥和审美经验的完整感受提供了基础和保证。简单说，在艺术欣赏阶段，观赏者通过各种艺术经验和知识的综合运用，达到了审美愉悦与艺术快感的融合经验与丰富体验。比如，美国艺术教育家史密斯结合意大利文艺复兴时期画家乔尔乔内的《暴风雨》一画，概括出了欣赏一幅优秀作品所应具备的知识："1. 要知道如何把作品看成是一个独立的视觉实体；2. 把它视为一种人造物；3. 把它经验为一种目的性的人造物。也就是说，把它视为一种意在供我们做审美欣赏的人造物；4. 识认出其中逼真的再现形象时，不是把它们当成一种信息传达，而是看到其中各种再现要素之间的关系和相互作用；5. 知道如何执行一个更困难的任务：在取得和维持对整个作品的概要性的观看时，分析它的再现性的和感性的组成要素、这些要素之间的关系，以及它们相互作用时凸显出的新性质；6. 解释作品的情调、人文表现性质、意义或意味；7. 调整我们的知觉，使之与作品所属的类型相适应，回顾这幅作品所处的传统。"① 上述概括也许多少有些琐细，而且我们在实际观赏艺术品的过程中也未必会如此按部就班地运用艺术知识，但它的确从理论的层面较为全面地分析了艺术接受与艺术欣赏的条件问题。这些条件被满足，将会极大地丰富和提高观赏者的审美经验，因此其论述的理论价值是不应受到质疑的。

（原载于《天津社会科学》2007 年第 2 期）

---

① ［美］史密斯：《艺术感觉与美育》，滕守尧译，四川人民出版社 2000 年版，第 154—155 页。

论"阴阳两仪"思想范式的美学意涵

仪平策

在东方美学、特别在中国美学的话语体系中,"阴阳两仪"是一个极其重要的理论范畴和文化命题。它所反映的不仅仅是一种东方式、中国式的宇宙观念和人生哲学,而且也反映了一种东方式、中国式的美学思想范式。但"阴阳两仪"思想范式的美学意涵究竟是什么?特别是它在哪些具体方面影响和规范了中国美学思想的发展?这个问题目前来看仍有待作进一步地深入研究。笔者拟对此谈点不成熟的看法。

"阴阳两仪"思想范式的美学意涵大致表现在四个方面。

一、"耦两"美观念

在世界美学格局中,中国美学有一个非常独特的地方,就是特别注重审美因素之间的对耦性关系,特别喜欢在两两相对的矛盾因素之间思考美学问题,特别强调"好事成双",特别讲究"耦两"之美。早在春秋时代,晋国史墨就提出了"物生有两"的著名命题(《左传·昭公三十二年》),直到宋明之际,这一"耦两"观念更见明确而精微。王安石的"道立于两"说(《洪范传》),程颢的"万物莫不有对"说(《遗书》卷十一),程颐的"道""无一亦无三……只是二也"说(《遗书》卷十五)等等,都直接间接地阐发了这一以"耦两"为美的思想。然而,这一切论述都在义理上通达且源于"一阴一阳之谓道"(《易·系辞上》)观念所体现的"阴阳两仪"思维范式。"阴阳两仪"思维范式可以说是中国美学推重"耦两"之美的理论渊源和典型代表。

　　"阴阳两仪"作为中国文化和美学中一种普遍而深刻的思维模式，它的关键词就是这个"两"字，其所指涉的内涵是，世界万物无不由两两相对的"阴""阳"矛盾所构成。"—""--"这两个基本符号，其含义即为相互矛盾、两两对立的阴、阳关系。由这两个基本符号的不同排列、重叠与组合，形成各种卦象，展开各种矛盾对立关系（范畴），如乾与坤、天和地、否与泰、损与益、健与顺、剥与复，平与陂等等。这里所遵循的思维原则是，阴、阳两种因素之间的关系必须是相反相对的，而不仅仅是一般意义上的差异、差距、差别等。指出这一点非常重要，因为只有具备这种矛盾对立关系的两种因素，才是"阴阳两仪"模式中"两"的本质含义。对此，宋明之际的思想家给予特别的重视和强调。如张载说："天包载万物于内，所感所性，乾坤、阴阳二端而已……"（《正蒙·乾称篇》）；朱熹说："圣人看天下物皆成两片也。……只是阴阳而已"（《朱子语类》卷一百《邵子之书》）等等。这表明注重"阴阳两仪"模式中"两"与"阴阳"的内在关系，注重"阴阳"之于"两"的基本构成意义，已成中国传统哲学／美学思维的基本路数。

　　这种"耦两"思维所围绕的是"一""两"关系，其与西方美学的思维路数可以说大相迥异。西方哲学／美学大致遵循的是"一""多"思维。鲍桑葵说："一和多的综合是希腊哲学的中心问题和主要成就"。① 其实不光希腊哲学，整个西方哲学、美学都是如此。在西方哲学／美学中，"一"是整体、本质、绝对、一般、永恒……"多"则是部分、现象、相对、特殊、多变……所以，"一""多"思维所关注的是不变的整一的理性本质与多变的杂多的感性现象之间的关系，简言之就是整体与部分、本质和现象的关系，而中国哲学／美学关注的则主要是"阴"和"阳"这种两两相对的矛盾因素之间的关系，这一关系不是西方式的整体与部分、本质与现象的关系，而是无论内容还是形式都具有的"耦两"关系，"耦两"之美。中国美学范畴如情与理、物与我、形与神、意与象、隐与秀、刚与柔、虚与实等，总是成双成对的；中国文学语言重视对偶、平仄、骈俪等辞采形式等，都体现了这种由"阴阳两仪"思想范式所规定的"耦两"美观念。可以说，"耦两"结构构成了"阴阳两仪"思想范式的基本框架，"耦两"美观念则是中国美学和艺术

---

① ［英］鲍桑葵：《美学史》，张今译，商务印书馆1985年，第45页。

中最具代表性的审美观念之一。

二、"中和"美意识

"中和"美意识是中华民族最具典范性的审美意识。这可以放在人类美学的范围内来看一下。人类美学、世界美学在古典时代都追求和谐之美，都把"和谐"作为美的本质性规定，这是毫无疑问的。但东、西方美学在具体表述"和谐"之美时却不尽相同。西方美学思维由于主要围绕"一""多"关系、整体和部分关系展开，所以它所讲究的"和谐"主要是一种形式结构层面上的"把杂多导致统一"（毕达哥拉斯学派语），或"原来零散的因素结合成为一体"（亚里士多德语），总之是一种"寓多于一"的"和谐"，寓部分于整体之中、寓现象于本质之中的和谐。我把这种和谐之美称为"调和"之美。中国美学则不同。由于中国美学遵循"阴阳两仪"的思想范式，讲究"耦两"之美，所以它所谓和谐，就着重是在两两相对的矛盾因素之间所实现的一种均衡持中、不偏不倚的和谐。我把这种和谐称之为"执两用中"的"中和"之美。这里的关键词就是一个"中"字。这个"中"就是"持中""适中"，就是"中庸""中道"。"中"在中国美学中也就是"和"，即如周敦颐对"中"的解释那样："惟中也者，和也"（《通书·师》第七章）。

在《周易》的"阴阳两仪"思维范式中，"中"尤其是一核心范畴、理想境界。从义理上说，"中"在《易经》中不仅是"吉"，而且更是"美"，它尤具审美的象征意味。我们知道，《周易》六十四卦，每卦分六爻，六爻分处的六级等次，称"爻位"。其中，初、二、三爻组成下卦，四、五、上爻组成上卦。在下卦中，二爻居中位；在上卦中，五爻居中位。这两个中位均象征事物守持中道，行为不偏。凡阳爻居中位，象征"刚中"之德，阴爻居中位，象征"柔中"之德。若阴爻处二位，阳爻处五位，则是既"中"且"正"，称为"中正"，在《易》爻中尤具美善的象征。但若将"中"爻和"正"爻作比较，"中"又优于"正"。《折中》指出："程子曰，正未必中，中则无不正也"。① 这说明《易经》是以"中"为核心范畴和最高理想的。

① 黄寿祺等：《周易译注》，上海古籍出版社1989版，第43页。

如果说"正"更偏于"善"的话，那么"中"则更偏重于"美"。如此说来，《周易》的"阴阳两仪"思想范式，一方面追求的是美善兼得的"中正"理想，一方面又以作为"美"之象征的"中"为最高境界。

"中"作为"阴阳两仪"思想模式所追求的最高境界，在宋明时代的哲学／美学那里得到了全力推重和弘扬。程颢推崇"中理"，说："中之理至矣，独阴不生，独阳不生，偏则为禽兽，为夷狄，中则为人。"（《遗书》卷十一）。王守仁则推崇"中人"，认为只有"中人上下皆可引入于道。"（《传习录》下篇）可见，从标榜"中"理到推举"中人"，凡此诸说，无不在"阴阳两仪"范式下突出、推崇一下"中"字。"中"，成了中国传统思想中一个具有绝对的本体意义和普遍的道德价值的范畴，而且尤是一个最理想最典范的审美范畴。

值得注意的是，中国哲学／美学之所以更多地讲"中"，盖因"中"在义理层面上与"阴阳两仪"思想范式深刻关联。"中"实际上就是"两（阴和阳）"所本原、所归合的"一"（"道""常""极""太极"等）。叶适说："道原于一而成于两。……然则中庸者，所以济物之两而明道之一者也。"（《水心别集》卷七《进卷中庸》）这就非常明确地指出了"中"（或中庸）与"阴阳两仪"思想范式的内在逻辑关系，尤其明确点出了"中""一"互见的道理。所以，从"阴阳两仪"的思想范式来理解中国美学所追求的"中和"美理想是较为恰当的学术途径。

三、"刚柔"美理想

"阴阳两仪"的思想模式也规定了中国美学崇尚一种具有中华特色的审美理想，那就是"刚柔相济"。中国美学话语系统中没有西方所崇尚的"崇高""优美"等审美理想形态，它有着自身具有中华民族文化特色的审美理想形态，那就是"阳刚"与"阴柔"。清人姚鼐说："鼐闻天地之道，阴阳刚柔而已。文者，天地之精英，而阴阳刚柔之发也。"（《惜抱轩文集》卷六《复鲁絜非书》）直接把"阳刚"与"阴柔"作为"文"也就是"美"所表现（"发"）出的基本状态。尤为重要的是，西方美学一般将"崇高"与"优美"对立起来看，分离开来讲；但中国美学却很少将"阳刚"与"阴柔"对立起来，分离开来，而是强调二者的彼此交错相互迭用，讲究二者的相成相济浑融中和，而反对将二者分离对立起来。正如姚鼐所言："阴阳刚柔并行而不容偏废"（《惜抱轩文集》卷四《海愚诗钞序》）。这一阳刚与阴柔相相济的审美理想，与"阴阳两仪"的思想范式有着直接而深刻的理论渊源。

"阴阳两仪"思想范式以《易》卦的两个符号"—""––"为义理基础。这两个符号分别代表阳、阴已成学界共识。所以人们又称之为阳爻和阴爻。与阳、阴相对应，也就与天地、日月、昼夜、动静等相对应，特别与男女、夫妇、凸凹、刚柔等相对应。高亨先生说："《易传》之解《易经》，常认为阳爻象阳性之物，即象刚性之物；阴爻象阴性之物，即象柔性之物。具体言之，《易传》以阳爻象男，……以阴爻象女。"① 由阴阳而刚柔，便构成阳刚与阴柔两对范畴。《易·系辞下》云："阴阳合德而刚柔有体"，所以，阴阳之理规定着刚柔之义，或者说规定着阳刚与阴柔的关系。阳刚与阴柔之间的关系。除了前述"耦两"之序和"持中"之美外，还有一点就是彼此包含相互媾和，或称"媾和"之象。这是"阴阳两仪"思想范式的根本意涵。也就是说，阴、阳之间不能悖反，不可隔离，而应相互包含，彼此媾和，使之氤氲不测，浑融如一。这一义理表现在卦爻之象上，即阴阳和合则"生"，阴阳隔离则"息"。这一精神可以说贯穿《易经》文本的经纬始终，也同时规定着阳刚和阴柔之间的关系。其要点有二。

一是阳刚和阴柔是相互包含交错迭用的。《易·说卦》云："分阴分阳，迭用柔刚"。高亨注："六爻有阴柔，有阳刚，两者迭用，交错成文。"② 这是讲六爻位次的交错，也是讲刚柔之义的融合。《周易》反复强调这一刚柔之间的交错迭用。如："刚柔相摩，八卦相荡"；"刚柔相推而生变化"（《系辞上》），"刚柔相易，不可为典要，唯变所适"；"刚柔相推，变在其中矣"（《系辞下》）等等，这都在明确主张阳刚与阴柔的相摩相荡、相成相济。值得重视的是，《周易》非常强调阳刚与阴柔在相摩相济中所产生的"变"。也就是说，乾坤之序，阴阳之理，不是僵死不变的，而是不断趋向变化的，因而不可视其为固定不移的"典要"。从美学上说，阳刚与阴柔在相摩相济中实现

---

① 高亨：《周易大传今注》，齐鲁书社 1979 年版，第 31 页。
② 高亨：《周易大传今注》，齐鲁书社 1979 年版，第 610 页。

"变易"，就消解了二者非此即彼的隔离性和对立性，从而显现为一种"交错迭用"、浑融持中的生机与和谐。这跟西方美学将"崇高"与"优美"静态地对立起来、分离开来的思维是大相迥异的。

二是刚柔之间常常采取"柔上刚下"的关系位序。从总体上说，刚柔的上下位序，与阴阳的上下位序是一致的，关键的问题是，阴阳在《周易》卦象中所呈现出的交感媾和状态，并不总是按乾上坤下、天尊地卑的秩序进行，而是常常采取"天地易位""柔上刚下"的关系形态。这就很耐人寻味了。比如"咸"卦呈坤乾相包之象，是《周易》中最能体现和合思想的一卦。咸，意谓和合感应，咸卦就是直接讲"交感""感应"的，因而最合"男女媾精，万物化生"之义。《彖》曰："咸，感也。柔上而刚下，二气感应以相与。止而说，男下女，是以'亨，利贞，娶女吉也'。"《正义》云："若刚自在上，柔自在下，则不相交感，无由得通。今兑柔在上而艮刚在下，是二气感应，以相授与。"这表明，刚上柔下，二气不交；唯有刚下而柔上，才会使阴阳交合以成化生。这里不仅突出了阴阳刚柔的感应交接与"生"这一"天地之大德"的因果联系，而且尤为强调了在这感应交接状态中"天地易位""柔上刚下"的位序，凸显了"柔"对于"刚"（也是"阴"对于"阳"）的某种主导性、优势性地位（或功能、作用）。这是很值得注意的一个思想情节。联系到儒家"温柔敦厚"的诗教原则，老子"守雌致柔"的智慧学说，我以为中国美学所标榜的古典审美理想有自己的民族特色和历史特征，那就是，一方面强调"阳刚"与"阴柔"的交错迭用，相成相济，主张二者的并行兼得，持中不隔。一方面也在某种程度上表现出对阴柔之美的偏重。这一点实际上已经在几千年的中国审美文化史中反映了出来。纵观中国古典审美文化的发展，虽然阴柔之美与阳刚之美一直呈均衡中和、不离不悖的状态，但中唐以后，阴柔之美却也相对地占了优势，成为主流（如诗词意味的婉约化、山水画面的"盆景"化、雕塑体貌的柔小化、园林形制的小型化，等等）。从"阴阳两仪"的思想范式中，我们大约可以为这一审美史实找到学理上的某种深刻渊源。

四、"虚实"美境界

"虚实相生"是中国美学话语中十分重要的富有民族特性的理论命题，也是中国文艺所孜孜追求的一大审美境界。它涉及的是"虚""实"关系。一般认为，实、虚关系与有、无关系有着直接的关联。这看法固然有一定道理，但如果忽略了它与"阴阳两仪"思想范式的内在学理联系，那么也至少是不全面的。实际上，虚与实既本于无和有，更基于阴和阳（当然进一步说，无和有与阴和阴之间也有着某种联系），可以说，"虚实"是"阴阳"更为具体的展开。从经验层面说，"阳"代表男性的、雄性的、凸出的，外显的等等意义，"阴"代表女性的、雌性的、凹入的、内隐的等等意义，而"阴""阳"的这些意义，也在很大程度上可以分别表示"实"和"虚"。从这个角度说，"阴阳"也就是"虚实"。对此，古人多有表述。如汉董仲舒说："是故明阳阴入出实虚之处。"（《春秋繁露·天地阴阳》）宋张载曰："气坱然太虚，升降飞扬，未尝止息，……此虚实动静之机，阴阳刚柔之始。"（《正蒙·太和篇第一》）明方以智说："动静、体用、刚柔、清浊者，阴阳之性情也，而有无、虚实、往来者，阴阳之化也。"（《东西均·颠倒》）这都明确指出了"阴阳"与"虚实"的内在相应关系。

《周易》虽没直接提出"虚实"的概念，但却涉及阴即虚，阳即实的道理。如"归妹"卦，初、二、四为阳爻，三、五、上为阴爻。《象》曰："上六无实，承虚筐也。"这就将上位的阴爻比喻为"承虚筐"，含以阴为虚之意。再如"泰"卦，初、二、三位皆为阳爻，四、五、上位皆为阴爻，《象》曰："山上有泽，咸；君子以虚受人。"这也是将阴爻解读为"虚"义。余者不赘。同时，在《周易》卦爻辞中，阴阳卦象多与盈虚、消长、损益等义相对应，而后者诸义即大体与"虚实"相当。如"剥"卦《象》曰："君子尚消息盈虚，天行也。""损"卦《象》曰："损刚益柔有时。损益盈虚，与时偕行。""丰"卦《象》曰："日中则昃，月盈则食，天地盈虚，与时消息。"在这里，"消息"（"消长"）、"盈虚""损益"等皆同于或通于"虚实"之义。这都说明在《周易》义理中，"虚实"已经是"阴阳"的具体表征之一，而且《周易》卦象中所涉及的"虚实"关系，如同"阴阳"关系一样，也应是一种均衡持中、相和互生的关系，因为唯有这种关系才是"吉"，才是"美"。

由"阴阳两仪"思想范式所规定的这一"虚实"关系，对中国美学、特别是中国文艺的影响尤为深远。如清人丁皋说："凡天下之事事物物，总不外乎阴阳。……惟其有阴有阳，故笔有虚有实。惟其有阴中之阳，阳中之阴，故笔有实中之虚，虚中之实。"（《写真秘诀·阴阳虚实》）清人布颜图也说："大凡天下之物，莫不各有隐显，显者阳也，隐者阴也，……夫绘山水隐显之法，不出笔墨浓淡虚实，虚起实结，实起虚结。"（《学画心法问答》）这都是对"阴阳"与"虚实"之审美性联系的精妙体悟。那么，中国美学家、艺术家是怎么看待和表述"虚实"之美的呢？这仍然要从"阴阳两仪"的思想范式中来理解。

大概说来，"虚实"关系在中国美学家、艺术家的论述中主要呈现为两层意思，其一，大都以"虚实相生"为最高的艺术美境界。当然，这个"虚实相生"可以有多种不同的表述，有"以实为虚"说（宋·范晞文《对床夜话》卷二），有"实虚互用"说（明·董其昌《画禅室随笔·画诀》），有"虚实相生"说（明·李贽《焚书·杂说》），有"以虚运实，实者亦虚"说（清·孔衍栻《石村画诀·取神》），等等。这些说法虽各有角度，但都与"虚实相生"说没有根本差异，都强调"虚实"之间如同"阴阳"关系，要持中互用，相济相成，其中最典型的表述可以说就是"虚实相生"。此为常识，恕不详赘。

其二，在虚与实之间，讲究以虚为体，以实为用。在美学上，以虚为体，也就是以意、神、隐、韵为体，以实为用，也就是以言、形、秀、景为用；虚实相生，也就是讲究虚实之间的体用不二，讲究意与言、神与形、隐与秀、韵与景之间的浑融如一。如前所述，阳与实、阴与虚是相对应的，阳是凸出、外显，阴是凹入、内隐，那么在艺术中，"实"也就是通过感官来直接把握的"外显"的言象物色，"虚"则是依靠心灵来深入体悟的"内隐"的意韵趣味；前者作为实存是有限，后者作为虚隐是无限。所以，"虚实相生"的美学真谛就是通过有限的言象物色来喻指、引向（不是西方美学讲的所谓"显现"）无限的意韵趣味。这就是中国美学核心范畴"意境"的基本义理。所以，"虚实"观念的发展，往往同滋味说、韵味说、兴趣说、神韵说等等与意境相关的诸学说的发展密切相关，这些学说，往往都强调在有限之言象中来喻示无限之意味。独标"滋味"的钟嵘，提倡的是"文已尽而意有余"（《诗品序》）；崇尚"韵味"的司空图，讲究的是"韵外之致""味外之旨"（《与李生论诗书》）；倡导"余味"的姜夔，独推苏轼的"言有尽而意无穷"说（《白石道人诗说》）；高唱"兴趣"的严羽，也以"言有尽而意无穷"为诗之"妙处"（《沧浪诗话·诗辨》）等等。

以"虚"为体而以"实"为用的文艺美学观念的这一发展，当然与古人对"有无"关系的认识分不开，如《淮南子》就已明确提出"有生于无，实出于虚"（《原道训》）一说，但其与"阴阳两仪"思想范式的发展更是深刻相关。特别是中唐以降，正如阴柔美理想逐渐占了优势一样，在"阴阳两仪"思想范式中，以"阴"为体而以"阳"为用的理念也已逐步趋于明显。朱熹所谓"阴静是太极之本。然阴静又自阳动而生。一静一动，便是一个辟阖"（《朱子语类》卷九十四《周子之书》），当为典范学说。表现在虚实关系上，也就有了"虚"为"体"而"实"为"用"的美学理论。清代蒋和所说"大抵实处之妙，皆因虚处得之"（《学画杂论》），清代汤贻汾所说"虚实相生，无画处皆成妙境"（《画筌析览·总论》）等，则是这一美学理论在文艺领域的具体呈现。这不仅促成了"意境"范畴的完成，也推动了整个中国古典文艺美学思想的完型和成熟。

（原载于《华中师范大学学报》（人文社会科学版）2007 年第 3 期）

文学边缘化之后的大众文学教育

王汶成

时至今日，文学的边缘化已成为不争的事实，其主要标志是：文学阅读的人数和时间都大幅缩减，严肃文学创作越来越不景气，文学经典遭到一波甚于一波的调侃和戏弄，专业的文学研究和文学教育也日益陷入困顿。总之，文学被前所未有地冷落了、放逐了，被从万众朝觐的圣地流放到"爪哇国"里去了。看来，文学在当今时代真是有点"运交华盖"了。

文学的运命何以至此？曾经有一种说法，认为文学的边缘化是"命该如此"，属"生命中不能承受之轻"的正常现象，因为过去把文学的地位抬得太高了。应该说，这种观点有一定的道理，在一个"以经济建设为中心"的时代，科学技术必须优先发展，以往被不适当地拔高了的文学艺术向后站一站、边缘一点也是理所当然的，大可不必大呼小叫地愤愤不平。但是，时过境迁，现在再回头反思一下这个问题，事情好像并非如此简单。最明显的一点是，文学的边缘化并非如当初说的是一个理性运作和调节的过程，分明是一个因客观情势所导致的被迫的、失控的过程。现在的文学是一退再退，已经退到了无地可据、彻底边缘化的地步了。以至于近几年的文艺学界也感到大事不好，作出了强烈的回应，有的提出了要固守文学家园，有的提出了要拓展文学边界，甚至还有种种后现代的"文学终结论"也频频登场，似乎文学的丧钟已经敲响了。难道黑格尔曾在二百年前作出的现代市民社会的文学艺术无可挽回地走向衰落的预言真的成为现实了？难道文学艺术真的在现代社会里已百无一用而应该寿终正寝了吗？

客观地说，黑格尔当年的预言大有深意，尤其是他对现代艺术必然衰落的原因的分析可谓一语中的。他敏锐地看到了，现代市民社会充满了纠缠于俗务、缺乏高雅趣味的"散文气息"，这种世界情境是与自由的艺术精神相抵牾的，因而他断言："我们现时代的一般情况是不利于艺术的。"① 但他又悲观地认为，艺术从此已无法满足现代人的需求，必将无可挽回地趋于衰落，并最终被哲学和宗教所取代。正是沿着黑格尔的这个思路，后现代的思想家们，如雅克·德里达、希利斯·米勒、阿瑟·丹托等，竞相提出了种种"文学终结论"或"文学取消论"。

我们不同意所有这些过于悲观、过于危言耸听的"文学终结论"和"文学取消论"的观点。恰恰相反，我们认为，只要还有人在，只要人还有精神的追求，文学就不会消亡，文学就大有用武之地。文学在现时代被边缘化的遭遇只是历史进程中的一个暂时现象，人在历史发展中的主观能动性是可以扭转乾坤、再创辉煌的。但是也应当承认，黑格尔的悲观预言以及后现代思想家关于文学终结的思考，对解释文学边缘化这一事实的原因提供了极为深刻的启示，尽管他们把这些原因造成的后果做了过于悲观的推测和论断。

首先要申明的是，文学没有也不会终结，它只是暂时边缘化了。造成文学边缘化的原因非常复杂，有文学外部的原因，也有文学内部的原因。从文学外部的原因看主要有两点，一是物质消费压倒了精神追求。恩格斯说过："人们首先必须吃、喝、住、穿，然后才能从事政治、科学、艺术、宗教等等。"② 因而物质追求应该是人的第一追求，这一点与动物无异，否则，生命就无法持续。但是人还有高于动物的追求，这就是精神方面的追求，诸如爱情、友谊、信仰、修养、向善、自我实现，乃至对美和文学艺术的欣赏和热爱。这些应该是人之成为人的最高追求。尽管中国自改革开放以来一再强调物质文明建设和精神文明建设两手都要抓、两手都要硬，但中国作为一个后发展国家，又恰巧遭遇到全球化的历史契机和挑战，必须始终把物质生产和科学技术的发展摆在第一位。20世纪90年代以来，中国的经济取得了举世瞩目的快速发展，国家强大了，人民富裕了，中国的现代化进程迈出了最为关键的一步。但是，与此同时，也不可避免地出现了一些问题。其中一

---

① ［德］黑格尔：《美学》第一卷，朱光潜译，商务印书馆1979年版，第14页。
② 《马克思恩格斯选集》第3卷，人民出版社1960年版，第776页。

个带有全局性的问题，就是物质追求与精神追求之间出现不平衡，价值取向的天平向物质一端严重倾斜，几乎整个社会都被物质主义、消费主义、享乐主义的风气挟裹，大有赚钱即为目的、消费就是人生之势。试想，在这样的"一般情况"里，还会有多少人主动去光顾文学呢？文学又怎能不"边缘化"呢？

　　第二个原因是"图像"淹没文学。大致说来，图像和文学原本是一对孪生兄弟，两者都起源于语言。语言是远古人类发明的交流工具，按照一定的规则，用嗓子发出声音传递信息。有了语言就有了语言的艺术，即文学。有了语言也有了图像的描绘，即最初为了克服有声语言的传播局限而设计的图画文字。之后，图画文字又发展到象形文字，象形文字又发展到形声文字（如汉文字）或表音文字（如古希腊文字）。与这个过程同时进行的是，图像的绘制也逐渐发展为一种专门的艺术，即绘画艺术。关于文学与绘画的区别，德国杰出的启蒙思想家莱辛曾从审美的角度给予说明，认为诗（泛指文学）模仿动态的对象，画模仿静态的对象，因而画"只能把它的全部模仿局限于最富于孕育性的那一顷刻"①。如果从整体上比较，我们认为，文学与绘画的区别主要在于，文学以语言文字为"解读"对象，文学解读的间接性既造成了文学的接受劣势，也造成了文学的功效优势，即解读者需要耗神费力地运用想象去领悟，而正因为运用想象去领悟，又得以充分地发挥解读者的创造能力；绘画却是以色彩线条为"观赏"对象，绘画观赏的直观性既造成了绘画的接受优势，也造成了绘画的功效劣势，即观赏者只需轻松惬意地运用眼睛去观看，而正因为运用眼睛去观看，观赏者的想象则难以展开，观赏中的创造力自然也就受到限制。这即是说，文学与绘画是各有优劣、可以互补的。中国古代的诗和画就常常不分家，既有配画的诗，也有解诗的画，且中国独有的书法艺术，既可以作为"画"来观赏，又可以作为"文"来解读。西方古代也出现过带插图的所谓"乞儿版圣经"或带文字说明的连环画。但是，文学与绘画的蜜月期并没有持续多长时间。近代以来，图像制作技术令人吃惊的发展很快拆解了文学与绘画的亲密接触和和谐关系。首先是摄影技术的发明，出现了光学图像，接着是电视的发明，出现了电子图像，

---

① ［德］莱辛：《拉奥孔》，朱光潜译，人民文学出版社 1979 年版，第 18—19 页。

最后是微型电脑的发明，出现了数码图像。尤其是数码图像，其制作能力之强，复制数量之多，传播速度之快，清晰程度之高，互动性之深入，多媒体合成之便捷，都达到了无以复加的地步。而且，数码技术又反过来影响光学图像和电子图像，使数码图像与光学图像、电子图像联手合谋，共同打造了一个以图像膨胀乃至爆炸为表征的波澜壮阔的当代文化新景观。还有，当代设计艺术（广告、动漫、服装、展示等）也在变着花样地制造各种图像，以吸引大众的"眼球"。在这种情势下，就无怪乎有论者惊叹地指出，图像制作技术和大众传播技术短短几十年的高速发展，已经使当今世界闪电般地进入了一个新时代，这就是后工业信息时代和"读图时代"的到来。的确，当今的人们已经深深地淹没在"图像的海洋"里了！据统计，一般大众在工作之余的大部分时间里都是读报刊、看电视、上网，而这些大众传媒里的最活跃的主角就是被精心制作的照片、图像。况且，在人们吃穿住行的日常生活里，也是随时随地、目不暇接地遭遇到扑面而来的图像，就连乘飞机也给我们准备好了伸手即得的免费画册。试想，当人们陷入铺天盖地的图像之中，而图像又借助它的接受优势使人们轻轻松松、舒舒服服地应接不暇时，有多少人还会操心费力地阅读文学作品呢？"图像的海洋"不仅淹没了人，也首当其冲地淹没了文学！

诚然，导致文学边缘化的原因不只来自文学外部，还来自文学自身。已有论者从文学创作、文学出版、文学消费等方面对此进行了分析，这些方面无疑都很重要。但更加重要的还是在于文学教育。文学教育是对人的教育的一个重要方面，自古以来就受到文学家和教育家格外重视。中国古代即有源远流长的"诗教"传统，西方古罗马的贺拉斯也早就提出过文学要"寓教于乐，既劝谕读者，又使他喜爱，才能符合众望"①。对文学教育的重视，从古到今都是推动文学发展和教育发展的重要因素。文学教育向来是以学校的文学教育为主的，但是，文学教育还有大众的文学教育这一方面，这个方面的文学教育一直没能引起足够的重视。在当代，学校文学教育固然需要加强，但大众文学教育尤其需要加强。这不仅因为大众文学教育比学校文学教育更加薄弱，还因为加强大众文学教育对于摆脱当代文学困境显得更加迫切

---

① ［古罗马］贺拉斯：《诗艺》，杨周翰译，人民文学出版社1962年版，第155页。

和重要。

就目前情况看，大众文学教育最严重的问题就是缺乏现实针对性。现在的大众文学教育，往往停留在一般的文学知识启蒙阶段，而且受现行教育体制和应试教育的牵制，只是让大众记诵文学史上有过哪些名家名篇以应付知识问答式的测试，并没深入如何提高大众的文学鉴赏能力，更没有结合大众的实际情况，针对大众在文学方面所面临的实际问题，由此制定教育目标和方案，以深入推进切实有效的大众文学教育。

那么，如何解决这一问题呢？首先，针对物质至上、精神滑坡的现实状况，应进一步明确和强调大众文学教育的终极目标。大众文学教育的终极目标，既不是仅让大众知道一般的文学知识，甚至也不是单纯提高大众的文学鉴赏能力和文化素养，而是通过文学知识的掌握和鉴赏力的提高，以提升大众的审美趣味和人文情环，使大众领悟到什么是美，什么是丑，什么是高尚的人生境界，什么是终极的人生追求。像其他的审美教育一样，大众文学教育本质上也是一种素质教育、人文教育、培养全面发展的人的教育，只不过它采用的是文学审美的方式，面对的是普通大众而已。尤其在当代，这一终极目标必须更加坚持不动摇，并作为核心内容渗透大众文学教育的具体实施过程中。

其次，还应在普及一般文学史知识的基础上着重加强文学理论知识的教育，至少使大众从理论上懂得什么是文学，文学的特点是什么，文学的优点是什么，文学与图像有什么不同，文学阅读为什么重要，过度沉迷于图像有什么危害，等等。使大众更自觉地热爱文学，更自觉地多读文学作品，更自觉地避免淹没于"图像的海洋中"。当然，文学理论的普及工作还要注意形式上的生动性、趣味性、通俗性。再次，文学教育的主要材料是作品，针对目前社会上对经典的颠覆和解构之风盛行，有必要为文学经典正名，引导大众更多地接触经典作品，更准确地读解经典作品。经典作品是经过漫长的历史筛选而形成的，里面蕴含的文学性、思想性和人文精神最为凝重、最为丰富。大众需要阅读通俗流行的作品以消遣和自娱，更需要欣赏经典文学作品以获得精神上的滋养和升华。经典作品应该成为大众文学教育的最重要的教材。

另外，还有文学批评，尤其是当前盛行的媒体文学批评，如何向公众推荐、解说、评价作品，如何评介畅销作品，如何阐释有争议的作家、作品和文学现象，都在大众文学教育中起着极为重要的导向作用。因为篇幅所限，这一问题在此不再赘述。

最后要说的是，大众的文学教育绝非仅仅是文学教育者的事，需要政府主管部门、各种大众媒体乃至全社会力量的通力协作，才能有所进展。

（原载于《贵州社会科学》2008 年第 12 期）

中西现代艺术教育观念视野中的
艺术的本质与功能

凌晨光

艺术教育简单说就是用艺术去教育，即通过艺术（包括艺术创作、艺术鉴赏、艺术批评、艺术史、艺术理论）的学习达到教育的目的。而什么是艺术，艺术能够做些什么，对此类问题的思考与回答是进行艺术教育的理论前提和观念准备。

艺术是什么？艺术的本质何在？这样的问题似乎注定是一些难以圆满回答的问题。人们对"艺术"概念的界定涉及再现说、表现说、形式说以及直觉说、创造说、游戏说等，它们基本涵盖了两千多年以来人们对艺术的认识与论断。就现代艺术理论家和哲学美学家而言，为艺术下定义、解释"艺术是什么"这个问题，已不再成为他们的主要工作目标。然而，不去为艺术下定义，决不等于说什么是艺术这个问题不重要乃至没有意义，而是说明在当代社会文化历史的纷繁背景中，艺术问题成了一个难以确切说明的问题。德国现代思想家阿多诺称此种情形为"确定性的丧失"。① 这种丧失了确定性的概念，恰恰是我们关注和审思的对象。因为，从这些"成了问题"的概念中，我们可以感受到概念背后蕴含的社会的、历史的、文化的诸多信息。换句话说，当我们看到现代人界说艺术的时候，在关心他告诉我们什么是艺术的同时，更要思考他为什么这么说。

以 20 世纪美国教育家杜威为例，他将艺术界定为"一种心态、一种心境——要求得到满足和做到使物质形成新的和更有意义之形式的某种活动。

---

① ［德］阿多诺：《美学理论》，王柯平译，四川人民出版社 1998 年版，第 1 页。

体会到人们正在从事的事业的意义并从中获得愉悦，使内在生命的展示和物质世界的有序发展结合在同一并存的现实中——那就是艺术。"① 杜威对艺术的界定明显区别于一般美学家的思维路径。他从一种心态、心境，一种满足感和愉悦经验的角度去界说艺术，充分显示了一个教育家的独特视野。杜威之所以能够用这一在美学家看来有些陌生的方式论述艺术问题，是与他整个的实用主义教育思想密切相关的。杜威对教育的看法可以归结为：教育的过程即生活的过程，而所谓的生活乃是有机体与环境之间的相互作用。从这一相互作用的过程来看，教育就是发展，就是生长；从这一相互作用的结果来看，教育就是生活或经验的改造。教育的目的在于通过经验的改造促进生长和发展，更新生活。杜威反对在各种经验之间作出人为地区分，审美经验也不必为艺术所独有。他认为只要一种经验能够使人感到满意，它就具有审美的性质。从这个意义上说，一切日常经验都可能具有审美的性质。这一核心观念对我们理解杜威的艺术教育思想具有重要意义。当杜威反对在审美艺术经验和日常经验之间进行分割的时候，艺术教育也就成为整个人生教育的一个有机组成部分。艺术是人类完整经验的纯粹表现，这一观点是建立在对艺术与整个社会生活的整体关系的独特关注上的。从这个意义上看待艺术，其独特的性质、效能和作用就不会局限于"艺术是再现生活的方式""艺术是情感表现的工具"或"艺术是有意味的形式"这样狭隘的表述。艺术品之所以引人关注，是因为它所产生出新的、使人心旷神怡的经验，艺术品之所以让人感到满足，是因为它所提供的经验是一种完整美好的经验；反之，假如没有艺术，则意味着人类经验完整性的缺失。这种缺失表现为一种分离状态，即手段与目的、方式与效果、过程与结局相互分离，结果是经验的分裂和萎缩。因此在杜威看来，伟大的艺术之所以是"永恒的"，关键在于它能提高、延长和净化人类经验，并使人类的这种完整经验不断更新自己，而变得更完美。简单一句话，杜威所说的艺术，就是一种"为人生的艺术"。

说到"为人生的艺术"，如果我们联想起中国现代文艺发展的历史实绩，应该能够想到鲁迅先生在《我怎么做起小说来》中的一段话："说道

---

① 参见［美］阿瑟·艾夫兰《西方艺术教育史》，邢莉、常宁生译，四川人民出版社2000年版，第222—223页。

'为什么'做小说罢，我仍抱着十多年前的'启蒙主义'，以为必须是'为人生'，而且要改良这人生。"① 将包括文学在内的艺术定位在"为人生"，这可以说是 20 世纪前 30 年在当时特定历史条件下，中国学者的一种共识。蔡元培、王国维、梁启超等美学家思想家都对此做过申说。在以"立人"为本，以"培养完全之人物"为宗旨的现代教育理念的统摄下，艺术与人生的关系被凸显出来。

中西现代学者从人生的角度认识艺术及艺术教育的本质，这一思维路径的相似并非巧合，而是由当时的社会历史条件所决定的，是他们怀着社会责任感思考艺术和艺术教育问题的时候所得出的必然如此的答案。杜威在备感有关艺术的再现、表现、形式、游戏等理论的片面性的同时，指出艺术不应成为与科学相抗衡的另一种"知识"，不应因此而变成"工具性"的存在，而应成为最重要的人性化的力量之一。杜威的实用主义教育观念和美学观念促成了美国社会艺术教育观念的转向，而 20 世纪初期的中国学者则是在求强图变，以改百年积弱的强烈社会愿望激励下提出了为人生的艺术观和艺术教育观。虽然具体的社会历史动因和努力目标有别，但对艺术及艺术教育的认识与理解确有异曲同工之妙，个中缘由值得深思。

如果说从艺术教育的角度，把艺术本质定义为"为人生"，体现了 20 世纪初期中西方艺术教育家和美育思想家的某种共识，那么，在此基础上对艺术功效的具体探讨和论述，则更能彰显艺术教育视野下艺术的特质与功能。就艺术的功效而言，从艺术教育的角度来看，它至少体现出两大效果和价值。第一，艺术有助于个人的健康成长；第二，艺术有助于社会和谐进步。

从个体层面上看，艺术对人的感官经验的刺激、对人的情绪智力的提高、对人的创造能力的激发，总之对个人的整体生活所产生的积极作用一直以来都受到美学思想家和教育理论研究者的重视。艺术是通过感官刺激去引发审美经验，而这又进一步促进了构成审美经验的人体各部分和各功能的活动，直至引发人的整体性活动。由艺术活动所培养起来的经验和技能转而在人类个体的生存和发展中起到全方位的整体作用，这对于艺术教育工作者来说是最值得重视的艺术的功效。苏联美学家卡冈对于艺术与个体成长关

---

① 《鲁迅全集》第四卷，人民文学出版社 1981 版，第 512—513 页。

系的探讨就很有代表性。他在指出"艺术的目的在于拓展、加深和组织人类的审美经验"之后，还条理分明地列举了艺术的作用：第一，艺术向人们提供了一种新的可能性：即审美地体验每个人由于自己生活经验的局限而实际上无法体验的东西。第二，艺术使人们的"审美视力"更加敏锐，更具洞察力。"艺术就这样把最聪慧、最颖悟的人的审美经验变成普遍的财富。"第三，艺术能够目的明确地组织人类的审美经验，通过克服现实生活的偶然性，使艺术作品成为有计划有目的的进行艺术教育的工具。第四，艺术运用文学和戏剧、舞蹈和音乐、绘画和雕塑、电影和电视等手段把社会所需要的审美价值播撒到人的生活之中，"为社会展示了这样的可能性：按照有益于社会的方向能动地和始终不渝地影响每个个性的审美意识。"① 至此，艺术对个体意义上的人的健康发展所起的作用，得到了比较全面和深刻的揭示。

中国现代美学家和艺术教育工作者同样看到了艺术对个体的经验、情感、智力、创造力等各方面起到的积极影响和作用。由于中国现代社会特殊的环境和条件所决定，中国学者往往把缺乏艺术的涵养与培育，不具艺术感的人比喻为身患疾病而亟须治疗的病人。艺术教育家丰子恺先生认为："因为我们平日的生活，大都受环境的拘束，所以我们的心不得自由舒展。我们平时对付人事，要谨慎小心，辨别是非，打算得失。我们的心境大部分时间是戒严的，惟有学习艺术的时候，心境可以解严，把自己的意见，希望与理解自由地表达出来。这时候我们享受一种慰安，可以调消平日生活的苦闷。"② 将艺术与生活相联系，将艺术的功效定位于个体身心的健康发展，这正是"为人生的艺术"的本质体现，因为在中国人的内心深处，艺术与人生、艺术与生命本来就密不可分，艺术的创造活动与个体人生发展之间发展空间，构成一个合而为一的发展空间，而人不可能仅在个人层面上生存，不可能仅以个体的身份活动，于是，个体一旦进入社会，艺术便在人与人的公共关系建构与社会整体的和谐进步方面起到了更加显著的作用。

就艺术功效的社会层面而言，艺术在人类文明的整体构成中，在以"取得更美好的生活"为总目标的人类发展方向中所起的作用，是工业、商

---

① ［俄］卡冈：《卡冈美学教程》，凌继尧等译，北京大学出版社 1990 年版，第 201—201 页。
② 《丰子恺文集》第 4 卷，浙江文艺出版社、浙江教育出版社 1992 年版，第 121 页。

业等领域和宗教、科学等活动所不能代替的。艺术的功用在于它作为整个社会文明的一部分，或作为一个文明的分支，在社会整体中起到其他文明分支所不能取代的作用，而各文明分支之间是相互配合，共同指向一个总体目标的，那就是让人生活得更完善、更美好。具体说来，艺术在人的个性培养、文化遗产的传承弘扬、各民族之间的尊重与理解方面起到引人瞩目的社会作用。"它们可以用来培养一种平衡的、有广泛教养的和协调的个性；用来向子孙万代传授文化遗产中经过选择的部分；用来增进不同种族、民族和宗教团体之间的相互尊重和了解。"①

　　艺术的上述社会作用在中国现代美学家、教育家那里同样得到了切实的关注。针对当时流行的把艺术当成雕虫小技，非经世济国之雄才大略而被广泛忽视的现状，蔡元培、王国维、梁启超、鲁迅、宗白华、丰子恺等从不同的角度强调了艺术的进德修身、颐养人生、维护和平、美化生活等功效。蔡元培认为，艺术是使人格趋于完美，使人爱自己，爱他人，爱他的工作，进而培养勇敢活泼的创造进取精神的必要环节。在强调改造国民性，在根本上改变中国积贫积弱之状况的现代启蒙精神的历史语境中，上述论断的确是颇有远见的。他们的一些具体论述尽管带有浓厚的理想化色彩，企望用美育解决人的精神世界乃至人类社会的政治关系等问题，也显得过于一厢情愿，但对于人们更加全面的理解艺术的社会功效，更加重视艺术，重视美育，其意义和价值还是不容抹煞的。当然，艺术的上述社会功效与它在培养人的技术技巧层面的某些能力，比如造型能力、模仿能力相比较，往往是逐渐的和间接的体现出来的。然而，这种并非能让每个人都显而易见的间接功效，却真正是艺术更深刻、更根本的意义和价值之所在。丰子恺先生的话，也许能让我们更切实地理解这一点。他说："我教艺术科，主张不求直接效果，而注重间接效果。不求学生能作直接有用之画，但求涵养爱美之心。能用作画一般的心来处理生活，对付人世，则生活美化，人世和平。此为艺术的最大效用。"②

（原载于《贵州社会科学》2008 年第 12 期）

---

① ［美］托马斯·门罗：《走向科学的美学》，石天曙、滕守尧译，中国文联出版公司 1985
　　年版，第 385 页。

② 《丰子恺文集》第 7 卷，浙江文艺出版社、浙江教育出版社 1992 年版，第 41 页。

后启蒙与文化批判理论的危机

——兼论批评合法性的重建

尤战生

大众文化（mass culture）是现代社会工业化、技术化与都市化的产物：其生产已经纳入现代商业生产体系，因而它具有突出的利益诉求；现代复制技术和传媒技术的发展极大地提高了它的制作能力和传播能力，也使它具有了复制性和模式化等特征；其消费主体为现代社会中身心疲惫的都市人群，因而娱乐是其主要功能。与精英文化相比，大众文化的精神内蕴明显不足，其美育教化功能也较为贫弱。与传统的民间文化（folk culture）和通俗文化（popular culture）相比，它也缺乏与大众生活经验之间的有机关联。这样一种具有明显先天缺陷的文化一经面世，就遭到许多理论家的批评，并由此形成了不同的批评理论流派。其中，以法兰克福学派的批评最为尖锐，影响最为深广。在法兰克福学派"批判理论"的视野中，发达工业社会的大众文化是娱乐生产体系强行推销给大众的彻头彻尾的商品，其文化内涵已丧失殆尽；它向大众兜售虚假需求，灌输社会合理性观念，把大众变成认同现状、丧失本真欲求和反抗意志的顺民，因而从本质上说也是反大众的。这样一种批评既异常深刻又十分偏激，它不但对大众文化作了过度批评，而且对大众也作了过度贬低。因此，法兰克福学派的批判理论早已暗藏危机。当今西方社会已经全面步入后启蒙时代。我国虽然并未真正走入后启蒙时代，但已呈现出明显的后启蒙特征，并且后启蒙的理论话语在学术界已是众声喧哗。在后启蒙状况日渐凸显的当代社会，文化艺术的商品化程度日益加深，却仍然展示出强大的生命力和创造活力；沉溺于消费文化中的大众并没有变成权威的顺从者，反而在社会生活的各个领域日益显示出对个体权利的要求；当代社会也并没有走向极权主义的黑暗，而是正在走入文明与进步的新阶段；这一切都让我们不得不反思，法兰克福学派的文化批判理论在当代是否还具有现实适用性？随着高等教育的大众化和民权运动的日益高涨，当代大众正在变成具有自主性和批判精神的"文化大众"；在后现代思潮的推波助澜下，一切既定权威和秩序的合法性都遭到普遍质疑；在这种情势下，文化批评家的批评权力也遭遇严峻挑战。从后启蒙的视角进行审视，法兰克福学派的文化批判理论面临重重危机，当代的大众文化批评必须走出该学派的批评范式。本文将着力考察法兰克福学派文化批判理论面临的危机，并在此基础上探寻当代大众文化批评重建合法性的途径。

一

法兰克福学派的文化批判理论之所以面临危机，首要的原因是该理论对大众文化作出了不恰当的过度批评。该学派之所以对大众文化作出过度批评，主要有两方面的原因：一方面，该学派"把德国法西斯主义的独特发展历程，套用于所有的资本主义国度"，认为美国等发达资本主义国家的"'文化工业'所作无他，正与法西斯国家相同"。① 也就是说，法兰克福学派的理论家把发达资本主义国家的大众文化与德国纳粹文化等同视之，因而造成了批评的过度。另一方面，该学派对大众文化的批评是一种独断式的哲学批判。这种批判缺乏对大众文化的经验考察，所以造成了批评的臆想性和独断性。文化批评无疑是一种价值批评，但这种价值批评必须建立在对对象事实准确认知的基础之上。正是由于缺乏经验事实方面的研究，导致了法兰克福学派把先在的哲学观念推演至大众文化的分析中，造成了该学派对大众文化的过度批评。

法兰克福学派对大众文化的非文化性的批判是缺乏事实根据的。在该学派看来，发达资本主义社会的大众文化从总体上讲既不具有文化性，也不具有大众性。该学派判定大众文化丧失文化性的主要依据就是发达资本主义

---

① ［英］阿兰·斯威伍德：《大众文化的神话》，冯建三译，生活·读书·新知三联书店2003年版，第18页。

社会的大众文化已经成为彻头彻尾的商品，成为机械复制的标准化产品。事实是否如此呢？在发达资本主义社会中，艺术的商品化是一个无法否认的事实，不但大众文化如此，几乎所有的艺术品都难以逃脱这种命运。法兰克福学派也承认这一点，但它仍然坚持认为：艺术品"通常也是商品"，而大众文化产品则是"彻头彻尾的商品"。[①] 之所以有此区别，主要在于艺术创作还没有完全被商业化生产规则所控制，还在一定程度上保留了创作的自由性和作品的个性特征；而大众文化的生产则完全遵循商品生产的规则和程序，其产品因而是标准化的和同质化的。大众文化是否已经完全同质化？20世纪30年代的好莱坞电影是法兰克福学派批判的重点对象之一。此时的好莱坞电影的确在生产方面具有高度的垄断性，但却并非是完全同质化的。约翰·多克认为，30年代是好莱坞电影史上一个伟大的时代，这一时期的电影不但题材多样，而且电影表现出对传统生活方式的挑战，对外来人物的着迷。这一切都说明此一时期的好莱坞电影绝不像霍克海默和阿多诺所言是同质化的、墨守成规的。他曾指出："阿多诺和霍克海默没有提供任何实际的例子，让读者去核对他们对好莱坞所作的评论"[②]；"你实在不得不对阿多诺和霍克海默到底对好莱坞电影了解多少、对以经验为依据的材料了解多少感到奇怪。他们的推论是否就是以粗略的、严重的、该受责备的无知为依据？是不是因为他们已经知道，就不必再看一看？他们的论点是不是一种未经观察分析就展开的长篇大论？"[③] 多克对霍克海默和阿多诺的批评是切中要害的，因为法兰克福学派的理论家确实对其批评对象缺乏充分的了解和体验。

　　法兰克福学派对大众文化的反文化性的批判也不是建立在对大众文化及大众充分了解的基础之上的。在该学派看来，发达资本主义社会的大众文化已经丧失了文化应有的超越性与艺术的批判功能，而沦为肯定现状、为现实制度辩护的意识形态工具；在大众文化的欺骗和控制之下，大众丧失了超

① Theodor W. Adorno, *The Culture Industry*: *Selected Essays on Mass Culture*, Edited with an Introduction by J. M. Bernstein, London: Routledge, 1991, p.86.

② [澳] 约翰·多克：《后现代主义与大众文化》，吴松江、张天飞译，辽宁教育出版社2001年版，第57页。

③ [澳] 约翰·多克：《后现代主义与大众文化》，吴松江、张天飞译，辽宁教育出版社2001年版，第61页。

越现实的理想和反叛现实的精神，成为自觉遵从现实统治逻辑、认同现实合理性的顺民；因此，大众文化在本质上是反大众的。约翰·多克认为，法兰克福学派"这些观点是在一种咄咄逼人的现代主义的臆断中提出的"①。我们不否认，发达资本主义的大众文化与大众的生活经验之间缺乏有机的联系，它并非大众生产的文化产品，而是文化垄断公司生产并推销给大众的，这种推销带有一定的强制性与欺骗性。但是若由此得出大众文化反文化的结论显然是非常武断的。因为大众在消费文化产品时具有一定的选择权和自主权，对文化产品内涵的意识形态也有一定的鉴别能力，并能够对其作出拒斥或抵抗。另一方面，为了在激烈的竞争中获得市场成功，大众文化的生产制作者也必须充分了解并努力满足大众的趣味和需求，而不能只是一厢情愿地往其产品中填塞自己想要的价值观念。大众文化具有意识形态性是个事实，但其内涵的意识形态并不是单一的，所以说大众文化并非主流意识形态的单纯宣传工具，而是各种意识形态相互混杂和斗争的场所。法兰克福学派带着被纳粹迫害的心理创伤，以对纳粹伪民俗文化的理解来批判美国等发达资本主义国家的大众文化，就容易走向片面极端。如果该学派的理论家能够充分接触和研究大众文化的具体产品，还能对其观念的片面性有所纠正，但该学派的主要理论家霍克海默和阿多诺都对深入了解大众文化缺乏兴趣。比如，阿多诺在1936年发表《论爵士乐》时尚未到美国，对爵士乐还没有亲身经验，就在文章中武断地宣称，爵士乐是严格意义上的商品，其功能是加强异化②。在1953年发表《持久的时尚——爵士乐》时，阿多诺已经有机会深入了解爵士乐了，但他似乎也没有去认真体验这种音乐的愿望；在其文章中仍然不愿承认爵士乐内涵的否定因素，认为爵士乐的否定性是假装的，不过是一种施虐—受虐式快感的展示而已。与对大众文化的疏离相似，法兰克福学派对大众也缺乏真正的了解。在法兰克福学派理论家的臆想中，大众不过是文化消费品的被动接受者，他们对文化产品的消费还停留在口唇期的"吮吸"阶段，他们像"无休止的吸吮着的婴儿一样，总是张开着口在等待着"③，等待

---

① [澳] 约翰·多克：《后现代主义与大众文化》，吴松江、张天飞译，辽宁教育出版社2001年版，第64页。

② [美] 马丁·杰伊：《法兰克福学派史》，单世联译，广东人民出版社1996年版，第214页。

③ [美] 埃里希·弗洛姆：《生命之爱》，王大鹏译，国际文化出版公司2001年版，第33页。

着"一道他们已经吃过的菜"①。这种臆想显然和大众实际的状况不符。

综合以上两点可以看出，法兰克福学派对大众文化的批评不是从对大众文化的具体经验中生发出来的，而是相反，是把一种先验的理论观念推演至大众文化领域中。该学派生逢乱世，目睹了现代社会的种种罪恶，对人类的前途深感绝望，由此把现代社会的恶果过多地归因于启蒙理性；并进一步简单地把大众文化视为启蒙理性的体现，从而对大众文化作了臆想性的过度批判。著名文化批评家理查德·沃林曾指出，法兰克福学派的理论"作为一种以哲学为根据的社会演化理论，其得出的结论走向了某个极端"；该学派"在社会历史具体性方面的损失无法通过历史哲学的宽广性和思辨的丰富性方面的收获而得到补偿"。② 我们并不怀疑法兰克福学派的大众文化理论的深刻性，也不否认其中有些观念在今天仍有现实的适用性，同样也欣赏该学派理论家可贵的社会良知，但该学派由于过多倚重哲学推演的方法，而忽视经验的研究方法，致使对大众文化的批评缺乏可信度。

二

在当下时代，法兰克福学派的大众文化批判理论更是危机四伏。这种危机主要源自后启蒙的社会状况与哲学话语的挑战。何谓"后启蒙"？后启蒙既是一个表征思维范式的概念，也是一个时间概念。作为思维范式的后启蒙指对启蒙理性的反思和批判。作为一个时间概念，后启蒙指启蒙时代的结束。作为一个特定历史概念的启蒙运动发生于 18 世纪的欧洲，而广义的西方启蒙时代则从 15 世纪末绵延至 19 世纪。从 19 世纪后期至 20 世纪前半叶，叔本华、尼采、海德格尔、阿多诺等后启蒙思想家从不同角度对启蒙理性作出了激烈的批判。因此，从思想史的角度来看，西方后启蒙时代起始于 19 世纪末。但从整体历史状况来看，到 20 世纪下半叶，西方社会才开始进入全面的后启蒙时期。20 世纪 60 年代以来，随着西方各国高等教育的大众化，民权运动的勃发，后现代思潮的兴起，西方社会全面进入后启蒙时代。后启

---

① Theodor W.Adorno, *The Culture Industry: Selected Essays on Mass Culture*, Edited with an Introduction by J.M.Bernstein, London: Routledge, 1991, p.45.

② ［美］理查德·沃林：《文化批评的观念》，张国清译，商务印书馆 2000 年版，第 108 页。

蒙时代的到来，不但使启蒙理性受到全面质疑，也使法兰克福学派的文化批评模式遭遇合法性危机。当代中国是否已经步入后启蒙时代？对这一问题，不同学者有不同的理解和回答。但毫无疑问，我国当下社会已经出现了明显的后启蒙特征。尤其是学术研究领域，后启蒙的理论话语更是众声喧哗。因此，我国国内的大众文化批评要想获得稳固的合法性基础，也必须应对后启蒙的挑战。在后启蒙的视域中，法兰克福学派的文化批判理论面临着全面的危机，主要体现为："现代精英主义"文化立场的危机、"被动大众"观的危机以及批评家作为文化"立法者"的身份危机。

第一，"现代精英主义"文化立场的危机。阿多诺认为："文化的东西就是远离赤裸裸的生活需要的东西。"[①] 这种观念近似于文化保守主义，但和文化保守主义有所不同："法兰克福学派保护古老的文化价值，决不意味着把这些价值实体化为独立于或优先于物质利益的东西，这种分离是研究所严厉批评的'肯定性文化'的特征，研究所对肉体的、感性幸福的关注是保守名流没有的，后者的理想主义有禁欲主义的成分"[②]。也就是说，法兰克福学派虽然强调文化和商品的区分，却没有把这种区分绝对化，没有坚持文化的超功利性。与文化保守主义的另一点不同之处在于，该学派强调文化的内在矛盾性和现实否定性，拒绝把文化看作永恒秩序和普遍价值的载体。同样是攻击大众文化，阿诺德和利维斯主义代表的"文化与文明"传统是因为"大众文化对文化标准和社会权威构成了威胁；法兰克福学派攻击大众文化则是因为大众文化对文化标准构成威胁，并使工人阶级非政治化从而维护社会权威的铁腕统治"[③]。可见，法兰克福学派攻击大众文化，力倡先锋艺术，是为了强调文化的社会批判功能，而不是为了维护传统精英文化的永恒价值和传统社会的权威秩序。但是，尽管没有在传统精英文化与现代大众文化之间坚持"雅—俗"对立的文化立场，法兰克福学派还是坚持了现代先锋艺术与现代大众文化在颠覆与整合的政治维度上的对立。既不同于文化保守主义，也

---

① Theodor W.Adorno, *The Culture Industry*: *Selected Essays on Mass Culture*, Edited with an Introduction by J.M.Bernstein, London: Routledge, 1991, p.94.

② [美] 马丁·杰伊：《法兰克福学派史》，单世联译广东人民出版社 1996 年版，第 334 页。

③ [英] 约翰·斯道雷：《文化理论与通俗文化导论》第二版，杨竹山等译，南京大学出版社 2001 年版，第 157 页。

不同于伯明翰学派的文化平民主义，法兰克福学派的文化立场可以说是一种"现代精英主义"文化立场，或者说是一种"新精英主义"文化立场。

　　法兰克福学派的"现代精英主义"文化立场虽然和文化保守主义不同，但从后启蒙的视角进行考察，依然面临着危机。首先，"现代精英主义"文化立场使得法兰克福学派的批判理论对当代文化现象缺乏有效的解释力度。在法兰克福学派所处的时代，大众文化已经成为占主流地位的文化形式。在大众文化的挤压之下，传统的民间文化日渐萎缩，而先锋艺术也只能"被获准乘坐一种吉普赛人的流浪马车，事实上连自己都不大注意地、悄悄地颠簸于怪异的文化展厅。"① 在当下社会，大众文化和政治、经济的关系更为密切，因而也得到了更为迅猛的发展。大众文化和经济结盟生成的文化产业，目前已经成为许多发达国家的支柱产业。大众文化和政治结盟，使其成为不少国家进行价值观输出的最重要的文化载体。在大众文化成为主流文化的时代，文化批评为获取较大的对象涵括力和现实解释力，就必须正视大众文化，并对其作出深入研究。然而，法兰克福学派在"现代精英主义"文化立场的支配下，对大众文化表现出不屑一顾的鄙夷和冷淡。通观《启蒙辩证法》对好莱坞电影的批评，其中并没有提到任何一部电影的名字。阿多诺的《电视与大众文化模式》一文，也没有涉及具体的电视作品。这种对大众文化不屑一顾的"新精英主义"立场会阻碍批评家对大众文化作出全面的考察，也会阻碍批评家对大众文化作出客观的评价，最终将使批评家的理论既缺乏对文化现象的解释力度，也缺乏对现实文化问题的解决能力。其次，"现代精英主义"的文化立场遭遇文化平民主义的挑战。诚然，大众文化不是由平民大众自发生产出来的，但大众向来就在文化生产方面缺乏主动权和支配权，精英文化同样也不是由大众自主生产的。在文化消费方面，大众却一直都保有较大的选择权和自主权。俗文化向来都是大众主要的文化消费品，对俗文化的选择和偏好从一定意义上讲是大众文化自主权的体现。法兰克福学派的理论家把大众文化贬得一无是处，是否要剥夺大众的文化自主权，强使大众接受他们为文化制定的标准？今天，任何一种文化理论要获得

---

① 　Theodor W.Adorno, *The Culture Industry*: *Selected Essays on Mass Culture*, Edited with an Introduction by J.M.Bernstein, London: Routledge, 1991, p.102.

合法性基础，都不能忽视对大众的文化权利的尊重。伯明翰学派的理论家威廉斯非常鲜明地指出，文化是平常的。这样一种文化观念既是对当代文化状况的总结，也体现了对平民大众的文化权的尊重。当然，文化平民主义不能走向极端，变成无原则地迎合大众文化趣味的文化民粹主义。在文化平民主义日渐高涨的当下社会，"现代精英主义"文化立场致使法兰克福学派的批评理论曲高和寡，缺乏对现实的介入力度；也使其有陷入文化霸权主义的危险。

　　第二，"被动大众"观的危机。在批判理论的视野中，大众几乎可以等同于乌合之众，他们是被社会驯化出来的具有权威人格的群体；他们在文化消费方面也缺乏鉴别力，只能被动地接受文化工业向他们提供的产品；他们对大众文化产品中内涵的意识形态也是照单全收。虽然阿多诺后来对大众的看法有了一定变化，比如他认为，"文化工业的意识形态本身包含着它自身谎言的解毒剂"①，"个人的真实利益仍然强大得在一定限度内足以抵制总体的控制"②，但从总体上看，法兰克福学派的理论家对大众的自主性和抵抗性持悲观论调。法兰克福学派对大众的这种判定与实际情况并不相符。在法兰克福学派所处的时代，西方社会已经经历了比较充分的启蒙。什么是启蒙？"要有勇气运用你自己的理智！这就是启蒙运动的口号。"③康德对启蒙的这一表述包含了两个关键要素：理性与自主性。虽然启蒙运动并不能完全实现其口号所提出的目标，但毫无疑问，经过比较充分启蒙的西方大众在运用理智和追求个体自主性方面已经有了较大的自觉。他们不会变成任由文化工业操纵的傀儡；他们虽然经常耽于娱乐消费的快感，但他们对于自我利益的关心和对生存现实的把握还是比较理智的。正如阿兰·斯威伍德所言："现代资产阶级力量的纵横捭阖，工人阶级持续地加入或支持社会民主党派或共产党，以及大多数工人阶级自觉当前社会乃一如假包换的阶级社会，凡此种种，都清楚地显示了商业化的流行文化，在改变社会与政治价值方面的能

① Theodor W.Adorno, *The Culture Industry*: *Selected Essays on Mass Culture*, Edited with an Introduction by J.M.Bernstein, London: Routledge, 1991, p.157.

② Theodor W.Adorno, *The Culture Industry*: *Selected Essays on Mass Culture*, Edited with an Introduction by J.M.Bernstein, London: Routledge, 1991, p.170.

③ [德] 康德：《历史理性批判文集》，何兆武译，商务印书馆 1997 年版，第 22 页。

耐，实在微不足道。"① 法兰克福学派的理论家由于目睹了纳粹党对德国大众的摆布，所以对现代商业和文化工业控制下的大众的积极性和自主性作出了过低的估计。

"被动大众"观在当代遭遇更严重的挑战。这种挑战主要源于三个方面。第一，大众的结构性变化。"二战"结束后，随着西方各发达资本主义国家高等教育的大众化以及社会阶层的结构变化，当代西方社会的大众已经不是传统意义上的无产者和底层大众，而是中产阶级群体。中产阶级群体中的主体不再是"以自由职业者、手工业者、小企业主、小商人以及小农为主的'老中产阶级'"②，而是由中小官员、企业经理、白领雇员、各类教师、工程师、律师、医生等为主体的"新中产阶级"。"新中产阶级"在经济上有较高收入，在文化上受过良好的教育，在政治选举、社会管理等方面也发挥越来越大的作用。"新中产阶级"作为"文化大众"不但在文化消费方面越来越具有自主性，而且其中相当一部分人直接参与了大众文化的创作和生产。在当代中国，中产阶级虽然还没有成为社会主体，但正在日渐壮大；高等教育虽然还未普及，但已开始走向大众化。在这种情况下，法兰克福学派的被动大众观显然是不合时宜的。正如威廉斯所说："我并不认为我的亲戚、朋友、邻居、同事、熟人是群众；我们中间没有谁能这么想，也没有谁会这么想。群众往往是其他人，我们不知道，也不可能知道的其他人。"③ 也就是说，很少有人把自己认作缺乏个性和自主性的群众或大众（mass），"乌合之众"意义上的大众不过是个意识形态概念。第二，"能动受众"理论的提出。伯明翰学派的理论家斯图亚特·霍尔认为，大众文化的意义编码过程和大众的解码过程并不一致。大众在解码过程中既可遵循支配—霸权立场，也可持协商立场和对立立场。当大众在解码过程中持后两种立场时，大众就是积极主动的受众。当代著名文化理论家费斯克则认为，虽然"所有的文化商品，多多少少都具有我们可以称之为中心化的、规训性的、霸权式的、一

---

① ［英］阿兰·斯威伍德：《大众文化的神话》，冯建三译，生活·读书·新知三联书店 2003 年版，第 153—154 页。

② 孔德永、王存福：《"中产阶级"的历史发展及概念辨析》，《社会主义研究》2006 年第 1 期。

③ ［英］雷蒙德·威廉斯：《文化与社会》，吴松江、张文定译，北京大学出版社 1991 年版，第 378 页。

体化的、商品化的（这类形容词几乎可以无限繁衍）力量"①，但"大众的力量将文化商品转变成一种文化资源，还使文化商品提供的意义和快感多元化，它也规避或抵抗文化商品的规训努力，裂解文化商品的同质性和一致性，袭击或偷猎文化商品的地盘"②。依照费斯克的理论，大众虽然在文化商品的生产中缺乏支配权，但在文化消费中却可以充分发挥自主权，可以有效规避或抵抗文化商品内涵的控制性力量，并能以文化商品为原材料，生产出属于自己的意义和快感，从而成为"积极的受众"。费斯克对大众的生产性和自主性的估计虽然过于乐观，但确实有力地纠正了法兰克福学派的"被动大众"观。第三，电脑和互联网的发展为大众进行文化的自我表达提供了技术平台。从 20 世纪 90 年代以来，互联网在全球获得了突飞猛进的发展。如今，全球的网民人数每年都以几何倍数增长。网络媒介不但使大众在文化消费方面享有高度的自主权，也使大众获得了自我表达的自由和文化生产的快感。综合以上三方面的内容，可以得出这样的结论：随着大众的结构变化、"能动受众"理论的提出和新媒体技术的发展，法兰克福学派的"被动大众"观念在当代岌岌可危。但我们必须清醒地意识到：人类既有追求个体自由的冲动，也有逃避自由、寻求群体归属的心理需求，所以大众无论在社会生活中，还是在文化消费中都不可能是完全积极主动的；法兰克福学派虽然夸大了大众的消极性和被动性，但其理论也不是全无道理。

第三，批评家作为文化"立法者"的身份危机。齐格蒙·鲍曼认为，现代型知识分子和后现代型知识分子的区别在于前者作为知识的"立法者"存在，而后者则扮演知识"阐释者"的角色。"立法者角色由对权威性话语的建构活动构成，这种权威性话语对争执不下的意见纠纷作出仲裁和抉择，并最终决定哪些意见是正确的和应该被遵守的。"③ 承担知识立法功能的知识分子是些文化精英或者说是高级知识分子，他们拥有"普通人所不具备的独特知识"，掌握着社会的"中心价值准则"和"普遍文化价值准则"，因而

① ［美］约翰·费斯克：《理解大众文化》，王晓珏、宋伟杰译，中央编译出版社 2001 年版，第 34 页。

② ［美］约翰·费斯克：《理解大众文化》，王晓珏、宋伟杰译，中央编译出版社 2001 年版，第 34 页。

③ ［英］齐格蒙·鲍曼：《立法者与阐释者：论现代性、后现代性与知识分子》，洪涛译，上海人民出版社 2000 年版，第 5 页。

是"真理与客观性"的卫士。① 同时，他们也是自由知识分子和全能知识分子。因为他们能够超越"他们所处群体或与工作相联系的利益"，能够"超党派的、具有客观的意见、并有资格代表整个社会说话"，因而是"公共价值准则的看守人"，是"集体良心"的代言人。② 这样的知识分子既是社会准则的立法者，也是文化艺术的立法者。以这种标准来衡量，法兰克福学派的理论家在进行社会批判和文化批判时，是居于"立法者"位置的。虽然该学派对工具理性展开了激烈的批判，但其最终旨趣是价值理性的重建。该学派对大众文化进行了全面否定，最终还为了维护文化的标准和尊严。在该学派的视野中，文化的生产商和控制者是利欲熏心之徒，而大众作为消费文化的"瘾君子"也几乎无药可救。该学派的文化批判不是个人化的表达，而是文化标准的颁布。虽然该学派对大众能否走出大众文化的控制深感绝望，但该学派的理论家无可置疑地将自己置身于文化的拯救者和大众的启蒙者的位置。总之，虽然法兰克福学派以对启蒙理性的尖锐批评而使其理论带有后启蒙的色彩，但由于该学派并未对批评自身的合法性作出反思，所以该学派的理论家和后现代知识分子不同，仍具有现代知识分子的典型特征，扮演知识与文化的"立法者"的角色。

法兰克福学派的批评家作为文化"立法者"的身份在当代陷入危机。首先，全能批评家面临危机。当下社会中，知识的膨胀和分化使得批评家很难全面占有所有的批评理论，大众文化的日益丰富也使得批评家难以遍览所有的文化产品。在这种情况下，批评家只能是某一个大众文化领域的专家。其次，批评的客观性和真理性面临危机。全能知识分子和全能批评家的解体已经使批评的真理性和客观性深受怀疑，当利奥塔宣布知识不过是一种叙事，当德里达解构了哲学优于文学的合法地位，批评家如何像法兰克福学派所言，通过艺术和批评获取真理？再次，批评的权威性和有效性面临危机。随着高等教育的大众化，大众已经成为有文化的大众，成为"能动的受众"，批评家已经不能再无视他们对文化产品的自主判断和自发批评，不能轻易替

---

① ［英］齐格蒙·鲍曼：《生活在碎片之中——论后现代道德》，郁建兴等译，学林出版社2002年版，第258页。

② ［英］齐格蒙·鲍曼：《生活在碎片之中——论后现代道德》，郁建兴等译，学林出版社2002年版，第259页。

他们代言，不能随意把自己的文化标准和艺术趣味强加于他们。文化批评要获得有效性，是迎合大众的趣味偏好，走向文化民粹主义，还是在交互主体性的基础上，寻求与大众的普遍共识？或者，遵循利奥塔的观念，直接放弃对共识的追求，而把差异和误构作为文化批评的最终目标？以上种种危机的出现，昭示当代文化批评家再也不能像法兰克福学派的理论家那样，不加批判地占据文化"立法者"的位置。

三

法兰克福学派的文化批判理论虽然面临种种危机，但并不表明该理论已经丧失学术价值。正如斯特里纳蒂所言："在任何情况下，不理解法兰克福学派的工作就难以理解对于大众文化的分析。"① 该学派的批判理论至今仍产生深远的国际性影响。该学派批评大众文化的一些观点至今依然有效，该学派的理论体现出强烈的批判精神和可贵的知识分子良知，在今天也具有现实意义。然而，法兰克福学派的批判理论毕竟是特定历史语境和文化语境的产物，该理论在其所处的时代已然显出理论的缺陷。在当代社会，批判理论更是危机重重。当代的大众文化批评无疑应当从法兰克福学派的批评范式中走出。为避免批评的合法性危机，当代的大众文化批评必须纠正法兰克福学派的理论弊病，自觉走向哲学批判和文本阐释的结合，树立文化多元主义观念，并强调批评的个人化。

走向哲学批判和文本阐释的结合。法兰克福学派之所以对大众文化过度批评，主要因为对哲学推演方法过度倚重和对经验研究方法忽视。该学派的理论家除洛文塔尔坚持批判理论与文学社会学的方法结合之外，大都不重视经验研究的方法。当代的大众文化批评要想避免法兰克福学派的失误，就必须重视对大众文化文本的解读和阐释。吴义勤教授在诊断当代文学批评的症候时指出，文本研究，是当下文学批评的软肋②；对文本研究的忽视，造

---

① Dominic Strinati, *An Introduction to Theories of Popular Culture*, London：Routledge, 1995, p.52.

② 吴义勤：《文本研究：当下文学批评的软肋》，《南京师大学报》（社会科学版）2007 年第5 期。

成了批评的"不及物"①。法兰克福学派的文化批评其实也是一种"不及物"。因为对大众文化文本的"不及物",造成了该学派对大众文化过分否定;因为对大众的"不及物",使得该学派对大众也作了过分贬低,并形成了"被动大众"观念。当代文化批评要确保批评的有效性,就必须克服法兰克福学派这种弊病。但另一方面,当代大众文化批评也不能完全走向文本阐释,还应当兼顾哲学批判的维度。因为批评家的批评必然依循一定的哲学理论和文化理论,必然要在文本解读和阐释的基础上跃升至哲学理论的高度。批评家的批评不同于大众的自发性批评。理论性、专业性是对批评家的基本要求。此外,从文化批评的性质和价值来看,坚持哲学批判也是必要的。批评家作为文化立法者的地位虽然遭遇挑战,但价值评判仍是文化批评不可或缺的性质,也是文化批评体现其价值的重要方面。特别是面对一些庸俗低劣的大众文化产品,批评家更不能放弃批判的责任。把哲学批判和文本阐释结合起来的方法主要有两种:一种是从文本出发,导向文化观念和批评理论;另一种是以特定的理论观念来阐发文本。第一种方法自然是理想的方法,但第二种方法也有其合理价值。只是批评家在采取第二种方法时,不能以理论观念强行歪曲文本事实。

树立文化多元主义观念。文化向来就有多元形态,精英文化与大众文化的区分由来已久。但这种区分并非截然对立。一种文艺作品被命名为精英文化还是大众文化不仅取决于其内在质性,而且和特定时代的文化制度、审美风尚有关。在一个时期被认为大众俗文化的文艺作品,在另一个历史文化语境中会被视为精英文化的代表。而且,精英文化和大众文化还存在相互借鉴的关系。几乎所有的精英文化都是在大众文化基础上发展起来的,当精英文化发展到一定阶段时,往往又需要从大众俗文化中汲取营养和活力。大众文化同样也需要借鉴精英文艺的形式技巧来完善自身。此外,精英文化和大众文化各有不同的价值。精英文化在美育教化和终极关怀方面有天然的优势,大众文化在提供娱乐和现实关怀方面的价值也是精英文化不可取代的。当代社会中的大众文化虽然不是由大众自发生产的,但我们不能由此完全否认它与大众生活经验的关联,不能否认它是俗文化在当代的发展形态。这样

---

① 吴义勤:《批评何为?——当前文学批评的两种症候》,《文艺研究》2005 年第 9 期。

一种新型的俗文化能够为身心疲惫的当代人提供身体上的放松和精神上的抚慰，也能够满足大众自我身份认同和价值皈依的需求。其政治功能也绝非单向度的社会整合，而是同样具有颠覆权威和抵抗控制的维度。它和法兰克福学派提倡的先锋艺术之间的关系也绝非完全对立的关系。在当下社会，文化越来越日常化，艺术和生活的距离开始缩小，艺术的雅俗界限也日趋模糊。批评家应当充分考虑当代文化现象的复杂性，正视多元文化存在的事实，改变二元对立的简单思维模式，树立文化多元主义化观念。在批评大众文化这一带有明显缺陷的文化现象时，不能仅仅依据雅文化和精英艺术的标准对其作简单的否定和指斥，而应当充分考虑其自身的合理性和价值。

　　当代批评家经常处于一种非常尴尬的境地，如果过于强调批评的独立性和批评家的文化趣味，就有陷入文化霸权主义的危险；如果完全放弃文化"立法者"身份，只承担文化"阐释者"角色，就会走向批评的犬儒主义。如果过于强调文化的神圣性和严肃性，就会被指责为文化精英主义；如果过于屈从大众的审美标准和文化好恶，就会走向文化民粹主义；如果完全放弃文化标准，又容易滑入文化相对主义。批评家如何才能避免尴尬的境地，又同时兼顾文化批评的独立价值？本文认为，走向批评的个人化或许是个较好的选择。退回个人，既能保证批评的严肃性和独立性，也能避免批评陷入文化霸权主义。因为批评家对大众文化的批评是从个人立场出发的，它代表的是批评家自我的文化趣味和文化理解，并不要求这种趣味和理解能被大众普遍认同，也不把这种趣味和标准强加于大众，所以就避免了陷入文化霸权主义的危险。在一个人人要求文化平等权和批评权的时代，批评家不以自己的文化趣味和文化标准强加于大众，大众也无权取消批评家的话语权。走向批评的个人化，也能解除批评家在文化精英主义和文化民粹主义之间徘徊的苦恼。批评家并不视大众为群氓，也不自恃文化精英，只是把自我看作一个具备专业素养和专业技能的文化批评者，对大众文化的批评只是出自个人立场。那么，他倾向于何种文化趣味，坚持何种文化标准，就只是个人的选择。可以说，个人化是当代批评家坚持批评合法性的最后堡垒，也是批评家可以对一些庸俗低劣的大众文化产品展开绝地反击的阵地。当然，本文强调批评的个人化，并不主张批评的任意性和主观性，因为个人化的批评也必须以文本的解读和阐释为基础。本文也并不认为个人化的批评只是文化精英主义的批评策略，因为个人化的批评也必须坚持文化多元文化主义观念。还应当指明的是，强调文化批评的个人化并不排斥批评的交流性和对话性。因为真正的交流和对话恰恰以对话者充分的自我表达为基础。在当今时代，过于强调批评的交流性和对话性有时只是一厢情愿的空想。个人化的批评并不奢望完全得到他人认同，它是批评家在自我良知的促动下，依据个人的专业素养和专业技能，对大众文化作出的个人化批评。向大众说出关于大众文化的真话，既是批评家的权利，也是批评家的责任。

（原载于《山东社会科学》2009 年第 3 期）

现代中西艺术教育比较研究的启示

曾繁仁

一

现代中西艺术教育是在交流对话中发展的，将两者的发展现状与轨迹加以比较研究会给我们提供了十分宝贵的启示，有利于当前的艺术教育建设。通过中西现代普通高校公共艺术教育比较研究，进一步说明了现代艺术教育作为人文教育的基本特性及其愈来愈重要的作用。现代艺术教育无疑是从西方现代开始的，是与资本主义的发展相伴随的，其目的是从封建专制对人与人权的压抑中将人解放出来。所以，艺术教育的宗旨始终是人的解放与人的启蒙。从工业革命开始到现在，西方艺术教育经过了审美启蒙、审美补缺与审美本体这样几个阶段。欧洲 18 世纪开始了著名的启蒙运动，以法国"百科全书派"为代表的启蒙运动明确提出"启蒙"的口号。所谓"启蒙"原义即"照亮"的意思，即以科学艺术的知识照亮人们的头脑，高扬自由、平等与博爱三大口号，目标是针对封建制度的支柱——天主教会，旨在削弱封建的王权和神权。在那个时代，审美成为"启蒙"的重要手段。他们一反传统文艺对贵族的歌颂，要求文艺歌颂普通的人民，并将之称为"最光辉，最优秀的人"。莱辛在著名的《汉堡剧评》中指出，一个有才能的作家"总是着眼于他的时代，着眼于他国家最光辉，最优秀的人"[①]。而文克尔曼则提出著名的"自由说"。他认为"艺术之所以优越的最重要的原因是有自由"[②]。

---

① [德]莱辛：《汉堡剧评》，张黎译，上海译文出版社 1981 年版，第 9 页。
② 转引自蒋孔阳、朱立元主编《西方美学通史》第 3 卷，上海文艺出版社 1999 年版，第841 页。

18 世纪末期，资本主义现代化过程中社会矛盾愈来愈尖锐，资本主义制度与工具理性的弊端愈来愈明显，出现人与社会、科技与人文，以及感性与理性日渐分裂的情形。这就是所谓"西方的没落"与"文明的危机"。在这种情况下，美学学科出现明显的"美育转向"，由"审美启蒙"转到"审美补缺"，由思辨的美学转到人生美学。现代"美育"理论由此出台。众所周知，第一个提出"美育"概念的是席勒。他在师承康德美学的基础上于 1795 年发表《美育书简》，提出"美育"的概念。大家都知道，《美育书简》还有一个标题："*On the Aesthetic Education of Man*"，可以翻译成"对于完整的人的感性的与审美的教育"，说明《美育书简》的主旨是完整的人的教育和对于完整的人的人文教育。在书中他对工业革命导致的人性分裂进行了深刻的批判。他将这种情况描述为：这是一种"国家与教会、法律与习俗都分裂开来，享受与劳动脱节、手段与目的脱节、努力与报酬脱节。永远束缚在整体中一个孤零零的断片上，人也就把自己变成一个断片了"。为此，他提出通过美育的途径将两者沟通，克服理性与感性的分裂。他说"要使感性的人成为理性的人，除了首先使他成为审美的人，没有其他途径"①。美育在这里承担了对于感性与理性分裂，也就是人性的分裂进行补缺的重要作用，成为人性的教育，人的教育。这其实就是当代美育的最重要内涵。其深远含义已经远远超过了启蒙运动初期理性审美启蒙的内容，而包含着对被分割的现实进行人文补缺的崭新内涵。当然，席勒仅仅是现代美育理论的最早提出者，而真正将这种人生美学发展到成熟阶段的是以叔本华、尼采为代表的"生命意志论"哲学与美学家。他们张扬一种激昂澎湃的唯意志主义人性精神，力主审美是人之为人的最重要标志，是人的生存的最重要价值所在。尼采指出，"艺术是生命最高使命"，又说"只有作为一种审美现象，人生和世界才显得是有充分理由的"②。事实上，自从黑格尔逝世之后，西方哲学界就开始试图突破启蒙运动以来"主客二分"的思维模式和人与世界对立的实体性世界观，探索一种有机整体性思维模式和关系性世界观。这就从世界观的高度为美育奠定了本体的地位。海德格尔提出"此在与世界"的在世模式与人

---

① ［德］席勒：《美育书简》，徐恒醇译，中国文联出版公司 1986 年版，第 51、116 页。

② ［德］尼采：《悲剧的诞生》，徐恒醇译，三联书店 1986 年版，第 105 页。

的"诗意的栖居"的审美的人生观，明确地为"审美的人生"奠定了本体的地位。杜威则在《艺术即经验》中着力于哲学的改造，提出"审美是一个完整的经验"的重要思想。他说，审美的经验"与这些经验不同，我们在所经验到的物质走完其历程而达到完满时，就拥有了一个经验"。又说"经验如果不具有审美的性质，就不可能是任何意义上的整体"①。与此同时，在教育领域也开始突破启蒙主义时期以"智商"为标志的、把人训练成机器的见物不见人的"泛智型教育"，探索以新的人文精神为主导的"人的教育"。1869年，查尔斯·W.艾略特就任哈佛大学校长，提出著名的"塑造整个学生"的教育理念。1945年，哈佛大学提出《自由社会中的通识教育》，俗称"红皮书"，将人文教育正式纳入课程体系，一直延续至今。2004年，美国理查德·加纳罗与林尔玛·阿特休勒出版了《艺术：让人成为人》(*The Art of Being Human*) 一书，将以艺术为基本内容的人文学教育提到"让人成为人"的教育的高度认识，意义深远。作者在表述自己的愿望时指出，他们希望通过该书的阅读，"学生们将获得更大的信心寻找自己"②。2006年3月在葡萄牙里斯本召开的"世界艺术教育大会"明确地将艺术教育和文化参与提升到人权的高度加以认识。会议制定的《艺术教育路线图》指出："文化和艺术是旨在促进个体全面发展的综合教育的核心要素。因此，对于所有学习者，包括那些常常被排除在教育之外的人群，例如移民、少数民族和残疾人，艺术教育都是一种具有普遍意义的人权"③。在这里，特别强调了艺术在人的全面发展中的核心作用，因而艺术教育应该成为人人都应获得的基本权利。我国现代艺术教育是在西方的影响下发展起来的，引进并借鉴了大量西方现代美育与艺术教育的理论与经验。但由于我国作为"后发展国家"，而且在长期的半封建半殖民地政治与文化背景之下，因此，我国现代艺术教育的发展尽管与西方有许多相似之处，但其区别却是非常明显的。从时间上来说，如果欧洲的现代艺术教育开始于18世纪后半期的工业革命和启蒙主义时期，那么我国现代艺术教育则始于20世纪初。1903年王国维发表我国第

①　[美]杜威：《艺术即经验》，高建平译，商务印书馆2005年版，第37、43页。

②　[美]理查德德·加纳罗、林尔玛·阿特休勒：《艺术，让人成为人》，舒予译，北京大学出版社2007年版，第9页。

③　《构建21世纪的创造力——2006年世界艺术教育大会》，万丽君、龙洋编译，第5页。

一篇美育论文《论教育之宗旨》。该文力倡"教育之宗旨"，提出著名的培养"完全之人物"的路径，其中就包括美育。王国维在此运用席勒的观点将美育定位于"情感教育"。他说"要之，美育者，一面使人之感情发达，以达完美之域；一面又为德育与智育之手段。此又教育者所不能不留意也"。而在发表于1906年的《去毒篇》中，他立足于健康的国民感情的培育，而将国民感情的衰败作为中国衰弱的主要原因，放到了知识与道德之上。他要借助的理论武器并不是欧洲理性主义精神，而是以叔本华、尼采为代表的意志论哲学美学。他在1904年写成的《叔本华与尼采》中将他们称作"旷世之天才"给予充分的肯定。他的哲学·美学思想无疑是以这种意志论哲学为基础的①。我国现代另一位倡导美育最力的教育家则是蔡元培。他在1912年首提美育的《对于教育方针之意见》中对美育作了一番解释。他说"美感者，合美丽与尊严而言之，介乎现象世界与实体世界之间，而为之桥梁。此为康德所创造，而嗣后哲学家未有反对者也"。很明显，这里蔡元培运用的是康德有关审美沟通现象界与物自体的理论，以图塑造人格完全之国民。蔡氏在此借鉴于康德的并非其理性精神而是其"情感沟通"的理论。不仅如此，蔡氏的美育理论还包含着强烈的反封建精神。在他"以美育代宗教说"之中，就对包括"孔教"在内的宗教的"强制性、保守性与有界性"等压抑人性的弊端进行了激烈的批判，而对人性的自由、进步与普及进行了大力的张扬②。鲁迅在其对美育的倡导中更是大力借助于西方的积极浪漫主义文学与意志论哲学美学进行他的"国民性"的改造工程。他早在1907年发表的《摩罗诗力说》中就力倡以拜伦、雪莱与裴多菲为代表的八位积极浪漫主义作家，发扬他们"不为顺世和乐之音""殊持雄丽之言""立意在反抗，指归在动作"的艺术精神。他还特别张扬尼采的意志论哲学，试图以其熏陶个人人格，重建国民精神。我国另一位著名的现代教育家梅贻琦在就任清华大学校长时明确提出：清华的目标是培养学生成为"周见恰闻"的"完人""读书知理"的"士""精神领袖"，而不是"高等匠人"。与此同时，梅贻琦对于艺术教育在烽火连天的民族救亡中所承当的"民族启蒙"作用也是十分赞同的，他

---

① 《王国维文选》，百花出版社2006年版，第210、229、36页。

② 《蔡元培文选》，北京大学出版社1983年版，第4、68、180页。

所领导的西南联大成为民族救亡的大本营之一就是明证。即便是被公认为比较强调审美超脱性的朱光潜也是主张审美人生论的。他在早年的《论修养》一书中力主通过美育"复兴民族",并要求青年彻底地觉悟起来。他说:"现在我们要想复兴民族,必须恢复周以前歌乐舞的盛况,这就是说,必须提倡普及美感教育",又说"青年们,目前只有一桩大事——觉悟——彻底地觉悟! 你们正在做梦,需要一个晴天霹雳把你们震醒,把'觉悟'二字震到你们的耳朵里去。"①20 世纪 30 年代以后,开始了波澜壮阔的抗日战争以及日益深入的救亡运动,中国共产党领导的革命文化运动不断发展。这时,审美启蒙与救亡结合,毛泽东文艺思想在斗争中产生并指导中国的革命文艺工作。文艺为工农兵服务,向工农兵普及,从工农兵提高,成为文艺与审美的指导原则。产生了《黄河大合唱》《义勇军进行曲》等充分反映时代精神的名曲,至今仍然有着旺盛的艺术生命力。这种革命的审美启蒙一直继续到20 世纪 60 至 70 年代。1978 年,党的十一届三中全会之后,中华民族开始了真正的现代化进程,取得巨大成绩。20 世纪 90 年代以来,随着市场经济的开展,人文精神的缺失成为人们关注的重要问题。在这种情况下,我国的审美教育由审美启蒙进入审美补缺阶段。教育部于 1995 年提出并开展包括审美教育等重要内容的文化素质教育,同时建立了全国性的人文素质教育基地。1999 年 6 月又颁布《关于深化教育改革全面推行素质教育的决定》,将美育作为素质教育的有机组成部分。特别是新世纪开始后,我国提出科学发展观与建设和谐社会的指导原则,更是标志着"审美本体"理念的确立。在这里,"科学发展观"是对传统经济发展观的超越,是我国现代化发展观念与模式的重大调整。而"以人为本"则是与之相关的对于改善人的生存状态的强化。"和谐社会建设"意味着审美态度将作为新世纪大力提倡的根本人生观,也就是提倡以审美的态度对待自然、社会、他人与自身②。而从我国港台地区来说,近年来对于"通识教育"的认识与实践也有新的发展。主要是在唯科技主义和唯经济主义思潮的影响下,高等教育面临着巨大冲击,不仅学科科类面临着分割,而且德智体美等统一的"人的教育"也面临着分

---

① 《朱光潜全集》第 4 卷,安徽教育出版社 1988 年版,第 152 页。

② 参见曾繁仁《培养学会审美生存的一代新人》,《光明日报》2006 年 4 月 26 日。

裂，大学变成"分裂型的大学"。在这种情况下，许多港台教育家力主"通识教育"中的"for all"理念应进一步强化，成为"全人教育"，以此作为克服"分裂型大学"的一剂良方。由此力主"反映通识教育在大学教育中的角色不是辅助性的，而是体现大学理念的场所"①。

由此可见，我国现当代艺术教育始终贯穿着人生教育的理念，是审美与人生的结合、启蒙与救亡的统一，发展到当代则是建设和谐社会所必需的"德智体美"素质全面的一代新人的培养。总结我国近百年艺术教育历史，我们可以看到它体现了世界美学发展人生化的趋势，体现了我国民族崛起的现实要求，体现了我国"成于乐"的"乐教"传统。回顾中西现代普通高校公共艺术教育发展的历史，可以看到一条人文教育与"人"的教育的主线，历经审美启蒙、审美补缺与审美本体的途径。在当代，"培养学会审美生存的一代新人，走向人与社会的和谐"，成为有中国特色社会主义建设的重要目标，也是世界有远见人士的共识。正是从这样的角度，我们应该将艺术教育放到更加重要的位置。

二

通过现代中西普通高校艺术教育比较研究，我们加强了对于普通高校公共艺术教育发展规律的把握。第一，艺术教育的发展从根本上来说还是应借助"国家意识"与"全民意识"的统一。中西现代艺术教育的比较研究告诉我们，艺术教育的发展必须借助于"国家意识"与"全民意识"的统一。这主要是由艺术教育作为人类的重要社会活动———教育的有机组成部分的性质决定的。实践证明，艺术教育不仅是一种理论，更是一种实践活动，它是教育的有机组成部分。潘懋元主编的《高等教育学》在论述教育的性质时指出："教育是一种社会活动，它区别于其他社会事物的本质属性就是人的培养。作为社会活动的教育，一般有两类：一是指家庭和社会各种组织所施加的各种各样具有教育性的影响；一是指学校教育，由教育者按照一定的目

---

① 张灿辉：《通识教育作为体现大学理念的场所：香港中文大学的实践模式》，载香港中文大学通识教育研究中心编《大学通识报》2007年3月号。

的，根据受教育者身心发展规律，有计划、有组织的，一般有固定的场所，在一定的期限，对他们进行系统地引导和培养的一种活动。"① 这就说明，教育作为一种社会活动，包含家庭、社会组织与学校等多个方面，而且有固定的场所和明确的目的、计划与组织，并包含数量众多的教育者与受教育者以及庞大而长久的教育实施过程，其结果直接影响到社会各个方面。艺术教育也具有这样的特点，必须要付诸实施并取得效果。因此，它首先要成为"国家意识"，成为国家的方针与法规，借助于国家权力付诸实施。国家的有关教育方针与法规有可能推动也有可能阻碍艺术教育的发展，但其巨大作用却是不容忽视的。例如，美国虽然特别强调教育的独立性，五十个州几乎都有相对独立的教育立法权，但在艺术教育的实施上仍然凭借了"国家意识"，通过权力与法规来推动艺术教育。从材料来看，美国在第二次世界大战之后为了保持自己的国力与人才培养质量进行了多次大规模的教育改革。为了应对苏联卫星上天而于 20 世纪 50 年代后期出台了《国防教育法》，旨在加强自然科学与高科技，导致对艺术等人文教育的冲击；20 世纪 70 年代出台的第二次教育改革方案是对第一次方案的补充，加强了被忽视的基本训练、系统知识与人文学科，艺术教育得到相应的加强。此后，为了应对新的技术革命又进行了多次教育改革，但在很大程度上都加强了包括艺术教育在内的人文学科，说明国家政策与法规在艺术教育的推行上起到至关重要的作用②。具体到艺术教育领域，美国也曾通过国家法规加以推动。1992 年，美国全国艺术教育协会联盟在美国教育部、美国艺术基金会和美国人文科学基金会的资助下，出台了面向全美国的《美国艺术教育国家标准》，以确定学生在艺术教育这门学科中应该知道什么和能够做什么。2000 年，美国又制定了《2000 年目标：美国教育法》，通过立法程序将艺术教育写进美国联邦法律。该法令将艺术教育确定为核心课程，具有与英语、数学、历史、公民、地理和外语同样重要的地位，并要求成立国家教育标准和改进理事会。由此产生的《美国教育国家标准》指出，艺术教育有益于学生，因为它能够培养完整的人，并认为没有艺术的教育是不完整的教育③。日本现代艺术教育也是借

---

① 潘懋元主编：《高等教育学》，人民教育出版社 1984 年版，第 11 页。
② 戴本博主编：《外国教育史》（下），人民教育出版社 1990 年版，第 258—262 页。
③ 王伟：《当代美国艺术教育研究》，河南人民出版社 2004 年版，第 3—4 页。

助体现"国家意识"的有关法规与条令才得以顺利实施的。日本在"二战"以后进行了三次比较大的教育改革。第一次是 1947 年，由美国教育使节团与"日本教育刷新委员会"共同制定了《教育基本法》，将军国主义教育改造为现代公民教育。该法第一条"教育之目的"就明文规定"教育必须以完成陶冶人格为目标，培养和平国家和社会的建设者"，从而为艺术教育奠定了地位。第二次为 1958 年，应对苏联人造卫星上天，加强了自然科学人才培养力度，相对削弱了包括艺术教育的人文学科。第三次为 1984 年，从进入未来世纪出发进行教育改革，提出著名的五原则：国际化、自由化、多样化、信息化与重视人格化。特别是"重视人格化"原则，明确提出"教育应该使青年一代在德、智、体、美几方面都得到和谐发展"，从而使艺术教育再度具有了应有的地位①。2006 年"世界艺术教育大会"上对实施艺术教育所必需的"国家意识"也作了强调，这次会议制定的《艺术教育路线图》指出："艺术与教育之间的联系也可能通过教育部、文化部与地方行政机构（通常同时监管着教育和文化的事业）在政策层面上的一致性得到建立，从而实施文化机构与学校的合作项目。这样的合作通常将艺术和文化放在教育的中心，而不是课程的边缘"②。与此同时，"全民意识"也是十分重要的。从美国来说，艺术教育的实施常常是由高校开始的。著名的《通识教育红皮书》就是由哈佛大学制定并实施的。哈佛大学于 1943 年成立专门委员会调研"自由社会中通识教育的目标"，1945 年完成"通识教育报告"，1950 年以《自由社会中的通识教育》出版，由于其封面的深红色而被称为哈佛通识教育红皮书。该书明确规定"通识教育的核心问题是自由而文雅的传统之持续"，并要求在未来的教育方案中必须包括"关于人作为个体的情感体验"的艺术、文学与哲学等，在六门通识教育课程中就有专门的人文学科，在人文学科中艺术类占据很大比重。这个红皮书影响深远，使通识教育逐步被国家接受，在全美推行与实施。

我国现代艺术教育的发展也同样证明了"国家意识"与"全民意识"统一的重要性。1912 年 1 月，中华民国临时政府成立，蔡元培就任教育总

---

① 戴本博主编：《外国教育史》（下），人民教育出版社 1990 年版，第 322—334 页。
② 《构建 21 世纪的创造力——2006 年世界艺术教育大会》，万丽君、龙洋编译，第 16 页。

长，发表著名的《对于教育的意见》，提出军国民教育、实利主义、公民道德、世界观和美育统一内容的教育主张，并破天荒第一次将这"五育"写进教育方针。蔡元培又于 1917 年至 1927 年就任北京大学校长，并在北大校长岗位上开展了一系列艺术教育工作。他亲自讲授美学课程，并倡导成立了北京大学书法研究会、音乐研究会与文学研究会等，开创了我国现代艺术教育实践的道路。但仅有个别人为代表的"国家意识"而缺乏具有广泛群众基础的"全民意识"，艺术教育也是难以坚持的。蔡氏担任教育总长不久，北洋军阀篡权，蔡元培卸任。1912 年 12 月，北洋政府召开"临时教育会议"，决议"删除美育"，被鲁迅斥为"此种豚犬，可怜可怜"。1978 年改革开放后，周扬、朱光潜、洪毅然、蒋孔阳、赵沨等学者力倡美育与艺术教育。这些意见逐步被国家接受，从成立艺术教育委员会到正式将艺术教育写进教育方针，发布部长令，制定发展规划等等。这种情况成为"全民意识"与"国家意识"很好结合的范例。今后，艺术教育的继续发展仍然要走"国家意识"与"全民意识"相统一的道路。

第二，普通高校公共艺术教育的发展是在人文与科技、智性与非智性以及功利与非功利的内在张力与平衡中取得的。普通高校公共艺术教育的基本特点是什么？它与别的学科有没有区别？这是中西现代艺术教育发展中所遇到的共同课题，也是今后艺术教育健康发展所必须解决的问题。首先，艺术教育发展建设的特点是由艺术的特点决定的。康德在回答审美的基本特征时，实际上就回答了艺术的基本特征。他认为，审美的基本特征是无目的的合目的性的形式。在这里，康德阐释的静观的无功利的美学的基本观点是值得商榷的，但他对于审美与艺术的无目的与合目的统一的界定却是十分有价值的。审美与艺术的基本特点就是无目的与合目的、无功利与功利、非理性与理性的中介，处于两者之间从而形成一种张力。正是由于这种张力，才使审美与艺术具有了特殊的难以言说的无穷魅力。黑格尔对此评价道，这是康德对于审美与艺术所找到的"第一个合理的字眼"①。艺术的这一特点就决定了艺术教育也必然处于人文与科技、智性与非智性、功利与非功利的中介。对于这一中介性特点把握得好，就能顺应艺术教育的规律，促使其健康

---

① 　[英] 鲍桑葵：《美学史》，张今译，商务印书馆 1985 年版，第 344 页。

发展；如果把握不好，就会出现偏差。中西现代艺术教育发展过程中都曾发生过有关艺术教育特性的尖锐争论。以美国为代表的西方国家主要是对艺术教育智性与非智性的争论。由于工业革命对于"智商"的过分强调，导致了教育的纯功利化，从而出现了对其反拨的"博雅教育"的发生。前者是对智商的强调，后者则是对于非智性的人文的强调。20世纪60年代前后，在美国又发生了艺术教育是否构成学科的争论。这场争论主要围绕当时的肯尼迪政府制定的"艺术与人文学科计划"进行，争论集中体现在"宾夕法尼亚会议"上。会议的主题是：关于艺术是一门独立学科的问题。与会艺术教育家巴肯力主艺术是一门独立的学科，认为，"缺乏科学领域中普遍符号系统所体现的关于互为定理的一种形式结构是否就意味着被谓之艺术的人文学科不是学科，意味着艺术探索是无序可循的？我认为答案是，艺术学科是一种具有不同规则的学科。虽然它们是类比和隐喻的，而且也非来自一种常规的知识结构，但是艺术的探索却并非模糊的和不严谨的"。另外的观点则认为，艺术只是"一种经验，这种经验或是通过参与艺术创作过程而获得，或是通过目睹艺术家的创作表演而获得①。这种相反的论述也不是没有道理，但是一种无法界说的"经验"是不能进入学校教育系统的，是无法作为课程列入课表的。巴肯则力图论证艺术虽是非常规的知识结构，但具有严谨性，因而艺术也是学科。在这里，如果说艺术教育是一种学科的话，那也是一种非常特殊的学科，是智性与非智性、理智与经验的统一与中介，不能过分强调某一个方面。当然最后美国还是将艺术教育正式作为学科列入教育体系之中。这就是著名的"以学科为基础的艺术教育"，由原来的一门"艺术创作"，再加上艺术史、艺术批评与美学，共有四门课构成。中国现代美育发展的争论则发生在艺术教育与德育的关系之上。由于中国古代的"礼乐教化"发展到封建社会后期过分强调"文以载道"，因此现代反封建的高潮中人们对于这种封建之道给予有力的批判。但中国现代艺术教育又承载着繁重的人文与民族启蒙的重任，艺术教育恰就在这种力图启蒙的过程中发生的。在这种情况下，王国维提出了著名的"无用之用"的命题，解决艺术教育通过审美的看

---

① ［美］阿瑟·艾夫兰：《西方艺术教育史》，刑莉、常宁生译，四川人民出版社2000年版，第315、319页。

似"无用"的途径来解决人文启蒙"之用"。王国维在这里实际上是运用了康德的理论观点。新中国成立后，由于受到苏联美学与教育理论的影响，长期以来，我国教育界一直流行一种"以德育代美育"的思想。在当时颇为流行的苏联奥夫相尼柯夫和拉祖姆内依主编《简明美学辞典》的"审美教育"条目写道："审美教育是劳动教育、思想教育、政治教育，特别是道德教育的一部分。"这里，就发生了审美与道德、艺术与功利的关系问题。我们不赞成审美的绝对无功利性。康德在《判断力批判》的最后还是认为"美是道德的象征"，但我们也不赞成审美可以被道德取代。我们认为，审美与艺术具有独特的沟通道德与知识、功利与非功利的功能。这就是1999年关于素质教育的决定中所说的，美育具有其他教育形式"不可替代的作用"。当然，我们说我国现代艺术教育发展中主要是艺术教育与德育的关系，但并不等于说艺术教育与智育的关系问题已经得到解决，实际上目前仍然严重存在着应试教育对于美育与艺术教育的严重冲击。这里也有许多理论问题，但更多是现实的问题。总之，艺术教育内在的各种矛盾如果我们认识到位，处理得当，那反而会更好地把握艺术教育的特性，充分发挥艺术教育特有的魅力与作用。

第三，现代艺术教育的发展应该很好地应对正在蓬勃兴起的消费文化、大众文化、视觉文化与网络文化的新形势。

从20世纪60年代开始，人类社会发生了急剧的变化，表现在文化领域，消费文化、大众文化、视觉文化与网络文化迅速发展，逐步呈燎原之势。对于包括艺术教育在内的文化建设来说，这是一种挑战，也是一种发展的机遇。对这些文化现实，我们无法也不应该逃避，必须认真面对。首先说一下消费文化、大众文化与视觉文化。这是随着消费社会的到来而出现的，其最大的特点是迅速地使文化从精英走向大众，消解精英、消解经典、消解阅读、消解传统。发展之迅速，使广大文化教育工作者感到无所适从，但又必须适应。于是在美国就出现了艺术教育中视觉文化的转向问题。而在我国则出现了"日常生活审美化"的讨论。这些转向与讨论属于现在进行式，还在继续发展。我们认为基本的态度是学习、适应与引导，最后是有利于一代新人的培养。网络文化也是20世纪中期随着网络的发展而盛行的，现在已经到了网络渗透一切的地步。在这种情况下就出现了一个媒介素质教养问题。所谓媒介素质就是指人们面对媒介各种信息的选择能力、理解能力、质疑能力、评估能力、创造能力和制作能力，以及思辨能力。培养这种能力，是育人的需要，更是国家利益的需要。目前，我们准备在普通高校公共艺术课程中增加有关视觉艺术与网络艺术的鉴赏评价内容。同时，在有关艺术鉴赏的基本理论上也要作必要的调整，在这方面，还应该更多地借鉴国外的经验。总之，及时应对时代的变化，调整艺术教育的理论与课程，才能使艺术教育真正收到实效。这正是当前艺术教育改革的当务之急。

三

我国现代艺术教育的继续发展需要进一步加强中西对话交流和比较研究，立足本国，大胆借鉴，勇于创新，走有中国特色之路。这就是我们通过比较研究所得到的最重要启示。

我国现代艺术教育发展的历史证明，中西交流对话和比较研究是艺术教育发展的重要途径。因为，在中西交流对话与比较研究中可以通过"他者视角"，发现自己的差距，借鉴新的经验，获得新的动力。特别在艺术教育领域，我国属于"后发展国家"，大约比西方要晚一百年左右。因此，我国现代艺术教育发展大多是在借鉴西方艺术教育的理论与经验中前进的。20世纪初期，王国维、蔡元培与鲁迅等我国艺术教育的先驱，在将现代形态的艺术教育介绍到我国时，主要借助德国古典美学中的艺术教育思想，包括康德与席勒等人的理论观点。从20世纪20年代开始随着美国杜威于1919年至1921年长达两年多的讲学与学术活动，再加上胡适与陶行知的推介，实用主义教育理论对于我国的艺术教育产生了极大影响。一时间，"生活教育""活的教育""手脑并用"与"在做中学"等成为包括艺术教育在内的当时我国教育领域的习惯用语，可见影响之深。新中国成立后，我国包括艺术教育在内的教育工作主要借鉴苏联的理论经验，包括马卡连柯的教育思想等。1978年改革开放以后，我国在艺术教育领域的引进与借鉴加快了步伐。由滕守尧主持前后译介了两批以美国为主，包括德法等国的"美学·设计·艺术教育丛书"，共12本，包括西方流行的艺术教育教材。同时，我们还引进了美国与其他西方国家一系列现代艺术教育的成果，给我们的艺术教育工作以莫大的启迪。

目前，客观地说，我国的艺术教育研究与西方发达国家相比还有相当差距。从理论上来说，西方现代已经形成一系列成体系的艺术教育理论，例如杜威的实用主义艺术教育理论、罗恩菲尔德的"创造的自我表现"的艺术教育理论、美国的"以学科为基础"的艺术教育理论以及正在发展中的"视觉文化艺术教育"理论等等。其他还有一些与艺术教育有关的教育理论，诸如加德纳的"多元智慧理论"与戈尔曼的"情商"理论等等。而从教育实践的角度来说，西方发达国家也积累了比较丰富的艺术教育实践经验。例如，著名的德国包豪斯学校的艺术教育实践、美国历时40年之久的"零点项目计划"以及与其有关的"艺术推进"项目、美国盖蒂艺术中心的"以学科为中心"的艺术教育实践等。这些艺术教育实践一般都历时较久，投入较大，许多成果值得我们借鉴。不仅有上述先进理论的借鉴与吸收，而且在体制、课程与师资等方面也有诸多可资借鉴之处。在教育体制上，西方发达国家正式将普通高校公共艺术教育作为国家方针的"通识教育"的有机组成部分，列为普通高校"人的教育"的主渠道，成为必选课，安排优秀教育家、艺术家担任课程。例如，美国著名美学家鲁道夫·阿恩海姆就于1968年至1974年都在哈佛大学卡朋特艺术中心教授艺术心理学课程，直至退休。这些学校的经费也有着多渠道的比较充分的保证。"世界艺术教育大会"制定的《艺术教育路线图》要求"赋予艺术教育在课程体系中永久的核心地位，为其配备足够的资金和高素质的教师"[1]，进一步阐明了艺术教育在教育中的重要地位。

目前，我国尽管开始重视普通高校的公共艺术教育，教育部已经颁布《艺术教育规程》以及《全国普通高校艺术类课程指导方案》，这些文件对于普通高校公共艺术类课程的课程设置、课时、师资与经费保障等都作了比较明确的规定，但真正加以落实还需时日。也就是说，从目前情况看，我国普通高校公共艺术类课程仍然是所有教育环节中最薄弱的一环。在经费投入上我国目前也只有国家投入一个渠道。而西方发达国家则有多种渠道，包括国家投入、社会集资与个人捐资等，值得我们借鉴。因此，我们还应进一步解

---

[1] 《构建21世纪的创造力——2006年世界艺术教育大会》，万丽君、龙洋编译，第24页。

放思想，不仅理论上引进，而且实践上也应更多借鉴，可以从实验性开始，以防失误。

当然，我们与西方在艺术教育方面的交流对话与比较研究还是应该有一个正确的立场。那就是，从我出发，立足本国，勇于创新，走有中国特色的建设之路。这可以说是我们通过比较研究得出的最重要启示。如果说，1978 年改革开放初期，刚刚打破各种禁锢之时，在对西方优秀文化资源的态度上，我们更多地侧重于吸收的话，那么，历经 30 年的发展，在我们面向新世纪，进一步走向"和谐社会"建设之时，则应该在借鉴的前提下，结合我国国情创新，走有中国特色之路。西方文化资源即便再先进，那也是西方特定社会的产物，不可能完全适合中国国情，需要加以改造。例如，西方普通高校公共艺术教育理论中某些过分强调"解构"与"终结"的艺术理念与过分张扬个人感性欲望的价值取向以及"欧洲中心主义"的评价体系等等，都是不适合我国国情而应加以改造的。我们要坚持马克思主义批判继承的理论，不仅在意识形态上要划清是非，而且一定要从本国的实际出发，建设具有中国特色的艺术教育体系。在当前经济全球化的背景下，在坚持文化交流对话的前提下建设具有民族特色的文化教育体系也是国家与社会发展的现实需要。

建设艺术教育的民族特色，紧密结合本国实际，已经成为国际共识。我国的实际无非两个方面：一个就是不同的文化传统。我国古代著名的"礼乐教化"思想，为我们留下丰厚的遗产。"礼乐教化"是一种"天人相和""人人相和"的"中和论"美育理论，也是一种"兴于诗，立于礼，成于乐"的全面的教育，对于我们在建设和谐社会中培养一代新人有重要的借鉴作用，是一份宝贵的财富，成为我们借鉴西方艺术教育理论中的重要立足点。当然，还有更加重要的一点就是我们的交流对话与比较研究应该着重从我国目前的现实出发。我国正在进行规模宏大的现代化建设，以社会主义和谐社会建设为宗旨，以 21 世纪中期实现伟大民族复兴为目标，我们的包括艺术教育在内的一切教育事业都应以实现这一伟大目标为目的。从教育事业的角度来说，我国在 13 亿人口的大国实现教育现代化目标，其意义与难度都是空前的。即便从现代艺术教育来说，我国也已经有了近百年实践历史，特别是新时期以来，我们已经积累了一系列宝贵经验，这些都是我们借鉴西方成果的重要出发点与立足点。我们应该在我国的现实基础上勇于创新。毛泽东曾说，"艺术上'全盘西化'被接受的可能性很少，还是以中国艺术为基础，吸收一些外国的东西进行自己的创造为好"。又说"特别像中国这样的大的国家，应该'标新立异'，但是，应该是为群众所欢迎的标新立异"①。通过这样的借鉴创新，我国一定能开创艺术教育的新局面。

（原载于《文艺研究》2009 年第 7 期）

---

① 《毛泽东著作选读》下册，人民出版社 1986 年版，第 746、750 页。

文化的谱系

陈　炎

在以往的研究中，我们习惯于将不同的文化现象割裂开来，孤立地分析其特有的价值与功能。这种形而上学的研究方法虽然显得十分具体、十分专业，但却无助于对许多问题的理解。事实上，就像色彩的谱系中不仅有单纯的红色和黄色，也有介于这二者之间的橙色一样；文化的谱系中不仅有单纯的体育和艺术，也有介于这二者之间的杂技或冰舞。七彩虹霓是不同波长的电磁波作用于我们的视网膜所产生的结果，在各种文化现象之间也有一种从感性到理性相互连续的谱系。为了便于研究，我们将这一谱系简化为四种最为重要的文化形态。其中感性的一极是体育，理性的一极是科学，而连接体育与科学并介于感性与理性之间的是艺术和工艺。本文的任务就是把文化的谱系简化为"体育""艺术""工艺""科学"四种形态，并探讨其间由"量变"导致"质变"的逻辑关系。

一

从形而下的层面上，我们习惯将"体育"看成是一种锻炼身体的活动；从形而上的层面上，我们习惯于将"体育"视为一种为国争光的行为。然而这两种似是而非的解释，经不起推敲。如果体育活动是为了锻炼身体，人们为什么要设立危险异常的高台滑雪和动辄车毁人亡的汽车方程式大赛？如果体育活动是为了国家的荣誉，奥林匹克运动员为什么非要远离国土，到希腊去点燃圣火？或许从文化的意义上讲，体育活动不单纯是为了锻炼身体，也不仅仅是为国争光，而是另有深意。体育，是对于人的肉体能力的开掘与探究，是最大限度地焕发人类感性生命力的文化形态。为此，人们不仅可以攀登绝壁、可以潜入海底、可以进行别出心裁的悬崖跳水和危机四伏的汽车大赛，而且可以进行令人精疲力竭的"铁人三项"和并不美妙的"健美比赛"……这简直就是一种感性的宗教，是由狄俄尼索斯精神所演变而来的奥林匹克精神。①

公元前 8 世纪开始的奥林匹克运动会原本就是宗教活动的一个组成部分，时至今日，其中的宗教意味还可以从点燃并传递"圣火"这一仪式中体现出来。点燃并传递"圣火"的仪式起源于古希腊时代的祭神活动：在夏至日，到宙斯神庙进行朝拜的人们通过赛跑的方式来遴选火炬手，胜利者获得授权，从大祭司手中接过火炬来点燃祭坛上的圣火。

在希腊人的心目中，神的能力是无限的，神可以从这一点跑到那一点而不占用任何时间；人的能力则是有限的，人从这一点跑到那一点一定要占用时间。从绝对的意义上讲，人永远也达不到神的境界。但是人类却并不因此而放弃努力，他要通过极限能力的不断扩展，而一步一步地与神接近。所以，从相对的意义上讲，跑得最快的人也就是最接近神的人，因此他才有权力点燃圣火。这样一来，体育比赛也便具有了神圣的内涵。如果说，神可以达到"无限高""无限快""无限强"的境界，而人则只能通过"更高、更快、更强"的努力而不断地接近神。这正是人们在运动会上希望不断打破纪录的原因，也正是奥林匹克精神中所包含的感性生命无限扩张的文化内涵。

唯其如此，我们才能够理解，一个打破百米短跑世界纪录的运动员，何以在人们的心目中占有崇高的地位；一个打破世界举重纪录的大力士，何以赢得崇高的荣誉。时至今日，尽管科学技术已经为我们发明了汽车、火车、飞机之类更加快捷便利的工具，然而无论如何，人的肉体能力却始终是支配一切机器设备的最终源泉，因而也是一切文化行为的原动力。无论历史如何发展，无论文明怎样进步，人总归是一具血肉之躯，因而其感性能力的极限是需要不断追求和探索的。正是在这种不断的追求和探索中，人类创造出了五花八门的体育项目。事实上，也正是在这些体育运动项目之中，人的

---

① 陈炎：《酒神与日神的文化新解》，《文史哲》2006 年第 6 期。

感性能力的各个向度无一不受到锻炼和考验。

从宽泛的意义讲，任何考验人的感性行为、肉体能力的活动均可被视为体育活动。而当这种活动被纳入一定的规则并进行竞争时，便成了竞技体育。在这里，行为是感性的，规则是理性的，于是体育运动也就成了在理性规则下的感性拼搏。由于有了理性的规则，使得体育运动不同于任何原始而又野蛮的肉体行为；由于有了感性的内容，使得体育活动能够释放人的感性欲望、焕发人的原始情感。我们在足球场上便常常可以看到这样仿佛自相矛盾、实则相得益彰的情景：一方面是如临大敌式的进场搜身，一方面是全民狂欢式的场内呐喊；一方面是执法如山的黄牌、红牌，一方面是竭尽生命本能的拼抢、射门……在这里，感性与理性、原始与文明、自由与规则、肉体与精神、本能与荣誉这些原本对立的因素裹挟在一起、交织在一起，产生一种巨大的力量，形成一种文化的魅力。

作为感性内容与理性规则相互统一的文化形态，体育活动的实质是偏于感性的，因而在整个人类的文化谱系中处在感性的一极。但是在体育活动的内部，又有着一个由感性导向理性、由量变导向质变、由体育导向艺术过渡的形态。任何体育活动都不是感性能力的简单释放，而要受到理性法则和动作技巧的约束，因而在感性之中有理性。但是相对而言，在田径、游泳、拳击等拼搏力量和速度的项目中，感性的成分更多一些，理性的成分更少一些。而在更多注重战术和技巧的球类比赛中，看似本能释放的感性行为中则积淀了不同成分的理性法则和战略战术，是一种斗智斗勇的统一。在不同的球类项目之中，理性与感性、"智"与"勇"所占的成分亦有不同，我们可以在橄榄球、足球、篮球、棒球、排球、网球、乒乓球、高尔夫球等不同的球类项目之间，看到一个由感性向理性过渡的文化谱系。越往这个序列的前端，感性拼搏的成分越多，理性法则的成分越少；越往这个序列的末端，灵活技巧的成分越多，力量速度的成分越少。因而越往这个序列的前端，就越具有肉体迷狂的色彩；越往这个序列的末端，就越具有艺术表演的成分。比球类项目更接近于感性与理性的统一，从而更接近于艺术的项目还有体操、跳水、滑冰等。而在这每一种运动项目的内部，又会呈现出一个由感性到理性过渡的文化谱系。以滑冰为例，从速度滑冰到花样滑冰和冰舞，其力量、速度的抗衡渐渐过渡到技巧、姿态的较量。当冰舞选手身着曼妙的服装，伴随动人的音乐，在光洁的平面上翩翩起舞时，我们已经忘记是在观看一场体育比赛还是在欣赏一场艺术表演了。

二

正像人们常常把"体育"看成是一种锻炼身体的活动一样，人们也常常把"科学"看成是一种改进生活的手段，其实这种想法同样是肤浅的。不错，科学的发展确实在很大程度上改变了人类的生活方式，提高了人类的生活质量；然而，科学的历史却告诉我们，从微观世界的原子构造到宏观世界的相对论原理，许多伟大的科学发现并不起源于改善生活条件的功利目的。不仅如此，毕达哥拉斯、柏拉图、亚里士多德等科学家，都曾经明确表示过对功利实践活动的蔑视。"阿基米德虽然在实用发明方面作出了巨大的贡献，但他更为珍爱的依然是在纯科学方面的发现，而认为任何一种与日常生活有联系的技艺，都是可耻的和粗俗的。"①

在这里，我们需要把"科学知识"与"工艺技术"区别开来："传统的观念，只有数学化、逻辑化的知识，才是科学理论，否则都是低级的技术和经验。在一般人心目中，称得起为'科学'的知识，都有一套专门的术语和概念，并且有一套严密的推理把它联结成一个复杂而庞大的知识体系。类似的思想，以不同的方式，表现在许多学者的著作里，写在各国的百科全书中。"② 因此，如果说"体育"的要义不是简单的锻炼身体，而是对于人的肉体能力的开掘与探究；那么"科学"的目的也不是简单的改善生活，而是对人的精神能力的开发与探究。这两种文化形态分别处在人类文化谱系中的两极：前者是在感性的极限上接近神明的努力，后者是在理性的纬度上挑战神祇的行为。③ 说到底，人类不仅具有物质的躯体，而且具有精神的内涵；不仅具有感性的行为能力，而且具有理性的思辨能力。因而对于理性能力的开发与探究，同样是拓展人类极限的重要向度。"事实上，数学科学中一些伟大的成就——影射几何、数论、无穷量理论和非欧几何……都是为了解决纯

---

① ［美］克莱因：《西方文化中的数学》，张祖贵译，复旦大学出版社 2005 年版，第 28 页。

② 李中：《中国古代哲学和自然科学》，上海人民出版社 2002 年版，第 1 页。

③ 陈炎：《"宗教"与"科学"》，《文史哲》2008 年第 6 期。

智力的挑战。"① 正是这种超越现实功利的不懈追求，才使得科学家们从具体的经验世界中提炼出抽象的点、面、线、体，形成严谨的概念与范畴，运用经验归纳与逻辑推理的方法，建构起科学体系的大厦。

从更加宽泛的意义上讲，"科学作为一种知识系统或理论系统，它一般由以下几个部分有机构成：（1）实验事实（这是整个知识系统的基础）。（2）基本概念（由实验事实中抽象出概念，再从诸多概念中提炼或挑选出基本概念）。（3）原理及定律（基本概念之间的关系，一般由归纳得出或假设提出，它们作为理论系统的逻辑基础）。（4）逻辑推演系统（由逻辑概念出发，利用逻辑法则及数学方法进行推理）。（5）一系列具体结论逻辑演绎的结果（可与实验事实直接比较）"②。按照这种观点，科学活动虽然是以经验事实为基础的，但它必须经过由经验归纳到演绎推理，即超越具体的感性经验而上升到抽象的理论层面。显然，这种被称为"科学"的活动，是一个由感官所及的现象世界到思想所及的理论世界的上升过程。

然而，这种理论的提升过程无论如何玄妙，毕竟是以现实生活为基础的。因此，正像偏重于开发感性能力的体育活动需要有理性的法则约束一样，偏重于挑战理性能力的科学活动也需要有感性的经验支撑。因此，尽管从相对的意义上讲，"体育"与"科学"分别处在人类文化谱系中感性与理性的两极，但是从绝对的意义上讲，正如体育活动的内部有着一个由感性向理性逐渐过渡的序列一样，在科学活动的内部则有着一个从理性向感性逐渐过渡的序列。这个序列，我们可以简单地概括为数学、物理、化学、生物。

数学是研究客观世界所有事物数量关系的学问。由于客观世界上的万事万物都有数量关系，因而数学又成为所有自然科学研究的基础和前提。为了研究客观事物的数量关系，数学家采用了抽象的符号语言和缜密的推理逻辑。首先，数学家舍弃客观世界所有事物"质"的差别，仅仅把握其"量"的差别；或者换一种说法，即把客观世界上所有事物"质"的差别都还原为"量"的差别而进行研究。唯其如此，数学家才可能建立起一整套严密的、可以相互通约的符号体系。其次，在这套符号体系的基础上，数学家依

① ［美］克莱因：《西方文化中的数学》，张祖贵译，复旦大学出版社2005年版，第4页。
② 钱时惕：《科学与宗教关系及其历史演变》，人民出版社2002年版，第1—2页。

靠演绎法不断地假设、推理、求证，以得出必然的、可逆的、真理式的结论。"欧几里得的《几何学》原本只用了5个公理，5个假设和23个定义证明了467个命题，是最早的完整的公理化体系。在天文学、静力学、地理学和光学等几个特殊的科学领域里，希腊人成功地将它们数学化，并提出了高度量化的结论。它们不仅在古代世界达到了该领域最高水平，更重要的是，对近代科学的诞生起了一种示范作用。"① 在数学的内部，几何还不是最为抽象的，因为它有时还可以借助图形来表达思想，而更加抽象的代数则只存在于数字与符号的世界之中。这种抽象而又严密的数学语言确实在很大程度上支撑着所有科学的思维逻辑，并进而向其他文化领域渗透。"几乎每个人都知道，数学在工程设计中具有极其重要的实用价值。但是却很少有人懂得数学在科学推理中的重要性，以及它在重要的物理科学理论中所起的核心作用。至于数学决定了大部分哲学思想的内容和研究方法，摧毁和建构了诸多宗教教义，为政治学说和经济理论提供了依据，塑造了众多流派的绘画、音乐、建筑和文学风格，创立了逻辑学，而且为我们必须回答的人和宇宙的基本问题提供了最好的答案，这些就更鲜为人知了。作为理性精神的化身，数学已经渗透到以前由权威、习惯、风俗所统治的领域，而且取代它们成为思想和行动的指南。最为重要的是，作为一种宝贵的、无可比拟的人类成就，数学在使人赏心悦目和提供美学价值方面，至少可与其他任何一种文化门类媲美。"②

与抽象的、研究数量关系的数学不同，以物理、化学、生物为代表的自然科学是研究某一类具体的自然对象物质结构与变化规律的学问。尽管这些科学常常以其数学化程度的高低来判定其自身的成熟程度，但由于这些科学要面对感性而具体的自然现象，不可能将所有的现象都还原为简单的数字符号并进行演绎推理，因而其感性经验的成分多于数学，其理性思辨的成分又少于数学。一般说来，自然科学所面对的自然现象越复杂，其数学化程度也就越低，其经验的程度也就越高。相对而言，化学现象比物理现象复杂，

---

① 朱清时：《风物长宜放眼量》，余翔林等主编《科学的精神——中国科学院研究生院演讲录·第五辑》，科学出版社2004年版，第105页。

② [美]克莱因：《西方文化中的数学》，张祖贵译，复旦大学出版社2005年版，前言，第 vi 页。

生命现象又比化学现象复杂，因而在物理学、化学、生物学之间，又可以看到一种由理性向感性、由逻辑向经验、由演绎法向归纳法过渡的序列。当然，这种对于物理、化学、生物的简单分类，也只具有相对的意义。事实上，就像数学对所有自然科学的影响和渗透一样，在物理学和化学之间，在化学和生物学之间，也有着极为紧密的学科交叉和相互渗透，从而形成了一个由理性向感性、由抽象向具体的过渡系列。

三

如果说，"体育"和"科学"分别位于人类文化谱系中感性与理性的两极，那么"艺术"与"工艺"则分别处在二者之间的中介状态。

与"体育"相比，"艺术"虽然以感性的现实生活为基础，但却更趋向于理想境界的追求、精神内涵的把握，因而是感性与理性相统一的文化形态。我们可以从速度滑冰、花样滑冰与冰舞的对比中来看待"体育"与"艺术"之间的关系。速度滑冰是在不同的跑道和距离内比赛运动员的滑行速度，它主要考验的是运动员的生理极限，因而是一种典型的竞技体育。花样滑冰则重在考验运动员所能达到的技术难度，虽然支撑这一难度的是力量、速度、协调、柔韧、平衡、稳定等能力，但除此之外也包括运动员的组织编排能力和形体表演能力，因而已包含了一定的艺术成分。而作为花样滑冰的一种，冰舞对技术难度的要求减少了，对情感表达的要求却增加了。冰舞没有跳跃动作，且不允许使用高位托举，但对舞姿、音乐、服装的要求则更为考究。与此同时，从速度滑冰到花样滑冰和冰舞，判定比赛胜负的方式也不仅从由客观的时间测量改为主观的裁判打分，而且还要考虑到舞蹈编排、艺术表现、音乐理解、服装设计等相关要素。换言之，后者所要考验的主要不是运动员的体能极限，而是在一定体能和技术的基础上所呈现出来的形体塑造能力和情感表达能力。在动人的音乐和美妙的服饰衬托下，翩翩起舞的花样滑冰和冰舞选手给予我们的已不再是竞技体育所常有的刺激与迷狂，而是感性与理性、肉体与精神的融合与交响，是一种美的享受。这样一来，花样滑冰和冰舞就在很大程度上从"体育"的领域跨入"艺术"的领域。

上述比较不仅有利于我们认识"体育"和"艺术"这类文化现象由量

变导致质变的联系与过渡，而且有利于我们对舞蹈、声乐等建立在肉体机能之上的人类艺术的理解。我们知道，无论是舞蹈演员还是声乐演员，都需要具备一定的生理条件、先天素质，并在这种条件和素质的前提下进行刻苦的训练。从表面上看，这种训练也像体育一样，是对人的肉体能力的开发和探究。但是，跳得最高的人并不一定能够成为舞蹈家，嗓门最亮的人也不一定能够成为歌唱家。舞蹈家是要在一定体能训练的基础上创造出或刚健、或优美、或滑稽的动作和姿态，歌唱家是要在一定发声训练的基础上创造出或豪放、或委婉、或诙谐的旋律和音色他们所追求的并不是"更高、更快、更强"的体能极限，而是形象的塑造和情感的表达，是借助感性能力所达到的理性目的，是借助肉体能力所达到的精神境界。

如果说，建立在肉体机能基础之上的舞蹈、声乐等艺术与体育相联系；那么，建立在技术手段基础之上的器乐、绘画、雕塑、建筑等艺术则与工艺相联系。器乐演奏是依靠乐器发出音响，而乐器本身就是一种工艺产品。作为一种艺术活动，器乐演奏家也并不是要把乐器的发声能力发挥到极限了事，而是通过美妙的旋律和节奏表达出如泣如诉、如怨如慕的人类情感。同样，绘画所使用的颜料和画笔，雕塑所使用的刻刀和模具也都是一定历史条件下的工艺产品。作为一种艺术活动，画家和雕塑家也不同于一般的匠人，简单地利用现有的工具而达到再现自然的目的，而要在似与不似之间创造特有的形象、表达独特的情感。在所有艺术中，最受工艺条件限制的当然要数建筑了。从某种意义上讲，不同的材料和不同的技术决定了不同建筑的可能性。但是，尽管工艺水平决定了建筑艺术的可能性，但建筑艺术创造美的必然性则是由艺术家的想象和情感能力决定的。否则，人人都可以建造埃菲尔铁塔和悉尼歌剧院了。正像歌唱家不是简单地追求声音的高度和难度一样，建筑师也不是简单地追求建筑物的高度和难度，他们都要在挑战高度和难度的过程中表达人类的情感，创造美的奇迹。

除了建立在肉体机能基础之上的舞蹈、声乐和建立在技术手段基础之上的器乐、绘画、雕塑、建筑之外，还有一种艺术是建立在语言基础之上的文学，以及与文学相关的戏剧、电影、电视等。这些艺术也无不处在感性与理性之间，或更接近于主体先天能力的开发（如语言能力），或更接近于工艺技术的采用（如摄影技术），或两者交织在一起而成为"体育"与"工艺"

之间的过渡形态。

四

从传统意义讲，"艺术"与"工艺"这两个概念的区分并不严格。在古希腊，"艺术"这个概念"包括一切人工制作在内，不专指我们所了解的艺术"①"自从十七世纪末，art 专门意指之前不被认为是艺术领域的绘画、素描、雕刻的用法越来越常见，但一直到十九世纪，这种用法才被确立，且一直持续到今"②。在中国古代，从孔子时代的"六艺"和"游于艺"等用法来看，"艺"这个概念也有相当广泛的内涵。只有到了现代，"艺术"也才同"工艺"彻底分家，成为专供欣赏的审美对象。

与"工艺"相比，"艺术"更偏重于文化谱系中的感性一极，与"体育"更加接近，表现出一定的超功利色彩；与"艺术"相比，"工艺"更加偏重于文化谱系中的理性一极，与"科学"更加接近，表现出一定的实用目的。然而，超功利的艺术活动可以为人类的想象能力和情感能力提供更加自由的创作空间，而人类想象能力和情感能力的培养又可以反过来推动有功利目的的"工艺"实践；功利的"工艺"实践可以为超功利的"艺术"活动提供更多的条件与设备，而这些条件与设备又使得超功利的"艺术"活动有了更为广阔的创作空间。

不仅"艺术"与"工艺"之间有着千丝万缕的联系，而且"工艺"与"科学"之间也有着错综复杂的关联。在上面的文字中我们曾经强调，传统意义上的"科学"有着一种从感性经验出发，进而超越经验世界上升为逻辑思辨的理性冲动。而现代意义上的"工艺"则需要借助"科学"研究所获得的原理性成果，反过来解决感性世界中存在的现实问题。19 世纪之前，西方理论科学与工艺技术之间的联系还较为松散。在很长的一段时间里，科学只是作为哲学的衍生物存在，这也正是它为什么又被称为"自然哲学"的原因。进入 19 世纪以后，人们才真正地认识到科学知识对工艺技术进步的重

---

① 朱光潜：《西方美学史》上卷，人民文学出版社 1979 年版，第 70 页。

② ［英］威廉斯：《关键词：文化与社会的词汇》，刘建基译，巨流图书公司 2003 年版，第 14 页。

要性，发现了抽象的理论科学与具体的工艺实践相联系的方法，并且看到了两者共同进步的无限前程。欧洲从此便进入了工业化时代。①

"工艺"是感性的，它要运用具体的方法，解决实际的问题。"工艺"也是理性的，它对方法的掌握、对问题的解决，必须符合客观世界固有的规律。在传统意义上，"工艺"实践对客观规律的掌握往往是经验形态的，就像"庖丁解牛"和"轮扁斫轮"一样，只是经过反复实践而掌握的技巧。然而现代意义上的"工艺"却已经远远不满足于这种经验形态的技巧，它要在解剖学的基础上建立肉类加工厂，它要在物理学的基础上建立汽车生产线。只有这样，传统意义上的工艺技巧才可能在理论科学的帮助下获得长足的发展，从而为人类文明创造出巨大的物质财富。反过来说，也正是通过工艺实践的感性桥梁，才使得原本抽象思辨的理论科学有了为人类服务的用武之地。

总之，通过上述分析，我们可以将人类的文化行为视为一种从"感性"到"理性"相互联系的谱系。作为这一文化谱系中的"感性"一极，"体育"要挑战人类肉体能力的极限，是一种感性生命力的张扬与释放，其特点是肉体的拼搏，常常具有迷狂的色彩；作为这一文化谱系中的"理性"一极，"科学"要挑战人类认识能力的极限，是一种理性生命力的开掘与探索，其特点是逻辑思辨，常常具有抽象的品格。说得极端些，人类在从事"体育"活动的时候，一般不需要认识活动的参与，否则反而会造成过多的心理负担；人类在从事"科学"活动的时候，一般也不需要肉体欲望的参与，否则反而会造成过多的心理干扰。而处在这一文化谱系的中间层次，"艺术"和"工艺"则与之不同，它们一方面受"感性"的制约，与肉体欲望和行为能力相联系；一方面受"理性"的制约，与价值观念和思辨能力相联系。换言之，只有肉体欲望而无价值观念的行为不是"艺术"，只有行为能力而无思辨能力的活动也不是"工艺"。无论"艺术"还是"工艺"，都是"感性"与"理性"相互渗透、彼此融合的文化产品。

（原载于《社会科学辑刊》2010 年第 4 期）

---

① ［英］怀特海：《科学与近代世界》，何钦译，商务印书馆 1989 年版，第 95 页。

走出"文化研究"的困境

盛　宁

时至今日，"文化研究"[①] 似乎陷入了某种困境，不少人都感到它的处境有点尴尬，好像也没看见搞出了什么大的名堂。坦率地说，这种状况不自今日始，早在 2008 年，上海的《东方早报》就以"'文化研究'当下遇尴尬……"为题，报道了上海一些学者对此所做的反思。他们谈到当下的文化研究所面临的这样几个问题：第一，这个不上不下的"学科"似缺乏一般人文学科所具备的内部精神动力；第二，这种研究需要非常大的知识储备，如经济学、统计学、社会学等各方面的知识，而我们在这方面知识准备和训练欠缺；第三，文化研究远离文学后，新生代的学者因缺乏训练而失去了细读文本的能力。为此，有学者指出，这种就文化谈论文化的研究走进了死胡同；另有学者甚至说，更愿意把自己的孩子送到文学系，而不想让他去学什么文化研究[②]。当然，这篇报道只是谈了他们的一些个人体会，没有对这一研究本身的合理性和局限性作更深一层的探讨。我们今天来探讨这个话题，当然也不是要对过往的研究作彻底的否定，而是要找出办法，走出目前的困境，使文化研究拿出越来越多的货真价实的成果。

---

① 本文中的"文化研究"并非时下流行的泛文化研究，而是指我国文学、文艺学领域受西方文化理论思潮的影响而开展的文化研究。

② 参见石剑锋《"文化研究"当下遇尴尬　应学科化以争取学术资源?》，载《东方早报》2008 年 7 月 29 日。

一

"文化研究"作为当代西方的一股学术思潮或研究方法被引入我国，最早大概可追溯到 20 世纪的 90 年代中期。若要找一个标志性的划界事件，或可定在 1995 年 8 月在大连召开的"文化研究：中国与西方"的国际研讨会。那是国内文论界较早的一次大型国际学术研讨会，一些著名的西方学者，如特里·伊格尔顿（Terry Eagletor）、乔纳森·阿拉克（Jonathan Arac）、杰莉·艾兰·弗莱格（Jerry Aline Flieger）、拉尔夫·科恩（Ralph Cohen）等，也应邀出席了这次会议。会后，美国弗吉尼亚大学主办的《新文学史》（*New Literary History*）还出版了一期专刊，刊发了这次研讨会上的九篇论文，并特别邀请两位美国学者对这些论文撰写了点评文章。因此，说这次研讨会正式拉开了中国学界文化研究的大幕，当不为过。此前我们这里是"理论热"，尤其是后现代、后结构主义（解构主义）的理论，而此次会议则产生了改旗易帜的效应，文化研究从此声势愈隆，一时被称为显学。记得甚至有学者提出，社科院外文所应更名为外国文化研究所。回想前些年我们学界的状况，有一个很突出的倾向就是喜欢"扎堆儿"，一旦有新的批评理论露头，总会出现一哄而起赶浪头的局面。80 年代开始的"理论热"是这样，90 年代文化研究也是这样。转眼十五六个年头过去，文化研究竟然会沦落到现在这样一种尴尬的境地，应该说是非常令人遗憾的。面对这样的局面，我们该怎样吸取经验教训，而下一步又该做些什么呢？

当然，要跳出困境，首先该看看自己是怎样陷入困境的。

我觉得，造成目前尴尬局面的根源，这不幸的种子，其实从文化研究被引进之初就已经埋下。而过去十几年，我们也曾多次有纠正这一偏向的机会，却都没能抓住，结果一错再错，造成了现在这个局面。那么，我们从一开始究竟陷入了怎样的认识误区，而这些认识误区又怎样导致我们难有作为的呢？

从源头上说，今天我们所说的这种文化研究，乃是西方发达资本主义国家的左翼知识分子，在各自特定的社会历史条件下所采取的一种文化立场，抑或说是他们的一种"批判姿态"（critiquing gestures），其中当然也包括政治方面的诉求。因此，我们应该看到，由于历史环境的不同，这些国家知识分子所面对的问题其实也是不同的，他们在从事实际的文化批判时，各自的理论预设、批判对象以及所采用的方法等，当然也就有这样那样的差异。所以，无论是纵向地从各个不同的历史时期看，还是横向地从各个不同的国度看，尽管他们都声称在从事文化研究，实际上在许多方面是并不等同，甚至还在一些基本的理念上存在着冲突。

我们现在所看到的至少有三种不尽相同的文化研究：最早是与马克思主义批判传统一脉相承的法兰克福学派对垄断资本主义社会文化工业的批判；然后是承袭了左翼思想传统的英国式文化研究，主要是伯明翰学派所代表的对英国资本主义精英文化的批判；再就是与伯明翰学派前后脚引入，但在理论预设和批判对象方面均不相同的美国式文化研究。

这三者的共同点，或可说是都涉及所谓大众文化、流行文化、民俗文化、商业化文化之类的问题。但细加分析则又会发现，虽说都是针对大众—流行文化，但各自的认识预设（前提）却差别很大。

法兰克福学派针对 20 世纪 30、40 年代的文化状况，在马克思的异化理论和卢卡奇的物化理论的影响下，提出一种文化工业理论。他们所说的文化工业，指的虽是资本主义社会中通过大众媒体所传播的日常流行文化，但是，他们把这种文化定性为"大众欺骗的启蒙"，认为这是统治阶级在掌控全部传播媒介之后，用机械化大生产方式的炮制出来供大众娱乐消费的文化，但这种文化全然是现行意识形态亦即统治阶级意识形态的一种"复制品"，究其本质，是一道蒙骗大众的"符咒"①。这一认识背后的理论支撑，主要是霍克海默和阿多诺的《启蒙辩证法》中关于文化工业的论述，当然，再早一些，还应追溯到本雅明的《机械复制时代的艺术作品》。

伯明翰学派则具有完全不同的认识预设，这一批文化研究学者首先认定大众文化具有天然的反主流意识形态倾向，而资本主义宰制意识形态则是由受主流媒介推崇的精英文化来维持和传承的。因此，他们认为，关注大众文化，关注各种被主流文化排斥、边缘化的各种亚文化、民间文化、影视文化等，这本身就是一种革命性的文化实践。而他们的理论支撑，除了最早的发起人理查德·霍加特和后来的主将斯图亚特·霍尔外，主要应该是

①　参见［德］马克斯·霍克海默、西奥多·阿多诺《启蒙辩证法》，渠敬东、曹卫东译，上海人民出版社 2006 年版，第 107—118 页。

雷蒙·威廉斯的《文化与社会》(*Culture and Society*, 1958)、《漫长的革命》(*The Long Revolution*, 1961),以及 E. P. 汤普森。后者虽然搞的是史学、社会学,但因为研究英国工人阶级形成的历史,关注的是下层民众,在理论上能给伯明翰的文化研究健将们以直接的支撑和启发。再往上不仅可追溯到葛兰西(Antonio Gramsci)——他于 20 年代提出的"文化霸权"(Cultural Hegemony)理论,被威廉斯、E.P. 安德森等做了进一步的发挥,还应追溯到法国结构主义和后结构主义,例如阿尔都塞。需要指出的是,由于时代和学术语境的不同,伯明翰学派在对文化构成的理解上与法兰克福学派很不一样。霍尔从文化的编码(encoding)与解码(decoding)过程来认识和解释大众—流行文化对主流意识形态的颠覆解构,显然也要比前者文化工业一说要复杂"老道"得多。

至于从美国那边引入的文化研究,情况似更加复杂一些。严格说来,在美国说到文化研究,一般并不是指英国伯明翰学派所代表的那种,恐怕更多地指 20 世纪 40、50 年代流行的那种偏重于人类学、社会学的文化研究。今天我们经常会提到的《文化模式》《菊与刀》的作者露斯·本尼迪克特(Ruth Benedict),即属于那一批文化研究学者。而 90 年代后兴起的"文化研究热",则属于此前在美国爆发的所谓"文化战"(the cultural wars)的后续。有人说美国是受了英国文化研究的影响,才重新燃起对文化研究的兴趣,我认为是不对的,至少很不准确。

美、英两国都说英语,然而,两国在文化上的差异其实是相当大的,而我们对此多有忽略,这对于我们从事英美文学研究的学人来说是很不应该的。例如,美国社会的人口构成与英国就很不一样,它是个纯粹的移民国家;美国看似非常的世俗化,甚至可以说是发达资本主义国家中最世俗化的,然而它却又是一个非常宗教化的国家,美国人的宗教意识恐怕远比我们通常所认为的要强①;美国的知识界虽有"左""中""右"之分,但总体上

---

① 根据 2010 年皮尤研究中心的最新调查,美国人中信宗教者高达 83.1%;根据 BBC 与 2004 年对 10 个国家民众宗教信仰状况的调查,美国是发达国家中宗教信仰比例最高的国家,不信仰上帝者人口仅为 13%,而英国则是宗教信仰者人数比例最低的发达国家,不信仰者 比 例 高 达 52% (Cf. "US Religious Landscape Survey", http: //religions.pewforum.org/reports$}#; BBC News, 26-02-2004)。

不像英国那样有比较坚实的左翼思想传统和人数较多的左翼知识分子。在美国，像弗雷德里克·杰姆逊那样公开自我标榜"马克思主义理论家"的其实非常少，很多被称之为左翼知识分子的学者，如诺姆·乔姆斯基（Noam Chomsky）、苏珊·桑塔格（Susan Sontag）、弗兰克·伦特里夏（Frank Lentricchia）、杰拉尔德·格拉夫（Gerald Graff）等，他们的思想观点的确都非常激进，但只是在一些具体观点上与马克思主义比较投契而已。我们必须认识到的是，美国的"左""中""右"，激进或保守的分野，实际上都是按照他们对本土问题的态度来划分的。

自20世纪60年代开始，美国进入了空前剧烈的社会动荡期：反战运动、学生运动、民权运动、女权运动等一浪高过一浪；进入80年代后，上述各种运动所积蓄起的能量，又在文化价值观问题上来了一次总爆发，把整个社会分裂成截然对立的阵营，进入了所谓多元文化的时代气文化价值观的冲突首先反映到对意识形态最敏感的美国大学校园内部，很快"上纲上线"到政治层面，形成了各种所谓"政治正确"（PC）的标准。斯坦福大学率先于80年代末爆发了要求更改课程设置的校园行动，引发了重构美国"文学典律"（canon）的争议①，高校的文化左翼开始按照"政治正确"的要求，对文学典籍中涉及民权、种族/族裔、女性权益、殖民压迫、同性恋问题的内容作出新的阐释。杜克大学也是这场文化战的激烈战场之一：反"PC"一方由美国大赦国际前主席、政治学系教授J. D. 巴伯（James D. Barber）领衔，而赞成"PC"的则以英文系著名教授斯坦利·费什（Stanley Fish）挂帅，双方为了哪些书籍可摆放在校园书店的书架上而恶语相向，吵得不可开交，重演了一场斯威夫特笔下的"书籍大战"②。文化战很快就渗透到校园学术的方方

---

① 1992年，美国著名新闻评论员帕特里克·布坎南（Patrick Buchanan）在争取共和党提名的大会上发表了著名的"文化战"演讲，声称"一场为争夺美国灵魂的宗教战争正席卷我们这个国家，这是一场文化战争，它对我们国家的未来至关重要，其重要性与当年的冷战完全一样"（参见布坎南的竞选提名演说："1992 Republican National Convention Speech, Houston, Texas, by Patrick. Buchanan, August 17, 1992", http：//web.archive. org/web/20071018035401 /http：//www.buchanan. org/pa-92-0817-rnc.htmJ）。

② 英国18世纪著名作家乔纳森·斯威夫特（Jonathan Swift）曾写过《书籍大战》（The Battle of the Book）的讽喻妙文。1990年12月24日出版的美国《新闻周刊》（Newsweek）曾发表关于"政治正确"运动的长篇报道，其中多处涉及杜克大学在这一风潮中的地位和影响。

面面，从著作选题到对于具体作家的评价、各种文学读本的选材，甚至任课教师的选配、招生时各族裔学生人数的比例等，都必须服从一个不成文的准则。由此我们看到，美国的文化研究是文化左翼在特定历史背景下按照他们所确定的"政治正确"标准对美国文化价值观进行的一次重构。

经过以上梳理不难看出，上述三种文化研究虽都涉及大众文化、流行文化或通俗文化一类的问题，但其认识预设各不相同，其"文化"的实际所指也是不同的。因此，伯明翰学派对法兰克福学派不仅持藐视、丑化的态度，而且有相当激烈的批评，认为对方是站在现代主义精英文化的立场上。为此，法兰克福学派的第三代传人之一道格拉斯·凯尔纳（Douglas Kellner）还曾专门著文《法兰克福学派与英国文化批评的错位》，试图调和两派的分歧①。但公允地说，伯明翰学派在美国也谈不上太大的影响。因为美国人有自己太多的问题，无暇旁顾。

二

了解了这些基本的事实，我觉得我们实在没有必要过多地去细究这些研究在起承转合方面这样那样的异同，因为那样就把人家的"研究"当成了我们的研究对象，而不是去把我们自己要解决的问题作为研究的对象了。了解这几种研究的共同点和分歧，当然也有必要，但是对我们来说，了解只是第一步，接着需要跨出的第二步，则是要抓住我们自己的文化中的问题，通过我们的研究——对这些文化素材的审视、解读和分析——对我们自己的意识形态进行批判和重构。这里还需要强调一点，文化研究并不是将关注点挪移到草根—大众文化一侧、将"精英"文化作为批判对象就够了，关键还得看我们的研究和批判能否对现行文化价值观的重构产生积极影响。回顾我们过去许多所谓的"研究"，多的是简单化地站队表态，"研究"成了一句空话。

我前面提到，我们以往对外来学术思潮和人物的介绍，往往有这样一

---

① Douglas Kellner, "The Frankfurt School and British Cultural Studies: The Missed Articulation", http://www.gseisuda.edu/faculty/kellner/kellner.html.

种倾向：说到哪位崭露头角的作家，便毫不吝惜地抛以各种最高级的评语；说到哪里出现了某种新的学术动向，又立刻把这种动向说成是如何炙手可热，好像满世界的人都趋之若鹜，让人觉得你若紧跟便是"in"，而一步踏空就会"out"。这种心态往往会影响对事情本身的公允把握。

记得就在文化研究呼声乍起之后不久，大概是 2002 年，上海《社会科学报》的一位编辑给我发来电邮说，伯明翰学派的大本营现代文化研究中心（CCCS）被校方关闭了。这位编辑说，校方的理由是它在当下日益商品化的社会中"无法得到生存的土壤"，他认为这一事件颇有"象征意义"，希望我能发表一点看法。听到这个消息，我当然感到遗憾，但又觉得事情恐怕还不那么简单，学术应归学术，而办所则是办所，两者还是应该分开。果然，很快就有媒体报道说，现代文化研究中心之所以被关闭，很大程度上是因为该中心办学经营上的不景气。而所谓的"伯明翰学派"，其实早在 20 世纪 70 年代末已发生分化，成员星散，后继者在研究内容和方法上都发生了很大分歧。加上 80 年代后英国不少大学也都成立了文化研究、传媒研究的专门机构，伦敦大学、曼彻斯特大学的研究后来居上，在学术实力上都超过了伯明翰。伯明翰校方是根据末位淘汰制评估而作出决定，其中是否夹带政治因素当然可以另议，但即使有，恐怕也算不上主要动因。然而不知为何，我们一些人会首先从"政治不正确"的角度去作出自己的判断。

信息不对称当然是一个很重要的原因。但是我认为，不能保持一定的距离对外来学术动向加以审视、客观公允地作出评价，恐怕是更重要的原因。我们在介绍外来学术思想、观点的时候，千万不要忙不迭地一头扑上，满眼看去都是好。这就如同绘画，画者与所画对象之间必须保持一定距离，保持一种审视的目光。要带点"矜持"，这样我们在选材、落笔时才会有分寸感。我为什么这么说？因为现在看来，文化研究不是一个理论问题，也没有什么了不得的理论深度。关于这一点，其实那些身在其中的里手、高手们从一开始就提醒过我们。然而遗憾的是，由于当时我们对文化研究缺乏距离感，缺乏审视的眼光，结果这些提醒与我们一再擦肩而过，没有引起我们的注意。

就在 1995 年的大连会议上，时为英国牛津大学英文系顶级教授的特里·伊格尔顿提交了一篇论文，论文题目虽然叫《后现代主义的矛盾》，但从头到尾谈的都是文化研究，而且是一些应该引起我们重视的问题。例如，文化研究为什么只是一种流行思潮，为什么并不天然带有左翼激进的政治倾向等，伊格尔顿都做了非常有针对性的回答。但他的观点显然没能迎合我们当时的需要，因此，这篇文章虽然被翻译成中文，但在当时的学术刊物上，除一两句不冷不热的介绍外，没有引起任何的反响。

伊格尔顿在这篇文章的一开头就说：

> 现在，一切都是文化的这样一种思想，在西方左翼人士中特别时髦，这种思想属于一种可称之为"文化至上论"的理念，这个术语，跟经济论、生物论、本质论或其他形形色色的"主义"一样，也是一种简约式说法，而面对这些主义现在已稍稍产生了一点惶恐不安的过度反应。这种文化至上论把与人类共有的"自然性、物质性、动物性"相对立的"建构性、符号性和规范性"的重要性给放大了。①

什么叫带有距离感的审视？伊格尔顿对文化研究的这番介绍就是一种带有距离感的审视。他一语点穿了这种文化思潮的实质：一种流行一时的"主义"。它之所以产生，原因很简单：过去，我们强调的是人的物质性、动物性，即人的自然的一面，现在呢，我们更多强调人的"建构性、符号性、规范性"，而"文化至上论"把后者的重要性给放大了。伊格尔顿这里的意思很清楚，文化研究在他看来，只是一种学术思潮，这种思潮让我们的关注点产生了转移，更加关注人类后天形成、习得的一面。

伊格尔顿接着又告诉我们，文化研究出自特定的历史时段和特定的地域，它原本是西方发达资本主义的产物，现在也渐渐输入中国以及其他一些"新生的"（emergent）社会。熟悉文化研究理论传承的人会敏感地发现，他在这里特意用了他的老师雷蒙·威廉斯的专门术语"新生的"。这个词不是指历史意义上的新生国家，而是指意识形态上新近出现或露头的动向。再接下来，伊格尔顿对文化研究本身并不具有激进或保守的政治倾向和价值观作

---

① Terry Eagleton，"The Contradictions of Postmodernism"，New Literary Hictory，Vol. 28，No.1 (1997)：1.

了特别的强调，这一点应该说也非常重要。他列举了欧洲启蒙运动以降的一些历史人物和事件，来说明一种文化研究所表现出的政治倾向和价值取向完全取决于从事文化研究者本人。换句话说，文化研究你我都可以用，但研究结果则可能迥异。他略带俏皮但又雄辩地指出，斯坦利·费什会为自己保守的政治立场套上一种左倾认识论，而理查德·罗蒂则会把这种左倾认识论纳入他自由主义—资产阶级的视野。至于文化研究与现行体制的关系，伊格尔顿认为不可说死，它并不像我们通常所以为的那样，一定是站在现行体制的对立面。他认为，实际的情况是，文化研究有时会站在现存体制一方，有时又不站在它一方，而在后现代条件下，它是既站又不站，两者同时存在①。

伊格尔顿所讲的上述几点，我们今天读来恐怕会有另外一番感受。而如果早明白这样一些道理，我们就不会把文化研究看成一种唯我独步天下的批评方法了。这些年来，我们一遍又一遍、不厌其烦谈论的都是"什么是文化研究"，试图对它做一个确切的界定，列出个一二三四，似乎做到了这一点就大功告成了；而伊格尔顿其实早已有言在先："文化研究"不过就是个术语，一个简约式的称谓（a reductive nomenclature），它有一个大致的内涵，却没有边缘清晰的外延。所以他在 2002 年出版的《理论之后》一书中，径直就把西方 20 世纪 60 年代以后至世纪末的这几十年，都笼统地称之为"文化理论的黄金时期"②；因为这一时期的西方思想界，从大的认识倾向上说，一如我们前面所引述的，转向了对于"建构性、符号性、规范性"的关注。

由此看来，我们现在所说的实在是一个更大的认识误区：硬是把一个原本是实践问题的文化研究，当成了理论问题没完没了地加以讨论，而把必须做的正经事却撂在了一边。

也正是在大连会议之后，参加了大连会议的美国匹茨堡大学 J. 阿拉克教授应邀为《新文学史》刊发的论文做点评。他在点评中语重心长地指出：

---

① Terry Eagleton, "The Contradictions of Postmodernism", New Literary Hictory, Vol. 28, No.1 (1997). 王蒙在《读书》2009 年第 4 期上发表的《赵本山的"文化革命"》一文，也许可以作为伊格尔顿这一论点的最好注脚。

② ［英］特里·伊格尔顿：《理论之后》，商正译，商务印书馆 2009 年版，第 3 页。

对于大多数美国学者而言，他们对一个"文化研究"研讨会的期待，是想看到更多深入细致的个案分析，要关注那些具体的经验性的东西，讨论文化的生成活动，不一定是已经上了书，而是那些正发生或发生在不远的过去的事情，那些并不一定水准很高、非常了不起的东西。

而他所看到的中国学者的文章，却"大多数都只是有关理论本身的争论"①。

不可否认，当时文化研究作为一种外来学术思潮和研究方法刚刚引入中国，国内学界对它还不明就里，因此请一些比较了解的学者做一些介绍是完全应该的。然而，让人没想到的是，这样一种介绍，一做起来竟然没完没了。其实，伯明翰学派的立论和方法不就那么几个要点嘛。

1. 研究文化，就是研究人的生存实践、生存经验，而人的生存实践、生存经验又是构成人们身份认同的最基本，也是最重要的因素；而研究大众文化，则是研究与我们最切近的生存实践和生存经验。

2. 拒斥高雅—低俗的分野，这同时也是一种与主流意识形态划清界限、向主流意识形态发起挑战的政治姿态。

3. 强调对受到主流意识形态排斥的亚文化的研究。

4. 强调跨文化的研究。

可就是这么几点，却被我们翻来覆去地说个没完。如果说阿拉克的提醒是在我们刚刚引进文化研究后不久，当时没能引起大家的注意还情有可原，那么，大连会议10年之后，情况是不是有所好转了呢？我直言，依然是乏善可陈。

2005年11月，我们社科院文学所的一位研究员（也是我的一位朋友）对霍尔有一次专访。他向霍尔介绍说，这些年文化研究在中国发展迅猛，而遗憾的是，我们对于作为国际典范的英国文化研究的情况却"所知甚少"，我们的文化研究"好像是白手起家一样"。为此，他特别希望霍尔能够从英

---

① Jonathan Arac，"Postmodernism and Postmodernity in China：An Agenda for inquiry"，New Literary Hictory，Vol.28，No.1 (1997)：135-136.

国文化研究的经验出发，谈谈"应该怎样做文化研究，特别是在理论上有什么最可借鉴的"。

霍尔是怎么回答他的呢？访谈录这样写道：

> 霍尔不假思索地回答说：你们要研究自己的问题，从中国现实中提取问题。至于理论嘛，……其实并不怎么重要，重要的是你们自己的问题。对于理论，你要让它对你发生作用（make it work for you）①。我的朋友霍米·巴巴说他的工作就是生产理论，而我呢，则是运用理论。我不生产什么理论，就是运用。

而我们这位研究员在听了霍尔这番话后又是什么反应呢？他说：

> 听到这话，像我这样一个具有理论性情的人当然免不了些许的失望，在中国我们是把生产看得比消费更有价值，而霍尔全不在乎这些，他越说越兴奋："我把自己称作'喜鹊'"，他开始比画起来，"东抓一把，西抓一把，把什么东西都抓到自己的窝里。比如，从德里达那儿我就抓到了一件东西，就是如何去思考'差异'"。②

看到这里，我已经实在无话可说。我们就是这样：把一个原本就是实践的问题，自作多情地当成理论问题，而且还在那里一厢情愿地揣摩其中的微言大义。我的这位朋友还说他是"有理论性情的人"，如果我们都是按照他那样一个思路去搞文化研究，我们的研究能不走入死胡同吗？

三

那么，如何才能走出这个僵局？我想，没有别的办法，必须赶紧停止在"文化研究是什么"的问题上原地打转，赶紧返回到社会现实的层面，就

---

① 原文如此，但访谈人把霍尔这句话理解错了。此句英文的意思不是"要让理论（it）对你发生作用"，而是"让理论为你所用"。

② 引文见 http://www.literature.org.cn/article.ospx?id=8919。

我们自己的文化现状提出一些真问题才是。至于要提怎样的实际问题，本文因篇幅有限无法进一步展开，但是有一个实际问题是搞文化研究无法避免的，因此想在此着重地提一下。这个问题就是再不要动辄就把文化问题政治化，让人无法对问题展开深入的讨论。

这里有两层意思。一是大家都知道的，无论是法兰克福学派也好，伯明翰学派也好，都把文化研究视为对主流意识形态的批判，而一说起主流意识形态，许多人立刻就会产生一种错觉，把这种批判视为官方与民间、精英与草根的对立。于是我们看到，当下许多的文化批评人士，都忙不迭地宣布自己是草根民众的代言人，而把官方和精英树为自己的对立面，似乎只要凭借这样一张表明立场的符咒，便能在道义上占了上风。这种以政治立场划界和站队式的做法，在我们当下的媒体和网站上可以说是屡见不鲜。造成这种状况有比较复杂的历史原因，在我们的思想文化传统中，好像一向比较缺乏一种从义理的层面对问题进行不断的探究辨析的风气，我们往往习惯于以政治利害作为评判思想是非的标准，用一个比较简单的对或错取代对文化现象、思想理念的追问、辨析和体认。文化研究应该和其他思想研究一样，它最基本的任务本应是在义理层面对各种文化现象的来龙去脉、成因和影响等，做从里到外全方位的研究，而研究的目的，我想充其量只是起到一种"智库"的作用，它和政府机构的文化决策并不是一回事。

另一点，我们前面谈到了法兰克福学派、伯明翰学派以及美国的文化研究在理论预设上的不同甚至冲突，但这并不影响它们各自作为思想理念所具有的价值——它们对资本主义社会中属于非主流意识形态的各种亚文化的考察，通过对这些文化现象及其所起作用的研究而提出的各自不同的看法，各有各的针对性，各有各的存在理由，它们之间并不是一个简单的你对我错的问题。我更趋向于把它们看作是思想认识的互补、递进、深化或发展。以 E. P. 汤普森对英国工人阶级的研究为例，他显然吸收了马克思关于社会阶级的观点，但通过对18 至 19 世纪英国历史，特别是英国工人阶级形成的历史的考察，提出了一种与马克思略有区别的阶级观，在马克思的结构论的阶级观中融进了文化的因素，把阶级更多看成是在人与人的相互关系中发生了的某种东西。汤普森更强调工人们的共同经历，强调由他们共同的利益导致阶级的产生。在这里，工人阶级的经历成为阶级形成的关键。他认为，阶级不仅是一种存在，更体现为一种觉悟。这里虽然与马克思关于"自在"和"自为"的阶级概念有点类似，但汤普森更强调的是后者。这样，我们说汤普森研究的重要意义和价值，体现在它从思想理念和话语两个层面上对马克思主义的阶级观点做了进一步的深化和发展。

但是，我们如果回到汤普森的《英国工人阶级的形成》的文本，那就会发现，他根本不像我们在很多有关文化研究的介绍中所看到的那样，完全悬在半空，干巴巴地抛出一连串所谓的论点；他的全文几乎没有一句空洞的话语。他所做的"研究"，就是毫不含糊地深入英国工人生活的各个方面，对一个个极其具体细琐的问题做第一手的考察。关于什么是剥削的讨论，是对工厂的出现及出现后如何与工人发生矛盾和冲突所做的考察；对工人状况的讨论，很快就细化为对农业工人、工匠、纺织工人等不同工种分门别类的调查；在对工人的经历和生活水平进行考察时，会细致到把工人的生活用品、住房、日常起居和孩子抚养问题都列为一个个专题，他还详细调查工人群众中的集会结社状况，他们的社团和行会如何开展活动，而在此基础之上，再着重调查工人的觉悟程度及其表现。我们在汤普森的研究中所看到的，完全是一部对工人群众生活的考察实录，而这样的一种考察分析才称得起所谓的"文化研究"。

霍尔的研究也一样，我们通常看到的有关他的介绍文章或文集，几乎都把关注的重点放在他的理论上，而真正通过认真阅读他的实际研究范例、进而从中发掘出能为我所用的经验的则少而又少。霍尔在1997年曾主编过一个读本《表征：文化表象与意指实践》(*Represeutation：Cultural Represeutations and Siginifyg Practices*)，可以说是介绍伯明翰学派文化研究理论和实践最准确到位的一个范本。商务印书馆2003年就出了中译本。霍尔在其中撰写了第一章理论阐说部分，其余的五章，则是由包括他在内的五位学者所提供的五个个案研究的范例组成：P. 汉密尔顿对"战后平民主义摄影中的法国"的讨论；H. 利奇对"他种文化展览中的诗学和政治学"的讨论；S. 霍尔的"'他者'的景观"；S. 尼克松的"展示男人味"；K. 格莱德希尔的"肥皂剧个案分析"。恕我孤陋寡闻，迄今我只看到国内有三两份硕士论文对此著给予了关注，不过关注的重点基本上仍都在霍尔所阐述的理论那部分，对后五章的个案研究实例则很少有人表示出兴趣。

正如方才对霍尔的引述中所提到的，他在这个读本中对于文化研究所做的理论阐说，的确是"像喜鹊那样，东抓一把，西抓一把，把别人的东西都抓到自己窝里"。他把文化研究界定为对于"文化表象和意指实践"的研究，而这一研究所引入的一套新的概念和理论上的依据，其实都来自从索绪尔到巴特、从福柯到葛兰西这些结构主义、后结构主义理论家。至于霍尔本人的贡献，他早已作了明确的回答：他"不生产理论"，他所做的工作，就是"运用"（上述这些人的理论）。为此，我非常欣赏该读本译者徐亮在译后记中发表的见解：

> 读福柯或哈贝马斯这一类原创性理论家的著作，留下的是无尽的思索回味，另加疑难和悬案；但读文化研究著作，则常令人对理论信心倍增，生发出实践的欲望。原因恐怕就在于文化研究的实用性宗旨。这是一个应用理论去分析研究具体对象的领域。本书包含的个案分析向我们展示了那些原创性理论的具体应用途径和思路，颇具示范效应。①

也许是因为这段话当初被放在了该书的末尾，一直未能引起人们的注意。现在，我把它专门挑出，转引在这里，但愿从事文化研究的各位同好能对这一研究的"实用性宗旨"引起高度的重视，把对文化研究的理论兴趣转向具体的个案分析，这样，我们或许就有希望早日走出目前这个困境了。

（原载于《文艺研究》2011 年第 7 期）

---

① ［英］斯图尔特·霍尔编：《表征：文化表象与意指实践》，徐亮、陆兴华译，商务印书馆 2003 年版，第 417 页。

全球化时代文化多样性的意义

王　杰

我们正处在全球化的时代。在关于全球化的理论争论中，有一个问题逐渐凸显出来：这就是文化多样性的意义，以及文化在全球化运动过程中起一种什么样的作用？我认为这个问题在理论上具有重要的意义。这是因为，文化作为一种生活方式和具有物质基础的社会性力量，在当代经济、政治、社会发展与变迁中的地位和作用变得日益突出，全球化发展凸显了文化的重要性。而随着全球化进程的加速，各国家之间、民族之间、不同地区之间的文化接触和碰撞，将不同文化如何相处，文化多样性的意义等问题提出来了。在我看来，文化多样性的意义是当代文化理论研究面临的关键性问题之一。

今天我们仍然处在因美国次贷危机引发的全球性经济危机的阴影之中，对此，经济学家们普遍感到束手无策。对这个涉及人类未来的重大问题，我们是不是应该调整一下思路呢？本文从文化的角度作出一种思考。联合国教科文组织第31届大会于2001年11月2日在巴黎通过《联合国教科文组织文化多样性宣言》指出："文化在不同的时代和不同的地方采取了多样化的表现形式，这种文化多样性体现在组成人类的群体和社会特征的独特性和多元性，作为一种交流、创新和创造的源泉，文化多样性对于人类就像生物多样性对于自然界一样是必不可少的，从这个意义上说，文化多样性是人类的共同遗产，应该为了当今和未来时代人类的利益而予以承认和肯定。"《宣言》还进一步指出，文化多样性也是发展的动力之一，它不仅是促进经济增长的因素，而且还是个人和群体享有更加令人满意的智力、情感和道德精神生活的手段。由此可见，在社会结构和社会关系中，文化多样性的意义问题是一个十分复杂而矛盾的现象，不同的理论角度和不同的研究方法可以作出十分不同的理论解释。

关于全球化的性质，目前有几种代表性的理论：（1）全球化就是美国化；（2）全球化就是现代化；（3）全球化是以技术进步为基础的社会进步；（4）文化的全球化等等。正如英国学者米特尔曼所言"全球化的概念是相互渗透的，包括经济、政治、文化、意识形态等"。① 因此，任何单一的理解全球化的概念都是片面的，它是一个历史过程，反映了 20 世纪下半叶以来世界经济、政治、文化和社会的特征。如果我们把生产方式的结构与文化多样性相互联系来考察全球化问题，那么毫无疑问存在着两种意义上的全球化：即一种是以资本主义生产方式为基础的全球化，也就是学术上通常所说的现代性意义上的全球化。关于这种全球化在学术上已有大量的著述证明其必然性和种种特征。另一种是以超越资本主义生产方式的不合理性为基础的全球化。有事实证明，这也是一种现实的运动。这种运动既存在于资本主义生产方式的矛盾性结构中，更重要的是存在于文化的维度上，指反对资本主义的各种文化现象及其现实运动，例如现代艺术中的激进艺术的许多活动，文学中的"世界文学"趋向等等。在理论上，可以把这一类现象表述为文化现代性。对于第二种全球化运动而言，由于它是一个产生于以资本主义生产方式为基础的全球化进程中的解构性力量，一种在这个过程中产生的另一种全球化运动，因而其现实性及其理论证明就是重大的理论问题，本文以中国经验的个案材料为基础，试图在理论上说明，文化多样性的意义可以成为在理论上研究和说明这个重大问题的关键点之一。

一、全球化时代文化多样性的形式

文化是当代生活中使用频率很高，但又很难定义的一个词。不同的学者有不同的理解，据统计关于"文化"有 160 多种定义，可见其复杂性。关于文化的实质和意义，英国学者雷蒙德·威廉斯的观点比较具有代表性。他

---

① 杨龙芳：《西方全球化学术思潮的历史审视》，见俞可平、黄为平主编《全球化的悖论》，中央编译出版社 1998 年版，第 200 页。

在《文化与社会》中指出，"文化"最初是指"培养自然的成长"，此后类推为人类训练的过程。到了18世纪至19世纪初期，"文化"已经有四个基本的含义："心灵的普遍状态或习惯""整个社会里知识发展的普遍状态""各种艺术的普遍状态""文化是一种物质、知识与精神构成的整个生活方式"。他指出，"'文化'一词含义的发展，记录了人类对社会、经济以及政治生活中这些历史变迁所引起的一系列重要而持续的反应。"① 随后威廉斯在《漫长的革命》（1961）中对文化的观念做了进一步发挥："文化是对一种特殊生活方式的描绘，这种生活方式表达某些意义和价值，但不只是经由艺术和学问，而且也通过体制和日常行为。依据这样一个定义，文化分析就是对暗含和显现于一种特殊生活方式即一种特殊文化之意义和价值的澄清。"② 在《文化分析》中，威廉斯归纳了文化的三种定义，进一步强调了文化作为特殊的生活方式的含义："文化一般有三种定义。首先是'理想的'文化定义，根据这个定义，就某些绝对或普遍价值而言，文化是人类完善的一种状态或过程。""其次是'文献式'文化定义，根据这个定义，文化是知性和想象作品的整体，这些作品以不同的方式详细地记录了人类的思想和经验。""最后是文化的'社会'定义，根据这个定义，文化是对一种特殊生活方式的描述，这种描述不仅表现艺术和学问中的某些价值和意义，而且也表现制度和日常行为中的某些价值和意义。"③ 从威廉斯对文化的理解和定义可以看出，文化是一个复数概念，是指不同民族以及这些民族不同时期的一种"独特的生活方式"。

与威廉斯从人类学的意义上把文化的实质理解为"一种独特的生活方式"不同，特里·伊格尔顿更强调了文化的美学意义。他在《文化的观念》中写道："文化作为一种有特色的生活方式这个观点的起源，与对于受压迫的异国社会的浪漫主义的反殖民主义倾向紧密联系在一起。"④ 这种独特生活方式的文化人类学意义正是随着19世纪殖民主义的到来才开始占据支配地

① ［英］雷蒙德·威廉斯：《文化与社会》，吴松江、张文定译，北京大学出版社1991年版，第18—19页。

② Raymond Williams, *The Long Revolution*, London：Chatto & Windus, 1961, p.41.

③ ［英］雷蒙德·威廉斯：《文化分析》，见罗钢、刘象愚主编《文化研究读本》，中国社会科学出版社2000年版，第125页。

④ ［英］特里·伊格尔顿：《文化的观念》，方杰译，南京大学出版社2003年版，第14页。

位的，它具有文化还原论的色彩，忽视了文化是"需要一定的社会条件，而这些条件可能关系到国家，文化还会具有政治的维度"，① 结果遮蔽了文化的批判性。因此，伊格尔顿反对威廉斯将文化的概念复数化，因为那样"不那么容易与保持其积极的职责相容"② 而且"将人的生活世界定义为一种文化，这冒着使它相对化的危险。"③ 在伊格尔顿看来，文化不再是对一个人是什么的描述，而是对一个人可能是什么或过去是什么的描述，应该包含一个切实可行的未来，而文化因此可以成为一种形式的内在批判，"通过用现在所产生的标准来衡量现在，以判断现在之不足。在这种意义上，文化还可以统一事实与价值，既作为对现实的说明又作为对理想的预示。"④ 这样，他对文化的理解是："文化这个词，通常被认为指称一种社会，实际上却是想象该社会的一种标准化方式。它还可以是按照他人的模型想象自己的社会条件的一种方式，要么是历史上的丛林人，要么是政治上的未来。"⑤ 我以为，在我们理解和阐释文化多样性的意义时，伊格尔顿的观点具有特别的重要性。

在关于文化与社会之间关系的问题上，如果说雷蒙德·威廉斯强调了文化的人类学意义、特里·伊格尔顿则强调了文化的审美人类学意义，那么托尼·本尼特则强调了文化的政治和社会实践意义。托尼·本尼特关于文化的观念不再停留在理论的层面，而是注重从实践的层面，结合具体的文化政策和治理性来理解。正如他在评价威廉斯的文化定义时指出，虽然威廉斯把文化的定义从利维斯的精英主义的统治中解放出来，但又把"文化构建为一个优越的位置，让文化评判目前的经济、社会和政治秩序在道德和美学上的不足……这一切付出的代价是重复康德文化批评的深层结构的倾向，高估了文化的作用，相应地低估了有组织的政治的意义。"⑥ 托尼·本尼特的目的是："将文化作为一种生活方式的概念与它通过在文化研究中的运用所积累起来的抵抗的资格分离开来，并且将它与那些既重视不可避免进入到文化领

---

① [英] 特里·伊格尔顿：《文化的观念》，方杰译，南京大学出版社 2003 年版，第 11 页。
② [英] 特里·伊格尔顿：《文化的观念》，方杰译，南京大学出版社 2003 年版，第 16 页。
③ [英] 特里·伊格尔顿：《文化的观念》，方杰译，南京大学出版社 2003 年版，第 29 页。
④ [英] 特里·伊格尔顿：《文化的观念》，方杰译，南京大学出版社 2003 年版，第 24 页。
⑤ [英] 特里·伊格尔顿：《文化的观念》，方杰译，南京大学出版社 2003 年版，第 28 页。
⑥ [英] 托尼·本尼特：《文化与社会》，王杰等译，广西师范大学出版社 2007 年版，第 17 页。

域机构中的管理成分、又强调伴随它而来的改革规划的文化观念相联系起来。"① 在托尼·本尼特看来，如何组织和使用文化资源的方式在一定程度上建构了人们的生活方式，因此，他主张"在给文化下定义时，需要将政策考虑进来，以便把它视作特别的治理领域"。② 这样，托尼·本尼特既避免威廉斯的人类学意义上的文化定义，也避免伊格尔顿的只停留在精神层面上的文化定义，而是强调文化的实践层面。他说："如果把文化看作一系列历史特定的制度地形成的治理关系，目标是转变广大人口的思想行为，这部分地是通过审美智性文化的形式、技术和规则的社会体系实现的，文化就会更加让人信服地构想"。③ 在这个意义上，文化应该被看作既是政府统治的工具又是统治的对象，文化和政府在同样程度上既在同一方又是对立面。

因此，文化事实上是与社会现代化同构的，是一种治理性和惯习（habit）相结合的构成性存在。由于惯习以文化经验和审美经验为基础，因此，以文化差异性为基础，构成了不同的文化现代性和审美现代性，它们都以现代性的治理性为基础，但又表现为不同的文化形态并且具有十分不同的社会意义和文化意义。按照马克思主义文化理论的分类原则，在全球化时代，文化多样性主要表现为以下四种形式。

1. 区域性和地方性的文化。区域性和地方性是一个与全球化相对立又密切结合的概念。这是一个以人类学为基础的概念，在政治上，全球化与地方性文化的关系一般表现为殖民主义与反殖民主义两种文化力量的矛盾与斗争。在中国经验中，后殖民主义的文化现象与十分复杂的民族主义情绪相联系，这是一种多义的和复杂的文化现象和文化生态。简单的文化相对性理论是不能说明其中的复杂性和矛盾性的。在美学和艺术的维度上，有许多事实可以证明，在全球化的压力和冲击下，地方性审美经验呈现一种"被撕裂"的现象。因此引发了强烈的反对全球化的情绪。④

① ［英］托尼·本尼特：《文化与社会》，王杰等译，广西师范大学出版社 2007 年版，第 127 页。
② ［英］托尼·本尼特：《文化与社会》，王杰等译，广西师范大学出版社 2007 年版，第 158 页。
③ ［英］托尼·本尼特：《文化与社会》，王杰等译，广西师范大学出版社 2007 年版，第 163 页。
④ 王杰：《地方性审美经验与文化认同》，《文艺研究》2010 年第 9 期。

2. 物质性和非物质性文化遗产。首先，作为一种对于人类文化具有一般意义的物质性文化遗产和非物质性文化遗产，具有对人类社会的普遍价值和意义，就像马克思在一百多年前在谈论古希腊神话具有永恒魅力时所说的，是一种人类文化的普遍价值，而且在某种意义上是高不可及的范本。①物质性文化遗产和非物质性文化遗产都是前资本主义生产方式的文化遗迹，表征和传达着某种不同于资本主义生产方式的价值观念和文化理念。由于历史的作用，文化遗产往往以残缺和废墟化的形式，将文化中最为内在的精神理念保持和传承下来。这种最内在的精神理念往往与人性在不同文化模式中的表达模式有关。例如作为世界物质性文化遗产的南京明孝陵就是中国人信仰、人观、生死观念的再现和表达。作为一种文化遗产，朱元璋的历史和他作为个人存在的意义相比较而言，已不重要了。其次，物质性和非物质性文化遗产，也就是雷蒙德·威廉斯所说的"剩余文化"，在全球化条件下，往往被纳入现代文化的生产和再生产机制中去，在具体的生产过程中作为一种文化符号和文化原料，可以与具体的文化产品发生无数的组合，形成不同的价值和意义。在陈凯歌拍摄的电影《霸王别姬》中，我们看到京剧这种非物质文化遗产在不同的历史语境下呈现出十分不同的文化意义和审美意义。第三，物质性和非物质性文化遗产作为某种文化典型的代表，往往较为集中地保留和传承着不同文化的文化基因和文化密码。文化遗产的多样性的文化基因和文化密码为新文化的创造，为抵抗简单以经济和技术为基础的全球化运动，为超越这种全球化的平面性和单一化，无疑都是十分重要和非常珍贵的基础。

3. 以新技术为基础的新型文化。正如马克思曾经很好地描述的，技术的进步和发展既是资本主义生产方式高速发展的动力，也是资本主义生产方式的解构和破坏性力量。对于全球化运动而言，情况也是如此。互联网和新媒体的迅速发展一方面加快了全球化的进程和全球化渗透的范围和领域，另一方面互联网技术和新媒体也正在成为不同于一般意义全球化的另外一种文化形式和文化力量。②例如汶川地震中，中国网民所表现出来的无私奉献和

① 《马克思恩格斯文集》第 8 卷，人民出版社 2009 年版，第 35 页。

② ［英］约翰·B. 汤普森：《媒体新视界》，《马克思主义美学研究》第 12 卷，中央编译出版社 2009 年版，第 1 期。

强烈的人类同情心和责任感就明显超越了发展主义的文化逻辑。以技术为基础的文化发展在全球化过程中愈来愈清晰的一种声音是对科学文化的反思和批判。科学技术进步的强大力量为发展主义提供了社会的和文化的基础，但是科学技术片面发展所呈现的非人性甚至反人性一面正在全球化过程中呈现出来。对科学文化的研究正在成为一种新的文化，这种文化正在成为文化多样性中十分重要的一个方面，例如科技伦理学，生命现象学研究所作出的理论分析和现实中绿色和平组织从事的文化运动等。

4. 以抵抗全球化压力为基础的激进文化。对于后发展的民族和地区而言，全球化是一种强大的压力，在政治、经济、文化等方面必然引起本土化的反抗和抵制。这种激进文化的基础是民族主义。在当代社会生活条件下，民族主义是一个十分复杂的现象，可以向不同的方向发展，呈现出不同的意义，例如中国新儒家文化的发展就有这样一个社会和文化背景。在我看来更值得注意的是激进文化中那种反对资本主义生产方式的不合理性，努力利用现代技术和现代管理方式提供新的可能性，实现社会生产方式的跨越式发展的可能性问题，也就是马克思在19世纪末思考的跨越资本主义生产方式的"卡夫丁峡谷"的可能性问题。事实上，这是一种带有乌托邦色彩的文化，在不同的国家和区域或隐或显地存在着，对这种激进文化的研究和引导事实上是当代中国文化建设重要的组成部分。

值得特别注意的是，在当代文化格局中，这四种文化形式很少是以单一的形态存在，而是在不同的社会关系和文化条件下产生不同形式的多重组合，从而形成十分丰富复杂的文化形态和文化生态，由此产生的意义也是复杂的、多样的和具体的。我们需要从具体的分析中掌握新的文化产生的条件和可能性。这种新的代表着未来发展的可能性的文化意义是我们应该重视的研究对象。

二、从两个个案看全球化时代文化多样性问题

在全球化的条件下，不同于欧美文化模式的审美经验和文化认同模式都发挥了极其重要的作用，由此提出了一个重要的理论问题：在全球化的进程中，在艺术和审美的维度，文化多样性有什么特殊的价值和意义，对于地

方性文化和地方性审美经验而言，哪一些经验和价值是普遍性的，哪一些经验和价值是特殊性和地方性的？这些特殊性和地方性文化在什么意义上具有一般性的价值和意义？在前几年的研究工作中，我对广西那坡县黑衣壮的民歌文化和审美文化做了持续性的田野调查，形成了一些初步的看法和结论，可以作为我们研究和思考全球化条件下文化多样性意义的一个具体个案。

黑衣壮是世居在中国与越南接壤的广西那坡县境内的一个壮族支系，因为过去长期以来身穿自己染制的黑色土布衣服而得名。他们长期生活在大石山区，自然条件十分恶劣，环境封闭，社会发展相对落后，长期不为世人所知。在全球化的条件下，现代经济和传媒文化逐步渗透到黑衣壮地区，黑衣壮也逐步为外界所知。黑衣壮独特的族群服饰和山歌文化引起了一些学者的注意，在当地政府的支持和帮助下，黑衣壮文化在短短几年内迅速成为广西继"刘三姐"之后的一个文化品牌，先后登上南宁国际民歌艺术节和各类大型艺术活动的舞台，并成为全国非物质性文化遗产。①

从文化作为一种符号系统的角度看，黑衣壮的山歌文化实现了跨越"卡夫丁峡谷"的飞跃，不仅实现了与当代大众文化的结合，也不仅是以一种十分特殊的形式实现了某种意义的产业化，而且从黑衣壮族群的教育、经济和社会发展在一定程度上开始融入现代化进程等现象来看，黑衣壮山歌通过南宁国际民歌艺术节与全球化现象的结合无疑是一个有参考价值的个案。同时，我们也应该看到，黑衣壮文化的"现代化"发展和"进入现代化"都是在当地政府的积极投入和政策支持下实现的。这是一种在整体的结构不变的情况下将个别地区迅速提升和发展的个案，地方政府是这种发展的重要基础。作为一个前工业化文明的少数民族族群，黑衣壮至今也没有发展起现代工业，但是黑衣壮山歌文化却明显带动了当地的社会和文化发展。这个事实告诉我们，在当代社会和经济结构中，文化可以成为社会发展的引领性力量。当然，如果社会的发展和进步不能迅速地跟进的话，也会造成"地方性审美经验"被撕裂这样一种社会现象，由此呈现出一种十分复杂的文化意义。

关于文化多样性的意义，我还想再举一个例子说明它的复杂性和多义

---

① 王杰：《地方性审美经验与文化认同》，《文艺研究》2010 年第 9 期。

性。2008 年上半年我在英国曼彻斯特大学做高级研究学者。在曼彻斯特期间有幸认识了德国青年艺术家汤玛士·雅可比，他的一组关于中国题材的绘画作品从形式到内容都吸引了我。在展画的前言中，汤玛士写道：

　　2005 年秋，通过中德艺术家交流计划，我初次来到福州。我的福州朋友把我带到一个他们称为"德园"的地方，我被那里带有欧洲风格的建筑景观所震惊。据说那里是十九世纪外国人居住以及工作的地方：包括商业特区、办公楼、大使馆、学校、教堂、医院以及花园等，显示了当时欧洲人在那里生活的社会结构以及对于该城市的重要性。如今，我们只能看见少量的旧房舍以及残存的痕迹。中国城市的巨大转变带来一种建筑知识与传统的失落，把先前历史的存在抹去了，但这种残存建筑的存在却提供了先前历史的经验。关于我们所处社会的历史定位问题，只是被简单地在特意选择的地图、照片、书籍以及博物馆展览有所展示。我的取名为"德园"的中式挂轴试图以记录的方法来把"人类学的现场"转化到我的作品中。拓印刻在石头上的书画一直是中国的传统，在这里成为引起一种意识的材料，这就是历史本身以及依托于历史的物质文化。历史是活的记忆的过程，对我而言，她塑造与追溯人类的思想、激情以及行为，从而有利于确定我们自己在世界中的位置。

　　"德园"是一组以中式挂轴的形式呈现的作品，作者努力用最朴实、最中国式、最物质性的方式来呈现和再现对现实的感悟和对历史记忆的追溯。这一组作品的创作时间大约从 2005 年持续到 2008 年，创作的手段主要有两种：一种是用中国传统的拓印石刻的方式拓印历史的遗迹以及现实中残存的物品，以这种方式把过去和当下联系起来，也把西方当代艺术与中国传统文化结合起来；另一种创作手法是将历史遗迹中的砖瓦等建筑材料研磨成粉制的颜料，通过大写意的刷涂，形成某种简单的审美形式。这些作品以其特有的质感和"空虚"，向我们呈现出历史中某种深沉并且仍然在向我们不断言说的东西。

　　中国的现代化过程不同于德国，因而中国人和艺术家解读历史的"视角",或者说对历史的选择也不同于德国的人们和艺术家,这是可以理解和应该尊重的。我想,汤玛士·雅可比用他的一系列作品向我们提出来的问题是:人们对历史和生活的感受是否会因为现实的利益而遮蔽一些东西呢?如果存在着这样一种现象,那我们是否可以用艺术的语言去恢复历史本身,或者说去激活历史的记忆呢?在我看来,德国艺术家眼中的中国文化以及历史是十分复杂的,在他的艺术表达中,不同文化的结合以及对现实和历史的表征,从而呈现出一种新的意义。关于中国的现代化、关于中国现实中的各种社会现象和文化现象,不同的社会群体和社会集团自然有不同的看法和意见,在目前和今后很长一段时间内,这种分歧都会存在和持续。汤玛士·雅可比这一组艺术创作用最物质性的材料和质朴的艺术语言来实践意识形态和文化观念上的分歧,这种努力建立在严谨思考和推理的基础之上,无疑富于创造性和现实的文化意义。

汤玛士·雅可比的拓印包括当年福州"德园"院子门楼上"德园"两个字,"德园"建筑墙面的拓印、搓衣板的拓印、院内人们留言的拓印,以及各种动物的拓印等等。通过对历史残存物品的拓印,汤玛士·雅可比将这些已经被历史过程淹没和冲刷掉的"存在"以形象的方式重新呈现在我们面前,给观众带来视觉上的冲击和心理上的悬念:这些是什么?这些东西与中国的过去和现在是一种什么样的关系?

在中国的福州,"德园"于 2007 年已被拆毁,没有列入福州市的历史文化保护的范围之内。汤玛士·雅可比对"德园"感兴趣也许首先是因为这里曾经是德国人居住、生活和工作过的地方。其次,也许还因为"德园"以一种特殊的方式表征和呈现了中国近代以来现代化进程的特殊性和复杂性。可以同样说明问题的是汤玛士·雅可比"德园"系列的另一幅作品,这幅作品源于对一件木制日常生活用品的拓印。搓衣板是中国社会现代化之前大部分中国家庭都有的日常生活用具,用于搓洗衣物,它是与汉画石像、碑刻等完全不同的日常生活用品。随着洗衣机的普及搓衣板已退出中国人的日常生活,仅仅在语言遗迹等文化形式中残存。汤玛士·雅可比对历史残存物的"拓印"类似于人类学家的"田野调查",可以把失落了的过去的"存在"和被尘封的"记忆"重新呈现在我们面前,成为我们思考、反思中国现代化的一个标本和参照。

在美学上我更感兴趣的是汤玛士·雅可比2007—2008年创作的仍然题名为"德园"的作品。这也是一个系列、但作品不是具象式的拓印，而是用中式挂幅，用来自中国历史遗址的破砖碎瓦研磨成粉作为作品的颜料，用类似于泼墨的大写意方式所创作的作品。这一组作品所营造的意境以现代艺术语言的形式，把古老中国文化中那种"丰富性的简朴"和"空白性的丰盈"很好地呈现和展示出来了。在这种用既不是自然的又不是人工的颜料写意性涂抹的构图中，我感受到了这位艺术家对中国历史和文化的独特理解以及独具个人风格的艺术"再现"。

作为一个德国艺术家，汤玛士对中国在现代化过程中对某些特殊的文化遗迹的处理方式并不认同，希望用自己的艺术把这种文化遗迹转变成文化遗产。他认为在全球化的今天，这种遗产是具有价值和意义的。作为学者，我理解并且认同汤玛士的努力。他的艺术作品的价值也正在这里。虽然福州市的德园作为一个历史遗迹不能像上海的外滩那样得到保护并且融入中国社会的发展，但是汤玛士的艺术做到了这一点，他的艺术使这种特殊的文化得以保存，并且以自己的方式与我们交流与对话，启示我们从不同的角度去理解我们的过去、现实和未来。

三、全球化条件下文化多样性的矛盾结构

在全球化的条件下，文化多样性的问题也就不再是地方性和区域性的问题，而成为某种具有普遍意义的问题，在理论上，文化多样性呈现出十分复杂的矛盾结构。这是一个动态的结构，因此，其意义也呈现出多变性和不确定性。如果把过去、现实、未来三个维度同时加以考虑，研究和说明文化多样性的内在性结构关系，有可能超越文化相对主义的理论框架，在较为深刻的理论层面上，呈现出文化多样性最为重要的本质规定。我们先从文化多样性的内在矛盾入手。在全球化的条件下，文化多样性现象的内部，事实上存在着三种基本的矛盾关系。

1. 地方主义、民族主义要求与全球化的趋势和要求的矛盾。这个矛盾的实质就是文化差异性和文化普遍性的矛盾。当代文化理论研究已经证明，文化的丰富性和差异性与自然界物种的丰富性和差异性一样，是系统进化的

结果。文化就是生存方式，每一种文化都有自己存在的土壤和合理性，用欧洲中心论的标准和尺度来衡量其他文化事实是殖民主义文化观念的体现，在理论上是错误的。正像不能根据 GDP 的水平和技术水平来评价文化的价值一样，我们也不能用某种所谓的"高级文化"去衡量和评价其他文化。文化问题涉及每一个民族的核心价值，对于个人而言，涉及每一个人的尊严，这是应该得到尊重并鼓励充分发展的。马克思在谈到共产主义观念时曾经谈道，每个人的充分自由发展是一切人充分自由发展的条件，同理，每一种文化的充分自由地发展，也是世界不断进步，不断向更合理更美好的方向发展的基本条件。

2. 生态危机、伦理危机与全球化的基础也就是发展主义的要求相矛盾。全球化是建立在经济和技术不断进步基础上的。在资本主义生产方式的基础上，这种不断进步的要求形成了一种阿里夫·德里克称之为"发展主义"的意识形态和文化观念。① 在"发展主义"的驱动下，人类社会在外在方面正在形成日益严重的生态危机，在内在方面则蔓延开来以享乐主义为基础的伦理危机。这两种危机的发展已经严重地影响人类社会本身的存在了。科学技术进步的至上性正在引起严肃知识分子越来越深刻的质疑。保护和促进文化多样性事实上是对发展主义的最好的调整。以科技和市场经济为驱动的全球化的发展，把人类的生存和发展问题以十分尖锐的形式提了出来，对自然资源的过度开发，自然环境的日益恶化已经严重威胁人类的生存。

3. 全球化与世界主义的矛盾。其实质是资本主义生产方式与超越资本主义生产方式的社会诉求的矛盾。文化全球化是以文化产业化的形式来实现的，文化的产业化是一种矛盾的当代文化现象。随着大众文化的发展，文化已经成为一种可以产生巨大利润并且拉动 GDP 发展的产业，这是一种审美原则与经济原则相结合的现象，使日常生活也直接成为审美对象。审美活动的批判性，审美对象的理想性和超越性使文化多样性恰恰成为全球化的一部分或者说一个方面。但是艺术和审美作为人类掌握世界的一种基本方式，总是可以通过创造新的表达方式来表征现实以及现实生活关系，表达人在现实

---

① ［美］阿里夫·德里克：《关于后革命马克思主义的思考》，《马克思主义美学研究》第 11 卷第 1 期，中央编译出版社 2008 年版，第 54 页。

的重压下的倔强和信念，这是生活中真正有意义的东西，也是文化多样性在与受到质疑和批判时可能呈现出来的意义。例如美国电影《阿凡达》对科学文化的质疑和批判，中国电影《三峡好人》对发展主义的质疑时所呈现出来的意义。

全球化是一个深刻的社会运动，是一个辩证的过程。在这个过程中随着全球一体化程度的提高，文化多样性的价值和意义也越来越凸显。在理论上，许多理论家认为文化多样性是作为全球化的对立现象而存在的，从中国经验提供的材料上看，这是一个过程的两个不同的方面。因此，它们具有大致相同的内在结构，这种结构在根本上是受资本主义生产方式支配和影响的，但是由于文化的特殊性和复杂性，文化多样性也呈现出十分特殊而复杂的矛盾结构，因此其意义也就具有超越资本主义生产方式的因素。当代文化理论的一个重要任务，就是对文化多样性复杂意义作出理论上的解释和阐释。

四、全球化条件下文化多样性的意义

文化差异以及丰富的审美经验始终与日常生活经验相联系，它保持着我们文化上的个性和人格上的特殊性。在文化方面，全球化过程的一个重要特征是它可以把文化差异性有效地纳入全球化中去，成为文化丰富性的一种表征，但是却有效地消解了文化多样性中潜在包含着的，文化抵制和文化反抗的含义。全球化过程的这种巨大包容力和文化同化力类似于资本主义文化对激进的先锋艺术的包容和同化能力。这是现代性的巨大力量，也是现代化过程的必然现象和必须面对的事实。按阿里夫·德里克的话说，这也是一种"多元的现代性"，"它意味着全球多元文化主义，它将文化具体化，目的是为了使文化和政治上的不一致可以被管理；也就是说在全球范围内实现多样性管理。"① 在当今世界，文化多样性已经成为后现代文化景观的一部分，本土化的努力在全球化运动"他者化"的机制中成为全球化运动不可分割的一

---

① ［美］阿里夫·德里克：《我们认知方式：全球化——普遍主义的终结?》，《马克思主义美学研究》第 13 卷第 1 期，中央编译出版社 2010 年版，第 138—139 页。

部分，这是文化多样性这种"特殊的共同性"的第一层意义。在这个意义上，文化差异性和文化多样性在不同民族不同文化的交流中可以互相补充、互相促进，共同推动一个多样化的世界向前发展。值得注意的是，从文化现代性的角度研究问题，我们可以发现在文化现代性内部包含着深刻的内在矛盾：现代性的必然性、合理性以及对一般意义现代性的否定和批判。无论从理论还是从现实的情况看，现代性不等于全球化，全球化过程中所包含的剥削、压迫、不公正和不平等现象理应受到深刻的质疑和批判。文化现代性的一个重要理论目标就是对资本主义生产方式所带来的不合理性进行批判。在早期马克思主义理论阶段，把生产力的不断发展看作超越资本主义生产方式的基础和可能性。在科学技术本身也迷失方向的当代社会，当代马克思主义者把超越资本主义生产方式，也就是超越简单的全球化的希望转向文化，转向人性和人的内在世界。因为人是世界的主体，也是改造世界的主体。人的内在善良、同情、对自由的追求以及面对巨大挑战的勇气是人的本质属性，也是人类社会不断进步的动力。对人性与伦理关系的研究可以打开我们对曾经锁闭的理想世界的新的希望。

事实上，"特殊的共同性"有两个重要的基础：一是现代性的共同性，另一个是人性的共同性。把两种全球化区别开来的应该是人性的共同性。在资本主义生产方式中，现代性的共同性和人性的共同性是相互矛盾的，在简单现代化的过程中，我们处处看到对人的伤害，对情感等人情化世界的伤害。马克思当年把这种矛盾表述为资本主义生产方式与文学艺术的矛盾性。[①] 特里·伊格尔顿在他近年来的著作中多次指出，社会主义的目标可以通过对艺术和文学的分析中，从人性与伦理的关系中找到根据和学理依据。我认为在当代社会十分复杂多样化的格局中，事实上已经产生一种新的基础，在这个新的基础上，人性的共同性和现代性的共同性这两种现代化社会最重要的文化力量可以协调起来，由此改变全球化的目标和性质。当然，到目前为止，这仍然是一个理想，仍然是一种理论上的研究。但是应该承认，广西那坡县黑衣壮文化成功走上南宁国际民歌艺术节的个案，德国艺术家汤玛士的"拓印中国"的绘画艺术等现象的存在证明了这种理想的现实性。

---

① 《马克思恩格斯文集》第 8 卷，人民出版社 2009 年版，第 34 页。

　　在我看来，与地方性审美经验相联系的"特殊的共同性"是根植于人类学基础的现实经验，在全球化的条件下正在呈现出一种新的意义：对以简单经济发展为基础的全球化的否定，以及对不同于以资本主义生产方式为基础的另一种全球化的"审美呈现"。

（原载于《学术月刊》2011 年第 7 期）

关于歌谣的政治美学[①]

——文化领导权视域下的"红色歌谣"

曹成竹

"红色"与"歌谣"的审美联姻

近年来,"红色"日渐成为大众文化中一道引人瞩目的风景,红色旅游、红色影视、红色歌曲等一系列以中国革命建设主旋律为内容的文化产业繁荣发展。如果说1950年至20世纪80年代,"红色"一直潜在地铭刻于人们的身体经验之中的话,那么它在当代的复归则透出有意强调的意味——这种强调不是强加,而是通过对色彩本身的凸显,自然而然地表征和传承某种审美文化认同。

在中国红色文化从意识形态到审美的建构与传播历程中,一个十分理想的媒介便是歌谣。歌谣区别于正式场合的"合乐而歌",它作为一种自娱自乐、即兴而发的口头艺术,表达了民间百姓的真情实感。秦汉时期乐府的设置和儒家知识分子对《诗经》的解释,是将歌谣作为文化治理手段的滥觞;许多农民起义者和谋反者也假作歌谣或谶谣,为自己政权的合法化谋求群众基础;不仅如此,汉代以后文人模仿歌谣而作的古新乐府、竹枝词、挂枝儿等作品数不胜数,也反映出其对文化精英的巨大吸引力。可以说,歌谣一方面以原生态的方式存在于人们的口头传承中,而作为一个表征民众真实情感诉求的文化符号,它又始终不能摆脱来自外部的关照和改写,使其自身成为凝聚文化领导权的张力场域。"红色歌谣"便是这方面的成功典型。

① 山东大学自主创新基金"审美现代性视域下的中国民歌研究"(2011GN002)成果。

　　"红色歌谣"指第二次国内革命战争时期（1927—1937）流传在中国共产党根据地的反映革命斗争生活的歌谣。当时的根据地散布于江西、湖南、湖北、广东、广西、福建、安徽、河南等省，如毛泽东所述，"一国之内，在四围白色政权的包围中，有一小块或若干小块红色政权的区域长期存在"。① 红色政权存在的原因，除当时中国特殊的国际国内形势之外，重要的一点便是根据地稳固的群众基础，而"红色歌谣"则对此起了关键作用。由于形势所迫，根据地多位于落后偏远地区，也就是带有明显"前工业"特征的山区农村。在这些人类学家所谓的"小传统"社会中，歌谣（山歌）无疑是最有影响力的大众文化，不仅是地方特有的传统习俗，也是底层民间社会表达情感、沟通交流的重要手段。中国共产党抓住了这一文化资源，通过把"大众"改造为"先锋"或者说"新兴"的努力，在中国社会最底层的文化基础上植入了"红色"印记。1926 年广东农民运动讲习所的学员学习计划中，便有收集民歌的条目；1929 年的《古田会议决议》提出了"各政治部负责征集并编制表现各种群众情绪的革命歌谣，军政治部编制委员会负督促及调查之责"的政策；同年鄂西特委在给中央的工作报告中也写道："在工农群众中，最容易发生效力的，是歌谣及一切有韵的文字，因为最适合他们的心理，并且容易记忆。所以关于文学方面的宣传，多有使用十二月、十杯酒、闹五更、孟姜女等调，或用十字句、六字句的韵文。在许多环境较好的地方，都可以听见农民把这些歌调，提起喉咙高唱。"② 当时的红军文艺宣传队专门负责红色歌谣的编写和宣传，在基层部队还有专门的宣传员和山歌队等。这些推行红色歌谣的努力起到了良好效果，据山歌队队员徐光友、徐兴华回忆道："从麻城革命斗争的发动情况来看，革命文件不如革命口号，革命口号不如革命歌谣。"③ 江西赣州兴国地区的山歌，因为积极影响巨大，还留下了"一首山歌三个师"的佳话。在政策推动和群众响应的基础上，涌现出不计其数的"红色歌谣"，也表明一种继承民间传统审美习俗的新审美制度的建立：以"红色"为基调的民族化、大众化的美学风格。

① 参见毛泽东《中国的红色政权为什么能够存在》。
② 转引自王焰安《红色歌谣》，广东人民出版社 2010 年版，第 9 页。
③ 徐光友、徐兴华：《歌声显威力》，《艰苦的历程——中国工农红军第四方面革命军回忆录选辑》上册，人民出版社 1984 年版。

文化领导权：红色歌谣的美学起点

马克思在资本主义世界的中心开始了对这一制度的批判，而革命的成功却最终发生在资本主义的薄弱地区，这不能不说是一个值得反思的问题。这一问题引发了葛兰西对西方世界革命模式的思考，继而提出了与社会结构、市民社会、有机知识分子相联系的文化领导权理论。而在革命成功的苏联，也面临如何巩固和建设社会主义共同文化的挑战。列宁晚年反思革命经验时，最为重视的便是文化建设。"文化"以诡辩的方式将葛兰西的困惑与列宁的担忧联系起来：是文化的相对匮乏使俄国革命成为可能，也正是文化的相对匮乏使俄国革命的成功难以持续。前一个"文化"可看作霸权意义上的，而后一个"文化"则是领导权意义上的。可以说，权力一旦与文化联姻，便不再表现为外在的意识形态强加，而是构成了日常生活方式中主体的自觉认同和经验常识。因此，想改变不合理的社会秩序，必须从文化上加以"自反"，重视抵抗的、边缘的、新兴的文化与主导文化之间的张力关系，这也是以威廉斯为代表的英国马克思主义文化理论家在"葛兰西转向"后的研究起点。

在 20 世纪早期的中国，五四新文化运动动摇了封建传统文化的根基，但并未建立起社会一致认可的新秩序。一方面封建正统文化势力犹存；另一方面欧化派则提倡用西方社会的启蒙理想和价值观念来置换传统。同时苏俄革命的成功又为中国开启了马克思主义思潮的大门。此外，还有主张以民间底层文化颠覆传统的民粹主义情结。因此对于 20 世纪 20 至 30 年代的中国社会而言，文化领导权的归属问题显得十分迫切。而解决这一问题的关键，首先在于分析中国面临的主要社会矛盾，同时还应对社会结构有着清楚的认识。

中国社会的基质如费孝通所言，是乡土性的，在国家权力自上而下的推行中，"士绅"起到了接受或抵制的关键作用①。20 世纪上半叶伴随国家政治和社会文化转型，乡土社会的文化权力结构也面临着冲击和调整。美国学者杜赞奇通过对 1900 年至 1942 年华北农村的研究指出，"现代化"过程削弱了

---

① 参见费孝通《乡土中国》《中国士绅》等论著。

中国农村"权力的文化网络"中的关键因素，例如"大乡制"使权力掌握在少数人手中，而村一级的宗族组织和乡村精英的作用则被削弱，这一改革的成效并不理想，甚至是负面的①。原本基层文化权力的核心成员，被社会历史的建构抛离在外的过程充满了悲剧性，我们从《白鹿原》中白嘉轩等人的遭遇便能深切地体会这一点。但更重要的，在农村传统秩序解体的契机下如何实现权力的重建，而不致使底层民众在打破约束的自由中"过度释放"？

　　毛泽东的《湖南农民运动考察报告》便重点思考了这一问题：如何将农民革命变为"先锋运动"。他提到了地主政权被打翻，随之而来的是族权、神权、夫权的一并动摇。在此基础上则需要以恰当的方式（例如歌谣、标语、图画等）推行政治宣传和农民自身的文化建设。随着国民革命的胜利，由广东开始的农民运动席卷全国，占农村人口 70% 的贫农被从底层解放出来，成为社会运动的主人。而共产党作为农民运动领导者，通过政策宣传和文化建设，与农民建立了更加紧密的联系。在当时的合法统治者和党内右派看来，这是农村的"赤化"②，但也正是这种以"赤"为目的的文化建设，在恰当的时机用恰当的方式展开，以新兴的文化和审美秩序动摇了国民政府的统治根基，并建构起无产阶级政党的文化领导权。如果说《在延安文艺座谈会上的讲话》是共产党对大众文艺美学的经验总结和纲领性文件的话，那么在此之前的"红色歌谣"，则可以看作文艺美学和文化领导权相结合的实践探索起点。

红色审美的歌谣建构

　　那么，这种实践探索如何在歌谣中付诸实施呢？在我看来，"红色歌谣"与其他歌谣相比既有共同的审美基础，又有重要的形式创新，而最为关键的一点在于，将对"红色"的既有审美认同与新兴意识形态融合起来，使文化领导权的建构更易于人们的接受。我们可以从以下方面来看。

　　第一，"红色歌谣"借助了民间社会的审美习俗，使民众对"红"的新

---

① 杜赞奇：《文化、权力与国家》，江苏人民出版社 2008 年版，第 208—210 页。

② 参见《湖南农民运动考察报告》。

内涵的接受成为一种与身体经验相联的自然过程。"红"在中国乡土社会审美习俗中有着诸多的共享意义，以当时的一首歌谣为例。

看见她①

太阳出来一点红，师傅骑马我骑龙。师傅骑马头前走，我骑青龙过海东。海东有我丈人家，大舅子出来往里让，小舅子出来往里拉。大舅子斟上一杯酒，小舅子斟上一杯茶。一杯清茶没喝了，隔着竹子帘儿看见她：银盘大脸黑头发，红头绳，压根扎。红绸子袄，金疙瘩，绿绸子裤，絮棉花，红缎子小鞋牡丹花。多咱②娶到咱们家。

《看见她》是一首流传很广的歌谣，据民间文学研究者考证，在十余个省份都能见到类似版本。③ 在这首歌谣中，"红"作为一个多次出现的色彩，暗示着美好的景物、漂亮的穿着打扮、一场喜事等等，在这些意义背后则是歌唱者"感觉良好"的愉悦状态。从这个例子中可以看到"红"的感性价值，它通过对事物的修饰，使一般物有了区别于寻常的意义，既代表了一种审美幻象和期望，又传达出令人身心愉悦的艺术经验。显而易见，"红"作为一种色彩并不是中性的，它的象征作用在中国民间社会有着广泛的审美认同。这种审美认同并不是理性的判断和意识形态的强加，而是跟愉悦、快感、希望和美相关联的身体经验。不仅红色本身，还有可以与"红"互文的太阳、桂花、杜鹃、梅花、火、灯笼等意象同样能引发这种积极的身体经验。通过《诗经》以来歌谣固有的比兴传统，"红"在传统审美经验、审美习俗和新审美制度之间产生了互文转换。

井冈山来了毛泽东④

杜鹃开花一丛丛，井冈山来了毛泽东，领导穷人闹革命，战旗一举满天红。

---

① 河北歌谣，《歌谣》第 2 卷第 32 期（1937 年）。
② 多咱，北方方言，即"什么时候"。
③ 参见董作宾《看见她》，《歌谣》周刊第 1 卷，第 63、64 期。
④ 江西文艺编辑部编：《红色歌谣》，人民文学出版社 1978 年版，第 4 页。

红军穷人心相通①

荞子开花像灯笼，茄子开花秆秆红，莲蓬结籽颗挨颗，红军穷人心相通。

红军进村好红火②

下面畔上牛喝水，沟里出来些游击队。大红公鸡窗台上卧，红军进村好红火。

鸡不叫来狗不咬，婆婆娃娃都围上来了。今天盼来明天盼，中央来了盼晴了天。中央来了大发展，山丹丹开花红满了山。

可以说，这种以审美习俗为基础的"前理解"正是红色歌谣最为"文化"的一面，使歌谣对红色的美学建构成为自然而然的过程。以此为基础，加之从群众利益出发的政策宣传，更促进了工农大众对红色苏维埃政权的广泛认同。不同的是，"红"作为一种民间共享意义，在一般歌谣中是主体情感的衬托，是对象审美化的条件；而红色歌谣的"红"则通过对社会关系和情感立场的宣称，成为审美对象本身，这样便把一种侧重个体表达的色彩变为了一种侧重交流和认同的集体经验，"红色歌谣"因此成为赋予审美主体力量的象征之源。

第二，"红色"从日常生活到革命事业的审美幻象营构，使这种本体化的审美倾向成为一种外在的意识形态力量，催生了歌谣的文本形式新变。这种新变不仅体现在新鲜词语、新生事物的出现，更体现在红色歌谣中蕴含着不同以往民歌的"情感结构"③：一种十分强烈的主体意识、主人公意识、革

---

① 《川陕苏区红色歌谣选》，中国民间文学出版社 1981 年版，第 28 页。

② 《革命歌谣选》，上海文化出版社 1958 年版，第 54 页。

③ "情感结构"（structure of feeling）是英国马克思主义文化理论家雷蒙德·威廉斯提出的重要概念，它始于威廉斯对文学作品形式的研究，指向社会文化语境同作者经验的微妙关系在作品文本之间的"形式化"体现。它不同于意识形态、世界观等外部因素，而更强调个人的经验在历史变迁中的主动"反应"而不是"反映"。情感是个人的、个性的、难以把握的，而"结构"却体现出一定的规律性、稳定性和外部因素的影响。"情感结构"正是为了体现出这种个体真实的、真正的、历史化和语境化的时代意识，它表现为个人经验与来自外部的意识形态和世界观之间的微妙张力。

命斗争意识，而不再是传统歌谣的对不合理阶级关系的控诉和悲叹。我们先看一首当时"红色歌谣"之外的歌谣：

贵州山歌①

红旗扰扰要闹差，把妹丢在十字街。要想夫妻重相会，除非打脱命转来。

"红旗扰扰"代表了工农红军的革命运动，而"闹差"则可能是为了镇压革命而增加的兵役，正是这种兵役使夫妻被迫分离。失去情人的女子面对这种情形显得无奈和无助，只能发出怨天尤人的命运哀叹。相比之下，红色根据地的歌谣则为男女爱情增加了"红色"背景，既是爱情的保障，也是个人在命运面前发挥主观性，将个体情感需要同社会历史发展方向联系起来的手段：

唱山歌②

山歌爱唱革命歌，先唱妹子送阿哥；三唱打倒国民党，四唱红军胜利多。

我是老君炼丹炉③

送情哥，送情哥，一送送过十里坡。百里高山不嫌高，千句话儿不嫌多。你走后，莫念我，我是老君炼丹炉：十万干柴烧不坏，四海海水淹不没。只要你革命不变心，碾盘上磨子我不怕磨！

有了红星心里亮④

青布袋儿绣花花，一颗红星上面扎。有了红星心里亮，死等活等要嫁他。

---

① 贵州山歌，见《歌谣》第 2 卷第 7 期（1936 年）。
② 《革命歌谣选》，上海文化出版社 1958 年版，第 115 页。
③ 《川陕苏区红色歌谣选》，中国民间文学出版社 1981 年版，第 136 页。
④ 《革命歌谣选》，上海文化出版社 1958 年版，第 68 页。

　　与一般歌谣相比，红色歌谣中强烈的情感和斗争意识显而易见。或许有人认为情歌中掺杂"红色"过于虚假，真正的情歌应该与政治无关。但在具体历史语境中，如果连生命安全和相聚的自由都得不到保障的话，有所寄托的坚定信念总比悲天悯人的哀怨更令人慰藉，况且当时的红军就以农村青年男子为主，因此情歌中的政治立场并不是来自外部的导向，而是真实反映了当时婚恋关系中以"红色"为主导的审美倾向。这种红色审美赋予了歌谣一种高亢的情感力量——对不合理社会关系的坚决斗争和对革命胜利的坚定信念。不仅是情歌，在其他歌谣中也能分明体会到这一"情感结构"的总体特征，这一点决定了"红色歌谣"在文本形式方面的潜在变化。

　　第三，红色歌谣创造性地添加了对血和死亡的审美，使"红色"在生命价值的崇高层面实现了由政治寓言到美学寓言的转换，为新审美意识形态的建构增添了悲剧美学特征。我们熟知的红色歌曲"为什么战旗美如画，英雄的鲜血染红了它"以及"血染的风采"等，在当时的红色歌谣中便可以找到原型，不仅有"砍头只当风吹帽，负伤如挂大红花"的井冈歌谣，更有《红石岩》这样的叙事作品：

红石岩①

　　太阳照亮白石岩，老石匠健步上山来。锤头錾子叮当响，刻副对联好气派："人人热爱共产党，个个拥护苏维埃"。大笔大划耀眼亮，富人害怕穷人爱。

　　太阳落土又落岩，红军走后白军来。白石岩前见对联，眉毛胡子都气歪。抓着石匠连声吼，刺刀对准他胸怀："快把对联给铲掉，不铲就要砍脑袋！"

　　老石匠，色不改，手拿錾子又上岩。不铲对联加横额："红军万岁"正中摆。白军气急开了枪，血染对联耀光彩。石匠死了石岩在，白石岩变成了红石岩！

　　这首歌谣中为"红色"而牺牲的情节类似宗教仪式中的血祭，石岩由

①　四川通江歌谣，《川陕苏区红色歌谣选》，中国民间文学出版社1981年版，第70页。

"白"变"红"的神圣化象征，成为中国革命进程中无数生命铺垫的美学隐喻。鲜血与生命的崇高，使"红色歌谣"具有了区别于日常生活的审美意义，"红色"也成为中国革命斗争洗礼下具有崇高价值的"血染的图腾"。

当时的红色歌谣数不胜数，或许我们还能从中总结出其他文学美学规律。可以肯定的是，正是这种民间文化与革命意识的结合，生产出了不同以往的情感结构和审美制度，使红色歌谣作为无产阶级政党夺取和建构文化领导权的有力武器，推进了"红色"作为一种共同文化观念的早期传播。歌谣作为前工业时代的残余文化和底层大众文化，也通过形式和内容的新变而成为表达先锋抵抗意识的新兴文化。

余　论

需要补充的是，在当时的红色歌谣中，"白"是仅次于"红"的高频意象，白军、地主、豪绅与"红"构成了无处不在的二元对立关系。红色歌谣背后的隐性权力结构显示出，"红色"是作为自下而上的抵抗力量，而非自上而下的治理力量，正是这种与社会合法统治者的对抗性张力，使"红色"更紧密地融入歌谣和民众的情感结构之中。此时红色歌谣创造的民族化大众化美学风格，便不同于五四时期文学知识分子大力推崇民间歌谣的"歌谣运动"，也不同于新中国 1958 年自上而下发起的"新民歌运动"，其积极参与民间文学书写的实践精神和表达抵抗意识的新兴文化特质，使"红色歌谣"成为中国社会底层民众主动而真实的情感需求反应（而不是反映）。

客观说来，红色歌谣简单贫乏的文学性以及对流血战争的简化和乐观主义描述，确有值得反思之处，但在特定历史语境中却又是迫不得已。我们只有从整体美学风格和文化建构的角度才能更好地理解它们的价值。时至今日，"红色歌谣"作为一种文化象征的魅力似乎重新显露出来，从狭义的"红色歌谣"到广义的"红歌"，从老一辈人们怀旧般的情感认同到"90 后"对红色歌曲的新鲜演绎，我们可以深切地体会到文化领导权在歌谣与红色审美中的传承演进。

（原载于《文艺理论与批评》2012 年第 2 期）

拯救人性：审美教育的当代意义

王元骧

一

审美教育的思想虽然在先秦与古希腊就已萌生，但一般还未形成一种自觉而系统的理论，直到 18 世纪末才由席勒正式提出。席勒提出美育的思想主要是针对以"利益为时代的伟大偶像"的现代社会人的物化和异化而发的。他认为古代社会人是一个具有"完美的人性"的整全的人，工业文明之所以使人性分裂成"碎片"，就在于人的情感为欲望所同化①，所以他寄希望于通过美育来实现人性的复归而回到整全的人那里去。这一思想在 20 世纪初被王国维介绍到我国，他 1903 年在《论教育之宗旨》中认为：教育之宗旨，就在于使人成为"完全之人物"，而所谓"完全之人物"，就在于"人之能力无不发达且调和是也"。人的能力可以从内外分为"精神之能力"和"身体之能力"，与之相应，教育也可以分为"心育"和"体育"两个方面，而人的精神是由知力、情感和意志三个部分所组成的，因而"对此三者就有真善美之理想，真者知力之理想，美者感情之理想，善者意志之理想也。完全之人物不可不备真善美之三德"。所以就"心育"而言，又必须有知育、德育、美育三者，"美育者，一方面使人之感情发达，以达完美之域；一方面为德育为智育之手段，此又教育者所不可留意也"②。此后，又经蔡元培等人的倡导，"美育"这一思想才在我国流传开来。

① ［德］席勒：《美育书简》，徐恒醇译，中国文联出版公司 1984 年版，第 37、51 页。
② 王国维：《论教育之宗旨》，《王国维学术文化随笔》，中国青年出版社 1996 年版，第146—147 页。

　　美育在我国流传虽然有一百年的历史，但对它的认识颇有待进一步深化，这突出表现在两个问题上：（一）一般认为美育只是属于学校教育，而忽视它在国民教育中的地位和作用；（二）通常比较看重王国维所说的美育功能的后一方面，即"为德育、智育之手段"，而对于前一方而，即"使人之感情发达，以达完美之域"认识不足。这样，有意无意地把美育当作只是一种辅助教育而对其相对独立性的意义缺乏应有的认识。在这两种认识中，我觉得后一方面更需要我们着重加以辨析和研究。

　　要说明这个问题，恐怕还得要追溯到柏拉图。柏拉图对人的灵魂研究方面的贡献就是提出知、意、情三分说。但由于他是按照古代埃及社会等级的观念来阐述三者关系，把知、意、情分别比作是王者、武士和农工商者，把情等同于欲望，是灵魂结构中最低劣的部分，认为如同在一个"正义的国家"（按："正义"在希腊语中有各阶层恪守本分、各司其职而使彼此和谐相处之义）里，王者（爱智者）必须是通过武士（爱胜者）来控制农工商者（爱利者）使之各按其位那样，对于个人来说，也只有以理智通过意志来控制欲望"使整体的心灵遵循其爱智部分引导，内部没有纷争"使每个部分都是"正义的"，才算得上是一个健全的人格①。这表明他的理论带有明显的理性主义、唯智主义的倾向。这种倾向到了近代社会不仅没有克服，反而得到进一步强化。在古希腊哲人那里，"知"的内涵是由两部分组成的，即"用真理来完善心灵，用德性来完善精神"，它不仅关乎自然，即作为知识的"知"，而且还关乎人事，即属于智慧的"知"。所以，"'智者'指的既是那些倾力浸淫于崇高事物的思考的人，也是那些以德性和正义为根基，按法律来正确地创建国家，通过明哲来管理国家的人"②。到了近代，在自然科学的影响下，"知"的内涵几乎完全被知识所取代，而使人事方面的内容趋于淡化。弗朗西斯·培根提出的"知识就是力量"最先反映了这种观念上的转变。在他仿照柏拉图的《理想图》所写的《新大西岛》中，作为国家的统治者已不再是哲学家，最有智慧的人是科学家。在国王所罗蒙那的诸多光鲜业绩中，最为突出的成就是创办了一个科学教育机构所罗门宫来开展科学研

---

① 柏拉图：《理想国》，郭斌和、张竹明译，商务印书馆 1986 年版，第 366—377 页。

② ［意］维柯：《论一切知识的原则和目的》，《维柯论人文学教育》，张小明译，广西师范大学出版社 2005 年版，第 220—221 页。

究。不过培根没有把它强调到绝对，他在《论善》中借《圣经》里亚当、夏娃偷吃了"知善恶树"上的果子被上帝逐出伊甸园的故事，指出"过分的求知欲也曾使人类祖先失去乐园"①。只是到了霍布斯以后，在法国启蒙运动思想家那里，才把科学知识发展到极端，看作是人类社会进步的唯一动力以及看待一切问题的思想准则，并被许多哲学家引入对于人的本质的理解，认为同钟表和机器按物理学的机械原理转动那样，人也是完全在"肉体感受性"驱使下行事的。如爱尔维修认为："人是一台机器"，"人身上的一切都凭感觉，因此肉体的感受性乃是人的需要、情感、社会性、观念、判断、意志、行动的原则"，人的行动的动力就是"肉体的快乐和痛苦"，"他们只能拿自己的利益当作判断的准绳"②。霍尔巴哈也认为："人是自然的产物，他只能服从自然的法则而不能超越自然"，"人在生存的每一瞬间都是处在必然性掌握中的一个被动的工具"，"肉体的人就是凭感官认识到的原因刺激而活动的人"，"人的精神想冲到有形世界的范围之外，乃是徒然的空想"③。这样，人的精神生活如情感、想象、自由意志等也就被彻底否定和排除。

精神生活与物质生活不同，它的本质如奥伊肯所说在于"超越性"，它使人"超越了彼此孤立的个体生活而进入普遍"，"只要你与别人共享精神生活，你就不仅是个体一人；此时，普遍生活就会成为你自己的生活，成为你生命的动力"④。而精神生活是离不开情感体验的，所以一旦否定和排除了精神生活，人就只能像动物那样按决定律匍匐于物质需要的支配之下，这就使得人格结构中的知、意、情出现分裂，人不再是整全意义上的人。因而自霍布斯以后，这种唯神学主义的思想不断遭到剑桥柏拉图主义、卢梭以及浪漫主义的批判。针对当时日益被自然科学同化的"理性的人"，卢梭提出了"自然人"的理想，认为"比我们这些经过启蒙而变得浅薄的理性的人"，原始民族以及中世纪的人"生活在更丰富的现实性之中，他们不像以前的迷信

---

① ［英］培根：《论善》，《培根人生随笔》，何新译，人民日报出版社1998年版，第47页。

② ［法］爱尔维修：《论人》《论精神》，《西方哲学原著选读》下卷，商务印书馆1982年版，第180、182页。

③ ［法］霍尔巴哈：《自然体系》，《西方哲学原著选读》下卷，商务印书馆1982年版，第234、220页。

④ ［德］奥伊肯：《新人生哲学要义》，张源、贾安伦译，中国城市出版社2002年版，第163—164页。

所相信的是不发达的有缺陷的人，相反，我们应该赞美和嫉妒他们，嫉妒他们的情感，他们的直觉，他们的梦幻，他们更接近于事物的本质，世界神性的基础"①。浪漫主义批评家奥·斯雷格尔也认为，在启蒙运动功利原则的指引下，理性就成了"陷于纯粹有限性图图之中的理智"，它的目的仅仅为了解决尘世间的一些事务性的问题；在启蒙运动思想家眼里，"人类的存在和世界都是单纯得像数学一样明白晓畅"，一切都可以用功利原则进行计算。这样一来，就不仅"把所有超出他们感官感受性的界限之外的现象统统视为病相"，"随时慷慨地以狂热、荒谬等名称相与"加以排斥，而且还把它的思想贯彻到道德行为领域，把"凡是不愿意就尘世事务的有用性的德行，启蒙运动按照它的经济的倾向一概斥为妄想"。这样，德行也就完全按照功利的原则加以推行，被他们"套进了一定市民义务的牛轭中，套进了职业的、职务的、然后是家庭生活的牛轭中"②。于是人性中一切美好的、诗意的东西都随之消失，都被化解为平庸的、浅薄的、丑恶的、世俗的东西。这些思想也深为康德赞同。他提出："为什么大多数想在科学中一展身手的人，不仅没有使理性得到完善，反而使理性受到歪曲？"这在他看来就是因为缺乏对人的本性作整全认识的哲学眼光，他把这些科学家比作"独眼怪"，"是导致智慧学狭窄之阀"，认为"他们需要再长出一只眼，以便能从人的角度看待事物。这是科学人道化的基础，即评价科学的人性标准"，并要求"哲学必须时时保持它作为监护者的科学"③。这表明对于人的生存来说，除了知识理性之外，还需要有一种道德理性，一种引导人如何按照人所应有的方式生活的理性，所以对于一个整体的人格来说，是不可能没有精神生活、情感生活的。

近代社会是工业社会，与以简单再生产延续的农业社会不同，它的生产方式是一种扩大的再生产，是以科学技术的发展和追求商业利润最大化为发展动力的。这使得现代社会比以往任何时候都看重实效原则和功利原则。它极大地推动了现代社会经济的发展，但也导致在教育方面由于看重知识和

① [德] 蓝德曼：《哲学人类学》，彭富春译，工人出版社 1988 年版，第 140 页。

② [德] 奥·斯雷格尔：《启蒙运动批判》，李伯杰译，《德国浪漫主义作品选》，人民文学出版社 1997 年版，第 376、380、381 页。

③ [德] 康德：《实践理论批判》，韩水法译，人民文学出版社 2000 年版，第 179 页。

技能的传授，而不再关注灵魂的塑造和人格的培养。如斯宾塞在《教育论》中批判传统教育是一种"装饰先于实用"的"绅士教育"，把传授科学知识作为教育的首要任务，认为它是"最有价值的"，应该"统治一切"①。这样，教育的目的也被理解为只是教人做事而不是教人做人，只是为了"就业"而不是为了"成己"，有意无意地把人培养成谋利的工具。这就必然使人走向物化和异化。因为当一个人甘心情愿把自己变为工具，他便不再有自由意志和独立人格，而凭外力操纵来活动。这就把人带入险境，因为他很有可能迷失方向，堕落成为恶势力的帮凶。在两千多年以前，亚里士多德就指出了知识的两面性，认为它只有"以善德加以运用，意趣善良才会有所成就"，如果人无德性，就会"把知识用于最坏的目的"，而使人"淫凶纵肆，贪婪无度，下流而成为最肮脏、最残暴的动物"②。出于对20世纪以来被误用的科学技术所带来的种种灾难的深切感受，哲学人类学代表人物蓝德曼也认为"人在天性上便是有危险的存在"，动物"不会超出自然形成的本性为自己选择"；"人处于远为扩大的范围"。"如同古人所见知识和美德也可能包括错误和罪恶，人可以把自己提升为值得惊奇和崇拜的东西。……人也能运用自我形成的能力，而'变得比野兽更加野兽化"③。

　　这样，科学的进步、经济的发展不仅不能造福人类，反而导致道德的堕落，风气的败坏，甚至给社会带来灾难。鉴于近代社会人们对于教育认识的片面性，维柯就敏锐地认识到"我们时代的研究方法的最大的弊端就在于，当我们竭力耕耘于科学时，却忽视了伦理学，关于人类精神的心智（ingenio）及其情感如何适应公民生活……的学说"，"它在我们手中几遭遗弃，任其荒芜"④。他还论证了人文教育在培养整全人格教育方面的重要性。席勒的美育理论，正是吸取了维柯教育思想并在康德美学理论的基础上提出来的。

---

① ［英］斯宾塞：《教育论》，胡毅、王承绪译，《外国教育经典解读》，上海教育出版社2004年版，第205页。

② 亚里士多德：《政治学》，吴寿彭译，商务印书馆1965年版，第9页。

③ ［德］蓝德曼：《哲学人类学》，彭富春译，工人出版社1988年版，第246页。

④ ［意］维柯：《论我们时代的研究方法》，《维柯论人文学教育》，张小明译，第140页。

二

美育对于整全人格的培养为何有这么大的意义？这还得从情感在整全人格中的地位及其构成整全人格的作用说起。

众所周知，"人格"又叫"个性"。个性不同于个人，个人是自然的个体，而个性则是指个人在长期社会实践中经由文化塑造所形成的个人所特有的、相对稳定的思想和行为的总体特征，是一个人的自我意识和自由意志的集中体现。这种思想和行为的总体特征不可能仅凭理性认识，更需经过自己的情感体验才能形成。因为认识所得到的是一种普遍的知识，它并非为个人所特有，而情感只能发生在个人身上，是人的一种心灵活动的形式，是以个人的心理机制为基础的，所以即使而对同一对象，不同的个人也会有不同的反应。因而对于人格的塑造来说，仅凭知识的传授是难以奏效的，只有经过情感体验使理性认识进入人的内心，化为思想和灵魂，才会有助于人格的成长。然而对于后者，以前人们往往认识不足，很需要作一番具体论证。这可以从两方面来说。

（一）人只有在情感生活中才能意识到个人的存在。情感作为人的一种心理体验，以爱与憎、欢乐与痛苦（悲哀、恐惧）等情绪状态表现出来。它与认识的不同在于，认识所追求的是社会普遍认同的知识，通常以概念、逻辑的形式储存和传播。所以在认识活动中，主体只能是以社会主体、类主体的身份出现，这样，个人就被社会性同化而没有自身的地位了。情感是一种感性的意识，它只能在个体的、心理的层面发生，并与特定情境中个人的感觉、记忆、联想、想象、意向、愿望相伴。它虽然显得迷离惝恍，很难为语言所把握，但却最真实、生动地反映了一个人的实际生存状态，为人构成一个属于自己的个人世界。人只有在情感生活中才能意识到自身的存在，生活意趣才能得到全面的激活。一个缺乏情感生活的人也必然是一个枯燥乏味、缺少乐趣、活力的人。而且由于情感生活与人的文化境界、人格结构联系在一起，"为我们展示出一个具有特定气质和精神面貌的个性"，使人能够从别人的反应中，唤醒人的自我意识，促使人自我反思而对自己的情感"持有一定的态度"，"变社会的评价为自我的评价"①，通过对良好情感的肯定和维护、对不良情感的否定和改变使自身的情感不断得到重整。从奥古斯丁、卢梭、托尔斯泰的《忏悔录》中就可以看出，他们就是在拷问自己的灵魂、反省自身行为中得到个性的成长和人格的提升的。

（二）人只有通过情感生活才能超越个人存在。对于个体来说，所谓超越，无非是突破个人的有限性而意识到自己和别人是统一的。这是人的社会性的根本标志。因为人与动物之不同就在于人是社会的存在。这里，社会性是相对于自然性而言的，它不仅不排斥个人性，而恰恰是以个人性为基础的。这表明人的社会性不同于动物的集群性。集群性是自然形成的，而社会性则是以人意识到自己是社会一员为前提的，它是个人社会化的成果。但是这种社会化追求的不只是认识意义上的个人与社会的统一，更是一种行为意义上的统一，所以仅凭认识活动是不可能达到的。因为认识是一种理性的活动，在认识活动中，社会只是处于对象性的地位，如同马丁·布伯所说，个人与社会所发生的是"我与它"的关系，彼此总是处于二元对立的状态；行为则是一种实际的活动，它建立在个人与社会直接交往的基础之上，这样，人与对象之间就由"我与它"的关系转化为"我与你"的关系②，从一种在思维领域发生的间接的关系转化为现实生活中的直接的关系。唯此，个人才有可能进入别人的生活空间而意识到自己与别人是统一的。这里就凸显了情感体验在人的社会化过程中的重要作用。这是由于体验与想象总是紧密相连的，它有一种推己及人（物）的能力，它会使人"投身于旁人和众人的地位上，把同胞的苦乐当作苦乐③，在意识活动中使自己在与人分离隔绝的状态下解放出来而在情感上与别人融为一体。所以休谟把情感看作是人的心理能量，"由于它产生快感或痛感，因而造就幸福或苦痛成为行动的动力"④，因而美感在形式上虽然是静观的，而就其性质来说却是实践的，它在性质上不

---

① ［俄］雅科布松：《情感心理学》，王玉琴、李生春等译，黑龙江人民出版社1988年版，第149、154页。

② ［奥］马丁·布伯：《我与你》，李维刚译，三联书店2002年版，第1—30页。

③ ［英］雪莱：《为诗辩护》，《19世纪英国诗人论诗》，刘若端编译，人民文学出版社1984年版，第129页。

④ ［英］休谟：《论人的知解力》，《西方美学家论美与美感》，商务印书馆1980年版，第111页。

属于理智感而更近乎道德感。这就不难理解为什么许多道德行为都不是出于理性的告诫而往往是在情感的驱使下发生的。因而一个情感淡漠的人必是麻木的人，是不会理解别人、对别人的欢乐和痛苦有真切感受而能为别人奉献、牺牲的人。

这表明充分说明情感生活激发人的自我意识和生存自觉，使人具有自由意志和道德人格，而在自己身上实现个人性和社会性的统一。我们把这样的人称为"社会性的个人"，表明这种统一不像以往人们所理解的那样，是个人性消融在社会性之中，以社会性吞噬个人性，使个人成为群体力量的工具，而恰恰是立足于个人，将社会性融入个人性之中，突出和提升个人性在活动中的地位和作用。因为，按照马克思、恩格斯的"任何人类历史的第一个前提无疑是有生命的个人的存在"①的思想，一切人类的活动总是由个人来承担的。若是以群体性来完全否认个人性，就等于把个人抽象化、虚无化了。从这个意思上来说，我觉得克尔恺郭尔的观点"群众是虚妄"②是值得我们思考的。因为群众是"匿名的"，所以当人在活动中只是依赖于群体的力量时，他就会在行动中丧失自我感觉，分散责任意识，弱化个人作用，成为不敢承担、甚至逃避社会责任的人。这种责任意识不可能仅凭认识活动、通过思想灌输来确立。它作为一种道德意识，一种"德性之知"，就像张载和王阳明指出的不同于事实意识和"闻见之知"，不是属于"认知"而是一种"体知"。它需要经过"着实操持，密切体认"这种"心上功夫"才能建立③。所以，没有情感体验，也就不会有自由意志和独立人格的社会性的个人。这绝非我们的教育所要培养的社会主义的新人，而充其量只不过是按机械学原理运作的工具。所以马克思和恩格斯都非常看重培养人的自由个性，把共产主义社会看作以"每个人的全面而自由发展为基本原则的社会形态"④。"在那里

---

① 马克思、恩格斯：《德意志意识形态》，《马克思恩格斯选集》第 1 卷，人民出版社 1972 年版，第 24 页。

② [俄] 考夫曼：《存在主义：从陀斯妥也夫斯基到沙特》，陈鼓应等译，商务印书馆 1987 年版，第 90—91 页。

③ 王阳明：《传习录》，《王阳明全集》，上海古籍出版社 1992 年版，第 134、32 页。

④ [德] 马克思：《资本论》第 10 卷，《马克思恩格斯全集》第 23 卷，人民出版社 1972 年版，第 649 页。

每个人的自由发展是一切人的自由发展的条件"①。

正是由于情感生活在构成整全人格过程中的地位如此重要，所以，在塑造整全人格的问题上，许多思想家都强调加强情感教育。这里涉及情感与欲望的关系问题。因为情感体验总是与人的需要能否获得满足密切联系，而人的需要是一个层级系统，至少可以分为自然需要和文化需要、物质需要和精神需要两类。人作为有生命的个人存在，首先是自然的个体，不可避免地保持着动物所有的自然本性和自然欲望；像叔本华和王国维那样不加分析地对欲望采取一概否定的态度显然是不足取的。另一方面我们也应该看到，欲望虽然有其合理的成分，但毕竟只是为了维护一己的生存。人与动物不同就在于他除了物质需要之外还有精神的需要，唯此，才能使人超越一己的利害关系，从有限进入无限。但历史事实告诉我们，进入现代社会以来，科技理性和商业文明的发展，除了创造丰富的物质生活条件，也使得人的物质需求不断强化，欲望不断膨胀，如同丹尼尔·贝尔所指出的："资产阶级社会与众不同的特征是，它所满足的不是需要而是欲望"，是无节制的财富积累和物质享受②。这样，人的情感也就欲望化了。一旦内心完全为欲望所占据，原来丰富的现实关系也必然随之淡化而趋于冷漠，就像马克思、恩格斯在批判资本主义社会时所指出的：由于"一切神圣的东西都被亵渎"，以至"人和人之间除了赤裸裸的利害关系（之外），就没有别的联系了"，"甚至连家庭关系也变成了纯粹的金线关系"，"被浸没在利己主义打算的冰水之中"③。这表明情感的欲望化必然导致情感的荒漠化，丧失体验别人的能力，不会再意识到对别人的义务和责任，道德人格也就无从谈起。出于这一认识，达尔文在《回记录》中曾这样写道：他原本是一个对于艺术具有广泛兴趣的人，但到了晚年兴趣渐渐丧失，这使他感到自己的头脑"好像变成某种机器"，只是把"收集来的事实加以加工，制成一般法则"，而"削弱了天性中的情感部分"，他认为这些兴趣的丧失，不仅会对智力发生损害，而且还可能危

---

① 马克思、恩格斯：《共产党宣言》，《马克思恩格斯选集》第 1 卷，人民出版社 1972 年版，第 273 页。

② [美] 丹尼尔·贝尔：《资本主义文化矛盾》，赵一凡等译，三联书店 1989 年版，第 68 页。

③ 马克思、恩格斯：《共产党宣言》，《马克思恩格斯选集》第 1 卷，人民出版社 1972 年版，第 253—254 页。

及品德。所以为了重新激活情感，他决定为自己制定一条守则，保证每周读几首诗歌和听几首乐曲①。这事例充分表明情感教育不仅是学校教育、而且是国民教育不可缺少的。而美育是实施情感教育最为切实有效的途径。

三

在说明了情感在整全人格中的地位之后，我们有必要进一步追问：美育在情感教育中何以会有这样大的作用？这要从美感的性质和功能来看。

康德在《判断力批判》关于审美判断的分析中，从质的关系上把美感界定为"没有利害观念的自由愉快"，它"既没有官能方面的利害感，也没有理性方面的利害感来强迫我们赞许"②按照亚里士多德的说法，这种感知方式所带给人的情绪体验是"静观"的，它与实践的方式不同，对客体的存在是淡漠的，不会引发占有的冲动。因此，它虽然给人以感官享受，却不为个人所独占，而且还能把"自己对于客体的愉快推断到其他每个人"，"就好像一般认识判定一个对象时具有普遍法则一样，个人的愉快对于其他人能宣称作法则"③。这就超出一己的利害，在情感上进入别人的空间，而使个人与社会融为一体。

但这些分析主要还只是从审美感知的方式来看待其社会功效。当年王国维在倡导美育时主要也是从这层意思着眼，认为"盖人心之动，无不束缚于一己利害，独美之为物，使人忘一己利害而入高尚纯洁之域，此最纯粹之快乐也"④。此后，人们往往都从这一角度来理解审美的特征和美育的功能，而很少关注它的内容。就这使得对审美情感的理解难免流于空泛。其实，审美情感作为一种价值判断，总是立足于一定的审美客体。所以要全面探讨美育在情感教育中的作用，就应该联系其对象的性质做深入的分析。这里就涉及"什么是美"的问题。依我之见，作为美学元范畴的美是不能把崇高、滑

---

① [英] 达尔文：《达尔文回忆录：我的思想和性格发展回忆录》，毕黎译注，商务印书馆1982年版，第92—93页。

② [德] 康德：《判断力批判》，宗白华译，商务印书馆1964年版，第46页。

③ [德] 康德：《判断力批判》，宗白华译，商务印书馆1964年版，第123—124页。

④ 王国维：《论教育之宗旨》，《王国维学术文化随笔》，中国青年出版社1996年版，第149页。

稽、丑排除在外的。但是以往由于受古希腊美学的影响，人们习惯以和谐为标准，把美看作一种纯粹的、令人"松弛舒畅"的美，这样实际上就把美等同优美，而把崇高、滑稽等非纯粹的美排除在外，把美育看作像柏拉图在《理想图》里所描写的，使青年们像在"如坐春风、如沾化雨"的氛围中获得情感陶冶①。这就把美育的内容狭隘化、柔性化了。这至多只适合少年儿童的教育，与国民教育的要求相悖。事实上，自古希腊晚期、特别是中世纪以来，人们对美的理解就在不断扩大。中世纪美学认为"美在上帝"，上帝至高无上，既让人崇敬又令人畏惧。所以上帝之美实际上已不是优美，而是崇高。从某种意义上说，中世纪美学史就是一部关于崇高的审美史。这些思想成果后来都为康德所吸取。康德在早于《判断力批判》27年前所写的《论优美感和崇高感》中表明："美感主要的是如下两种：崇高的感情和优美的感情。这两种情操都是令人愉悦的，但却是以非常之不同的方式表现出来……崇高使人感动，优美则使人迷恋"，"崇高的性质激发人们的尊敬，而优美的性质则激发人们的爱慕"②。这两者正是一个健全的人格不可缺少的心理特征。人类一切高尚的行为，无不是在"爱"与"敬"这两种情感的协同作用下作出的。若是把崇高排除在美育之外，我们对美育的理解将是不整体的。这可以分别从两方面来说。

先说"爱"。爱的情感是优美感的一大特征。优美是一种和谐、纯粹、静态的美，以形式取胜。柏克认为它的特征是小巧、娇弱，形体流畅，色彩鲜明，仿佛是"屈服于我们"，使"我们得到奉承而顺从"③而对之产生喜爱，如同我们平时面对小猫、小狗和乖巧的小孩所产生的情感那样。它是一种融合感，所以黑格尔说"爱就是意识到我和别人的统一"④，它会使我们由于爱而甘愿为之付出、奉献甚至牺牲。这无疑是一切道德行为的思想基础。因而爱的教育应该被看作是人生教育的第一课。对于少年儿童特别是婴幼儿来说，要是缺乏爱的体验，长大后很可能会变得冷酷，不仅不会同情、理解别人，而且还可能由于爱的缺乏而产生嫉妒的心理，并向社会报复。中外哲

---

① 柏拉图：《理想国》，郭斌和、张竹明译，商务印书馆1986年版，第107页。
② ［德］康德：《论优美感和崇高感》，何兆武译，商务印书馆2001年版，第2—3、6、7页。
③ ［英］柏克：《论美和崇高》，《西方美学家论美与美感》，第122页。
④ ［德］黑格尔：《法哲学原理》，范扬、张企泰译，商务印书馆1964年版，第175页。

人自古以来就把爱看作道德精神的核心，如孔子提出"仁者爱人"，"己所不欲，勿施于人"，耶稣把"尽心、尽性、尽意爱你的神"和"爱人如己"看作"律法和先知一切道理的总纲"（《新约·马太福音》第22章第34节）。要实现社会的公平、正义，在社会生活中就不可能没有爱。当然，只要社会上还存在邪恶的势力，人们也不可能没有恨的情感，否则就像没有爱那样都是情感淡漠的一种表现。但恨只能是由爱而来，正是由于对美好事物爱之深，才会有对邪恶事物恨之切。所以，凭借优美的对象来进行情感教育，在美育应该具有基础的地位，特别是学校教育尤应这样。

但若把美育局限于爱的教育，则很可能导致人格的柔性化。所以为了避免这种倾向，我们还需要刚性的教育。这就凸显了崇高在美育中的重要地位。崇高感的特点就是"敬"。

"敬"是一种崇敬、敬仰、敬畏的情感，是崇高感给予人的心理特征。崇高在形态上与优美刚好相反，以巨大、粗犷、强势、令人畏惧的形式，与人处于对立的状态，对心理构成巨大的威胁。如面对星空、大漠、崇山峻岭、惊涛骇浪的时候，我们都会感到自身渺小、无力而在心灵上产生强烈的震撼。崇高感总带有强烈的恐惧感。"恐惧是人们对即将遭受毁灭性的祸害的预感相伴随的"①，最能激活人的生存意志和与之抗衡的勇气和力量，所以蒙田认为"恐惧的威力超过其他任何情感"②，以致拿破仑认为恐惧是战争的主要动力，但这是从消极意义上的理解。崇高感所带给人的则是一种积极意义上的恐惧心理，即由"敬"所生的"畏"。这种思想很大程度上来自基督教。按照基督教的"原罪"说，人天生就是一个负罪之身，只有信仰上帝、不断忏悔、改恶从善才能重新回到上帝的身边。上帝既是人所敬又是人所畏的对象，这样，敬畏感也就成了一种抗拒出于功利目的而对道德法则产生轻慢亵渎行为的神圣感。它使人保持如同对神的敬畏那样对自身行为的戒备心理。这对人来说既是一种约束力，又是一种提升力，使人们感到由于神的存在以及对神圣的追求而在自身精神上获得升华。培根认为，"人的意志力量如不依托一种信仰就不可能产生"。他把无神论斥为一种"愚人之见"，认为

---

① 亚里士多德：《修辞学》，罗念生译，三联书店1991年版，第83页。

② ［法］蒙田：《论恐惧》，《蒙田随笔集》，潘丽珍等译，陕西师范大学出版社2002年版，第19页。

它"从根本上摧毁了人在内心战胜邪恶的精神力量"①。这一思想后来为剑桥柏拉图主义、夏夫兹博里和康德继承。尽管在康德那里，上帝不再是作为人格神而是道德法则，但就其神圣性来说，两者是完全一致的。康德认为，"道德法则对于绝对完满存在者如意志里一条神圣性的法则"，因此真正的道德意识也必然只能是一种出于"对法则的敬重"，一切道德的行为也只是被安置在"对法则的敬重的必然性之中"②。他把美视为"道德的象征"，主要也体现在对崇高的阐述上。崇高可以弥补优美带来的人格柔化，激起我们的力量克服障碍，在一切艰难险阻中变得无所畏惧；同时也使美育逸出了优美和美的艺术教育的狭小天地，引导人们从宇宙天地和现实人生中领受美的力量，使人由于有信仰而变得勇敢和坚强。这是培育整全人格不可缺少的意志磨炼。特别是在物质昌明带来社会风气奢靡的时期，它可以起到解毒剂的作用。因为在苦难中才会渴望神的拯救，一旦"处在太平安定、文化发达的时期，人们就会感到不需要再依赖神"③，或者说在物欲的驱使下金钱取代了神，因为它像神力那样可以满足我们的一切。神圣感的丧失也就使得人的行为不会有任何顾忌，就像当年亨利·莫尔批评的，由于"灵魂已无半点上帝感和神物感"全凭欲望行事，变得像"下贱的禽兽"。这话也仿佛是对我们今天而说的。

自改革开放以来，我们在物质生活方面有了很大的提高，但很多人在物欲的驱使下反而变得更缺乏同情心和敬畏感。今天社会中之所以出现那么多匪夷所思的恶行，说到底都是只紧盯住经济指标而放松对人的灵魂的塑造而导致的结果。这是我们国家之羞、民族之痛！通过美育培育爱的情感和敬的情感，不失为对被物欲所扭曲的人性的一种疗救。

（原载于《文艺研究》2012 年第 3 期）

---

① ［英］弗朗西斯·培根：《论无神论》，《培根人生随笔》，第 65 页。
② ［德］康德：《实践理论批判》，韩水法译，人民文学出版社 2000 年版，第 87—88 页。
③ ［英］弗朗西斯·培根：《论无神论》，《培根人生随笔》，第 64 页。

传播技术的进步与艺术生产的变迁

王汶成

当代传播技术的突飞猛进不仅空前地提高了信息传播的速率，还始料未及地改变了人的观念和生活以及人生活于其中的整个世界。正如詹明信指出的："后现代的技术……不仅在表现形式方面提出了新问题，而且造成了对世界完全不同的看法，造成了客观外部空间和主观心理世界的巨大改变。"① 所以，如何从理论上解释和评估这种"巨大改变"，就成为各门人文社会科学不可回避的时代课题。本文从艺术传播学的视角切入这一课题，着力探讨传播技术的进步给艺术生产带来了怎样的变化以及如何应对这些变化问题。为了从根本上说明问题，让我们先从与艺术相关的两种技术谈起。

一、与艺术相关的两种技术

无论在汉语还是英语中，"艺术"和"技术"两个词在词源学上都有密切关联。从哲学上解释，这种关联实则源于人类活动的技术特性，就是说，动物的活动基本上出自本能，人则能够在活动之前意识到自己做什么和怎么做，这就决定了人类活动能动的一个方面：人能够通过不断发明技术以更有效地达成活动的目的。恩格斯在说明劳动使猿转变为人的作用时特别指出："劳动是从制造工具开始的。"② 制造工具的技术不但推动猿转变为人，而且还是人类活动区别于动物活动的一个重要标志。从这个意义上看，人类活动

---

① ［美］詹明信：《晚期资本主义的文化逻辑》，陈清侨等译，生活·读书·新知三联书店1997年版，第292—293页。

② 《马克思恩格斯选集》第3卷，人民出版社1972年版，第513页。

的本质特性之一就是技术性，而艺术作为人特有的一种创造活动，自当与技术有着更为密切的关联。

首先，艺术的创作活动需要技术。艺术创作活动必须使用一定的表达媒介，否则，艺术品既不能成型于创作者之外，也不能呈现于欣赏者之前。而如何熟练而巧妙地使用表达媒介就涉及技术或技巧问题。各门艺术所使用的表达媒介不同，因而所要求的技术也不同。例如雕塑使用石块等物质材料作为表达媒介，其所要求的技术就体现为对这些物质材料的选取和处理，即一种"造型"的技术。而文学使用的表达媒介是一种文化材料——语言，文学创作要求的技术则体现为选用词语表情达意的技巧，即一种"修辞"的技术。这种艺术家在创作活动中运用表达媒介的技术，我们称之为"表达技术"。

另外，完整的艺术生产过程不仅包括艺术品的创作活动，还包括艺术品在社会中的传播活动。如果说创作活动依赖于表达媒介和表达技术，那么，传播活动则依赖于传播媒介和传播技术。就绘画来说，已知最早的绘画作品是原始人创作的"岩画"，而岩画的传播借用的是"岩壁"这种固着于一处的天然媒介，因而受到极大限制。岩画为后人所知，只是因为偶然的考古发现。而在纺织术和造纸术发明之后，绘画作品的传播就有了可移动的人造媒介——帛和纸，传播效率自然大为提高。再后来印刷术的发明则使绘画作品的传播借助于印刷机而大量复制，至于当今高度发展的电子技术，更是将绘画作品无限量地复制在纸面或荧光屏上加以传播。从最初的岩画到今天的电子复制画，清楚地表明了绘画史上所有作品的传播都要依靠一定的传播媒介和传播技术。其他艺术种类也毫无例外，譬如音乐等听觉艺术的传播，在当代凭借着无线电技术、录音技术、互联网技术等，而电影艺术的传播则要依靠现代的摄像技术以及放映机的发明。

如此说来，完整的艺术生产活动实则与两方面的技术相关，即创作活动所必需的表达技术和传播活动所必需的传播技术。也许正是在这个意义上，古希腊那些最早的哲学家在界定艺术时，就把一切需要特殊技艺的活动都归入艺术范畴，不仅演唱、做诗、造型等是艺术，就连航海、经商、战争乃至竞技等都是艺术。这一艺术界定突出了艺术与技术的本源性关联，却又将艺术与技术混为一谈。虽然艺术与技术密切相关，但毕竟是两个概念。艺术是一种借助于技术的创造活动，其侧重点在于创作主体的"创造"；技术则主要是原定程序的运作过程，其侧重点在于工艺程序的"操作"。后来的柏拉图觉察到了艺术与技术的这一根本区别，试图改换传统的艺术定义。他说："凡是高明的诗人，无论在史诗或抒情诗方面，都不是凭技艺来做成他们优美的诗歌，而是他们得到灵感，有神力凭附着。"① 柏拉图第一次将艺术界定为与技术完全不同的创造活动，其理论上的贡献及其对后世的影响都极为巨大。但是，柏拉图在强调艺术创造特质的同时，又将其归结为"有神力凭附"的"灵感"，这不仅使问题陷入了神学迷雾，也彻底斩断了艺术与技术的内在联系。实在难以想象，一个艺术家可以毫不借助技术而单凭其"灵感"，就能创作出好作品并能使之广为流传。可见，在艺术和技术的关系问题上，妥当的做法还是把两方面的观点综合起来，由此得出的结论就是：艺术不是技术，但包含着技术并借助于技术，而且技术又反过来深刻地影响着艺术。

再次强调，我们这里所说的技术是从整个艺术生产过程着眼的，不只是传达技术，还包括传播技术，尽管这两种技术相互交融，但又有明显的区别。表达技术内在于艺术家的创作活动，可以由艺术家自主掌控，而传播技术则外在于艺术家的创作活动，因而是艺术家只能凭借而不能掌控的。而且，更为重要的是，这两种技术对艺术产生的影响大为不同。一般来说，表达技术仅限于影响艺术创作的特色。例如传统国画倾向于表现和神似，传统西画倾向于再现和形似。为什么？其中一个重要原因就是两者各有其不同的基本表达技法。国画多用水墨和"皴法"，此种画法较难逼真地摹写物象的外貌，却有利于透露物象的神韵。而西画多用油彩和"透视法"，就容易描画出物象的立体之状和原色原貌。所以，国画与西画的创作特色之不同，实则源于两者的基本表达技法之不同。而传播技术对艺术的影响就不仅限于创作的特色，而是影响到整个艺术生产过程的内在结构和总体方式，这是因为传播技术的影响力往往超出艺术领域而深入整体的人及其社会生活，尤其是当代传播技术更是如此。限于篇幅，本文仅侧重讨论传播技术对艺术生产方式的影响。

---

① 《柏拉图文艺对话录》，人民文学出版社 1983 年版，第 8 页。

二、艺术生产方式的三次变革

马克思偏重从社会生产方面考察艺术，较早提出"艺术生产"的概念。他说："宗教、家庭、国家、法、道德、科学、艺术等等，都不过是生产的一些特殊的方式，并且受生产的普遍规律的支配。"① 本雅明承继了马克思的这一思想，进一步认为艺术生产像物质生产一样，也有生产力和生产关系问题，也受生产力与生产关系矛盾运动的制约，并指出艺术生产力的推进是引领艺术生产方式变革的根本动力。他说："艺术像其他形式的生产一样，依赖某些生产技术——某些绘画、出版、演出等等方面的技术。这些技术是艺术生产力的一部分，是艺术生产发展的阶段，它们涉及一整套艺术生产者及其群众之间的社会关系。"② 本雅明把关涉艺术的技术视为艺术生产力的观点，对认识艺术生产方式的变化有一定的启发性。

我们认为，从艺术史看，艺术的生产方式先后发生过三次重大变化。第一次是从原始的"群体化"方式发展到古代的"专业化"方式，第二次是从古代的专业化方式发展到近现代的"职业化"方式，第三次是从近现代的职业化方式发展到当代的"产业化"方式。这三次艺术生产方式的重大变化，究其根本原因，都是由于传播技术变革引起的，尽管也不否认促成这些变化的还有许多其他因素。

原始时期，生产力低下，没有剩余产品，不可能产生专业的艺术家，艺术品的传播也长期处于利用天然媒介和口语媒介的水平上，例如诗歌传播就采取了口头传唱的形式，而绘画则直接画在现成的岩壁上，这就使得每个氏族成员都有机会参与艺术创作，从而形成了原始群体化的艺术生产方式。这种方式虽然赋予了全体氏族成员艺术创作的平等权利，但由于没有专门的创作人才，艺术活动的创造特质很难得到集中发挥和展示。也许正是这个原因，导致了原始艺术在长达几万甚至十几万年里得不到显著进展。

以文字以及较为轻便的书写材料（如羊皮卷、绢、纸等）的发明为标

---

① 《马克思恩格斯全集》第 42 卷，人民出版社 1979 年版，第 121 页。

② ［德］瓦尔特·本雅明：《技术复制时代的艺术作品》，胡不适译，浙江文艺出版社 2005 年版，第 84 页。

志，传播技术获得了第一次重大进展。就文学传播来看，书写取代了说唱，手抄取代了口传，不仅促成了"文本"的产生并使之流传得更加广泛和久远，更重要的是催生了第一批文学创作的专门人才和署名作者的出现，有力地推动了文学生产由群体化向专业化的过渡。署名作者的出现是人类文学发展史上划时代的大事，从此以后，集体无名作者被个体有名作者所取代，文学创作成为一种由个人担当的事业，从事这一事业的有成就的作家可以青史留名，其作品可以长久传诵。而这一切巨大改变，都是由文字、纸、写作、手抄等新的传播技术的发明以及基于这些发明之上的专业化艺术生产方式的确立引起的。正是专业化艺术生产方式的确立，促使古代艺术家们的创造力获得了最大限度的迸发和释放，出现了一批后世难以企及的艺术大师和艺术经典。

　　近代以后印刷技术不断改进和广泛应用，促成了传播技术又一次巨大飞跃，由此给艺术生产带来的突出变化就是：艺术品可以大量印制了，都市里出现了以盈利为目的的印售艺术品的行业，艺术创作也随之成为艺术家赖以为生的职业，由此就形成了职业化的艺术生产方式。在这种方式里，艺术品的印售成为重要环节，艺术家必须首先将艺术品卖给印销商，才能在社会上发表，而欣赏者也只有向印销商支付一定费用，才能买到欣赏艺术品的权利。这样一来，艺术生产第一次具有了商业性质，艺术品也开始进入了商品化的过程。在这一重大变化中，艺术家虽还是创作的主体，但其在艺术生产中的核心地位已发生动摇，出版商、书商、编辑、艺术鉴赏家、宽泛意义上也包括艺术品消费者，也都具有了生产者的身份，也都在艺术生产中起着举足轻重的作用。艺术生产的职业化以其内在的竞争机制，激发了艺术创作的积极性，拓展了艺术受众的范围和社会影响力，丰富了艺术品体裁种类的多样性。但同时，艺术生产的职业化又以其内在的商业性与艺术性的冲突，严重限制和扭曲了艺术家创造力的充分发挥。因此，艺术生产从专业化到职业化的变革，其复杂和深刻程度一点也不亚于从群体化到专业化的变革，而艺术生产方式最深刻的变革则是在当代电子传播技术高度发展之后开始的，这就是艺术生产从职业化向产业化的变革。

三、艺术生产的产业化及其引发的问题

　　产业化的艺术生产与前几种艺术生产的最大不同就是：艺术生产完全被纳入社会生产的总体系统之中并成为附着于这个系统的现代文化产业的一部分。这意味着，艺术生产首先取决于一个以当代电子传播技术为依托而组织起来的社会文化生产机构，这个机构的核心就是广播、电视、网络、手机等大众传播媒介。因此，所谓艺术生产的产业化其实就是艺术生产的大众传媒化。毫无疑问，艺术生产的大众传媒化倚仗电子技术的光电速度空前地提升了艺术的生产力、表现力和影响力。只要想想那些随着当代大众传媒铺天盖地而来的并使大众趋之若鹜的新的艺术或准艺术样式，如卡通动漫、流行音乐、电视剧、商业广告、时尚杂志、通俗读物、网络游戏、网络文学乃至 3D 电影、手机微博等，就不难看到大众传媒对艺术起到了多大的激发作用！然而，麦克卢汉早在 20 世纪 60 年代就说过："电力技术到来之后，人延伸出（或者说在体外建立了）一个活生生的中枢神经系统的模式。到了这一步，这一发展意味着一种拼死的、自杀性的自我截除，仿佛中枢神经系统再也不能依靠人体器官作为保护性的缓冲装置，去抗衡横暴的机械装置万箭齐发的攻击了。"① 这是说，电子媒介是人的一种"延伸"，同时也是人的一种"自我截除"。美国学者马克·波斯特也认为，电子媒介中的主体"不再居于绝对时/空的某一点，不再享有物质世界中某个固定的制高点，……相反，这一主体因数据库而被多重化，……在符号的电子化传输中被持续分解和物质化"②。在他看来，电子技术的负面作用就是导致人趋向于"物质化"。参照这一说法，我们姑且将当代电子传播技术对艺术的负面影响概括为：与艺术生产的大众传媒化结伴而来的日益加重的艺术的物化趋势。

　　艺术物化趋势的具体表现是：第一，创作主体的物化。当今以大众传媒为核心的文化产业机构以其强大的钳制力量，不仅掌控了原本应由创作主体

---

① ［加］马歇尔·麦克卢汉：《理解媒介——论人的延伸》，何道宽译，商务印书馆 2010 年版，第 76 页。
② ［美］马克·波斯特：《信息方式——后结构主义与社会语境》，范静晔译，商务印书馆 2000 年版，第 25 页。

掌控的创作活动，甚而进一步掌控了创作主体本身，"在电子媒介交流中，主体如今是在漂浮着，……不同的构型使主体随着偶然情景的不确定而相应地被一再重新建构"①，以至最终将创作主体重构为这一产业机构中的一个物质组件。第二，创作过程的物化。如前所说，艺术创作虽有技术含量，但本质上是一种充满了人的灵性和智性的创造活动，不能完全按照既定的技术程序进行。可是，这种创造活动一旦纳入以大众传媒为核心的文化产业机构，就马上被一套技术规程所支配"对置身于电子媒介中的主体而言，客体则倾向于变为能指流本身，……主体要想辨明能指'背后'的'真实'存在已越来越难，……结果是，社会生活已部分地变成一种操作"②，艺术的"创作"过程也就物化为技术的"制作"过程。第三，创作产品的物化。艺术创作的产品本是艺术家创造的一种精神产品，因而被称为"作品"，尽管它也有物质的外观。但是，以大众传媒为核心的文化产业机构却将这种精神作品的生产置换为一种以盈利为目的的物质商品的生产，"现在我们不能不相信'信息'首先是一种商品，其次，它受各种市场力量的控制"③，于是"商品"的生产成为艺术生产的目的"作品"的生产反而成为实现这一目的的手段。上述艺术物化趋势的三个方面，最重要的还是艺术创作主体的物化，首先是作为主体的"人"沦为"物"，然后才是"创作"沦为"制作"。"作品"沦为"商品"，从而直接威胁到艺术固有的创造特质乃至艺术之所以为艺术的人文根基。那么，如何应对艺术的物化趋势呢？

首先，从思想观念方面看，要反对近代以来形成的各种"技术决定论"。此理论认为，发明技术的能力是人的第一能力，技术进步决定社会进步，人在享用技术进步福利的同时，也必须承受技术进步造成的不利后果。有的还进一步认为，由技术造成的人及其社会的问题完全可以通过技术本身的进步而获得解决。公平而论，技术决定论并非毫无合理之处，譬如互联网技术固有的交互性和共享性可以在全球范围内促进主体间的平等对话和相互

① ［美］马克·波斯特：《信息方式——后结构主义与社会语境》，范静晔译，商务印书馆2000年版，第20页。

② ［美］马克·波斯特：《信息方式——后结构主义与社会语境》，范静晔译，商务印书馆2000年版，第24页。

③ ［美］马克·波斯特：《信息方式——后结构主义与社会语境》，范静晔译，商务印书馆2000年版，第101页。

理解，这对于建立一种人类主体间性的新型关系是有利的。但是，这种理论无视人在历史发展中的主体作用，从而彻底否认了人抵制"物化趋势"的可能性和必要性。美国传播学家克罗图和霍伊尼斯在反驳技术决定论时指出，"我们看到技术决定论观点的错误之处在于，它甚至否定了最基本的人为因素"①，"这一观点全都是束缚的框架而没有人类行为"②。技术决定论的这一错误源于对人的能动性的错误理解，把人的能动性完全归结为"技术理性"，而忘记了人的能动性中还有一种更高级的"反思理性"。只有反思理性才能反思人的包括技术活动在内的一切活动，并通过这种反思对人的活动提出价值评判和改进对策。如果技术理性只是解决"做什么、怎么做"的问题，那么，反思理性则解决更高层而的"做得怎么样、应该怎么做"的问题。所以，人在技术面前并非只能"顺应"而不能"回应"，人有能力且有责任在推动技术进步的同时去应对技术进步所造成的问题，而不是无所作为地等待技术的所谓"自行解决"。正如前面提到的两位传播学家所预示的那样："即将发生的变革会像那些宣告工业化到来的变革一样深远。但是和所有的技术变革一样，未来媒介变革的发展方向将取决于社会成员所作的决定。技术或大众媒介的发展过程中没有什么是必然的。"③ 必须指出，我们只是反对技术决定论，但不反对技术进步本身，目的是要说明人能够且必须遏制技术进步造成的"物化趋势"。

其次，从艺术实践方而看，艺术家作为创作主体理应成为"反思理性"的先锋队，成为抵制艺术物化趋势的主力军。麦克卢汉常被人误解为技术决定论者，实际上他的思想极为复杂。他在为电子技术的进步大唱赞歌的同时，也不遗余力地肯定艺术家在遏制艺术物化趋势中的先导作用。他反复说过"艺术家是具有整体意识的人"，"艺术家在新技术的打击使意识过程麻木之前，就能矫正各种感知的比率"，"艺术家有办法预计和避免技术创伤所产生的后果"，"避开任何时代新技术的粗暴打击，完全有意识地避开他强暴的

---

① ［美］大卫·克罗图、威廉·霍伊尼斯：《媒介·社会——产业、形象与受众》，邱凌译，北京大学出版社 2009 年版，第 388 页。
② ［美］大卫·克罗图、威廉·霍伊尼斯：《媒介·社会——产业、形象与受众》，邱凌译，北京大学出版社 2009 年版，第 356 页。
③ ［美］大卫·克罗图、威廉·霍伊尼斯：《媒介·社会——产业、形象与受众》，邱凌译，北京大学出版社 2009 年版，第 438 页。

锋芒——艺术家的这种能力是非常悠久的"①。麦克卢汉充分估计和高度评价了在技术的打压而艺术家所具有的这种反思和反击的能力，认为艺术家只要能自觉地张扬其反思理性和发挥其先导作用，就能在当代电子传播媒介对艺术构成的"围攻"中打开一个缺口，就能遏制甚至扭转艺术的物化趋势。

最后，从艺术理论方面看，面对艺术的物化趋势理论家所能做的最大努力就是重申艺术的创造特质和人文根基。我们知道"物化"是相对于"人化"而言的。毫无疑问，艺术本质上属于"人化"，属于"人的本质力量的对象化"②，始终是以人为主体和以人为根基的。所谓以人为根基，是说艺术至少要使人向上变得更成其为人，而不是向下沦落为非人或物。如果撤除了人的根基，就等于撤除了艺术的底线，艺术也就无所谓艺术了。整部艺术理论史证明，恰是这些貌似老生常谈的观点，构成了艺术理论的第一法则。但是，时至今日，艺术是"人化"还是"物化"的，却不幸成了一个问题。艺术的本质是什么，可以暂且不论，但艺术的特质是人的创造，艺术的根基是人，这一点恐怕不会改变。艺术的生产方式可以随传播技术的进步而改变，但无论何种生产方式，都必然包含一个不变的内核，这就是，所有的艺术都应是为了不断提高人的自我认识、改善人的生存状态和升华人的精神境界而创造出来的。因而，我们认为，重申艺术的人文根基，强调艺术的创造特质，乃是遏制和扭转当代艺术物化趋势的首要理论前提。

（原载于《山东大学学报》（哲学社会科学版）2012 年第 6 期）

---

① ［加］马歇尔·麦克卢汉：《理解媒介——论人的延伸》，何道宽译，商务印书馆 2010 年版，第 102 页。

② ［德］马克思：《1844 年经济学哲学手稿》，人民出版社 1985 年版，第 79 页。

当代传媒技术条件下的艺术生产

——反思法兰克福学派两种不同理论取向

谭好哲

对艺术生产与当代传媒技术之关系的研究，已经成为当代文艺美学研究的一个重要方面，甚至可以说成为一个理论热点，这种状况的形成得益于法兰克福学派的社会批判美学。但是，纵观国内已有的相关研究，对法兰克福学派社会批判美学在此一问题上的理论言说，学者们往往只是取个人所需，或是像霍克海默、阿多诺、马尔库塞那样仅仅看到了当代传媒技术发展对艺术生产的消极影响，从而对大众传媒连同大众文化和大众艺术视若寇仇、大加挞伐，或是像本雅明那样一味乐观地憧憬当代媒介技术的进步对艺术民主化和革命化的推动，从而对新的传媒技术顶礼膜拜、大唱赞歌。这两种理论虽然都有自己的文本依据，但对法兰克福学派的整体理论面貌而言，却都是片面择取，有失偏颇的。实际上，只有同时从这两个方面了解和把握法兰克福学派理论家们富于内在张力的理论言说，才能窥见其中所蕴含的丰富深邃的思想内容，并从一般理论关系上对艺术生产与当代传媒技术的关系作出辩证透彻的认识和阐发。

一

在法兰克福学派的理论家中，霍克海默、阿多诺、马尔库塞等人对于当代大众文化和大众文艺，连同构成此种文化和文艺的物质基础和条件的大众传媒和传媒技术持有极为负面的认识评价和严厉批判态度。

上述理论家认为，在当代发达的资本主义工业社会，虽然科学技术和生产方式比之以往取得了巨大进步，但并不意味人类的自由和解放，"进步的加速似乎与不自由的加剧联系在一起。在整个工业文明世界，人对人的统治，无论是在规模上还是在效率上，都日益加强"①。之所以如此，是由于启蒙运动时期资产阶级以人的自由和解放为诉求的理性启蒙精神日益退化为与社会政治统治相协调的工具理性或技术理性。在发达资本主义的工业社会，"技术进步扩展到了整个控制与调节系统，并创造出了这样一些生活（和权力）形式，这些形式看起来调和了与这个系统对立的力量，击败或驳倒了所有以摆脱劳役和控制的历史前景之名提出的抗议。""在技术中介中，文化、政治和经济融合为一个无所不在的系统，这个系统同化或排斥掉所有替代。该系统的生产力和潜在的增长稳定了这个社会，同时把技术进步包容于其统治框架之中。技术理性已变成了政治理性。"②马尔库塞指出，发达工业社会以技术进步作为一切合理活动的标准和模型，以新形式的极权主义带来他称为"单向度"性的社会生活一体化现象。这种"单向度"性或曰一体化表现于社会与个人两个方面。从社会角度讲，人与人的关系已经成为单纯的技术关系，技术在各个生活领域居于统治地位，使得统治者对广大人民的统治合法化了；就个人角度说，个人的主体意识，其对于不合理社会的反抗精神被现实所同化，个人成为内心生活完全僵化、缺乏反抗精神和创造意识、只是按照技术合理性要求行事的单纯工具。因此，"单向度"性即意味着社会对个人、物质对精神的控制和压抑，意味着人的本质的歪曲和异化。在此意义上，马尔库塞明确指出："资本主义发展的规律就是这个等式：技术进步＝增长的社会财富（上升的国民生产总值）＝扩大的奴役。"③由此可见，技术合理化所造成的结果与法西斯主义的政治专制和暴力恐怖所造成的结果在实际上并无二致，技术合理化的实质就是极权主义，当代工业社会在其由技术支撑的理性外表下掩盖着非理性的本质。借由技术合理性或曰工具理性所实现的社会一体化操纵和控制，表现在人类生活的方方面面，其中一个很重要

---

① 　[美] 赫伯特·马尔库塞：《爱欲与文明》"导言"，黄勇、薛民译，上海译文出版社 1987年版，第 18 页。
② 　[美] 赫伯特·马尔库塞：《单面人》"导言"，左晓斯译，湖南人民出版社 1988 年版，第3—4、7 页。
③ 　[美] 赫伯特·马尔库塞：《反革命与造反》，波士顿 1972 年英文版，第 4 页。

的方面就是文化工业的产生，连同其由之制造出来的大众文化和大众艺术。

　　"文化工业"是20世纪40年代由霍克海默和阿多诺在对当代资本主义的批判中所提出的一个概念。在由霍克海默创办的《社会研究》杂志终刊号上，霍克海默和阿多诺合作发表了《文化工业：欺骗群众的启蒙精神》一文，该文后来收在二人于1947年合作出版的《启蒙的辩证法》一书中。该文开了对当代资本主义的文化传播媒介进行批判性研究的先河。此后，霍克海默、阿多诺、马尔库塞等人就此写下许多相关论著，从而使对文化工业的剖析和批判构成法兰克福学派社会批判理论的一个重要领域。所谓"文化工业"，从其基本性质上讲，是指文化生产和文化产品的标准化和趋于一律，也指文化传播媒介的技术化和文化产品的商业化，它是借由当代科学技术的发展而形成的文化生产形式。技术在当代文化的生产中与在其他社会生产中一样，都发挥着社会操控的功能。霍克海默和阿多诺在他们合作的文章中写道："今天，技术上的合理性，就是统治上的合理性本身。它具有自身异化的社会的强制性质。"[1]尽管文化工业生产文化商品的直接目的在于获利的可消费性，因而受到商品生产中资本逻辑的制约，但是掌握资本权力的力量也是掌握政治权力的力量，文化工业的生产活动实质上经由表面上资本逻辑的力量而隐蔽地和预谋的政治操控结合了起来，起到了意识形态控制的作用。在这里，经济、政治和文化是一体的，文化工业的生产包括艺术生产在内并不能独善其身，成为一个纯然孤立和独立的场域，实际上是从属于经济和政治的。"在垄断下的所有的群众文化都是一致的，它们的结构都是由工厂生产出来的框架结构……电影和广播不再需要作为艺术。事实上，它们根本不是企业，而转变成了连它有意制造出来的废品，也被认可的意识形态。"[2]

　　以康德为代表的传统美学，肯定人的主体性，把人的感性表达的多种多样性作为审美活动的基础，但是在当代工业社会，这种主体性被精心计算的文化工业所剥夺，模式化、格式化的文化工业消弭了艺术接受个体的审美差异性和多样性，抑制了它们本应具有的想象性和自发性，约束了个体思维

---

① ［德］马克斯·霍克海默、特奥多·威·阿多诺：《文化工业：欺骗群众的启蒙精神》，见《启蒙辩证法》，佩郁、蔺月峰译，重庆出版社1990年版，第113页。
② ［德］马克斯·霍克海默、特奥多·威·阿多诺：《文化工业：欺骗群众的启蒙精神》，见《启蒙辩证法》，佩郁、蔺月峰译，重庆出版社1990年版，第113页。

的能动性，也破坏了艺术的反叛性。霍克海默指出，文化工业与艺术的自律性要求是背道而驰的。"对投资在每部影片上的可观资本的快速周转的经济要求，阻止着对每件艺术作品内在逻辑的追求——即艺术作品本身的自律需要。今天，叫做流行娱乐的东西，实质上是被文化工业所刺激和操纵以及悄悄腐蚀着的需要。因此，它不能同艺术相处，即使它装作与艺术相处得很好。"① 从这样的文化产品中，人们自然不能获得精神上的自由和解放，而只能在娱乐性消费中获得虚假的满足，在虚假的满足中把自己牢牢地捆绑在文化工业所编织起来的意识形态控制之网中。此外，大众文化和大众艺术的大众性并不意味个人趣味的自由和民主化，而只是对社会对人的控制的加强和人的生活的"单向度"异化。在文化工业所构筑的艺术与大众的关系中，大众其实并没有个人选择和趣味表达的自由，只不过是文化工业所控制、所收编、所分类的一个文化消费者而已，如同物质生产领域里的消费者一样。这表现在，大众离不开文化工业的产品，摆脱不了文化工业产品所施加的影响。"文化工业的每一个产品，都是经济上巨大机器的一个标本，所有的人从一开始起，在工作时，在休息时，只要他还进行呼吸，他就离不开这些产品。没有一个人能不看有声电影，没有一个人能不收听无线电广播，社会上所有的人都接受文化工业品的影响。文化工业的每一个运动，都不可避免地把人们再现为整个社会所需要塑造出来那种样子。"② 大众也决定不了文化工业产品的内容和质量，而只能被动地接受其作品，成为文化工业期望其成为的那种消费者。"大众性不再与艺术作品的具体内容或真实性有什么联系。在民主的国家，最终的决定不再取决于受过教育的人，而取决于消遣工业。大众性包含着无限制地把人们调节成娱乐工业所期望他们成为的那类人。"③ 即使是大众以为表达了自己的意见和需要，从而在个人消费的自我满足中显示出个性差异的自我感觉和意识，在根本上也只是一种幻想。在文化工业构筑的生产—消费关系中，"名义上和实际上有利于文化工业系统的公众的意

---

① ［德］马克斯·霍克海默：《艺术和大众文化》，见《批判理论》，李小兵译，重庆出版社1990年版，第273—274页。

② ［德］马克斯·霍克海默、特奥多·威·阿多诺：《文化工业：欺骗群众的启蒙精神》，见《启蒙辩证法》，佩郁、蔺月峰译，重庆出版社1990年版，第118页。

③ ［德］马克斯·霍克海默：《艺术和大众文化》，见《批判理论》，李小兵译，重庆出版社1990年版，第275页。

见，是系统的一部分，是对系统有利的。"在其中，"每个人都似乎是自发地按照他事先通过象征确定的'水平'来衡量作品的。按照为它们那种类型的人所生产的群众的作品范畴来掌握作品的。消费者被作为统计资料，在宣传上不在对他们加以区别的研究机关的图标上，成了用红笔、绿笔和蓝笔加以划分的不同收入的集团。"① 因此，在机械上总是依照相同模式进行生产的文化工业，是不鼓励和培养特殊性、差异性的，而是致力于制造普遍的东西与特殊的东西之间虚假的一致性，文化工业中的个体消费者其实是被同质化了的人群。

从大众文化和大众艺术社会运作的表层看，它们是服从商业诉求或资本逻辑的，就其实质而言则是服务于统治关系，文化垄断总是紧密维护真正的当权者的。阿多诺等人认为，特殊向着一般过程的整合是垄断资本主义制度下日常生活的实际状况，也是文化领域的一般状况。比如，在电视节目中其公开的信息、明显的主题几乎都是反极权主义的，在有的场合，节目还常描绘个人与社会规范"虚假的"斗争，然而在这些公开的信息背后隐藏的信息却是："社会永远是胜利者，而个人不过是通过社会统治而操作的玩偶"② 。这种含蓄的信息最终要告诫观众应该采取一种与既定存在的恒一性相调和的态度，它促进了对个性的压抑，并助长了人们对现实的妥协，与现实的统一。所以，电视节目的多层结构使一般与特殊之间的关系摆脱了一切对抗的迹象，其隐含的寓意确立了特殊对一般的"自然"法则的顺从。再比如流行音乐，其社会效果如同电视。阿多诺在《广播音乐的社会批判》《论流行音乐》等文中指出，流行音乐强力推行的是心理意识上的一律性，其简单的、重复的、范围有限的主题和单调的、刻板的、变化极少的节奏，解除了听众心理赋予欣赏音乐的任何精神负担和思考，从而使欣赏习惯标准化、自动化，剥夺了听者的主动性和社会批判意识。流行歌曲就像催眠曲一样，哄得听者漫不经心，告诉他们不要烦恼，让他们感到自己不会遗失什么东西，从而使听者对社会现实不加批评，起到社会催眠的效果。所以，制造虚假和

---

① ［德］马克斯·霍克海默、特奥多·威·阿多诺：《文化工业：欺骗群众的启蒙精神》，见《启蒙辩证法》，佩郁、蔺月峰译，重庆出版社 1990 年版，第 114、115 页。

② ［德］特奥多·威·阿多诺：《电视与大众文化形式》，转引自王鲁湘等编译《西方学者眼中的西方现代美学》，北京大学出版社 1987 年版，第 255 页。

谐、为大众提供欺骗性幸福的流行音乐与社会和艺术中的真正主体性目标是背道而驰的，流行音乐总体化的建构有效地增长了一种意识形态，使个人适应习惯的统治，适应当代资本主义日常生活的现实状况，尽管其意识形态的信息不是以纯然理智的范式呈现，"个性的泯灭是新音乐的特有标志"①。

二

与上述理论家的认识和评价不同，虽未正式加入法兰克福学派但却与该派保持着密切联系，并被学界一致认同为该派最具影响力的理论家之一的本雅明，则从当代传媒技术的发展中看到了建立新型艺术生产关系的美好前景，看到了其推动当代艺术走向民主化和革命化的现实可能性。

本雅明在当代传媒技术与艺术生产关系问题上的理论观点主要表达于《作为生产者的作家》和《可机械复制时代的艺术作品》之中。与传统的马克思主义文艺理论和批评只是从认识论角度谈论文学艺术不同，本雅明认为文艺是一种与其他社会活动并存和有关的社会实践、经济生产的形式，文艺家是生产者，读者和观众是艺术消费者，生产者与消费者共同构成特定状态的艺术生产关系；艺术在无产阶级革命事业中的进步作用，首先不取决于文艺家的政治倾向正确与否，而是取决于艺术生产力的进步，取决于文艺家对于艺术生产力中最重要的因素——"技术"（或曰技巧）的革命性改造，在人类的艺术活动中，"技术"作为艺术生产力决定着艺术生产关系的状况。在本雅明那里，"技术"概念的所指较为宽泛，包括了作为器械和工具存在而可以加以使用的一般生产技术（如照相、摄影、机械印刷）、具体艺术活动中的创作技巧（如布莱希特史诗剧的间离效果）以及由技术进步而产生的新的艺术形式（如电影中的蒙太奇、报告文学对传统文学体裁和分类的超越和重新融合）。

《作为生产者的作家》是本雅明 1934 年 4 月 27 日在巴黎法西斯主义研究学院所做的一次讲演。在这篇讲演中，本雅明指出，传统的唯物主义批评

---

① ［德］特奥多·威·阿多诺：《论音乐中拜物教特性和听觉的倒退》，转引自［美］马丁·杰《法兰克福学派史》，单世联译，广东人民出版社 1996 年版，第 218 页。

常常问一部作品与时代的生产关系的情况是怎样的，他不想这样提问题，而想问："作品在生产关系中处于什么地位？这个问题直接以作品在一个时代的作家生产关系中具有的地位为目标。换句话说，它直接以作品的写作技术为目的。"① 本雅明认为，将技术置于唯物主义分析的核心地位，有三个方面的理论意义：其一，技术这个概念，"使文学作品接受一种直接的社会的因而也是唯物主义的分析"②。唯物主义的基本观点是生产力决定生产关系。像其他的社会生产一样，艺术总是依赖于某些生产技术。没有生产技术的革新和社会生产力的发展就没有社会生产关系的变革和社会的进步，而没有艺术生产技术的革新和艺术生产力的发展也同样不会有艺术生产关系的变革和艺术的进步。因此，不问一部作品和时代的生产关系的情况怎样，对其是否定还是肯定，与其一致还是不一致，而问作品在生产关系中处于什么地位，写作的技术是否先进，的确是回到了马克思主义文艺批评的理论原点。其二，"技术这个概念也是辩证分析的出发点，从它出发，内容和形式的毫无结果的对立就可以克服"③。俄国十月革命前后的形式主义文艺理论与批评贬抑内容（材料）而专注于文学形式（手法），激进的革命作家与之相对则把内容放在优先地位；在马克思主义文艺理论内部，经典的和传统的马克思主义文艺理论，如梅林、卢卡奇等，将内容置于形式之先，对现代派艺术的形式主义大加挞伐，而法兰克福学派的马尔库塞和阿多诺则又力主艺术自律筑基于审美形式之上，对现代派艺术的形式创新深为认同。本雅明则认为，借助于技术或技巧的概念，能够消除材料和手法、内容与形式的二元分离和对立，对文艺的存在特性进行新的分析与综合。其三，"技术这个概念还包括了正确确定倾向性和质量之间的关系的指导思想"④。十月革命胜利后俄国和欧洲的许多激进的革命作家张扬文学的倾向性，以政治倾向代替或冲淡了文学质

① ［德］本雅明：《作为生产者的作家》，《马克思主义文艺理论研究》第 10 卷，文化艺术出版社 1989 年版，第 303 页。
② ［德］本雅明：《作为生产者的作家》，《马克思主义文艺理论研究》第 10 卷，文化艺术出版社 1989 年版，第 304 页。
③ ［德］本雅明：《作为生产者的作家》，《马克思主义文艺理论研究》第 10 卷，文化艺术出版社 1989 年版，第 304 页。
④ ［德］本雅明：《作为生产者的作家》，《马克思主义文艺理论研究》第 10 卷，文化艺术出版社 1989 年版，第 304 页。

量，似乎有了正确的政治倾向，文艺质量就无须求索了。对此，本雅明认为这是不"正确"的，明确地指出："一部具有正确倾向性的作品还必须具备所有其他的质量。"① 这是因为，只有当作品在文学倾向上是正确的，它才可能在政治倾向上是正确的。一部作品的正确的政治倾向性包括了它的文学质量，因为它包括了文学的倾向性，创造作品质量的是这种文学倾向而不是别的东西，而文学质量与技术（技巧）的使用直接相关。这样，本雅明就在涉及文学问题的各要素之间建立起了层层相依的关系：政治倾向—文学倾向—文学质量—技术（文学技巧）。结论即是："文学的倾向性就存在于文学技术的进步或者倒退之中"，"正确的政治倾向和进步的文学技术在任何情况下都存在着这种依赖性"② 。正是基于这一认识，本雅明特别强调比之思想上的革新，技术上的更新更应受到重视，认为"对于作为生产者的作家来说，技术的进步也是他政治进步的基础"③ 。他还特别强调了"仅仅提供生产器械和改变生产器械之间的区别"④ ，号召左派文艺家不要做墨守成规的人，不加改进地、展览式地使用现成的生产器械即技术，而要为了社会主义的利益去改进生产器械，发展艺术生产力，使之脱离统治阶级。"一个作家如果没有教给别的作家什么东西，就没有教育任何人。首先是引导别的生产者进行生产，其次是给他们提供一个改变了的器械，生产的这种模范性才是具有权威性的。而且这个器械使参加生产的消费者越多，越能迅速地把读者和观众变为共同行为者，那么这个器械就越好。"⑤ 本雅明认为，苏联十月革命后某些报纸把纪实性报告与文学结合起来而形成的报告文学，或者如他所建议的为流行的摄影配上能给照片以说明能力的文字从而破除文字和图片之间的障碍的做法，都属于改变器械、革新技术、创造新的艺术形式之举，有利于突破不

① ［德］本雅明：《作为生产者的作家》，《马克思主义文艺理论研究》第 10 卷，文化艺术出版社 1989 年版，第 302 页。

② ［德］本雅明：《作为生产者的作家》，《马克思主义文艺理论研究》第 10 卷，文化艺术出版社 1989 年版，第 304 页。

③ ［德］本雅明：《作为生产者的作家》，《马克思主义文艺理论研究》第 10 卷，文化艺术出版社 1989 年版，第 310—311 页。

④ ［德］本雅明：《作为生产者的作家》，《马克思主义文艺理论研究》第 10 卷，文化艺术出版社 1989 年版，第 309 页。

⑤ ［德］本雅明：《作为生产者的作家》，《马克思主义文艺理论研究》第 10 卷，文化艺术出版社 1989 年版，第 313 页。

同艺术类型之间的界限，打通艺术生产者与消费者之间的分野，变革艺术与人民群众的关系，使艺术成为人人可以参与、可以享受的东西。他还特别分析了他所视为典范的布莱希特的史诗剧，认为其史诗剧广泛吸取了从电影、广播、新闻和照相中熟悉的方法，以类似于电影蒙太奇的陌生手法即"间离效果"中断情节，制造惊奇，颠覆了亚里士多德式以人物行动、故事情节取胜，以净化观众心灵为目的传统体验性戏剧，打破了自负的资产阶级戏剧所制造的种种关于现实的幻象，成功地改变了舞台和观众之间、剧本和表演之间、导演和演员之间的作用关系，使观众对人生和社会的真实状况有新的发现和思考，进而引发对现实的一种批判性态度。总之，在本雅明看来，艺术中技术进步的获得最终会改变艺术形式的功能，因此这种进步的获得是衡量文艺作品革命功能的标准，作家应该从一个生产器械的提供者成为一个改变器械的工程师，"他把使生产器械适应于无产阶级革命的目的视为自己的任务……他的写作活动越能对准这一任务，他的作品的倾向性就越正确，而且其写作技巧也必定水平越高"①。

　　《可机械复制时代的艺术作品》发表于1936年，该文从机械复制的角度重点探讨了当今生产条件下艺术发展倾向的问题，进一步发挥了《作为生产者的作家》一文中的基本思想。本雅明指出，艺术作品原则上都是可以复制的，比如学生在艺术练习中的临摹，匠人为了艺术传播进行的仿制，以及牟取暴利者对真品的复制等，而他不是在这个意义上谈复制，他所研究的是技术复制，主要是当代大规模的机械复制。由于古希腊人只掌握了可以制作青铜器、陶器和硬币的浇铸和制模技术，所有其他艺术还都是无法复制的。复制技术在历史上以很大间隔断断续续但却以不断增强的力度获得成功，在文字印刷术和版画石印术之后，照相术和电影的发明，使技术复制进入了机械复制的时代。"一九〇〇年前后，技术复制达到的水准，不仅使它把流传下来的所有艺术作品都当成复制对象，使艺术作品的影响经受最深刻的变革，而且它还在艺术的创作方式中占据了一席之地。"② 机械复制时代的艺术

---

① ［德］本雅明：《作为生产者的作家》，《马克思主义文艺理论研究》第10卷，文化艺术出版社1989年版，第317页。

② ［德］本雅明：《可技术复制时代的艺术作品》，见本雅明《经验与贫乏》，王炳钧、杨劲译，百花文艺出版社2002年版，第262页。

生产有两种不同的表现形式，即所有艺术作品的复制和电影艺术的生产。基于这两种不同形式，本雅明着重思考了两个方面的问题：一是古今艺术的不同性质和特点，二是当代艺术的革命性发展和新的艺术生产关系的孕育的条件和可能。就前一方面来说，古代的文艺作品在历史传统中具有其"此时此刻"存在的"本真性"，这使之具有一种特有的"灵韵"（或译为韵味、氛围等），所谓灵韵即"一定距离外的独一无二显现——无论它有多么近"①。但是，"由于复制技术可重复生产复制品，这样，被复制品的独一无二的诞生便被大量出现所取代"②。灵韵艺术需要的是欣赏者的凝神专注，而机械复制培养了大众"视万物皆同"的意识，大众强烈希望事物在空间上和人性上更为"贴近"，距离感消失，这就打破了任何现存事物的独一无二性，从而造成了艺术灵韵的枯萎和消失。古代艺术的灵韵与其植根于传统的"礼仪"——起初是巫术礼仪，后来是宗教礼仪，甚至包括追求美的世俗化形式——有着直接的关联，因而它所体现的是一种"膜拜价值"，而照相术和电影艺术这些机械复制时代的艺术所具有的则是对于物、对于经验的"展示价值"，成为具有全新功能的塑造物。就第二个方面来看，本雅明认为，机械复制有史以来第一次将艺术作品从依附于礼仪的生存中解放出来了，这就使得艺术的整个社会功能发生了根本性的变化，"艺术的根基不再是礼仪，而是另一种实践：政治。"③那么，当代艺术如何能够通往政治，发挥革命性的政治作用呢？首先，电影塑造了人们新的感知方式，构造出新的视觉世界。电影通过摄影机在摄影棚里的拍摄以及不同拍摄镜头的组接，实现了对直接现实的观察，甚至猛烈地进入现实，从而使艺术脱离了资产阶级艺术所制造的"美的幻象"的王国，借助于对客观世界的精确表现，在视觉感知、听觉感知甚至触觉等领域里深化了人们对于世界的统觉，将照相术此前往往分离开来的艺术与科学功用统合为一体，这是电影的革命功能之一。"通过摄影机，我们才知晓了视觉无意识，就如同通过心理分析学，我们才了解了

---

① ［德］本雅明：《可技术复制时代的艺术作品》，见本雅明《经验与贫乏》，王炳钧、杨劲译，百花文艺出版社 2002 年版，第 265 页。

② ［德］本雅明：《可技术复制时代的艺术作品》，见本雅明《经验与贫乏》，王炳钧、杨劲译，百花文艺出版社 2002 年版，第 264 页。

③ ［德］本雅明：《可技术复制时代的艺术作品》，见本雅明《经验与贫乏》，王炳钧、杨劲译，百花文艺出版社 2002 年版，第 268 页。

本能无意识。"① 其次，电影展示出人们的生存处境，加深人们对世界真实状况的认识。电影可以说是与当代人所面临的生命困境和危险相对应的艺术，电影通过特写、慢镜头等技术手段，突出我们已熟视无睹的道具中隐藏的细节，挖掘平凡的背景，使事物的全新构造显示出来，在熟悉的主题中发现完全陌生的主题，展示出当今的公民都在经历着的困境和危险，从而给予观影人一次次的"震惊"，通过"震惊效果"，打破了传统艺术基于膜拜价值的审美静观，使我们在惊醒中发现现代资本主义社会人类异化的真实状况，更深刻地认识到主宰着我们生存的强制性机制。最后，更重要的是，以电影为代表的机械复制艺术改变了艺术与大众的关系，使艺术进入大众的政治实践成为可能。机械复制艺术使艺术的制作和接受具有广泛的公众基础，将艺术从少数人的垄断中解放出来，成为公众日常生活的一部分，推动了艺术民主化的历史进程。与当时流行的法西斯主义艺术试图在不改变现存社会关系的前提下将法西斯主义的政治现实审美化的"政治审美化"鼓噪相反，本雅明则强烈主张进步艺术的"艺术政治化"，期待在变革现存技术的基础上实现艺术生产关系和社会生产关系的革命变革，从而使其艺术生产理论与其"艺术政治学"的革命诉求有机地统一起来。

三

学术界一般公认，当代艺术生产理论滥觞于马克思主义经典作家的政治经济学研究。早在《1844年经济学—哲学手稿》中，马克思就基于文艺研究应该成为"人类科学"的一部分的思想，明确提出了"宗教、家庭、国家、法、道德、科学、艺术等等，都不过是生产的一些特殊的形态，并且受生产的普遍规律的支配"② 的论断，开辟了将艺术放在整个社会生产系统中加以考察的科学研究思路。稍后，在马克思和恩格斯合作写于1845年的《德意志意识形态》里，又提出了"精神生产"和"艺术劳动"的概念，并在论分工问题时谈到文艺复兴时期天才画家拉斐尔的创作除个人才能外"也

---

① ［德］本雅明：《可技术复制时代的艺术作品》，见本雅明《经验与贫乏》，王炳钧、杨劲译，百花文艺出版社2002年版，第285页。

② ［德］马克思：《1844年经济学—哲学手稿》，人民出版社1979年版，第74页。

受到他以前的艺术所达到的技术成就、社会组织、当地的分工以及与当地有交往的世界各国的分工等条件的制约"①。1857年，马克思在其《〈政治经济学批判〉导言》中，首次明确提出了"艺术生产"概念，并提出和阐发了许多艺术生产理论问题。这篇导言连同马克思后来写作的大量论述资本主义时代艺术生产状况的《剩余价值理论》，成为马克思主义艺术生产理论的两部最为重要的文献。此后，马克思在1874年底至1875年初作的《巴枯宁〈国家制度和无政府状态〉一书摘要》中，与物质方面的生产力相对应，提出了"精神方面的生产力"这一概念。概观马克思的艺术生产理论，主要包括了三个方面的理论和思想内容：一是从一般社会生产的角度，就生产与消费二者既相互区别、相互对立又相互依存、相互作用的矛盾统一关系，作出了精辟辩证的阐发，为此后的艺术生产研究奠定了基本理论基础；二是在艺术生产的历史发展规律方面作了探讨，不仅在《〈政治经济学批判〉导言》中提出了"物质生产的发展例如同艺术生产的不平衡关系"②的理论，而且在《剩余价值理论》中提出了艺术生产研究的方法论原则，强调只有"从一定的历史的形式来考察"，从"特殊的历史的形式来看"，才能理解与一定时代的物质生产"相适应的精神生产的特征以及这两种生产的相互作用"③；三是研究了资本主义时代商品生产条件下艺术生产者的状况以及艺术生产的特点和规律，主要是指出作家也是"生产劳动者"，分析了艺术生产中"生产劳动"与"非生产劳动"的关系，尤其是作出了"资本主义生产就同某些精神生产部门如艺术和诗歌相敌对"④的论断。马克思主义创始人有关艺术生产问题的这些论说，内容丰富，思想深刻，是当代艺术生产研究的思想源头，法兰克福学派亦不例外。对照这些论说来看法兰克福学派的相关研究成果，可以较为清晰地揭示出其理论渊源和创新特色，同时也有助于对其内部前述两种不同言说的理论异同作出较为细致的分析和评价。

　　大致而言，霍克海默和阿多诺等人对大众文化工业和流行艺术的批判，基本上是对马克思的资本主义时代的异化劳动以及商品化的"非精神生产"

---

① 《马克思恩格斯全集》第3卷，人民出版社1960年版，第459页。
② 《马克思恩格斯选集》第2卷，人民出版社1995年版，第27页。
③ 《马克思恩格斯全集》第26卷，第1册，人民出版社1972年版，第296页。
④ 《马克思恩格斯全集》第26卷，第1册，人民出版社1972年版，第296页。

文化形式社会批判的承续，而本雅明的艺术生产理论研究自我明言是基于历史唯物主义的，在理论渊源上，可谓其来有之，马克思主义的理论底色还是相当浓厚的，他们在许多问题上的观点和看法都可以从马克思主义创始人那里找到先声。不过，相比较来看，马克思关于艺术生产的有关论述只是其资本主义经济活动规律研究的副产品，其对"非精神生产"文化形式的批判只是其整体社会批判的例证，并没有形成为一个独立、专门的研究领域。而法兰克福学派则不然，他们是把当代资本主义社会的文化工业和艺术生产问题作为一个独立、专门的领域展开研究工作的，阿多诺、本雅明以及专门研究大众文化的波洛克，可以说都是这个领域的专家和大家，这就使他们的研究论题更集中、问题更突出、分析更全面，从而在诸多方面取得一些时代性的理论创新。这些创新主要表现在如下三个方面：一是提出了"文化工业"这样一个对当代文化艺术生产具有整合性质的社会分析概念，并对文化工业时代艺术生产的商品属性与意识形态属性及流行艺术的生产机制和艺术特点等问题做了较为深入的分析和阐发，对西方后来文化研究和文化批评的兴起以及当代传媒经济学的建立有筚路蓝缕之功；二是提出了技术在艺术生产关系的建立和艺术发展中的地位问题，并据此对艺术与革命、古今艺术的特点以及电影、电视等新兴艺术形式等做了令人耳目一新的研究，这是马克思较少涉及、更没有作为主要问题进行研究的问题，当代传媒理论和文艺美学研究对阿多诺、本雅明等人关于技术问题的相关研讨不仅难以忽视，而且能够从中获得重要借鉴；三是从当代文化和艺术的生产和发展角度集中考察了当代社会人的异化、物化问题，是对马克思主义创始人和西方马克思主义的早期理论家卢卡奇等人侧重于分析、批判资本主义经济活动中的拜物教亦即人的异化、物化现象的丰富和发展，从而在新的社会、文化语境下将人类的自由和解放问题提到一个新的历史和理论高度，令人警醒，发人深思。由此可见，法兰克福学派的社会批判美学与经典马克思主义构成的是一种既有相同又有差异、既有继承又有创新的关系，这是我们对其进行评价时首先应予注意的。当然，法兰克福学派的上述创新之处也隐含着对经典马克思主义的某种"偏离"，比如他们全力进行文化的研究和批判，相对较少经济和政治领域的研究，甚至有以文化分析和批判代替经济与政治分析和批判的倾向，因而其理论活动与无产阶级的现实运动相脱节，这也是无须回避的。

　　进一步讲，法兰克福学派在文化和艺术生产领域的研究不仅与经典马克思主义的相关研究有同有异，内部两种研究取向之间也是如此。就前面的具体分析可以看出，无论是本雅明还是阿多诺等人的研究，除去都或隐或明地显示出与经典马克思主义的某种联系之外，还都将艺术生产纳入整个社会生产系统中来考量，而且都是在文化棱镜所折射出的人类生存的现实与理想的关系向度中评判艺术生产的社会性质，其共同性的一面是不难见出的。不过，其两种研究取向也的确存在差异性，主要表现在对于当代艺术生产现实的不同认知上。阿多诺等人认为，依存于当代媒介技术中的艺术生产已被完全同化进既存统治秩序和一体化的操纵性意识形态网络之中，这样的艺术毫无希望可言，人类自由和解放的梦想也不能寄望于这样的艺术。艺术的真正希望连同人类的梦想只存在于由本能、性爱、想象、幻想构筑的审美自主性之中，存在于与现实机制相疏离、相对抗的艺术之中，"反抗的要素内在地存在于最超然的艺术中"①，能够展示艺术希望、寄托人类未来理想的是被正统马克思主义美学指斥的现代派艺术而不是大众艺术。而本雅明则认为，当代艺术能够从现存技术的革新中获得新生，与当代传媒技术相结合的当代大众艺术如电影能够展示出新的进步潜力，诚如马丁·杰所指出的，阿多诺等人担心的是"机械复制时代的艺术致力于调和广大观众和现存秩序"，而本雅明则追随布莱希特"坚持相信政治化的、集体性艺术的进步潜力"②。像马丁·杰一样，西方许多学者都指出过本雅明与阿多诺理论倾向上的差别，比如英国学者戴维·麦克莱伦也指出："本雅明喜欢在语言中寓以深刻的意义，他的多数作品都被赋予救世之道这样的主题。对艺术批量复制所产生的社会效应，他比阿多诺要乐观。"③与现实认知相关，二者在现实与理想的关系向度上的价值取向也明显不同。阿多诺等人偏于对艺术现实与社会现实的批判，而本雅明则偏于艺术理想与人类理想的憧憬。前者对人类文化与社会生存现实的态度是悲观主义的，因为悲观而采取批判立场，后者的态度则是

---

① [德] 马克斯·霍克海默：《艺术和大众文化》，见《批判理论》，李小兵译，重庆出版社1990年版，第259页。

② [美] 马丁·杰：《法兰克福学派史》，单世联译，广东人民出版社1996年版，第242页。

③ [英] 戴维·麦克莱伦：《马克思以后的马克思主义》，李智译，中国人民大学出版社2004年版，第293页。

乐观主义的，因为乐观而从中看到希望和理想。二者之所以会在现实认知和价值取向上有如此不同，首先是因为二者的思想理论基础不同。阿多诺等人的当代文化和艺术批判是其"批判理论"的一个组成部分，"批判理论"的哲学基础是将否定视为唯一任务的"否定辩证法"，从否定一切中显然是看不到希望所在的，而本雅明则将历史唯物主义作为自己的理论支柱，信奉生产力与生产关系的辩证运动是历史进步的基础，这就使他既能清醒地面向现实，又能敏捷地捕捉到希望的光亮。同时，二者理论上的差异和分野也与其不同的理论生成语境有关。阿多诺等人面临的文化语境及其分析对象主要是美国的文化工业和流行艺术，本雅明的艺术生产理论则主要受到苏联十月革命后的艺术发展状况和布莱希特创作的影响和启示，前者的分析对象是垄断资本主义的文化表征，后者的思想生发源泉关联着社会主义革命的现实与未来，这是其或悲观或乐观之不同的理论生成土壤和语境，这一点是当下的许多研究者常常忽略而没有给予特别注意的。

　　基于上述的分析，对于法兰克福学派关于当代媒介技术与艺术生产之关系的研究，我们可以进一步得出这样几点结论性的认识：其一，技术与艺术的关系是辩证而复杂的，不能做单向度片面而简单的理解，阿多诺等人与本雅明在此问题上的两种不同研究取向，可以说都抓住了问题的某个方面，有其理论合理性，今人的研究不应从主观的价值预设和理论偏向出发对之作此是彼非、厚此薄彼的判断；其二，从根本上讲，媒介技术是中性的，本身并无倾向性可言，当代媒介倾向性的形成受制于经济、政治、文化的多种因素，不应将作为物质技术条件的工具性媒介与进入具体社会文化关系网络之中有倾向性的媒介等同，混为一谈；其三，与前面两点相联系，对媒介技术的"进步"与否以及由之建构起的当代大众文化与大众艺术社会性质的评判，也要作具体的历史分析，不能从生产力一个角度来认识，还应考虑艺术生产关系以及其中蕴含或折射出的社会生产关系的具体性质，从艺术生产力与艺术生产关系的具体情状加以历史分析，笼统地否定或肯定都是不得要领的，不能逼近问题的实质。艺术生产技术亦即艺术生产力的进步与新型的艺术生产关系的革命性建构交相辉映，才是马克思主义美学所期待的艺术和审美理想。

（原载于《中国人民大学学报》2013 年第 2 期）

论审美教育对人类想象能力的开发

陈 炎

作为一种文明的动物，人类的生存不仅要依靠先天的遗传机能，而且要依靠后天的素质培养。素质培养的系统化行为，便是教育。大致说来，人类的教育可分为德、智、体、美四项内容。正像席勒在其著名的《美育书简》中指出的："有促进健康的教育，有促进认识的教育，有促进道德的教育，还有促进鉴赏力和美的教育。"① 现在，也有人将"德""智""体""美"之外，再加上一个"劳"字。而在我看来，"德""智""体""美"与"劳"之间，并不是一种并列的关系。我们所以要进行德、智、体、美四项教育，是为了提高人的劳动生产与协作能力，从而使人成为一个合格的劳动者。因此，本文依然沿用席勒的分类原则来谈论美育问题。当然了，在具体的教育实践中，这四项内容并不总是分离的，在很多情况下它们是交织在一起的，只是在理论研究中才有必要对其进行独立的分析。

席勒指出，美育的目的在于"培养我们感性和精神力量的整体达到尽可能和谐"②。蔡元培也认为："美育者，应用美学理论于教育，以陶养感情为目的者也。"③ 因此，正如从宽泛的意义讲，所谓"美学"就是一种"情感学"一样；从宽泛的意义讲，所谓"美育"就是一种"情感教育"④。然而在我国，作为"情感教育"的美育，常常处在德育与智育的附属地位，即成为一种"寓教于乐"的手段而已。仿佛美育之"美"只是包装德育之"善"、

---

① ［德］席勒：《美育书简》，徐恒醇译，中国文联出版公司1984年版，第102页。
② ［德］席勒：《美育书简》，徐恒醇译，中国文联出版公司1984年版，第108页。
③ 《蔡元培美学文选》，北京大学出版社1983年版，第174页。
④ 参见陈炎《"美学"＝"感性学"＋"情感学"》，《美学》2010年第3期。

智育之"真"的形式而已，并不具有独立的价值与意义，它对于人类的生产劳动也没有什么直接的促进作用。关于这一点，就连强调美育作用的席勒也没有完全说清楚。

在我看来，美育的实质确实是一种"情感教育"。但从符号学的角度讲，人类复杂而又多样的情感是无法被约定俗成的符号所穷尽的，这便是艺术存在的理由和根据。[①] 换言之，当有限的符号无法穷尽无限情感的时候，艺术家便会借助形象来加以表达。所以，从本质上讲，艺术形象并不是生活物象的机械模仿，而是在感情的推动下有所取舍、有所夸张、有所变形。反过来说，欣赏者也正是通过这种已被取舍、已被夸张、已被变形的形象来感受和体验其承载的微妙情感。正因如此，"形象"也就和"情感"一样，成为艺术行为乃至美育活动不可或缺的内容。

如果说，美育的本质是"情感"，那么美育的现象则是"形象"。在美育实践中，人们对"形象"的把握能力与对"情感"的理解能力是互为表里的。在形象之"表"与情感之"里"之间，有一个居间的心理能力在起作用，这一居间的心理能力便是"想象"。想象是人类试图突破时间与空间限制的一种心理机能。正是运用丰富的想象力，人类创造了瑰丽的神话和美妙的传说，创造了神奇而富有魅力的艺术世界。而审美教育，则有着开发人类想象力的特殊功能。

一

首先，审美教育有助于人类完形能力的提高。

"完形心理学"也叫"格式塔心理学"，是西方现代心理学的主要流派之一。"完形"即整体的意思，"格式塔"（Gestalt）则是德文"整体"的译音。格式塔心理学诞生于 1912 年，它强调经验和行为的整体性，反对传统的构造主义元素学说和行为主义的"刺激—反应"模式，认为整体不等于部分之和，意识不等于感觉元素的集合，行为不等于条件反射的循环。在格式塔心理学家看来，知觉到的东西并不是诸种感觉的简单相加。也就是说，知

---

① 参见陈炎《文学艺术与语言符号的区别与联系》，《文学评论》2012 年第 6 期。

觉到的东西要大于眼睛见到的东西。譬如月亮，我们看到的是扁的，但却可以根据已有知识的修正而知觉到月亮是圆的。任何一种经验的现象，其中的每一成分都牵涉到其他成分，每一成分之所以有其特性，是因为它与其他部分具有关系。换言之，整体并不取决于局部元素的集合，局部元素的意义反倒取决于整体的内在统一性。

"完形心理学"的代表人物考夫卡认为，经验世界与物理世界并不一致，他把观察者知觉现实的观念称作心理场（psychological field），被知觉的现实称作物理场（physical field）。他通过一系列的实验表明，观察者常常是在一定"完形"观念的支配下去"感受"对象的，从而把并非"整体"的对象感受为"整体"。例如，我们手写的每一个汉字都是不标准的，但我们却可以将其"感受"为一个个标准的汉字并加以理解。那么，这种作为理解前提的"完形"能力又是如何培养的呢？格式塔心理学家非常重视研究艺术：一方面，他们认为人们对艺术的理解能够说明其"完形"理论的合理性；另一方面，他们又认为艺术实践可以培养人的"完形"能力。

例如，德国心理学家雨果、明斯特伯格和威特海默就曾以格式塔的"完形"原理解释电影放映中的似动现象所造成的幻觉，认为这种连续幻觉的产生不仅依赖于视觉经验的暂留现象，而且依赖于把影像组织成更高层次的动作整体的"完形"过程，是大脑的积极参与的结果。反过来说，欣赏电影的过程则有助于人类"完形"能力的提高。格式塔心理学还用注意、记忆、想象、情感等心理范畴对应说明电影的特写镜头、视角变化、剪辑形式和叙事结构，用"自愿受骗"解释观众认同银幕形象的"心理学游戏"。德国心理学家鲁道夫·爱因汉姆在《电影作为艺术》一书中系统研究了视觉表现手段的发生学原理，根据格式塔心理学所强调的"完形"理论提出"局部幻象论"，并强调无声电影的艺术表现力及其对欣赏者"完形"能力的开发作用。法国电影理论家让·米特里的《电影美学与心理学》也借用格式塔心理学的"完形"原理研究影像、全景镜头、主观镜头、景深镜头、移动镜头、彩色运用、蒙太奇和音乐诸电影元素。

除了电影之外，完形心理学在音乐、绘画等领域中也得到了广泛地运用。比如我们中国人喜爱的书法艺术是以汉字为对象的，但标准的汉字并不等于书法，从楷书、行书到草书，书法家的汉字与标准的汉字有着越来越远的距离，因而对欣赏者的"完形"能力形成了越来越大的挑战。再比如，古典音乐的节奏和旋律比较规范，比较容易被人们把握。而由古典音乐到浪漫音乐再到现代音乐的发展，其节奏和旋律越来越复杂，就像从楷书、行书到草书的发展一样，不稳定、不规范的成分越来越多，从而对欣赏者的"完形"能力形成了越来越大的挑战。人们不仅在克服挑战的过程中会产生美感，而且在形成美感的过程中培养了自己的"完形"能力。

　　既然人的"完形"能力是认识活动的前提和基础，因而通过艺术实践而培养人的"完形"能力也便具有了认识论上的重要意义。人们通常认为，进行艺术创造和欣赏会占据学习的时间；却不了解从事艺术实践也会提高人的学习能力。历史上，许多大科学家都是艺术的爱好者。爱因斯坦有很高的小提琴演奏水平，他认为，这个世界可以由音乐的音符组成，也可由数学的数字组成，因而艺术和科学是相通的。李四光也是一位音乐爱好者，他于1920年在巴黎创作的《行路难》是中国人创作的第一首小提琴独奏曲。钱学森会吹圆号、弹钢琴。他认为，科学家不是工匠，科学家的知识结构中应该有艺术，因为科学里面有美学。李政道也大力倡导科学与艺术的结合，他曾多次出席中国高等科学技术中心举办的"科学与艺术研讨年会"。参加会议的不仅有世界一流的中外科学家，而且有著名的艺术家如李可染、吴作人、黄胄、华君武、吴冠中等。这种科学家与艺术家的对话，绝非仅仅用一种用艺术的手段来图解科学的命题，而是探求在一种深层的意境中进行科学和艺术间的沟通。因此，美育的问题绝不仅仅是一个"寓教于乐"的问题，而有着远为深刻的意义。

二

　　其次，审美教育有助益人类联想能力的培养。

　　当今时代，由于大众传媒和数字技术的发展，使得图像的复制和传输变得十分便捷起来，于是有人惊呼：人类已经进入了一个"读图时代"。的确，在家家都有电视机、人人都用互联网的今天，视觉图像几乎替代了文字符号而向传统的文学样式发起了挑战。与传统的文字符号相比，视觉图像很少受到语言习惯和教育水准的制约，不需对文字认知进行专业的训练就可获得视觉上的直观感受。不仅如此，它还以强烈的直观方式直接诉诸人的感觉器官，因而被越来越多的人所喜爱。然而，尽管"读图"的方式比"读书"的方式更省心，更便捷，但也在一定程度上限制了人们的想象空间，甚至导致了人类想象力的衰退。

在这里，我们可以将"读书"与"读图"做一个简单的比较。比如我们阅读曹雪芹的小说《红楼梦》，必须通过再造性的想象能力而将作品中的文字还原为头脑中的图像，以想象"粉面丹唇威不露，丹唇未启笑先闻"的王熙凤究竟是什么样子？而在电视连续剧《红楼梦》中，我们则无需启动自己的想象能力，而只是被动地接受演员为我们塑造好了的人物形象。比较而言，看电视剧比看小说更省心、省力，也更直接；但与此同时，欣赏者也就更被动。由于省心、省力，使得很多欣赏者宁愿选择看电视剧，而不是读小说；由于更被动，使得人们的想象能力受到了人为的制约。原来，一千个读者眼中有一千个王熙凤；现在，一千个观众眼中却只剩下了一个王熙凤。一方面，直观的感觉强烈了；一方面，联想的空间却缩小了。正像有学者指出的那样，"在电影或电视连续剧改编的名著中，一帧接一帧连续出现的视觉情景吸引着观众的注意，同时剥夺了观众的文学想象力，……当人们通过观念和图像越来越熟悉经典艺术的时候，真正的经典艺术却可能越来越远离了当代人。"[①]

因此，在这个读图的时代里，适当地阅读一些文学作品是十分必要的，它可以保持和激发我们想象能力。根据联想主义心理学（Associatilnism Psychology）的观点，人的一切心理活动实质上只有感觉和联想两种。感觉是一切知识的来源，它是由外部对象通过感觉器官和神经传导而在人脑内部所引起的表象或观念。而联想则是一种表现或观念依据"相似律"或"对比律"而引发另一种表现或观念的过程。联想的本质是调动以往的经验，因为相似的事物和能够对比的事物容易唤起我们以往的经验，从而将表象或观念联想出来。比如我们看到《红楼梦》对王熙凤的文字描写，就会调动我们以往对此类女人的印象和记忆，在脑海中"再造"出一个王熙凤的形象。

---

① 高小康：《狂欢世纪——娱乐文化与现代生活方式》，河南人民出版社 1998 年版，第109 页。

《论语·阳货》记载："子曰：小子，何莫学夫《诗》?《诗》可以兴……"《集解》引孔安国注云："兴，引譬连类。"所谓"引譬连类"就是一种联想能力。比如我们读《诗经》中的《蒹葭》："蒹葭苍苍，白露为霜。所谓伊人，在水一方。溯洄从之，道阻且长。溯游从之，宛在水中央。"从诗歌语言所提供的虚拟环境中，我们可以联想出无数痴男怨女美丽而又凄楚的爱情故事，甚至每一次阅读时所产生的联想都不一样。

联想能力不仅有助于艺术实践，而且有助于科学研究。据说，地理学上著名的"大陆板块漂移说"就是由一张碎报纸的联想引发出来的。1910年，德国的地球物理学家阿尔弗雷德·魏格纳在偶然翻阅世界地图时发现：大西洋的两岸（欧洲和非洲的西海岸遥对北美洲和南美洲的东海岸）轮廓非常相似，这边大陆的凸出的部分正好能与那边大陆凹陷的部分相对应，这究竟是为什么呢？有一天，眼前的一张被撕碎的报纸引发了他的联想：原来地球上的大陆会不会像一张完整的报纸那样在外力的作用下被"撕碎"成现在这个样子的呢？反过来说，我们能不能像拼凑一张碎报纸那样将已被"撕碎"的大陆板块重新拼凑起来呢？在这一联想的启发下，他小心翼翼地将地图上的"陆地"一块一块地剪下来，再进行重新的拼接，结果真的拼成了一个大致上吻合的整体：远远深入大西洋南部的巴西的凸出部分，正好可以嵌入非洲西海岸几内亚湾的凹进部分。于是，"大陆板块漂移"的科学假说出现了。他推测：大约在距今 3 亿年前，地球上所有的大陆和岛屿都联结在一块，构成一个庞大的原始大陆，被辽阔的海洋所包围着。后来从大约距今两亿年的时候，随着地壳的运动，原始的大陆先后在多处出现了裂缝。裂缝逐渐扩大，海水不断侵入，直至形成了今天人们熟悉的陆地分布状态。以后，魏格纳又通过调查研究，从古生物化石、地层构造等方面找到了一些大西洋两岸相同或相吻合的证据，印证了自己的假说。

在科学史上，像这类由联想而引发的研究不胜枚举。甚至有人认为，缺乏联想能力的人，根本就不可能成为科学家。

三

最后审美教育有助于人类变形能力的拓展。

艺术实践不仅能够提高人的联想能力，而且能够拓展人的变形能力。从心理学上讲，如果说"联想"主要属于再造性想象，那么"变形"则主要属于创造性想象。再造性想象是人们在图像、文字等符号的提示或启发下，调动以往的生活经验而在头脑中再造出某个对象的心理过程。创造性想象则是在未经提示或启发的情况下，根据主观的意志和愿望而创造出全新观念或形象的过程。

我们说，艺术是生活的反映与摹写，但这种反映与摹写又不是机械的、被动的，而是渗透着艺术家主观理想和意愿的。在创作中，艺术家主观的理想和意愿往往不是赤裸裸地言说出来，而是通过夸张、变形等方式曲折地表现出来，供人们在欣赏中加以体悟，这也就是绘画和摄影不同于普通相片的关键所在。我们知道，普通的照相也有选取角度和光线方面的讲究，但角度和光线的选择旨在清晰地呈现对象的形象，而画家和摄影艺术家则不同，他们不是或不仅仅是按照事物原有的形象去描绘和呈现它们，而是在色彩的选择、光线的对比、图案的构造、形态的变化中实现某种情感的表达。唯其如此，绘画和摄影才能够被称为艺术。

当然了，对于不同的艺术种类和艺术流派而言，夸张、变形的程度和方式或有不同：有潜移默化的，也有明目张胆的；有似非而是的，也有似是而非的；有神形兼备的，也有遗形写神的……而从人类艺术史发展的宏观尺度上看，即由古代艺术，到现代艺术，再到后现代艺术的发展趋势来看，其夸张、变形的程度是逐渐增强的。随着艺术作品与生活物象之间差距的增强，人类把握艺术作品的难度也就越来越大。换句话说，只有具备较大的心理张力、具备较高变形能力的人，才可能欣赏后现代艺术。

从心理学的角度上看，无论是我们上面所说的完形能力、联想能力，还是变形能力，都可以归之为人类的想象能力，我们对其中任何一种能力的培养，都有助于对人类想象能力的增强。而人类的想象能力不仅是艺术创作的前提，而且是科技发明的基础。我们知道，美国人 1945 年就研制成功了原子弹，比苏联人提前了 4 年。由于二战期间许多欧洲科学家都移民美国，使得美国人自认为是世界上科技最发达的国家。但是，1957 年 11 月，苏联却率先将第一颗人造地球卫星送上太空，这使得美国人十分震惊，他们开始怀疑自己在教育上出了问题。于是，在经过一番对比和研究之后，美国的一些教育家指出：美国的科技教育是一流的，但艺术教育却远远落后于苏联，美、苏两国科技人员在艺术素养上的差异，导致了美国空间技术的落后。在这种调查和反思的基础上，哈佛大学于 1967 年制定了一个《零点计划》，计划用 20 年的时间，从美国的一些小学生开始，进行艺术能力的培养，以开发其想象能力。之所以叫《零点计划》，是由于他们勇于承认自己以往对艺术教育认识的无知，并计划从零开始，培养出全新的人才。《零点计划》后来的执行主席霍华德·加德纳还提出了一种"多元智能理论"，与 20 世纪初由法国人发明的"智力商数"（IQ）相对立。加德纳认为，传统的"智商"只能测量人的数理逻辑能力，而不能测量人的情感想象能力，因而是十分片面的。他认为，一个健全的人至少有七种智能：一是数理逻辑能力，二是语言沟通能力，三是音乐感受能力，四是身体运动能力，五是空间感知能力，六是人际交往能力，七是自我反思能力。这七种能力中的很大部分，是依靠艺术教育来加以培养的。

由此可见，美育的问题不仅是艺术本身的问题，而是涉及一个民族的科技创造能力的大事情。爱因斯坦说过："想象力比知识更重要，因为知识是有限的，而想象力概括世界上的一切，推动着进步，并且是知识进化的源泉。"① 法国文学家雨果则认为："想象就是深度。没有一种精神机能比想象更能自我深化，更能深入对象，这是伟大的潜水者。科学到了最后阶段，便遇上了想象。"② 因此，在中华民族历史性崛起的今天，通过审美教育而开发全民族的想象能力，是一件至关重要的事情。

（原载于《广西民族大学学报》2013 年第 5 期）

---

① 爱因斯坦：《论科学》，《爱因斯坦文集》第一卷，商务印书馆 1979 年版，第 284 页。

② 《莎士比亚评论汇编》，中国社会科学出版社 1979 年版，第 411 页。

敦煌艺术中"天"的形象到"天人"形象的历史嬗变

曾繁仁

一、问题的提出

本文主要结合"思想的旅行：从文本到图像、从图像到文本"这一论题，讨论学习敦煌石窟艺术的一点想法：一千多年的敦煌石窟艺术图像，逐步发生了由具有印度西方古典特点的佛教艺术到中国东方特点的佛教艺术的转变，具体说来就是由"天"的形象到"天人"形象的转变。

对于这种转变，西方美学与文学理论有关图像的理论几乎没有涉及。艾布拉姆斯在《镜与灯》中总结西方"艺术批评诸坐标"的作品、世界、艺术家与欣赏者四要素说，包括强调"世界"的模仿说、强调"艺术家"的表现说、强调"欣赏者"的接受说或阐释说，以及强调"作品"的符号论，可谓概括了西方古代至现代文学理论的各个方面，也适用于对文学艺术图像的理解，但唯独没有解释敦煌佛教艺术何以发生这种历史嬗变的原因。而索绪尔的语言学也只着重从共时性的角度探索语言（符号）的结构，否弃了语言（符号）的历时性演变，因此借用符号学理论也无法阐释敦煌壁画的千年演变。

站在敦煌这一丝绸之路的要冲之地，西望阳关之西的漫漫古西域，向东回顾绵延几千年的中华文明，两个词汇跳入我的脑海："传播"与"本土"。印度佛教与佛教艺术在传播过程中经过了"本土化"的过程，这也是佛教艺术形象历史嬗变的原因。这倒有点符合德里达有关"延异"与"撒播"的理论。因为德里达的"解构"理论必然反对结构主义的"中心"与

"稳定",而力主能指在时间中的滑动以及意义的充满能量的向四面八方"撒播"。① 中国古代文论将这种现象称为"通变"。刘勰在《文心雕龙·通变》篇中有言:"通变无方,数必酌于新声,故能骋无穷之路,饮不竭之源",将文之"通变"提到"无穷之路,不竭之源"的高度。所谓"通"即为继承,而"变"则为变革。刘勰认为,文学艺术的发展必经继承与变革的"通变"之路,"酌于新声",这样才能"骋无穷之路,饮不竭之源"。印度佛教经丝绸之路传播到达敦煌,经过中华文化熏陶与改造的"本土化"过程而成为中国佛教,佛教艺术也随之发生了历史的嬗变。

所以,中国古代的"通变"以及敦煌艺术表现出来的"传播"与"本土",应该成为美学与文学理论之图像理论的必然组成部分,这就是本文的要旨。

二、嬗变的动因:由印度佛教到中国佛教

首先,我们要从图像学的角度研究这种嬗变的原因。众所周知,由佛教经文到壁画是一种图文互换。

图文互换有三种表征:能指互换,所指共同;能指互换,所指增损;能指互换,所指迥异。② 敦煌壁画的千年嬗变几乎囊括了以上三种情形,但其基本原因还是"所指"的变异,即佛教东传后由印度佛教转变为中国佛教,其教义也逐步汉化。这一"所指"的变化是导致敦煌壁画历史嬗变的根本原因。

佛教传入中国始于西汉后期明帝之时遣使天竺求取佛经,使者于公元67 年到达洛阳白马寺,为中原佛教之始。佛教传入后经过起起伏伏,终于在经过"本土化"的过程后立住了脚。这种本土化首先是吸收中国本土文化,逐步做到儒释道的统一,主要是逐步将佛教教义与佛经逐步"汉化"。吸收了儒家的孝道思想,也主张不孝要遭报应,出家行道是根本的孝道等;吸收了道家更多的概念与思想,将道家"无"的概念与佛教的"空"对接,将道家的"清静无为""守一"吸收入佛经,以解释"禅定"等等。就艺术

---

① 赵敦华:《现代西方哲学新编》,北京大学出版社 2000 年版,第 440 页。
② 赵宪章、顾华明主编:《文学与图像》第 2 卷,江苏教育出版社 2013 年版,第 380 页。

而言，敦煌石窟艺术中还吸收了道教的"羽人"形象，使其与飞天相衔接。佛教还与中国民间俗文化结合，突出"救苦救难"的内涵，在佛教中强化了沟通神人的菩萨特别是观音的地位等，从而被广大民众所接受。诚如蒲松龄所言，"佛道中惟观自在，仙道中惟纯阳子（吕洞宾），神道中惟伏魔帝（关公），此三圣愿力宏大，欲普度三千世界，拔尽一切苦恼，以是故视差云宝马，常杂处人间，与人最近。"

经过这样的佛教与儒道统一及其俗化过程，印度佛教逐步改变成中国佛教，其代表即为禅宗。印度佛教完全是一种出世的教派，其教义很复杂，简单地概括，就是苦集灭道四圣谛。谛，意为真理或实在。四谛即：（1）苦谛：指人经历三界六道生死轮回，充满痛苦、烦恼。（2）集谛：集是集合、积聚、感召之意。集谛，指众生痛苦的根源。谓一切众生，由于贪、瞋、痴等造成种种业因，从而招致未来的生死烦恼之苦果。从根本上说，众生痛苦的根源在于无明，即对于佛法真理、宇宙人生真相的无知；正因为无明，众生才处于贪、瞋、痴、慢、疑、恶等烦恼之中，由此造下种种恶业；正因为造下种种恶业，又使得众生未来要遭受种种业报。这样反复自作自受，轮回不休。（3）灭谛：指痛苦的寂灭。灭尽三界烦恼业因以及生死轮回果报，到达涅槃寂灭的境界，称为灭。（4）道谛：指通向寂灭的道路。佛教认为，依照佛法修行，就能脱离生死轮回的苦海，到达涅槃寂灭的境界。这里包含丢弃尘缘、因果报应、生死轮回、普度众生、禁欲苦修等内容。

总之，印度佛教是一种出世的宗教，但传播到中国后，经过"本土化"的改造，成为以禅宗为代表的中国佛教。禅宗创始于南北朝时来中国的僧人菩提达摩。他在佛教释迦牟尼所言"人皆可以成佛"的基础上，进一步主张"人皆有佛性，通过各自修行，即可获启发而成佛"；后另一僧人道生再进一步提出"顿悟成佛"。禅宗主张修道不见得要读经，也无须出家，世俗活动照样可以正常进行。禅宗认为，禅并非思想，也非哲学，而是一种超越思想与哲学的灵性世界。认为语言文字会约束思想，故不立文字。认为要真正达到"悟道"，唯有隔绝语言文字，或透过与语言文字的冲突，避开任何抽象性的论证，凭个体亲身感受去体会。禅宗为加强"悟心"，创造许多新禅法，诸如云游等，这一切方法在于使人心有立即足以悟道的敏感性。禅宗的顿悟是指超越了一切时空、因果、过去、未来，进而获得了从一切世事和所有束缚中解脱出来的自由感，从而"超凡入圣"，不再拘泥于世俗的事物，却依然进行正常的日常生活。禅宗不要求特别的修行环境，而是随着某种机缘，偶然得道，获得身处尘世之中，而心在尘世之外的"无念"境界。"无念"境界要求的不是"超凡入圣"，而是要"超圣入凡"。得道者日常生活与常人无异，只是精神生活不同，在与日常事物接触时，心境能够不受外界的影响。换言之，凡人与佛只在一念之差。可见，禅宗所包含的人皆能成佛，无须苦修禁欲，读经行善即可顿悟成佛等观念解决了佛教的平民化、神秘化问题，使之成为一种人间佛教，包含着儒家的仁爱和人皆可为尧舜的思想、道家的离形去智之"心斋"思想等，是一种中国化的佛教。

在这种中国本土化的过程中，佛教使其教义由出世发展到出世与入世的结合，从而使佛教壁画的"所指"发生根本变化。这是导致壁画形象（能指）变化的根本原因。加之，画师也由原来的希腊画师凭借希腊画法到敦煌时期当地画师渗入中国画法，在能指上逐步发展与变化。这正是佛教在传播过程中所指与能指的双重变化，导致由"天"的形象到"天人"形象历史嬗变的原因所在。

三、印度佛教图像的东传及其变异：
由"天"的形象到"天人"形象

印度佛教最初是无偶像崇拜的，后来发展到偶像崇拜。它主要运用古希腊雕塑艺术手法，通过雕塑与彩绘刻画佛陀的形象及其修炼成佛、济世救人的事迹，主要保留在犍陀罗地区的石窟中，即今巴基斯坦西北部的白沙瓦及周边地区，以及与阿富汗东北部接壤的喀布尔河中下游及印度河的上游地区，俗称犍陀罗佛教艺术。

犍陀罗佛教艺术主要是一种西方古希腊式的宗教艺术，一种对于"佛"即"天"的歌颂，一种"天"的形象。美国学者杜兰在《印度的艺术》一书中指出，由于亚历山大的东征使得古希腊艺术与印度艺术相融合，也使佛教艺术具有了古希腊艺术的特点。如其所言："在希腊教师的指导下，印度的雕塑一时具有了一种平滑的希腊外表。佛陀变成了阿波罗的样子，也变作一个想到奥林匹克山的神；在印度的神和圣者的身上开始有波纹状的披布，式

样好像菲迪亚斯的人形墙；而虔诚的 Bodnisattvas 则和兴高采烈的醉酒'森林之神'混在一起，佛陀与弟子们的理想化而且几乎是女性化的像和希腊腐败的现实主义的可怕实例成为对照，像在 Labore 忍受饥饿的佛陀，便是每根肋条与筋腱毕露，而有着女性的面孔与发式及男性的胡须。"① 事实情况是公元 327 年，马其顿国王亚历山大率军侵入印度西北部地区，使希腊文化在印度迅速扩大。公元 1 世纪后，大月氏人建立中亚、西亚和南亚的贵霜帝国，印度的佛教信仰与亚历山大东征所开辟的希腊化潮流相结合，并使大乘佛教对于佛的神化与希腊画像技艺相结合，这就是著名的犍陀罗佛教壁画艺术。从此，佛教壁画艺术在印度西北部兴起并逐步流转各地。②

　　总之，随着佛教传入中国，犍陀罗佛教艺术也传入中国。西汉末年在新疆地区已有犍陀罗佛教艺术，之后进一步传入敦煌，建成规模宏大、历史悠久的莫高窟佛教艺术。莫高窟始建于前秦建元二年即公元 366 年，至今仍保存完整的洞窟有 492 个，里面珍藏着佛教壁画 45000 多平方米，彩塑2400 多身，还有唐宋木结构建筑五座。莫高窟的艺术是融建筑、彩塑、壁画为一体的综合艺术，是我国也是世界现存规模最宏大、保存最完整的佛教艺术宝库。初期仍是印度的犍陀罗艺术风格，后来逐步本土化，发生重大转型。转折点是公元 642 年即贞观十六年，此时适逢盛唐时期，也成为其艺术的巅峰时期。公元 1524 年明朝正式关闭嘉峪关，并于 1529 年放弃哈密，敦煌佛教艺术逐步走向衰落。后来的一些整修活动也只是局部的维持，改变不了其艺术终结的历史。敦煌石窟艺术前后持续达 1000 多年，不仅见证了中西文化艺术的传播与对话，而且是中国古代文化艺术的一座宝库。

　　佛教雕塑与彩绘又称"变相"，即将佛教教义呈现于图像。饶宗颐指出："过去有人说'变'是'变相'的简称，这恰倒因为果，应该先有'变'之名，后来增益相或图，成为并列复词，称为'变相'或'图变'。演衍讲说这种'变'的故事之文字，谓之'变文'。专绘'本生经'或其他佛经中故事的，谓之'经变'。"③ 这里讲的"变"只是文体的变化，由佛经改编成通俗故事的称为"变文"，改变成雕塑或壁画的称为"变相"。其实，"变"

① ［美］威尔·杜兰：《印度的艺术》，吉林教育出版社 1989 年版，第 247—248 页。
② 李利安：《阿旃陀石窟》，《光明日报》2013 年 10 月 30 日。
③ 饶宗颐：《饶宗颐东方学论集》，汕头大学出版社 1999 年版，第 103 页。

即改变、变异之意，当然也包含两种文化艺术在交流对话的历史长河中的融合与变异，1000多年的敦煌石窟艺术，就典型地反映了这种印度佛教艺术传播交流过程中由西方文化到中国文化的重大转变。这种转变主要是经济社会与哲学观、审美观的重大变化，佛教艺术（犍陀罗艺术）产生在古代印度的经济社会文化条件之下，古代印度是一种严酷的种姓制社会，其宗教哲学观是一种一神教崇拜哲学观，佛陀即"天"处于至高无上的地位，艺术观是古代希腊的"高贵的单纯与静穆的伟大"的雕塑之美。而中国则是一种典型的农业社会，儒道互补、以儒为主、亲亲仁爱的社会，哲学观是一种"天人合一"的哲学观，审美观则是一种"天人合一"根基上的气本论生命美学观，宗白华以"气韵生动"概括其特点，并将之阐释为"有节奏的生命"。在佛教本土化的过程中必然要在保留某些适合中国本土印度佛教文化元素的情况下，以中国的文化艺术观念对其进行大规模的改变。这种改变集中地体现在佛教图像之上。

第一，由"乐死"到"乐生"的变异。

印度佛教是一种对于现实人生绝望的宗教，将现实人生完全看作"苦难"，唯有行善成佛才是人生最好的结果。涅槃是人生修行的最好结果，是对于人生烦恼的解脱，是一种最好的结局。所以，印度佛教是一种"乐死"的观念，将涅槃在雕塑与绘画中表现为人死后之象。而敦煌石窟艺术则从中国古代哲学"生生之为易""天地之大德曰生"出发，将涅槃描绘成一种生的状态。如敦煌158窟之涅槃佛，天庭饱满、身体丰腴、表情安详，完全是一种睡着的状态，似乎是随时等待醒来普度众生，积德行善。诚如穆纪光所言"佛的涅槃被艺术化为'佛还活着'，是中国人把佛世的'阴'转化为'阳'的心愿的曲折表现；'佛还活着'所铺展的语境，能为我们解读敦煌艺术的整体，建构一套相关的话语体系"。因此，158窟的涅槃佛被称为"睡佛"。[①] 相反，印度犍陀罗艺术中的佛的涅槃是一种肌肉干瘪的死亡状态。我们从这幅公元2—3世纪的犍陀罗佛陀涅槃像就可以清楚地看到这一点。德国学者吴黎熙对这幅图进行了描绘："这一幅用灰色片岩制作而成的浮雕所表现的是佛陀去世和进入涅槃时的情景，佛陀身后并没有背光，他是按戒

---

① 穆纪光：《敦煌艺术哲学》，商务印书馆2007年版，第103页。

律要求僧人的姿势而侧卧着的。他左面的一位和尚大概是阿难陀，正保持着祈祷的姿势。背景上所刻画的人物沉浸在深深的悲哀之中。"① 这两幅图清楚地显示了两者之间的差异，也体现了从"乐死"到"乐生"的转变。

第二，由"天堂"到"天堂与人间共存"的变异。

印度犍陀罗艺术主要是表现佛的活动，是一种天堂的图像，敦煌石窟艺术则逐步增加了人间的活动画面，而且愈来愈多，成为天堂与人间的共存，充分表现了中国传统哲学"天人合一"的观念。首先是人间容貌的描绘。佛教艺术是一种宗教艺术，主要表现佛界的神秘崇高、遥不可及。但敦煌石窟艺术却给佛界带来了人间气息，菩萨也有了人间形象。例如45窟中的菩萨阿难完全是充满童稚之气的现实生活中的少女。其次是人神相等。敦煌石窟艺术的开始是完全对神的歌颂，即便有人，例如供养人也只占极少空间。随着历史的发展，人的图像开始凸显，甚至达到与神相等的地步。如130窟的都督夫人礼佛图，绘于盛唐时期，是唐代供养人画像中规模最大的一种，共12人，第一人身形高大，体姿丰满，是一种杨贵妃型的人物。再次是神权下降、皇权上升。随着历史的发展在敦煌石窟艺术中对于皇权的表现开始凸显，例如修于晚唐925年的220窟，里面对于帝王就非常突出，表明神权的下降与皇权的上升。复次是世俗生活的表现。敦煌石窟艺术一开始基本是宗教生活的描绘，到后来世俗生活逐渐增多，几乎描绘了中国古代世俗生活的方方面面。例如耕获、婚嫁、狩猎、医病、相扑、游泳等等。又次是人佛交流。敦煌石窟艺术由于佛的形体高大，但需要体现人与佛的交流，于是在雕塑时有意调整佛的角度，使之前倾，使之与礼拜的佛教徒在跪拜时正好视线相接，充分体现了佛的人间关怀。如45、46与113窟。

第三，由佛的歌颂到菩萨歌颂以及东方女神塑造的变异。

在印度佛教艺术中，犍陀罗艺术主要是对佛陀的歌颂，其他菩萨都是辅助性的，但敦煌石窟则逐步突出了对于菩萨的歌颂。其原因在中国"天人合一"的哲学观看来，佛陀是崇高的，甚至是高不可及的，但菩萨却是佛陀与人之间的中介与桥梁，起到沟通神人的作用，因此对菩萨的歌颂在敦煌石窟艺术中占据的位置愈来愈突出与重要。《翻译名义集》引僧肇释"用诸

---

① ［德］吴黎熙：《佛像解说》，李雪涛译，社会科学文献出版社2010年版，第105页。

佛道，成就众生故，名菩提萨垂"，说明菩萨为佛与人之间的中介。诚如易存国所言："其中尤以观世音为代表，以其为中心形成的菩萨信仰成为中国佛教的一大特色。"[1] 敦煌石窟艺术受中国天人观影响突出了菩萨，创作了文殊、普贤、观音等形象生动的菩萨雕塑与壁画。特别是观音成为救苦救难的救星。观音菩萨衣着华贵，丰腴饱满，婀娜多姿，足踏莲花，一手持净瓶，一手持柳枝，随时准备以瓶中的圣水拯救苦难中的人们。敦煌石窟创造了各种观音图像，有千手观音、水月观音、如意轮观音、金刚杵观音等等，仅唐代观音的图像就多达 130 余窟。而且，在犍陀罗佛教艺术中观音是没有明显性别的，甚至是男性，有胡子，但在敦煌石窟中观音变成了女性特征，温柔和蔼，大慈大悲，成为人们心中的女神，以至于专门有了供奉观音的殿堂。观音集中体现了中国佛教"护生"的特殊内涵，成为中国佛教艺术的特点与亮点。

第四，由块的、画的艺术到线的、节奏的舞乐艺术的变异。

印度佛教深受古希腊艺术的影响，因而是一种"块"的艺术，以雕塑性著称，如南亚婆罗浮屠的佛像重在表现佛陀的静穆和谐、高贵的体态。但敦煌石窟却受中国传统艺术通过流动的线以体现节奏为主的乐舞艺术特点的影响，出现了以生命节奏为主的线的艺术塑造。主要是飞天的塑造。而且飞天由起初身体的飞舞发展到后来飘带的飞舞，这种线的艺术呈 S 形，充分反映出身体的生命活力，而飞天对地面的挣脱和对天的向往，成为生命自由的象征，非常具有东方特有的美感。与此同时，敦煌石窟艺术对于乐舞的图像的表现非常突出，有胡旋舞、反弹琵琶、组舞、舞乐图。诚如宗白华所说，"敦煌艺术在整个中国艺术史上特点与价值，是在它的对象以人物为中心，在这方面与希腊相似。但希腊的人体的境界和这里有一个显著的分别。希腊的人像着重在'体'，一个由皮肤轮廓所包的体积。所以表现得静穆稳重。而敦煌人像，全是在飞舞的舞姿中（连立像，坐像的躯体也是在扭曲的舞姿中），人像的着重点不在体积而在那克服了地心吸力的飞动旋律。"[2]

第五，几点体会。

---

[1] 转引自易存国《敦煌艺术美学》，上海人民出版社 2005 年版，第 389 页。

[2] 宗白华：《美学散步》，上海人民出版社 1981 年版，第 130 页。

　　首先，从敦煌石窟艺术由"天"的形象到"天人"形象的历史嬗变，说明这一现象呈现的"传播"与"本土化"对于形象所带来的变异，可以补充进当代形象（图像）理论的建设之中。因为传播是一种图像的历时性"延异"，在这种"延异"过程中诚如德里达所言，可以造成所指与能指的滑动，好像植物之"撒播"，意义与图像均可发生极大的变异。这就突破了传统的结构主义图像理论仅从共时性考察所指与能指关系的局限。而德里达于20世纪60年代讨论的论题在1000多年前的中国敦煌已经被艺术实践所证明。在这里，"本土化"说明经济、社会、文化是文学艺术图像及其变异的根本原因，这也正是马克思有关社会存在决定社会意识之唯物史观的基本原则。这说明当代图像理论建设除了关注文学艺术的内部因素，还要关注外部经济社会文化的因素。而对形象（图像）直接发生影响的还是一个哲学观与审美观，例如印度佛教艺术东传中的变异，主要是审美观由西方古希腊理性主义哲学观到中国古代"天人合一"哲学观的转变，以及由西方块的雕塑艺术观到中国古代线的生命论乐舞艺术观的转变。同时也证明了中国古代从刘勰《文心雕龙》之"通变"到敦煌石窟艺术之"变相"，都是中国古代宝贵的有关形象（图像）学理论，应该很好地总结与发扬。所谓"变"有改变、变革之意。刘勰在"通变"中讲到了时代变迁给文学带来的变化，同时也讲到"通变"给文学带来的活力，所谓"文律运周，日新其业。变则其久，通则不乏。趋时必果，乘机无怯"（《文心雕龙·通变》）。而敦煌石窟艺术反映出来的艺术（图像）之变包含极为丰富的内涵：有时间因素、地域因素、文化因素、民族因素、宗教因素、观念因素与技法因素等，具有空前重要的意义。

　　其次，敦煌壁画1000多年的历史嬗变，充分反映了佛教壁画演变过程中所经历的极为复杂的彼岸（信仰）与此岸（现世），以及西方形式美艺术与中国生命美艺术十分有趣的交流对话与吸收融合。这其实是一种东西两种文化与美学形态的二律背反。这种二律背反的结果是两种趋势：一是两者融汇为中西合璧的具有更强的张力与魅力的中国本土艺术，如前已提到的丝带飞天与美神观音等；二是形成两种元素的分庭抗礼，双方的消解，最后走向式微；或是神或天的力量的恢复，各种"天"的崇拜的佛殿纷纷建立；或是人在夹缝中偶露真容，宋元以后所建佛寺中各种世俗罗汉（如挑水罗汉）的出现等。这种对话与交融所导致的敦煌石窟艺术，由西方"天"的艺术到中国"天人"艺术之变，反映了审美观念的巨大变化，由西方模仿的与表现的艺术到中国的生命艺术的转换。中国生命艺术是一种特殊的遵循"一阴一阳之为道"的审美规律的艺术，是在天人的阴阳对比中表现出中国佛教普度众生的特有的"护生"内涵，在观音女神婀娜多姿的身姿与飞天的飘逸线条中，通过天人与线条本身的阴阳对比，表现出一呼一吸之生命的力量。而且，敦煌佛教壁画还告诉我们，这种由"天"的形象到"天人"形象的嬗变，实际上是从佛教的角度为中国古代"天人合一"的生命美学增添了新的内涵。那就是此岸与彼岸、块与线的二律背反所形成的张力，为"保合太和乃利贞"的"天地交而万物通、上下交而志同"的泰和之美增添了彼岸的关怀，佛陀与观音以其无边的佛法与普度众生的圣水，给信众带来美好的年成与安定的生活，在壁画中佛教进一步走向人生。这是对于佛教艺术的中国式的改造，也是对于佛教彼岸性的某种意义的消解，从某种角度成为蔡元培所言"以艺术代宗教"的历史根据。说明中国古代没有明确的一神论信仰，是一种对于笼统的"天"的崇拜，以"天人合一"为信仰准则，以"礼乐教化"中的审美境界为信仰追求。这就是长期以来冯友兰与李泽厚所提出的中国古代儒家"天地境界"对于宗教的替代作用。而在佛教壁画艺术东传中这种彼岸与此岸的二律背反与块与线的张力，所形成的敦煌壁画图像艺术，是世界上仅有的，19 世纪中期以后被西方后现代美术所吸收，价值重大。这种佛教艺术传入的汉化过程，也给中国艺术以重大影响。引进了飞天、观音、反弹琵琶与睡佛、立佛等具有空前魅力的形象，对于中国传统绘画写实技法的发展具有重要影响，包括工笔画的出现。对色彩的运用也有重要影响，使中国艺术更加色彩绚丽。

最后，这种敦煌佛教艺术东传中的变化，实际上是中国文化艺术史上的第一次西学东渐，其结果是在中西文化艺术碰撞中产生了一种亦中亦西、不中不西的具有中国特色的佛教壁画形态，由此说明中国传统文化艺术具有强大的吸收和消化能力，也说明中国传统的"天人合一""和而不同""和实相生""气韵生动"等文化艺术理念的强大生命力与真理性，为我们今天发展艺术文化事业指明了方向，增添了信心。

（原载于《复旦大学学报》2014 年第 3 期）

《吕氏春秋》的乐论问题

祁海文

一、乐论的学术来源与核心观念

先秦两汉文献论"乐"文字非常发达，"乐论"甚至成为这一时期文艺、美学的思想、观念、问题的集中表达。但在《吕氏春秋》之前，单独成篇的论乐文献只有《墨子·非乐上》和《荀子·乐论》①，而《吕氏春秋》"十二纪"的"仲夏纪""季夏纪"中却有 8 篇论乐文献。其中，《大乐》《侈乐》《适音》论乐理，《音律》论乐律，《古乐》《音初》论乐之历代发展，《制乐》和《明理》两篇内容虽较驳杂，但仍以"乐"为主题。此外，散见于该书其他篇章中的论乐文字亦所在多有。因此，乐论是《吕氏春秋》的文艺、美学思想的集中体现。

《吕氏春秋》以"杂家"著称，其乐论的思想来源亦颇复杂。清人汪中认为，《吕氏春秋》之《大乐》等论乐诸篇乃"六艺之遗文"②。近人杨树达认为，《吕氏春秋》的《音律》《音初》本之于《汉书·艺文志》所载的古《乐记》二十三篇中的《乐律》《乐作》《意始》等篇。③ 陈奇猷亦怀疑《吕氏春秋》论乐八篇皆出自古《乐记》二十三篇。④ 直至近年，仍有学者坚持认为，《吕氏春秋》论乐的"诸篇文字均应出于儒家学者之后。"⑤ 但多数学者

① 1995 年湖北荆门出土的楚简文献中有《性自命出》一篇，也以论乐为主。
② 汪中：《吕氏春秋序》，参见王利器《吕氏春秋注疏》（第 4 册），巴蜀书社 2002 年版，第 3244 页。
③ 杨树达：《读吕氏春秋札记》，《积微居读书记》，中华书局 1962 年版，第 200、201 页。
④ 陈奇猷：《吕氏春秋校释》（上），学林出版社 1984 年版，第 257 页。
⑤ 张富祥：《王政全书：〈吕氏春秋〉与中国文化》，河南大学出版社 2001 年版，第 89 页。

充分注意到《吕氏春秋》的"杂家"性质，如吉联抗即曾指出，《吕氏春秋》的论乐诸篇中有儒家、道家、墨家甚至法家的学说。① 因此，晚近学者探讨《吕氏春秋》的乐论，或主"调和折衷"说，如田凤台认为，"以乐之起源论，则采自儒家道家；以乐之正教及功用言，则又采自儒家阴阳家之说"②；或以为其以儒家为主而兼取道家与阴阳学说。缪钺早年曾指出：《吕氏春秋》论乐为战国末期"借用道及阴阳两家新说"之"儒家音乐理论"一派。③ 李泽厚、刘纲纪认为，《吕氏春秋》"在坚持儒家对'乐'的基本看法的同时，又企图借助于道家以及阴阳五行家的哲学"，虽有儒道结合倾向，但"只达到了两者的折衷"④；或认为其以道家为主而兼取儒家与阴阳学说。敏泽认为，《吕氏春秋》"以道家的美学思想为主，不仅吸收了春秋时期以来所形成的'五行'的美学思想，并且吸收了儒家以孔子、孟子、荀子为代表的美学思想"。⑤ 蔡仲德认为，"《吕氏春秋》音乐美学思想的特色是用阴阳五行学说统摄儒道两家思想，而又以道家思想为其核心"⑥；或认为其只是儒、道两家乐论的总结。如王启才认为，《吕氏春秋》"向上继承和总结了先秦儒、道两家的乐论，往下开启了汉代乐论。"⑦ 此外，陈奇猷认为，先秦乐论"自阴阳之说兴而后内容加富，故此下（按：指《吕氏春秋·大乐》）八篇，多杂阴阳家之说。然则此下八篇乃阴阳家治乐者即所谓乐家者流之言也"⑧。这几乎是关于《吕氏春秋》乐论之思想来源与学术倾向所可能有的全部看法了。总的来说，《吕氏春秋》的乐论主要来源于儒家、道家与阴阳五行学说。至于三家学说之如何结合或者说以何家为主，则所见有较大差异。

我们认为，《吕氏春秋》的乐论虽兼取儒、道、阴阳诸家，但既非诸家

---

① 吉联抗：《吕氏春秋中的音乐史料》，上海文艺出版社 1963 年版，第 5—7 页。
② 田凤台：《吕氏春秋探微》，台湾学生书局 1986 年版，第 305 页。
③ 缪钺：《〈吕氏春秋〉中之音乐理论》，《缪钺全集》第 1 卷，河北教育出版社 2006 年版，第 86—87 页。
④ 李泽厚、刘纲纪：《中国美学史》第 1 卷，中国社会科学出版社 1984 年版，第 414 页。
⑤ 敏泽：《中国美学思想史》第 1 卷，齐鲁书社 1986 年版，第 210 页。
⑥ 蔡仲德：《中国音乐美学史》（修订版），人民音乐出版社 2003 年版，第 238 页。杜洪泉的《中国古代音乐美学概论》，大众文艺出版社 2005 年版，同蔡说。
⑦ 王启才：《〈吕氏春秋〉研究》，学苑出版社 2007 年版，第 106 页。
⑧ 陈奇猷：《吕氏春秋校释》（上），学林出版社 1984 年版，第 257 页。

之"调和折衷"，也并未明显地主于一家，而是以"和适"观念为核心，有其自身的内在统一性。"和适"是《吕氏春秋》乐论的核心观念，它既是乐的审美本质，又是"先王定乐"的基本法则；既决定了乐的审美愉悦特征，又决定了"大乐""适音""衰音"与"侈乐""淫乐"之分。由"适音"与"侈乐"之分，《吕氏春秋》提出了"以适听适则和矣"的审美原则，继而以此为前提探讨了乐之审美的"全生""养性"和乐与政治的关系及其教化天下的功能。《吕氏春秋》既以"和适"观念为核心将其乐论的各方面统一起来，也正是通过"和适"将来自道家、儒家、阴阳五行家的相关思想结合起来。概括来说，《吕氏春秋》运用道家的天道自然观赋予乐的"和"之本质以"本于太一"的宇宙论、本体论根源，并以此为基础吸收春秋以来的阴阳五行学说的"中声""和声"和荀子的"中和"论，确立了乐的"和适"的审美本质；在道家"天人合一"的整体观念下阐述了乐与天地自然的本源性联系，并借助阴阳五行学说建构了乐与自然运行、人事活动等紧密相关、整体互动的宇宙图式；在对乐的审美特征的认识上，《吕氏春秋》发展了《荀子·乐论》的"夫乐者乐也"的观念，又借助阴阳五行学说提出了"以适听适"的审美原则；在乐之审美与"全生""养性"的关系上，《吕氏春秋》主要发展了道家的"贵生""重生"思想，但又借用了荀子的以礼"节欲""以道制欲"的主张；在关于乐与政治的关系、乐的教化功能问题上，则以乐的"和适"之本质为前提发展了孔子，尤其是荀子思想，但也受到阴阳五行学说的影响。

二、"声出于和，和出于适"

《吕氏春秋》论乐，首先最引人注目的是关于"音乐"之"由来"，即"生于度量，本于太一"的论述。《大乐》篇指出："音乐之所由来者远矣，生于度量，本于太一。太一出两仪，两仪出阴阳。阴阳变化，一上一下，合而成章。浑浑沌沌，离则复合，合则复离，是谓天常。天地车轮，终则复始，极则复反，莫不咸当。日月星辰，或疾或徐，日月不同，以尽其行。四时代兴，或暑或寒，或短或长，或柔或刚。万物所出，造于太一，化于阴阳。萌芽始震，凝寒以形。形体有处，莫不有声。声出于和，和出于适。和适，先王定乐，由此而生。"①《大乐》篇主要论述"本于太一"，"生于度量"的问题在《适音》《古乐》等篇有所讨论。

首先，关于"本于太一"。《大乐》篇："道也者，视之不见，听之不闻，不可为状。有知不见之见、不闻之闻、无状之状者，则几于知之矣。道也者，至精也，不可为形，不可为名，强为之谓之太一。"可见，所谓"太一"无疑即是《老子·四十二章》"道生一，一生二，二生三，三生万物，万物负阴而抱阳，冲气以为和"的"道"。"太一出两极"，《周易·系辞上》云："易有太极，是生两仪"，则"太一"亦即"太极"，就是《周易·系辞上》"一阴一阳之谓道"的"道"。无论是"道""太一"还是"太极"，都既是创生天地万物之宇宙论本源，又是主宰天地万物之本体论根据。《大乐》篇论"声"的特征，指出"声出于和，和出于适"，"本于太一"主要是揭示"声出于和"的义涵，也就是探讨"声"之"和"的特征的宇宙论、本体论根源。《大乐》篇指出，万物"形体有处，莫不有声"，"音乐"首先是万物"形体有处"之"声"，也就是天地自然之"声"。"万物所出，造于太一，化于阴阳"，无论是老子"万物负阴而抱阳，冲气以为和"的"道"，还是《周易》"一阴一阳之谓道"，都有阴阳和谐的意蕴，因此，"太一"从宇宙论本源上决定了"声"的"和"之特征。也因此，"声"之"和"首先意指天地自然之和谐。但"声"的直接来源是万物"形体有处"。陈奇猷认为："'处'字无义，疑系'虚'形音均近之伪。《淮南子·泛论训》注：'虚，孔窍也。'有孔窍故有声。"②陈氏此说可能受到《庄子·齐物论》"天籁"之说的影响。但万物并非皆有孔窍，何能"莫不有声"？其实，"处"字不误。《吕氏春秋·圜道》篇以"音皆调均"论政治，指出："今五音之无不应也，其分审也。宫徵商羽角，各处其处，音皆调均，不可以相违，此所以无不受也。贤主之立官，有似于此。百官各处其职，治其事以待主，主无不安矣。以此治国，国无不利矣；以此备患，患无由至矣。""分审"即五音"各处其处"，五音"各处其处"才能相应而"调均"。同样，"百官各处其职"，各"治其事"，才能使主安国利且无患。由此可见，"万物有处"的实际意义是

---

① 本文引《吕氏春秋》，均依据王利器《吕氏春秋注疏》，巴蜀书社2002年版。下引此书，只举篇名。

② 陈奇猷：《吕氏春秋校释》（上），上海古籍出版社2002年版，第264页。

指天地万物"各处其处",各安其处,也就是天地万物之存在的合秩序性。《大乐》篇对天地运动的论述呈现出一种合规律性图景:"天地车轮,终则复始,极则复反,莫不咸当。日月星辰,或疾或徐,日月不同,以尽其行。"合规律性以合秩序性为前提,两者的统一即天地自然之"和"。所以,《大乐》篇说:"凡乐,天地之和,阴阳之调也"。这是"声"之"和"的本体论之根源。

其次,关于"生于度量"。《侈音》篇指出:"夏桀、殷纣作为侈乐,大鼓、钟磬、管箫之音,以巨为美,以众为观;俶诡殊瑰,耳所未尝闻,目所未尝见,务以相过,不用度量。"所谓"不用度量",即不合乎"度量"。《适音》篇对这种"不用度量"的"侈乐"有更细致的论述:"夫音亦有适:太巨则志荡,以荡听巨则耳不容,不容则横塞,横塞则振;太小则志嫌,以嫌听小则耳不充,不充则不詹,不詹则窕;太清则志危,以危听清则耳溪极,溪极则不鉴,不鉴则竭;太浊则志下,以下听浊则耳不收,不收则不抟,不抟则怒。故太巨、太小、太清、太浊,皆非适也。"可见,"度量"主要是指对乐器、乐音之合乎一定形制、规则上的要求。"生于度量",是为"适音","不用度量"则"非适"。可见,"生于度量"是揭示"和出于适"的义涵,是对"声"之"和"的乐律上、艺术上的规定。《适音》篇指出:"何谓适?衷,音之适也。何谓衷?大不出钧,重不过石,小大轻重之衷也。黄钟之宫,音之本也,清浊之衷也。衷也者,适也。""衷"即"中","适"即"音"之合乎"中"。而"中"则是指乐器"大小轻重之衷"和乐音之"清浊之衷"。那么,以何定"中"呢?《古乐》篇指出:"黄钟之宫,律吕之本"。所谓"律吕",即《古乐》篇的"十二律"。因此,"十二律"即乐之"度量"。这是"生于度量"的艺术层面的义涵。根据《古乐》篇,伶伦"听凤皇之鸣,以别十二律"。十二律乃取法于自然而成。《音律》篇指出:"大圣至理之世,天地之气,合而生风,日至则月钟其风,以生十二律","天地之风气正,则十二律定矣。"十二律是"大圣至理之世""天地之风气正"的表现,可见,在《吕氏春秋》看来,规定着"声"之"和""和"的"度量",一方面来源于天地自然,另一方面又是天地自然与人类社会整体和谐之表现。

综合上述二义,《吕氏春秋》的"音乐"或"声""音"是以"和""适"为本质特征的,"和适"的根源即"太一""度量",其实质即天地自然之存在与运动之合秩序性与合规律性统一，同时又体现着天地自然与人类社会之整体和谐。正是因为此，《吕氏春秋》指出，"和适"不仅是天地自然之"声""音"的本质特征，而且应该是人世之"乐"的根本原则。《大乐》篇指出："和适，先王定乐，由此而生"。

春秋时期伶州鸠已提出"乐从和"（《国语·周语下》）之说，并将"先王之乐"定义为"和声"（《左传·昭公二十一年》）、"中音"（《国语·周语下》）。荀子也多以"中和"论乐，如"乐之中和也"（《荀子·劝学》）、"故乐者，天下之大齐也，中和之纪也"（《荀子·乐论》）。《吕氏春秋》的"适音"即《左传》《国语》的"和声""中音"，它以"和适"为"乐"的本质特征，则是从宇宙论、本体论和乐律学上发展了荀子的主要建立在礼乐关系上的"乐之中和"的观念。这是《吕氏春秋》在中国乐论史上的创举，对《乐记》的思想有重要影响。

三、"以适听适则和矣"

《吕氏春秋》的"十二纪"将五声、十二音律与十二月、四时、五行、五方、五色、五味，以及阴阳之气的消长、自然节候的变化、农事活动、祭祀礼仪、政治举措等相配合排列，构成了一个相当严整的乐与天地自然、人类社会有机联系、整体互动的宇宙整体图式。这种排列显然有机械附会意味，但也很鲜明地揭示出《吕氏春秋》对于乐与天地自然变化、人类社会活动的整体互动关系的看法。《吕氏春秋》的乐论，以乐的"和适"之审美本质为核心，依据乐与天地自然、人类活动整体互动的关系，沿着乐与个体人生的"养生""全性"的关系和乐与社会政治教化的关系两个路向展开。

荀子最早明确提出了乐的审美愉悦问题，《乐论》篇指出："夫乐者，乐也，人情之所必不免也，故人不能无乐"，"乐者，圣人之所乐也，而可以善民心，其感人深，其移风易俗。"《吕氏春秋》也强调："大乐，君臣父子长少之所欢欣而说也"（《大乐》），"凡古圣王之所为贵乐者，为其乐也"（《侈乐》）。在《吕氏春秋》看来，"古圣王之所为贵乐"，根本原因在于乐能够给人以审美愉悦，使"君臣父子长少""欢欣而说"。而乐所以能给人以审美愉悦，关键在于它的"和"的审美本质。上引《适音》篇关于"夫音亦有适"

的论述，"太巨""太小"即乐器之"不用度量"，"太清""太浊"则指乐声之"不用度量"。《侈乐》篇批评"夏桀、殷纣作为侈乐"，指出："不用度量"的"侈乐"，"侈则侈矣，自有道者观之，则失乐之情。失乐之情，其乐不乐。"《吕氏春秋》强调乐的审美愉悦特征，把乐首先作为审美对象来看待，使其乐论有着明显的纯艺术论倾向，与先秦儒家侧重从社会的政治、道德教化和个体的心性修养角度论"乐"有明显的差异。对荀子来说，乐的审美愉悦特征的重要性在于其审美功能的实现，"可以善民心，其感人深，其移风易俗"（《乐论》），成为道德教化的重要途径。而《吕氏春秋》则基本上不再像春秋时期卿士大夫、乐官和先秦儒家那样在礼乐文化的传统和礼乐关系的背景下思考"乐"的性质、地位与价值。春秋以来，随着西周礼乐制度的崩坏尤其是"礼""仪"相分观念的出现，"乐"的独立倾向愈加明显。战国诸子论乐，已很少礼乐并提，如墨子之"非乐"基本上是把乐作为上层社会的娱乐工具看待的。《吕氏春秋》的纯艺术化的乐论倾向，可以说是春秋以来礼乐分化、乐之独立的理论表现，有其重要的美学意义。

　　由对乐的审美愉悦特征的强调，《吕氏春秋》深入到对乐之审美的心态即如何获得审美愉悦问题的探讨。上引《适音》篇一段比较细致地论述了"侈乐"使人"志荡""志嫌""志危""志下"以及"以荡听巨""以嫌听小""以危听清""以下听浊"诸种"非适"的心理状态。《侈乐》篇也指出，"乱世之乐""为木革之声则若雷，为金石之声则若霆，为丝竹歌舞之声则若噪。以此骇心气、动耳目、摇荡生则可矣，以此为乐则不乐"。"侈乐"给人的心理感受虽有多端，但归结起来则是"不乐"，不能给人以审美愉悦，只能"骇心气，动耳目"，甚至"摇荡生"，损害人的自然生命的成长。正是认识到这一点，《吕氏春秋》提出了"以适听适则和矣"的审美原则，要求以"和适"之心听"和适"之乐。《适音》篇指出："耳之情欲声，心不乐，五音在前弗听；目之情欲色，心弗乐，五色在前弗视；鼻之情欲芬香，心弗乐，芬香在前弗嗅；口之情欲滋味，心弗乐，五味在前弗食。欲之者，耳目鼻口也；乐之弗乐者，心也。心必和平然后乐。心必乐，然后耳目鼻口有以欲之。故乐之务在于和心，和心在于行适。"这是说乐之审美能否产生审美愉悦，不仅决定于乐是否是"适音"，而且决定于心境是否"和平"，即所谓"心必和平然后乐"，而达到"和心"的关键在于"行适"，即遵行"适"的原则。

那么，如何"行适"？《适音》篇指出："人之情，欲寿而恶夭，欲安而恶危，欲荣而恶辱，欲逸而恶劳。四欲得，四恶除，则心适矣。四欲之得也，在于胜理。胜理以治身则生全以，生全则寿长矣；胜理以治国则法立，法立则天下服矣。故适心之务在于胜理。"可见，"行适"也就是"胜理"。"胜理"是"治身""治国"的基本原则。能"胜理"，就可以使"四欲得，四恶除"，从而达到"心适"。对《吕氏春秋》来说，"胜理""行适""适心"的根本在于"得道"。《大乐》篇指出："务乐有术，必由平出。平出于公，公出于道。故惟得道之人，其可与言乐乎!"又说："大乐，君臣父子长少之所欢欣而说也。欢欣生于平，平生于道。""平"即"和"，也就是"心适"。这几段论述，将"适心之务"的关键归之于"胜理""得道"，能"胜理""得道"则可使"欲得"而"恶除"，既能"适心"，亦可"生全"。这意味着，《吕氏春秋》所谓的"行适""适心""以适听适"，决不仅仅是乐之审美的心态问题，而是由此深化到乐之审美与个体人生的"养生""全性"之关系问题。

《吕氏春秋》的《本生》《贵生》《重己》《情欲》等篇比较集中地讨论了"全天""贵生""全性""养性"等问题，而这些探讨又与其乐论紧密相关。《本生》篇指出："始生之者，天也；养成之者，人也。能养天之所生而勿撄之，谓之天子。天子之动也，以全天为故者也。此官之所自立。立官者以全生也。"《大乐》篇亦云："始生人者，天也，人无事焉。天使人有欲，人弗得不求；天使人有恶，人弗得不辟。欲与恶，所受于天也，人不得与焉，不可变，不可易。世之学者有非乐者矣，安由出哉?"人的欲望、追求、好恶等都是"所受于天"的，人生的目的、天子之立、官职之设都是为了"养天之所生而勿撄之"，这就是"全天"。而要"全天"，就必须满足人性的自然欲求。《贵生》篇就此指出："所谓尊生者，全生之谓。所谓全生者，六欲皆得其宜也。""六欲皆得其宜"，也就是《适音》篇的"四欲得，四恶除"，它不仅能使"心适"，而且可以"全生""全天"，并从而"生长"，"能以久处其适，则生长矣"（《侈乐》）。在《吕氏春秋》看来，人的自然欲求的满足是人性的必然要求，但也很容易受到过度满足的诱惑而导致"嗜欲无穷"，以致为"嗜欲"所制而"失其天"。《侈乐》篇指出："生也者，其身固静，或而后知，或使之也。遂而不返，制乎嗜欲。制乎嗜欲①，则必失其天矣。"这样就由"养性"而走向其反面——"性养"。"物也者，所以养性也，非所以性养也。今世之人，惑者多以性养物，则不知轻重也"（《本生》）。由此，《吕氏春秋》提出了"修节以止欲"的原则。《情欲》篇指出："天生人而使有贪有欲"，这是圣人与普通人，乃至大奸大恶之人共同的，"圣人之所以异者，得其情也"，"圣人修节以止欲，故不过行其情也"。所谓"修节以止欲"，就是"由贵生动"，"由贵生动，则得其情矣；不由贵生动，则失其情矣。"这就是《吕氏春秋》强调的"贵生之术"。《贵生》篇指出："夫耳目鼻口，生之役也。耳虽欲声，目虽欲色，鼻虽欲芬香，口虽欲滋味，害于生则止。在四官者不欲，利于生者则为②。由此观之，耳目鼻口，不得擅行，必有所制。……此贵生之术也。""修节以止欲""由贵生动"是《吕氏春秋》所提倡的自然人性与欲望满足，也就是自然人性之生长、发育的"贵生之术"，也是乐之审美与个体人生修养之关系所应遵循的原则。《大乐》篇指出："成乐有具，必节嗜欲。嗜欲不辟，乐乃可务"。《重已》篇亦云："昔先圣王之为苑囿园池也，足以观望劳形而已矣；其为宫室台榭也，足以辟燥湿而已矣；其为舆马衣裘也，足以逸身煖骸而已矣；其为饮食酏醴也，足以适味充虚而已矣；其为声色音乐也，足以安性自娱而已矣。五者，圣王之所以养性也，非好俭而恶费也，节乎性也。""节乎性"则"嗜欲不辟"，"嗜欲不辟"则"声色音乐""足以安性自娱"，这就是"养性"。可见，"修节以止欲""由贵生动"，作为《吕氏春秋》的"贵生之术"的基本原则，也就是《大乐》篇的"得道"、《适音》篇的"行适""胜理"等的基本意含。

《吕氏春秋》关于乐之审美与个体养生关系问题的论述，是春秋时人论乐的相关看法的发展。《左传·昭公元年》载，秦医和曾指出："于是有烦手淫声，慆堙心耳，乃忘平和，君子弗听也。物亦如之。至于烦，乃舍也已，无以生疾。"《左传·昭公二十一年》载，周乐官伶州鸠指出："和声入于耳而藏于心，心亿则乐。窕则不咸，摠则不容，心是以感，感实生疾。"他们

---

① "制乎嗜欲"，原作"制乎嗜欲无穷"，依陶鸿庆说删去"无穷"二字。参见王利器《吕氏春秋注疏》第1册，第518页。

② "利于生者则为"，原作"利于生者则弗为"，依俞樾、陈昌齐、王利器说删"弗"字。参见王利器《吕氏春秋注疏》第1册，第165页。

都侧重强调"不用度量"的"淫声"可使人"忘平和"，以至"感实生疾"。此后，道家从"重生"思想出发重视人性之自然欲求之满足，老子主张"圣人之治，虚其心，实其腹，弱其志，强其骨"（《老子·三章》），要"甘其食，美其服，安其居，乐其欲"（《老子·八十章》）。但对于有可能损害自然人性的"五色""五声"等采取极力否定态度，老子说："五色令人目盲，五音令人目聋，五味令人口爽，驰骋田猎令人心发狂，难得之货令人行妨"（《老子·十二章》）。《庄子·天地》篇也说："夫失性有五：一曰五色乱目，使目不明；二曰五声乱耳，使耳不聪；三曰五臭熏鼻，困惾中颡；四曰五味浊口，使口厉爽；五曰趣舍滑心，使性飞扬。此五者，皆生之害也。"老子因此提出"常使民无知无欲"（《老子·三章》）、"见素抱朴，少私寡欲"（《老子·十九章》）等主张，庄子也扬言"擢乱六律，铄绝竽瑟""灭文章，散五采"（《庄子·胠箧》）。《吕氏春秋》的"全天""养性"等尊重、保养自然人性的学说是道家"养生"思想的继承，但将这种思想与乐论结合起来，肯定乐之审美的"养性"作用，则是《吕氏春秋》的创造性发展。在这方面，荀子成为《吕氏春秋》将道家"养生"思想与乐之审美的"养性"问题结合起来的关键。荀子受道家影响，虽认为"人之性恶"，但并不主张压制、去除自然人性。他指出："凡语治而待去欲者，无以道（导）欲而困于有欲者也；凡语治而待寡欲者，无以节欲而困于多欲者也"（《荀子·正名》）。荀子认为，礼的作用，一方面是"养人之欲，给人之求"，另一方面则是为欲望的满足设置"度量分界"，使"贵贱有等，长幼有差，贫富轻重皆有称"（《荀子·礼论》），这就是"节欲"。因此，礼对于"欲"是"养"和"节"的统一。这与《吕氏春秋》的"修节以止欲"的"养性"之道是非常相近的。乐的作用在荀子看来即是"道欲"，其原则是"以道制欲"。《荀子·乐论》篇指出："乐者，乐也。君子乐得其道，小人乐得其欲。以道制欲，则乐而不乱；以欲忘道，则惑而不乐。故乐者，所以道乐也。""道（导）乐"即"导欲"。但是，《吕氏春秋》并不像荀子那样主张以"礼"来强制、规范人性、以"乐"来陶冶、净化人性，其"修节以止欲"的"胜理""适心"之"道"仍主要来自道家。

四、"和适，先王定乐，由此而生"

乐与政治教化的关系是以儒家为主的先秦乐论的主题。早在春秋时期，医和、伶州鸠、单穆公等人论乐，已将"中声""和声""淫声"与国家政治的治乱联系起来。儒家以复兴周礼为己任，自孔子至荀子，对礼乐与政治、伦理的关系有丰富论述。受儒家影响，《吕氏春秋·古乐》篇在追溯乐的历史来源时突出强调了其政治功能。如帝喾命咸黑、有倕作乐"以康帝德"，帝尧以《大章》之乐"祭上帝"，帝舜以《九招》等乐"明帝德"，禹治水，"勤劳天下"，以《夏籥》九成"昭其功"，殷汤作《大濩》等"以见其善"，周公作诗"以绳文王之德"等。但是，《吕氏春秋》的纯艺术论倾向使其即使在探讨乐与人类社会的关系时也仍然以乐的"和适"之审美本质为逻辑起点。

乐之"和适""本于太一"，是由"道"所创生的天地万物的自然整体之和谐的表现。《吕氏春秋》根据老子的"人法地，地法天，天法道，道法自然"（《老子·二十五章》）的原则指出："和适，先王定乐，由此而生"。"和适"是"先王定乐"的法则，对人类社会来说，乐首先应该是社会政治和谐的表现或象征。春秋时期，伶州鸠曾提出"政象乐，乐从和"（《国语·周语下》）的说法。《左传》载，鲁襄公十一年，晋悼公曾用"如乐之和，无所不谐"比喻政治关系。《吕氏春秋·圜道》篇以音之"调均"比较政治，强调贤主治国的理想状态是做到"如乐之和"，而人类社会最理想的乐也只有在政治关系达到最理想的时代才能出现，所谓"欲观至乐，必于至治"（《制乐》）。《大乐》篇说，"天下太平，万民安宁①，皆化其上，乐乃可成。"按照《吕氏春秋》所建构的乐与天地自然、人类社会整体互动的结构图式，人世生活的和谐不能脱离与天地自然的和谐关系思考，其本身往往是人与自然整体和谐关系的表现。《音律》篇即指出，十二音律产生于"大圣至理之世"，其时"天地之风正"。《明理》篇则从反面指出，"乱国之主，未尝知乐"，"其

---

① "万民安宁"，原作"万物安宁"，依毕沅、蒋维乔、王利器之说改"物"为"民"。参见王利器《吕氏春秋注疏》第1册，第501页。

风雨则不适，其甘雨则不降，其霜雪则不时，寒暑则不当，阴阳失次，四时易节，人民淫烁不固，禽兽胎消不殖，草木庳小不滋，五谷萎败不成，其以为乐也，若之何哉?"可见，"乱世之乐"所反映的不仅是"君臣失位，父子失处，夫妇失宜，民人呻吟"(《大乐》)等社会正常秩序的紊乱，而且是"阴阳失次，四时易节"等自然秩序的紊乱。因此，《吕氏春秋》所谓的"大乐"就不仅仅是艺术审美层面的"适音"，而应是指人类社会、天地自然以及人与自然关系共同达到和谐境界的表现，这也是乐之"和适"之审美本质的最深刻内涵。

　　与"大乐"相反的是"侈乐"。"侈乐"的艺术层面的意涵是乐声、乐器之"不用度量"、审美感受的"不乐""骇心气，动耳目，摇荡生"。在政治层面上，"侈乐"多出现于乱世，为乱君之所好，如"夏桀、殷纣作为侈乐""宋之衰也，作为千钟；齐之衰也，作为大吕；楚之衰也，作为巫音"(《侈乐》)。在人与自然关系上，"侈乐"则标志着政治秩序与自然秩序的紊乱，如"土弊则草木不长，水烦则鱼鳖不大，世浊则礼烦而乐淫。郑卫之声，桑间之音，此乱国之所好，衰德之所说。"(《音初》)这里需要讨论的是"侈乐"与"乱世"的关系，即"侈乐"是"乱世"的表征，还是"乱世"的原因? 从《吕氏春秋》论乐诸篇看，首先，它倾向于将"侈乐"的产生归之于"乱国之主，未尝知乐"(《明理》)、"失乐之情""生乎不知乐之情"(《侈乐》)。[1] 所谓"不知乐之情"，当是指不懂得乐之"生乎度量，本于太一"的"和适"之审美本质、"以适听适"的审美原则和"由贵生动"的审美需求，而"以侈为务"，追求乐器的"太巨"或"太小"、乐声的"太清"或"太浊"。其次，它倾向于将"侈乐"视为"乱世"的原因。《侈乐》篇指出："乐愈侈，而民愈郁，国愈乱，主愈卑，则亦失乐之情矣"，"失乐之情，其乐不乐。乐不乐者，其民必怨，其生必伤。"这种观念的典型表现是《适音》篇的"治世之音安以乐，其政平也；乱世之音怨以怒，其政乖也；亡国之音悲以哀，其政险也。"这段论述又见于《礼记·乐记》和《毛诗大序》，

---

[1] 牟钟鉴在谈到《吕氏春秋》对儒家乐论的"修正补充"时曾说："它虽然也批判'郑卫之声、桑间之音'，但它认为音乐的正邪之分主要不在于《韶》《舞》与郑、卫之异，而在于君王是贤是昏，侈乐乃乱君所为。"参见《〈吕氏春秋〉与〈淮南子〉思想研究》，齐鲁书社1987年版，第100页。

文字略有不同，而倾向性也有异。"《乐记》重在说明政治影响音乐，《适音》则是要说明不同音乐对政治有不同影响。"① 不过，从《制乐》篇的"欲观至乐，必于至治。其治厚者其乐治厚，其治薄者其乐治薄，乱世则慢以乐矣"和《大乐》篇的"乱世之乐，有似于此。君臣失位，父子失处，夫妇失宜，民人呻吟，其以为乐，若之何哉"等论述，可以看出，《吕氏春秋》也有"至乐"产生于"至治""乱世之乐"产生于"君臣失位，父子失处，夫妇失宜，民人呻吟""乐治"之厚薄由于治国之厚薄，也就是政治会影响到乐之状态的看法。乐与政治关系的这两方面起来才是《吕氏春秋》关于乐与政治关系，也就是"音乐通乎政"之说的全部含义。

《吕氏春秋》关于乐之教化作用的看法正是建立在"音乐通乎政"观点之上的。《适音》篇指出："凡音乐通乎政，而风乎俗者也②，俗定而音乐化之矣。故有道之世，观其音而知其俗矣，观其政而知其主矣。故先王必托于音乐以论其教。……先王之制礼乐也，非特以欢耳目、极口腹之欲也，将以教民平好恶、行理义也。"所谓"风乎俗"，即指乐对于一定社会风俗的形成、确定有重要作用，即"俗定而音乐化之"。先王"托于音乐以论其教"，就是积极发挥乐的教化作用，以"教民平好恶、行理义"。这里的"平好恶、行理义"，应该结合《适音》篇的"四欲得，四恶除，则心适矣。四欲之得也，在于胜理"和"乐之务在于和心，和心在于行适""适心之务在于胜理"来理解。也正是由于"音乐通乎政而风乎俗"，故可"观其音而知其俗矣，观其政而知其主矣"。这也是《音初》篇"乐之为观也深"的意思："凡音者，产乎人心者也。感于心而荡乎音，音成于外而化乎内。是故闻其声而知其风，察其风而知其志，观其志而知其德。盛衰、贤不肖、君子小人皆形于乐，不可隐匿，故曰：乐之为观也深矣。……故君子反道以修德，正德以出乐，和乐以成顺。乐和而民向方矣。"这种由乐以观风、知志、知德、知盛衰的"乐观"说，是对《左传·襄公二十九年》所载的吴季札聘鲁"观乐"而遍论"周乐"的理论总结。而"乐和而民向方矣"，则是对乐之"教民平

---

① 蔡仲德：《中国音乐美学史资料注译》（增订版）（上），人民音乐出版社 2004 年版，第 209—210 页。

② "风乎俗"，原作"移风平俗"，依王念孙、孙人和、王利器说改。参见王利器《吕氏春秋注疏》第 1 册，第 530 页。

好恶、行理义"的教化作用的进一步强调。

　　《吕氏春秋》关于乐与政治的关系、乐的教化功能的论述带有比较浓厚的儒家色彩，因为这本就是儒家乐论的重要问题。实际上，上文所引的许多相关论述都为后来的《礼记·乐记》所采入。历代对《吕氏春秋》之后儒家乐论的贡献的评价较低，如李泽厚、刘纲纪的《中国美学史》就说："在对审美和艺术的社会作用的看法上，《吕氏春秋》没有提出多少超出儒家的新东西"①。这在很大程度上是由于很多学者将《乐记》的产生时代置于《吕氏春秋》之前的缘故。再者，人们习惯于根据《乐记》或根据儒家乐论思想来理解《吕氏春秋》乐论，却很少注意到《吕氏春秋》的相关论述在其整体的论乐语境中也可以得到合理的解释，并且可能包含不完全与儒家乐论相同的意蕴。如《吕氏春秋》崇尚"适音"，贬斥"侈乐"，与孔子的"放郑声""恶郑声之乱雅乐"（《论语·卫灵公》）和荀子的"贵礼乐而邪音"（《乐论》）等说意似近而实不同。儒家乐论"明雅俗之辨"的标准是政治的、伦理的，而《吕氏春秋》主要以"生于度量""不用度量"区别"适音"与"侈乐"，其标准主要是艺术的。同样，《吕氏春秋》的"音乐通乎政"也与《乐记》的"声音之道与政通"侧重点不同。

　　　　　　　　　　　　　（原载于《社会科学辑刊》2015 年第 1 期）

---

① 李泽厚、刘纲纪:《中国美学史》第 1 卷，中国社会科学出版社 1984 年版，第 413—414 页。

由"乐"到"戏"：
中国综合艺术的发展轨迹

陈　炎

一

中国古代艺术一开始就表现出很大的综合性，这集中地表现为"乐"。

从发生学的角度上讲，"乐"是与"礼"相伴而生的一种艺术形式。周初的统治者，一方面根据人们血缘的远近与功勋的高低而实行"分封诸侯"的政治制度，一方面根据人们在宗族中的地位和在政治上的爵位而实行"制礼作乐"的典章制度。

周人的"礼"要比今人的礼貌行为丰富得多，也复杂得多。它不仅规定了不同人在祭祀祖先活动中的权利和地位，而且规定了不同人的生活方式与行为方式。根据现有的资料可知，周礼的内容极为广泛，无论是冠、婚、葬、祭、享、燕，还是朝聘、衣服、车马、宫室，都可以被纳入"礼"的规范之中。从衣、食、住、行到婚、丧、嫁、娶，无处没有礼制的法则，无处没有等级的规定。如《礼记·聘义》记载："聘礼：上公七介，侯伯五介，子男三介，所以明贵贱也。"《周礼·宗伯》记载："以玉作六瑞，以等邦国：王执镇圭，公执桓圭，侯执信圭，伯执躬圭，子执谷圭，男执蒲璧。"《周礼·巾车》记载："服车五乘：孤乘夏篆，卿乘夏缦，大夫乘墨车，士乘栈车，庶人乘役车。"不仅人们生前的衣着配饰、行为举止要受到这种法则的约束，就连死后的埋葬方式也要受这些规定的限制。所谓"天子棺椁七重，诸侯五重，大夫三重，士再重。"（《庄子·天下》）可见，《礼记·礼器》中所说的"经礼三百，曲礼三千"绝非夸大其词。

　　这种礼制的政治意义非同小可，正像王国维在《殷周制度论》中指出的那样："使天子、诸侯、大夫、士各奉其制度典礼，以亲亲、尊尊、贤贤，明男女之别于上，而民风化于下，此之谓'治'，反是，则谓之'乱'。是故天子、诸侯、卿大夫、士者，民之表也。制度典礼者，道德之器也。周人为政之精髓，实存于此。"① 这样一来，"礼"作为一种行为规范，就使得国人的生活方式和行为方式有了制度性的保障，从而有利于政治权力的稳定。

　　然而，任何社会规范都有其难以克服的两面性。遵守严苛的礼制，自然会束缚人们的天然情感，以至于陷入"非礼勿视，非礼勿听，非礼勿言，非礼勿动"（《论语·颜渊》）的异化状态，使人与人之间充满了等级壁垒、精神隔阂。所以，"礼"的实施又需要用"乐"来加以补充。

　　"乐"原本就是"礼"的一部分。古人在进行人际交往、集会、典礼等活动时，大都伴之以赋诗、唱歌、跳舞等活动。"诗者，言其志也；歌者，咏其言也；舞者，动其容也。三者本于心，然后乐者从之。"（《礼记·乐记》）这种广义的艺术活动，被称之为"乐"。在《左传》《国语》《战国策》等典籍中，我们常常可以看到古人在举行盛大典礼的过程中一边赋诗、一边奏乐、一边唱歌、一边跳舞的情景。而上古时代的艺术行为和艺术作品，也常常带有很大的综合性。"古者教以诗乐，诵之，弦之，歌之，舞之"（《毛诗传·〈郑风·子衿〉》），"诵诗三百，弦诗三百，歌诗三百，舞诗三百。"（《墨子·公孙篇》）因此，作为学"礼"的准备，古人从小就必须学习和掌握诗歌、音乐、舞蹈的知识和技能。"十有三年学乐，诵《诗》，舞《勺》，成童舞《象》，学射御。二十而冠，始学礼。"（《礼记·内则》）。

　　从功能上看，三位一体的"乐"是主观情感的抒发："在心为志，发言为诗，情动于中而形于言，言之不足故嗟叹之，嗟叹之不足故永歌之，永歌之不足，不知手之舞之足之蹈之也。"（《诗大序》）因而与作为外在规范的"礼"有着相反相成的关系："乐者为同，礼者为异。同则相亲，异则相敬。乐胜则流，礼胜则离。合情饰貌者，礼乐之事也。"（《礼记·乐记》）"礼"要区别人的身份、等级，"乐"要沟通人的心理、情感。区分了身份、等级，才会显得尊卑有等、长幼有序；沟通了心理、情感，才会变得上下同心、其

---

① 　王国维：《观堂集林》第一册，中华书局 1959 年版，第 457 页。

乐融融。"礼"的过度发展，就会使人离心离德；"乐"的过分繁盛，就会导致情感泛滥。因此，要将外在的"行貌"与内在的"情感"处理得恰如其分，才符合"礼""乐"二者的辩证关系。只有在这一角度上，我们才能够真正理解"忠孝安邦、礼乐治国"的意义所在。

从审美理想上看，"乐"的出现，反映了中国古代的"中和"理想。这种"中和"理想的形成，可能有"冶炼"和"烹调"两个来源：古人在铸造青铜器的过程中发现，单一的矿石并不能冶炼出好的青铜，只有将不同的矿石合理地搭配起来，才能够冶炼并铸造出精美的铜器；古人在烹饪食物的过程中发现，单一的食材并不能作出美味的饭菜，只有将不同的材料合理地搭配起来，才能够烹制出滋味丰富的佳肴。正是在这种"声一无听，色一无文，味一无果，物一无讲"（《国语·郑语》）的生活经验的基础上，古人才形成了这种多样性统一的"中和"理想。所谓"中也者，天下之大本也，和也者，天下之达道也。"（《中庸·第一章》）

"乐"的存在，不仅要借助赋诗、唱歌、跳舞等具体行为而实现多样统一的审美感受，而且要通过与"礼"的对立统一而处理好"情"与"理"的辩证关系。从理论上讲，这种"中和"理想就是儒家的"中庸"原则。孔子曰："中庸之为德也，其至矣乎！民鲜能久矣。"（《中庸·第三章》）在他看来，做任何事情，都要适度，"执其两端，用其中于民"（《中庸·第六章》）才是极为高明的大智慧。将这种智慧运用于艺术实践，便是"发乎情，止乎礼"的审美追求。一方面，儒家承认人类原始欲望的合理性，孔子曰："饮食男女，人之大欲存焉。"（《礼记·礼运》）告子也说："食色，性也。"（《孟子·告子上》）正是在这种基本欲望的基础上，才能够生发出人类的情感，而人类的情感则是艺术创作的动力之源。另一方面，儒家又反对纵欲，要求限制艺术情感的肆意宣泄，主张"喜怒哀乐之未发，谓之中。发而皆中节，谓之和。"（《中庸·第一章》）正是从这一标准出发，据说是整理过《诗经》的孔子才特别推崇其首篇《关雎》，认为它达到了"乐而不淫，哀而不伤"（《论语·八佾》）的最高境界。正是从这一目的出发，古人才将"乐"的作用提高到安邦治国的高度："乐也者，圣人之所以乐也。而可以善民心，其感人深，其移风易俗，故先王著其教焉。"（《乐记·乐施篇》）

二

　　然而，随着历史的发展，"乐"中所包含的赋诗、唱歌、跳舞等元素渐渐独立起来，成为文学、音乐、舞蹈三种不同的艺术门类。按照《史记·孔子世家》中的记载，"三百五篇，孔子皆弦歌之。"也就是说，直至在春秋末年，作为语言艺术的诗歌与音乐和舞蹈还是密不可分的。继《诗经》之后的《楚辞》是在楚国民歌的基础上经过加工、提炼而发展起来的，其常用的"兮"字仍然带有南方音乐的痕迹。宋朝人黄伯思《翼骚序》云："屈宋诸骚，皆书楚语，作楚声，纪楚地，名楚物，故可谓之《楚辞》。"这就是说，《楚辞》是指具有楚国地方特色的乐调、语言、名物而创作的诗赋，在形式上与北方诗歌有明显的区别。有人认为，楚辞的直接渊源应该是以《九歌》为代表的楚地民歌。这种原为祭祀时演唱的巫歌，后经屈原在《离骚》等作品中保留并发展起来。这种文学与音乐相融合的现象，在秦汉以后的"乐府""歌诗"中仍然存在。《汉书·礼乐志》云："至武帝定郊祀之礼，……乃立乐府，采诗夜诵，有赵、代、秦、楚之讴。以李延年为协律都尉，多举司马相如等数十人造为诗赋，略论律吕，以合八音之调，作十九章之歌。以正月上辛用事甘泉圜丘，使童男女七十人俱歌，昏祠至明。"然而与此同时，作为语言艺术的诗歌的独立性也在渐渐地增长。据载，在春秋战国时代来自民间的"新声"中，即已出现了"士女杂坐，不歌而诵"的现象，而根据《汉书·艺文志》的说法，"不歌而诵谓之赋"。尽管由楚辞衍化而来的汉赋仍须押韵，但却不必配乐，是一种独立的文学样式了。这种现象，在诗歌的内部也逐渐扩大。事实上，至迟自曹植开始，后来很多冠名为"乐府"的诗，不仅形式自由、长短不一，而且也不必配乐了。这就是刘勰在《文心雕龙》中所说的"无召伶人，事谢弦管"。至于五言诗和七言诗，乃至四六骈文和志怪小说，更是独立的文学样式了。尽管从"乐"中独立出来的文学体裁在一定程度上仍保留了对音律美的追求，但其对语言自身的发掘和探究又有了更多的发展空间。到了魏晋时代，不仅作为语言艺术的文学体裁悉数独立，而且在创作观念上也渐渐摆脱了对伦理价值的依附，进入了所谓"文学自觉的时代"。作为这种"文学自觉"的理论总结，曹丕的《典论·论文》、陆机的《文赋》，以及后来刘勰《文心雕龙》、钟嵘《诗品》相继出现，都说明文学已经完全脱离了"乐"的母体，进入了"诗缘情而绮靡，赋体物而浏亮"（《文赋》）的审美时代。

与文学的独立相同步，音乐也从综合艺术中渐渐抽身，寻求独立的发展空间。《左传·襄公二十九年》曾记载孔子八岁时吴公子季札来鲁国观乐的情景，其中不仅有《周南》《召南》等《诗经》中的篇章，而且包括《象箫》《南龠》等乐舞的篇名，可见当时的"乐"还是一种综合艺术，是为"观"之。而《列子·汤问》中所记载的钟子期听伯牙古琴的故事，则只有音乐而没有诗歌和舞蹈相伴了，是为"听"之。"伯牙善鼓琴，钟子期善听。伯牙鼓琴，志在高山。钟子期曰：'善哉，峨峨兮若泰山！'志在流水，曰：'善哉，洋洋兮若江河！'伯牙所念，钟子期必得之。"如果说这段"高山流水遇知音"的故事说明了器乐演奏的独立，那么下面一段"曲高和寡"的故事则说明了声乐演唱的独立。战国宋玉《对楚王问》曰："客有歌于郢中者，其始曰《下里》《巴人》，国中属而和者数千人。其为《阳阿》《薤露》，国中属而和者数百人。其为《阳春》《白雪》，国中有属而和者，不过数十人。"不难想象，集赋诗、唱歌、演奏、跳舞于一体的"乐"只有在盛大的典礼中才能进行，而这些诗人、歌手、乐手、舞者在离开了整个"艺术团队"之后，则只能使自己的一技之长单独发挥了。到了汉末、魏晋之际，不仅出现了《胡笳十八拍》《广陵散》之类单独的乐曲，而且出现了《声无哀乐论》之类独立的音乐论文。在这篇文章中，嵇康不仅讨论了音乐能否影响人类的情感、音乐能否移风易俗等外在的功用问题，还探讨了音乐有无哀乐、音乐何以为美等音乐的本质问题。嵇康主张"声无哀乐"，认为音乐有其独立于道德、独立于情感甚至独立于语言的独特的美学规律。这种观点是否正确尚且不论，仅凭其鲜明的立场、大胆的言词，在当时就已经振聋发聩了。如果我们将这篇文章与此前的《乐论》《乐记》相比较，便不难发现：前人所论之"乐"，在形态上还只是原始的综合艺术，在功能上还只是作为"礼"的补充；而嵇康所论之"声"，在形态上已经是单纯的音乐艺术，在功能上已经是独立的"美"的形态了。从这一意义上讲，魏晋时代，不仅是"文学自觉的时代"，而且是"音乐自觉的时代"了。

同文学、音乐的发展相同步，舞蹈作为综合艺术之"乐"的一部分，也有了独立的发展。先秦时代，"乐"作为"礼"的补充，同时囊括了赋诗、唱歌、跳舞等形式，这种情况在汉代仍然存在。据说汉高祖刘邦作《大风歌》，在酒酣耳热时一边击筑，一边唱歌，一边跳舞。这里的"乐"虽然保持了综合艺术的美学品性，但已不再是"礼"的补充，而是一种自娱自乐的形式了。这种综合性的娱乐形式在汉代发展为"百戏"，其中的"百"字自有多元的含义，不仅包括了赋诗、唱歌、跳舞，而且吸收了各种民间的武术、魔术、杂耍，是一种全民同乐的艺术形式。独立的舞蹈也在发展。汉代有不少以舞蹈见长的女性被选入宫中的例子，如汉高帝刘邦的宠姬戚夫人"善为翘袖折腰之舞"，汉武帝刘彻第二任皇后卫子夫自幼精习舞蹈，汉成帝刘骜第二任皇后赵飞燕因其舞姿轻盈如燕而得名。从这些舞女入宫的经历中可知，当时的统治者已经把舞蹈作为一种艺术观赏的对象而非礼乐教化的形式了。与传统的"雅乐"不同，汉魏以降出现了所谓的"清乐"。作为统治阶级专供享乐的女乐之舞，"清乐"又称"清商乐"，它吸收了"江南吴歌"和"荆楚西曲"等民间元素，一方面背离了"礼"的约束，一方面减少了文学的内容，出现了《巾舞》《拂舞》《铎舞》《白鸠舞》等注重形式要素的舞蹈。除了来自南方的民间舞蹈外，来自北方的少数民族舞蹈也促进了这门艺术的独立。魏晋南北朝时期，西北的"龟兹舞"、东北的"高丽舞"陆续进入中原，"西、伧、羌、胡诸杂舞"盛行。这些来自少数民族的舞蹈一则没有"礼"的束缚，二则缺少"文"的修饰，因而将注意力集中在肢体语言的表达之中。例如风靡一时的"胡旋舞"，不仅不需要赋诗的点缀，而且也不需要复杂的音乐，只是在快乐的节奏中不断地旋转，体现出舞蹈艺术的独特性。

总之，自春秋战国"礼崩乐坏"之后，作为配合"礼"的"乐"一方面失去了伦理的束缚，有了更多的审美发展空间；一方面解构了综合艺术的形式，有了分化、独立的可能。于是，原本在"乐"中包含的赋诗、唱歌、跳舞这三大元素，渐渐发展成文学、音乐、舞蹈这三种门类。这种分化是很有意义的，因为只有在分化中，各种艺术才可能彻底发挥其审美的优势、真正穷尽其艺术的可能。

三

中国古代素有"合久必分，分久必合"的古训。而按照黑格尔辩证法的观点，事物发展都要经过"肯定、否定、否定之否定"的辩证过程。如果说上古的"乐"是最初的"合"，是"肯定"；中古的文学、音乐、舞蹈是"分"，是"否定"，那么近古的"戏"则是再次的"合"，是"否定之否定"。

与由"合"到"分"的西方戏剧不同，由"分"到"合"的中国戏曲没有出现单纯的话剧、歌剧、舞剧，而是将文学、音乐、舞蹈重新融为一体。所以，这种可被视为古"乐"之复活的全新的综合艺术不叫"戏剧"，而叫"戏曲"。首先，从文学语言的元素来看，西方早在古希腊的戏剧中都包含着大量的诗体对话，直到莎士比亚时代的戏剧中，韵文和散文还常常是交替出现。但随着还原生活的努力，诗体语言渐渐让位于生活语言，最后形成了严格意义上的话剧。其次，从音乐的元素来看，早在古希腊的戏剧中就有合唱队，在必要的时候烘托气氛，有些朗诵甚至也以歌唱的形式出现。中世纪的宗教剧是从教会的唱诗班发展起来的，强化了音乐的成分。文艺复兴时期，作曲家从用牧歌的形式来谱写一些戏剧性场面，形成了具有简单故事情节的牧歌剧。17世纪初，随着音乐成分的渐渐丰富，在意大利的佛罗伦萨形成了严格意义上的歌剧。与其他形式的戏剧不同，歌剧的主要剧情是通过歌唱或音乐而非通过语言或舞蹈来加以交代的。演员的台词通常有运用咏叹调、宣叙调等美声唱法，通过独唱、对唱、重唱、合唱等形式加以表现。扮演不同年龄、身份、性格角色的歌手依照他们各自不同的音域和音色来加以分类，男歌手分为男低音、男中低音、男中音、男高音、假声男高音，女性歌手分为女低音、次女高音、女高音（女高音也可细分为花腔女高音和抒情女高音）等不同种类。歌手和合唱团通常有一队乐器手负责伴奏，有的歌剧只需要一支小乐队，有的则需要一个完整的管弦乐团。最后，从舞蹈的元素来看，古希腊戏剧原本也包含着一些舞蹈的元素，演员要用夸张的动作、艳丽的服装、奇特的面具来吸引观众。文艺复兴时期，在欧洲各民间舞蹈的基础上而形成的芭蕾舞走上了戏剧舞台。用这种具有严格规范和结构形式的舞蹈动作来表现戏剧情节，便形成了起源于意大利、兴盛于法国的芭蕾舞剧。最初的芭蕾舞剧不仅有舞蹈和器乐，而且有声乐和朗诵，到后来便发展成为演员在台上不说也不唱，完全依靠形体的表现力来完成所有剧情的严格意义上的舞剧。19世纪以后，芭蕾舞在技术上要求女演员要穿特制的舞鞋跳足尖舞。20世纪以后，随着现代舞的出现，有了以古典芭蕾技术为主要、结合现代舞蹈技巧的现代芭蕾。逐渐地，芭蕾一词也用来泛指其他各种舞蹈为主要表现手段的舞剧。

如果说西方戏剧的发展历程是由"合"到"分"，即由综合性的古希腊戏剧发展成为单纯的话剧、歌剧、舞剧。中国戏曲的发展则是由"分"到"合"，即由诗歌、音乐、舞蹈重新组合成综合性的戏曲。从时间上看，中国的戏曲出现较晚，最早"合歌舞以演故事"的戏曲作品是南宋的"南戏"。"一般认为，中国戏曲发展成完整的、独立的艺术样式，是12世纪宋代的永嘉杂剧，又称'南戏'。"[1]"中国戏曲艺术有着800年以上的历史，由南宋戏文、金元杂剧、明清传奇、近代地方小戏直到现代新戏曲，不断蔓延发展，出现了关汉卿、王实甫、高则诚、汤显祖、孔尚任、洪昇、李玉等伟大剧作家，并且创造了丰富的、在世界戏剧中自成体系的舞台艺术，对世界戏剧宝库作出了可贵的贡献。"[2]与西方的戏剧相比，中国的戏曲出现得较晚，但也具有一定的后发优势。早在南宋以前，原本包含着古"乐"中的文学、音乐、舞蹈都得到了充分的独立发展，在此基础上，戏曲又吸收了美术、武术、杂技等诸多元素，形成了一种包罗万象的综合艺术。中国戏曲剧种繁多，据不完全统计，各民族地区地戏曲剧种约有三百六十多种。但无论哪种戏曲，大都有说有唱、载歌载舞，集"唱、念、做、打"于一体，实现了多种艺术元素的完美统一。

所谓"唱"，是指戏剧中的声乐成分。中国戏曲中的唱词极为讲究，它不仅要交代剧情，而且要抒发情感，是建立在"诗""词"基础之上的"曲"。从字面的意义上看，汉语中的"曲"字有"婉转""波折"的意思，与"直"相对。表现在语言运用上，就是讲话不唐突、不直白，而要达到曲径通幽、曲尽其妙、弯弯曲曲、婉转动听的效果。从词源学的角度看，"曲"

---

[1]　谭霈生：《戏剧》，《中国大百科全书·戏剧》，中国大百科全书出版社1989年版，第1页。
[2]　谭霈生：《戏剧》，《中国大百科全书·戏剧》，中国大百科全书出版社1989年版，第9页。

和"由"是一对关系词,"曲"字是从"由"字改变而成的。而"由"与"田"又是一对关系词。从字形上看,"由"突破了"田垄",有"权变"的意思。从文体学的角度看,比"由"又多一画的"曲"是突破了"诗""词"格律之后所形成的一种新的韵文。我们知道,中国古代素有"诗乐合一"的传统,"乐府作而声律盛,汉代以来然矣。"(虞集:《中原音韵序》)然而汉乐府和古体诗的音律毕竟粗糙,在南齐"永明体"的基础上,人们逐渐掌握了汉字的音律规律,并将其运用到诗歌创作中,形成了讲究字数、行数、平仄、押韵和对仗的"格律诗"。格律诗虽然读起来抑扬顿挫、和谐有序,但却失之呆板,缺少变化;因而在格律诗极度兴盛的唐代之后,又有人发明了句子长短不一但却合乎音律格式的"词"。被称为"长短句"的"词"是配合乐曲而填写的歌诗,有若干种"词牌"。不同的词牌在句数、字数、平仄、押韵上都有严格的规定,既符合音律的要求,又有了多样的变化,可以说把汉语音韵的美发挥到了极致。然而正因为"词"的格律过于严格,且变化多端,所以创作起来十分困难。人们往往要照着"词牌"一字一句地填写,是为"填词"。于是,在唐诗、宋词之后,又有了元曲。元曲有一定的格律定式,每一曲牌的句式、字数、平仄等都有固定的格式要求,这一点与"词"相近。但"曲"在"词"的基础上又有所变通,允许在固定的格式中加一些"衬字",部分曲牌还可增加句子,押韵上也允许平仄通押,有较大的灵活性,因而适于戏曲的创作。"曲"作为一种独立的文学样式,是继"诗""词"之后而兴起的一种韵文,也叫作"散曲",分为单独一支的"小令"和两个以上由同一宫调的曲子按照一定规则连缀起来的"套曲"。将这种韵文写进戏曲唱词,就成了杂剧。因此,元曲虽然来自民间,但却吸收了唐诗、宋词的文学精髓。这种音乐艺术与语言艺术的再度融合,使戏曲的唱词具有了极高的美学价值。作为早期的汉族戏曲剧种之一,明传奇是由"南戏"发展而来的。"南戏"在元代末年出现了复兴的局面,从"南戏"到"传奇"的发展,一方面是格律从自由趋于严整,一方面是语言由本色趋于文雅。于是这种源于村坊里巷的汉族民间艺术逐渐上升为都市艺术以至于宫廷艺术,作家也由下层的书会才人逐步替换成文人雅士,以至于像汤显祖这样的词坛名宿也参与创作,使得像《牡丹亭》这样的唱词典雅动听:

[绕地游] 梦回莺啭，乱煞年光遍，人立小庭深院。炷尽沉烟，抛残绣线，恁今春关情似去年。晓来望断梅关，宿妆残。你侧着宜春髻子恰凭栏。剪不断，理还乱，闷无端。已吩咐催花莺燕借春看。云髻罢梳还对镜，罗衣欲换更添香。

[步步娇] 袅晴丝吹来闲庭院，摇漾春如线。停半晌整花钿，没揣菱花偷人半面，迤逗的彩云偏。我步香闺怎便把全身现。

[皂罗袍] 原来姹紫嫣红开遍，似这般都付与断井颓垣，良辰美景奈何天，赏心乐事谁家院。朝飞暮卷，云霞翠轩，雨丝风片，烟波画船，锦屏人忒看的这韶光贱。

[山桃红] 则为你如花美眷，似水流年。是答儿闲寻遍，在幽闺自怜。转过这芍药栏前，紧靠著湖山石边。和你把领扣松，衣带宽，袖稍儿揾著牙儿苫也，则待你忍耐温存一晌眠。是那处曾相见，相看俨然，早难道这好处相逢无一言？

从音乐的角度讲，由于不同时代、不同地区的曲种取材于不同的民间音乐，因而有各种不同的音乐结构、不同的唱腔体制、不同的发音方法、不同的节奏旋律、不同的器乐伴奏、不同的风格气质，如秦腔的高亢、黄梅的婉转、豫剧的豪放、昆曲的细腻……但都给人以声情并茂的艺术美感。所以，"唱"在中国戏曲中占有极为重要的地位，以至于老戏迷们不说去"看戏"而说去"听戏"。

所谓"念"，是指戏剧中的语言成分。与生活中的语言不同，戏曲中的念白同样要求高超的发音技巧和深厚的朗诵功底，就像吟咏诗歌那样，充满了节奏和旋律。戏曲念白的节奏变化一般表现为紧、慢、疏、密、强、弱、缓、急等特点。演员在舞台上念引子、念诗文、念对联、数干板等，虽然没有音乐随奏，但亦须有腔调、有工尺，要求念出气势、念出韵味来。在中国戏曲中，不同身份、角色的人，念白的技巧方式也各有不同的讲究，有的娇嗔俏皮，有的稳重深沉，有的高亢明亮，有的低沉婉转，有的绕梁三日，有的掷地有声。演员在戏剧舞台上的对白也要根据身份和剧情的需要有轻重缓急、有抑扬顿挫、有气势、有节奏、有韵味，有快慢，有长短，有时候还要用声音叫锣鼓、止锣鼓、候锣鼓，并与丝竹管弦密切配合，充满了音乐的效果。不仅念白，就连哭、笑、嗔、怒、咳嗽、叹息等细微的声音，都要有特殊的表现方式，与角色、行当及所处的音乐、腔调背景相协调、相配合。演员在戏曲艺术舞台上的一切发声不但要与音乐协调、配合，而且不同类型的发声之间也要相互协调、密切配合。这种语言艺术与音乐艺术的再度融合，使得戏曲作品形成了一个完整有机的音乐系统。不仅如此，戏曲中的台词往往是在诗词基础上的加工创造，具有极高的文学水平。有些台词，本身就是诗歌。如《西厢记》中张生到后花园内偷看小姐烧香，随即吟诗一首："月色溶溶夜，花阴寂寂春；如何临皓魄，不见月中人？"莺莺也随即和诗一首："兰闺久寂寞，无事度芳春；料得行吟者，应怜长叹人。"这种源于生活并高于生活的舞台语言，使中国戏曲达到了一种很高的审美境界。

　　如果说"唱""念"既是文学，也是音乐，那么"做""打"则是舞蹈。"做"，指做功，指的是身段和表情技法。具体说来，"做"大致包括手、眼、身、法、步五种技法。"手"指各种手势动作。仅以"兰花指"为例，这种过去男人专用的指法被王瑶卿、梅兰芳等京剧大师用到旦角的身上，发展出"护蕊""滴露""花态""含苞""映水""避风""双翘""含笑""握蒂""逗花""媚篁""散馥""斗芳""映日""初篆""耐寒""掬云""含香""翻莲""茁芽""伸萼""蝶损""指风""浮香""吐蕊""怒发""垂露""舒瓣"等五十三式指法。不同的指法表达不同人物的不同姿态、不同心态，真可谓风姿绰约、仪态万千……"眼"，指各种眼神表情。俗话说"眼睛是心灵的窗户"，因而备受中国古代艺术家的重视，所谓"传神写照，尽在阿睹"，所谓"手挥五弦易，目送归鸿难"。不仅画家注重人的眼神，戏剧表演艺术家也十分重视人的眼神。根据剧情的需要，有时候金刚怒目，有时候眉目传情，有时候挤眉弄眼，有时候醉眼惺忪……"身"，指各种身段功夫。以京剧中的"卧鱼"身段为例：踏右步、双抖袖、双翻袖、右手高、左手平、右腿往前伸出再往后绕、撇在左腿后、立稳、缓缓下蹲往右卧、背着地、压在右脚上、左手往后背、右手放在胸前。这种动作要求身体的柔韧性极高，难度极大。梅兰芳在《贵妃醉酒》中就曾成功地运用这一动作来展现杨贵妃嗅花时的动人姿态，被称为"醉人的美"……"法"有两种解释，一种认为是总指各种表演技术的规程和法则，一种认为"法"是"发"的讹传，专指甩发、捋髯之类的动作。传统戏曲中的生、净、丑等角色在头顶上常扎束一绺长发，叫作"甩发"；旦角则在脑袋的右边分出一绺头发，叫作"发绺"。这些头发不仅具有静态的装饰效果，而且具有动态的表演功能。演员可以通过舞动甩发或发绺来表现人物的激动心情，这种表演技术叫"甩发功"。具体说来，此功又包括甩、扬、带、闪、盘、旋、冲等多种方法和前、后、左、右等不同方位，以表达或激愤，或疯癫，或恐惧，或焦虑，或张皇，或挣扎，或绝望的心理状态。除了假发之外，传统戏曲中的生、净、末、丑等角色又常带有用牛尾、马尾或假发制成的胡须，又称"髯口"。髯口的种类很多，可以通过其形状、样式、长短、疏密来表示剧中人的年龄、身份、容貌和所处的境遇，具体可分为满髯、三绺髯、扎髯、二涛髯、丑三髯、八字髯、一字髯、吊搭髯、四喜髯、五嘴髯、虬髯、一戳髯、王八髯等。髯口不仅具有遮盖角色演唱时口型的美化效果，而且具有刻画人物心情与神态的表现功能。演员可以作出搂、撩、挑、推、托、摊、捋、抄、撕、捻、甩、绕、抖、吹等多种动作，这种通过摆弄胡须来表达人物心情与神态的功夫叫作"髯口功"。其中有些是单项动作，有些是组合动作，必须与舞蹈身段密切配合，才能表达人物的思想情绪，如"搂髯"多用于昂首观望与低头俯视，"撩髯"多表现思忖和自叹，"推髯"多反映慨叹，"捋髯"多显示安闲，"抖髯"多用于惊恐，"吹髯"则表示生气等……"步"，指各种形式的台步。演员在戏剧台上的脚步是很有讲究的，大致可分为"行动之步形"和"静止之步形"两大类。有人将其归纳为十八个字："登、蹭、踩、曲、摆、撇、扣，匀、麟、错、垫、箭、剪、偷，站丁、行八"。其中"站丁"是最为基本的静止之步形，要求演员在台上站立时要使脚下站成丁字步形，具体又可分为"正丁"（前竖后横）、"斜丁"（斜竖斜横）、"远丁"（横竖拉开距离）、"反丁"（前横后竖）四个形式；而"行八"则是行动时最为基本的八字步伐，起步、抬腿、迈足、落脚都具有一定的规格，要掌握其"提、蹲、踹、勾、撇、沉、迈、落"之八字要领。当演员掌握了这些基本要领之后，还要根据人物和剧情的需要而灵活运用，时而昂首阔步，时而步履蹒跚，时而健步如飞，时而磕磕绊绊……

与"作"向并行的"打"，专指表演中的武打动作，是在中国传统武术基础上形成的舞蹈化武术技巧组合。传统戏曲的演员一般都具有一定的武功，尤其是担任武生、武旦、武丑行当的男女演员，他们要将各种武术动作化为舞台动作，在武戏中大显身手。在京剧中，武生一般分成两大类，一种叫"长靠武生"，一种叫"短打武生"。长靠武生身披甲胄，脚踏厚底靴，手持长兵器。这类武生常常扮演战场上的将帅，因而不但要求武功好，还要有风度、有气魄，功架要优美、稳重、端庄。短打武生身着短装，穿薄底鞋，兼用长短兵器。这类武生常常扮演战场上冲锋陷阵的下级兵士，因而要求身手矫健，动作敏捷，干净利索。在武生行当里，还有一种不说话、专门翻跟头或以跌扑为主的，叫"翻扑武生"。这类武生一般扮演跑龙套之类的辅助角色，因而要求作出一些令人眼花缭乱的惊险动作或令人忍俊不禁的滑稽动作。除此之外，为了表现美猴王机敏、灵巧、活泼、敏捷的动作，猴戏中孙悟空的扮演者，一般也出自武生……武旦是一些精通武艺的女性角色，也可以分成两大类。一类是身着盔甲的"长靠武旦"，这类武旦常常表演骑马的动作，因而也叫"刀马旦"。长靠武旦常常扮演女将军、女英雄之类的人物，因而不仅要有很好的武功，掌握抛、掷、踢、接等利用武器而间接打斗的特技表演，同时要兼具唱功、念功、做功，身段要好看，扮相要漂亮。另一类是身穿短衣的短打武旦，这类的武旦常常扮演仙女、妖精之类的角色，因而要掌握翻、打、扑、跌等直接打斗的功夫……武丑是戏曲中丑角的一种，常常扮演武艺高强而又性格滑稽的绿林好汉、侠盗小偷等，一般穿紧身衣裤，步履轻盈，动作灵活、迅捷，不仅武功好，还要有绝活儿……传统戏曲中的武打戏并不是将武术中的动作和兵器直接搬上舞台，而是根据人物和剧情的需要对其进行了美化处理，不仅要打得准、打得狠，更要打得漂亮，把那些"花拳绣腿"都派上了用场。除了武术之外，传统戏曲还从杂技、戏法中汲取了丰富的营养，如川剧中的"变脸"，秦腔中的"喷火"。在京剧中，为了突出女将的身材，演员可以在舞台上踩着高跷表演；为了表演武大郎身材的矮小，演员可以在舞台上屈着双膝走路。很多表演难度极大，功夫极深。例如，在"端蜡台，耍灯花"的表演中，丑角端着油灯或蜡台照着旦角的脸，以便让观众看清旦角的美貌，但同时要结合自己的舞蹈，无论在舞台上怎么行动，哪怕是翻跟头、打把式，也要做到油不洒，灯不灭……

　　中国戏曲不仅在艺术元素的综合程度上与西方不同，而且在表演体系上也与西方迥异。西方的戏剧艺术呈现出相互对立的两大体系：一个是被俄国戏剧大师斯坦尼斯拉夫斯基归纳为"体验派"，一个是被德国剧作家布莱希特总结出来的"表现派"。"体验派"的最终目的是要真实地再现客观世界。首先，它要在舞台上创造出逼真的"生活幻觉"。为了实现这一目的，布景和道具要尽量使用实物，以贴近戏剧所反映的生活内容。其次，它要求演员与角色合二为一，设身处地地"体验"人物在特定境遇中的真实情感。为了实现这一目的，要假设在演员和观众之间有一个虚拟的"第四堵墙"，这堵墙对观众来说是透明的，对演员来说是不透明的。只有这样，才能使演员忘记观众的存在，从而在舞台上真实地"生活"，而不是刻意地"表演"。最后。它要让观众对舞台上的生活和人物产生"共鸣"，和角色一起宣泄自己的情感。于是，"体验派"就获得了一种"演员像疯子，观众像傻子"一样的戏剧效果。与"体验派"刚好相反，"表现派"的最终目的是表现剧作家对生活的理解和判断。首先，它认为舞台不是生活本身，而是反省和认识生活的场所。因而不应该用真实的道具在舞台上创造"生活幻觉"，而应该使用特殊的方法将舞台变得异乎寻常，即通过"陌生化效果"来揭示事物的因果关系，暴露生活的矛盾性质。其次，它认为演员不是角色，而应该高于角色、驾驭角色，成为观察和理解角色的批判者，因而主张运用"间离"的方法将演员从角色身上剥离开来，并主张拆掉"第四堵墙"，使演员有意识地在观众面前进行表演。最后，它认为观众也不仅仅是剧情生活的体验者，而应该成为舞台故事的审视者，即通过戏剧冲突而实现对生活意义的重新理解和认知。于是，与"演员像疯子，观众像傻子"的"体验派"戏剧不同。在"表现派"的剧作中，"演员像导演，观众像评论家"。显然，"体验派"与"表现派"的龃龉，体现了西方艺术感性与理性的长期对立，前者追求的是客观再现，后者追求的是主观表演。

有人将中国京剧表演艺术家梅兰芳与斯坦尼斯拉夫斯基和布莱希特相提并论，认为他代表了中国古典戏曲既不同于"体验派"也不同于"表现派"的第三大戏剧体系"写意派"。首先，在舞台环境的布置上，"写意派"不主张"写实"，不要求戏剧舞台拘泥于真实的物理空间，而主张用虚拟的方法创造出一个假定的环境；然而这个假定的环境又不是要凸显生活中的问题或矛盾，而是为了演员的艺术创造提供可能。戏者，"戲"也。"虚""戈"为戲。说白了，就是用虚拟的道具比画比画而已。传统戏曲中的道具都很简单，具有明显的假定性，如用摇桨代替划船、用挥鞭代替骑马、用旗帜代替军队等。一把扇子的开合可以代表门窗的开合，一条绸缎的舞动可以代表波涛的起伏。道具的假定性与人物的象征性是一致的，清朝的刘墉曾为天津市蓟县盘山江山一览阁戏台提过一副对联："三五人可作千军万马，六七步如行四海九州。"道具的假定性与空间的假定性也是一致的，京剧《三岔口》表演两个人在伸手不见五指的夜里捉对厮杀，一张桌子既可以代表墙，也可以代表门，还可以代表洞。两人在桌上桌下翻腾对打，戏随人走，景随境迁。从这一意义上讲，舞台道具越简单，演员表演的空间就越大。其次，在演员的表演上，"写意派"既不像"体验派"那样，要求演员完全进入生活状态，与角色合而为一；也不像"表现派"那样，要求演员刻意脱离生活状态，与角色保持距离；而是要在似与不似之间寻找到一种主客统一的传达模式："神似"。一方面，它要求演员的行为、举止与角色的身份、心理相吻合；另一方面，它又反对照搬生活中的语言和行动，而是要用一种"写意"的方式反映人物的性格气质、表现人物的精神世界。正像清朝的另一位官员为天津市蓟县盘山江山一览阁戏台所提的第二副对联那样："似我非我，我看我我也非我；装谁像谁，谁装谁谁就是谁。"如果说，"体验派"主张建立"第四堵墙"，"表现派"主张拆掉"第四堵墙"，那么"写意派"则要在演员与观众之间建立一堵"透明的墙"：一方面，演员要学会"当众孤独"，即忘记观众的存在而进入角色的内心世界；另一方面，演员又要学会与角色"间离"，即使进入了人物的内心世界，仍然在举手投足之间遵循美的规律，是程式化的"表演"而不是生活化的"再现"。这种既"入乎其内"又"出乎其外"的分寸把握十分难得，也十分重要。最后，在演出效果上，"写意派"既不是让观众进入"无我"的"体验"状态，也不是让观众进入"有我"的"认知"状态，而是让观众进入"忘我"的"品味"状态。或许，这种戏曲的欣赏效果既不如"体验派"来得强烈，也不如"表现派"那样深刻，但却会产生一种余音绕梁、回味不尽的审美感受。正像清朝的第三位官员为天津市蓟县盘山江山一览阁戏台所提的第三副对联那样："听律吕，点破世态炎凉；见衣冠，描尽人间冷暖。"因此，如果说"体验派"力求再现生活的"真"，"表现派"力求表达主观的"善"，那么"写意派"则要在客观的规律性与主观的目的性之间寻找一种"有意味的形式"，即"美"。

中国戏曲不仅在艺术元素上是综合的，在表演体系上是中和的，在剧情模式上也是中庸的。由于主观与客观、感性与理性、理想与现实的分裂对峙,使得西方戏剧一开始就分为悲剧和戏剧两种截然不同的类型:前者再现主观理想在残酷的客观现实面前被无情地毁灭,后者表现客观现实在高傲的主观理想面前被有意地羞辱。就像鲁迅所说的那样:"悲剧是将人生有价值的东西毁灭给人看,喜剧将那无价值的撕破给人看。"① 而中国戏曲虽然也反映现实生活,但却不忍心让客观现实无情地毁灭主观理想;中国戏曲尽管也表达主观理想,但却不主张让主观理想彻底地鞭挞客观现实。这种客观现实与主观理想的原始统一,便形成了中国戏曲的"大团圆"模式。"剧中的主人公十有八九是上京赶考的穷书生,金榜题名时中了状元,然后是做大官,衣锦还乡,与相爱很久的美人终成眷属。或者主人公遭受冤屈,被有权势的奸臣迫害,受尽折磨,但终于因为某位钦差或青天大老爷的公正,或由于他本人得宠而能够报仇雪恨。戏剧情境当然常常穿插着不幸事件,但结尾总是大团圆。"② 尽管中国戏曲的团圆模式远不止朱光潜这里所说的"赶考式"和"清官式",还可能包括"复仇式""敕赐式""调和式""梦圆式""仙化式""再生式""冥判式"等不同种类,但大多是始悲终喜,始离终合,始贱终贵。这种"大团圆"的剧情模式与"诗教""乐教"的传统一样,符合儒家所倡导的"温柔敦厚""乐而不淫,哀而不伤""怨而不怒""发乎情,止乎理"的审美理想。"书会谁将杂曲编? 南腔北调两皆全。若于伦理无关紧,纵是新奇不足传。"(丘濬:《五伦全备记》)说到底,就像古代审美的"乐"最终要配合道德的"礼"一样,作为艺术的"戏"最终也要服务于作为伦理的"道"。于是,在这种"美""善"统一的思维模式下,主观理想与客观现实最终在戏剧中的形成了妥协,使中国古代并无严格意义上的悲剧或喜剧,而多为正剧。

　　总之,如果我们把中国古代的"乐"视为综合艺术的发展母体,就会发现,作为其"否定之否定"的戏剧,一方面充分汲取了作为"否定"形态的文学、音乐、舞蹈的多种要素,将综合性发展到了一个空前的高度;一方面仍然保留了作为"肯定"阶段的"乐"的伦理思想,仍然停留在素朴"中

---

① 《鲁迅全集》第一卷,人民文学出版社 1981 年版,第 192—193 页。

② 朱光潜:《悲剧心理学》,人民文学出版社 1985 年版,第 210 页。

和"的古典状态。究其原因,是因为艺术的发展尽管有其独特的规律,但在最终的意义上却不得不受到政治的、经济的、文化上的束缚。而在政治、经济、文化环境已然变化了的今天,如何自觉地剔除其历史性的糟粕、发扬弃民族性的精华,则是中国戏曲发展的关键。

(原载于《河北学刊》2015 年第 4 期)

编 后 记

　　山东大学文艺美学中心成立于 2001 年，至今已经 15 年了。15 年来，在教育部、山东大学和学界同人的大力支持和本中心全体成员的共同努力下，本中心在学术研究和人才培养方面均取得了一定的成绩，在国内外扩展了自己的学术影响。为总结和呈现以往所取得的成绩，特编辑此系列文集，作为《文艺美学研究丛书》第二辑予以出版。

　　此系列文集中所选文章包含了本中心全体成员、中心的基地重大项目承担者、中心学术委员会成员以及中心所培养的博士生和博士后的代表性成果。由于文集容量有限，对于项目承担者和学术委员会成员原则上每人收录 1 篇，而对博士和博士后的文章，则只择优收录了部分人员在读或在站期间以中心为第一署名单位所发表的成果。

　　文艺美学是由中国学者命名和发展起来的一门文艺研究学科，自文艺美学研究中心成立之日起，我们就把该学科的发展壮大作为中心成员的自觉使命。经过多年发展，本中心形成了文艺美学、生态美学、审美教育和审美文化等相对稳定而又具有较大影响的研究方向。因此，本文集即按照这几个方向编排各分册的内容，希冀以此展现出中心学术研究的基本概貌。

　　山东大学文艺美学研究中心在以往的发展中得到了社会各界尤其是学界的呵护与关爱。借此机会，对长期以来支持我们学科建设和学术发展的各位学界同人尤其是本中心学术委员会和专家委员会的各届成员，以及本中心重大项目承担者表示由衷的感谢！也向给予我们以极大信任和支持、为我们的学术成果得以问世付出心血的报刊与出版社编辑们敬达谢忱！

谭好哲

2016 年 4 月 20 日